경상남도교육청
교육공무직원 소양평가

한권으로 끝내기

SD에듀
(주)시대고시기획

2024 최신판 SD에듀 경상남도교육청 교육공무직원 소양평가
인성검사 3회 + 모의고사 7회 + 면접 + 무료공무직특강

Always **with you**

사람의 인연은 길에서 우연하게 만나거나 함께 살아가는 것만을 의미하지는 않습니다.
책을 펴내는 출판사와 그 책을 읽는 독자의 만남도 소중한 인연입니다.
SD에듀는 항상 독자의 마음을 헤아리기 위해 노력하고 있습니다. 늘 독자와 함께하겠습니다.

PREFACE

머리말

경상남도교육청은 교육공무직원을 채용하기 위해 소양평가를 실시하여 지원자가 업무에 필요한 역량을 갖추고 있는지 평가한다. 채용절차는 「원서접수 ➡ 서류심사 및 소양평가 ➡ 면접심사 ➡ 합격자 결정」 순서로 진행한다. 직종별로 서류심사 및 소양평가를 구분하여 실시하며, 서류심사 및 소양평가 합격자에 한하여 면접에 응시할 수 있는 자격이 주어진다.

이에 SD에듀에서는 경상남도교육청 교육공무직원 소양평가를 준비하는 수험생들을 위해 다음과 같은 특징의 본서를 출간하게 되었다.

도서의 특징

❶ 경상남도교육청 소개

- 경상남도교육청 기관 소개를 수록하여 경상남도교육청 교육목표 및 교육공무직원 업무에 대한 전반적인 이해가 가능하도록 하였다.

❷ 경상남도교육청＋주요 교육청 기출복원문제

- 2023년 경상남도교육청 기출복원문제와 2023～2022년 주요 교육청 기출복원문제로 최근 출제경향을 파악할 수 있도록 하였다.

❸ 인성검사 소개 및 모의테스트

- 인성검사 소개 및 모의테스트 2회분을 통해 인성검사 문항을 사전에 익히고 체계적으로 연습할 수 있도록 하였다.

❹ 직무능력검사 핵심이론 및 기출예상문제

- 경상남도교육청 교육공무직원 직무능력검사 영역별 핵심이론 및 기출예상문제를 수록하여 소양평가에 완벽히 대비할 수 있도록 하였다.

❺ 최종점검 모의고사

- 실제 시험과 같은 문항 수와 출제영역으로 구성된 모의고사 4회분을 수록하여 시험 전 자신의 실력을 스스로 점검할 수 있도록 하였다.

❻ 면접 소개 및 예상 면접질문

- 면접 소개 및 예상 면접질문을 통해 한 권으로 경상남도교육청 교육공무직원 채용을 준비할 수 있도록 하였다.

끝으로 본서를 통해 경상남도교육청 교육공무직 채용을 준비하는 모든 수험생에게 합격의 행운이 따르기를 진심으로 기원한다.

SDC(Sidae Data Center) 씀

경상남도교육청 이야기

INTRODUCE

교육 철학

민주성	자발적인 참여, 소통과 공감으로 만들어가는 교육
공공성	모든 학생에게 차별 없이 질 높은 배움을 제공하는 교육
미래성	교육의 내용과 방법 모두를 혁신한 창의적인 교육
지역성	지역사회 자원을 이용하고 지역에 기여하는 교육

교육 비전

배움이 즐거운 학교 함께 가꾸는 경남교육

정책 방향

[함께 배우며 미래를 열어가는 **민주시민 육성**]

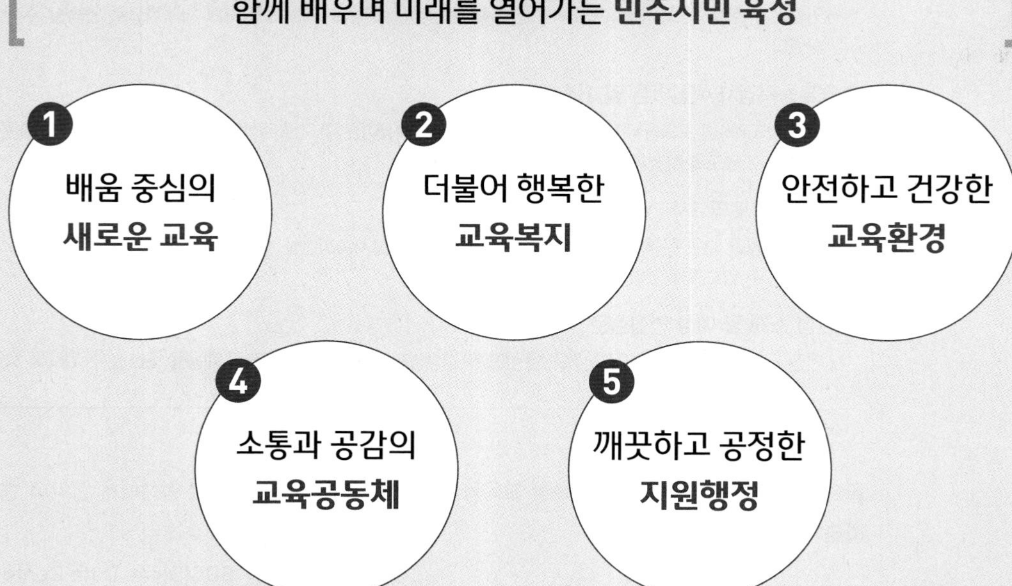

교육청 CI

국가와 경상남도를 상징하는 태극문양과 한글 경남의 'ㄱ'과 'ㄴ'을 이용하여 공부하는 학생의 모습과 미래를 향한 진리탐구를 형상화하여 국가발전을 위한 새로운 미래교육을 위해 노력하는 경상남도교육청의 의지를 나타냄

브랜드 슬로건

학생중심 교육으로 '아이'가 좋아하고, 현장중심 교육으로 행복한 나(I)를 만들어가며, 지원중심 교육으로 즐거운 감탄사 '아이좋아'가 울려 퍼지는 교육공동체 모두가 행복한 경남교육을 펼쳐 나간다는 의미를 담고 있음

교육공무직 업무 소개

MISSION

교육공무직원의 8가지 의무

1. 교육공무직원은 맡은 바 직무를 성실히 수행하여야 하며, 직무를 수행함에 있어 사용부서의 장의 직무상의 명령을 이행하여야 한다.

2. 교육공무직원이 근무지를 이탈할 경우에는 사용부서의 장에게 허가를 받아야 한다. 다만, 불가피한 사유로 사전허가를 받을 수 없는 경우에는 구두 또는 유선으로 허가를 받아야 한다.

3. 교육공무직원은 근무 기간 중은 물론, 근로관계가 종료된 후에도 직무상 알게 된 사항을 타인에게 누설하거나 부당한 목적을 위하여 사용하여서는 아니 된다. 다만, 공공기관의 정보공개에 관한 법률 및 그 밖의 법령에 따라 공개하는 경우는 그러하지 아니하다.

4. 교육공무직원은 직무의 내 · 외를 불문하고 그 품위를 손상하는 행위를 하여서는 아니 된다.

5. 교육공무직원은 공과 사를 명백히 분별하고 국민의 권리를 존중하며, 친절 · 공정하고 신속 · 정확하게 모든 업무를 처리하여야 한다.

6. 교육공무직원은 직무와 관련하여 직접 또는 간접을 불문하고 사례를 주거나 받을 수 없다.

7. 교육공무직원은 다른 직무를 겸직할 수 없다. 다만, 부득이한 경우에는 사용부서의 장에게 신청하고 사전 허가를 받아야 한다.

8. 사용부서의 장은 업무에 지장을 주거나 교육기관 특성상 부적절한 영향을 초래할 우려가 있는 경우 겸직을 허가하지 아니하거나 겸직 허가를 취소할 수 있다.

교육공무직원의 업무

구분	내용	
교육실무원	• 공문 접수 및 처리 • 학교 일지 관리 • 주간 및 월중 행사 • 계약직 교(직)원 관련 업무 지원 • 교직원 연수 안내 및 보고 • 안전공제회 업무 • 교과서 관련 업무 지원	• 학교 행사 및 각종 회의 지원 • 방송실 운영 지원 • 학교소식지 등 편집 업무 • 각종 표창 관련 업무 지원 • 각종 재정지원사업 운영 지원 • 각종 간행물 관리 • 수학여행 및 체험학습 업무 관련 지원
행정실무원	• 세입 · 세출 외 업무 • 급여 업무 • 각종 대장 관리 • 민원처리 • 증명서 발급 • 학교시설 대여 • 발전기금 관리 • 물품 관리	• 공문서 접수 • 지출 업무 • 맞춤형 복지 • 학교 회계직 계약 및 급여 업무 등 • 기자재 유지 보수 지원 • 학생 장학금 행정 업무 지원 • 학적, 전 · 출입, 정원 외 관리 행정처리
영양사	• 물품 구매 • 물품 검수 • 식단 작성 • 식생활 지도	• 영양 관리 및 상담 • 조리원 관리 • 위생 관리 • 조리원 및 학생들 안전 관리
조리사	• 조리 관리 • 배식 관리 • 청소 확인 • 질서 지도	• 위생 관리 • 학생들 안전 관리 • 잔반 지도
수업지원사	• 수업계 지원(본 수업 포함) • NEIS 처리 등 • DCMS 관리 • 과학실험 수업 지원	• 방과 후 학교 업무 지원 • 에듀파인 업무 지원 • 학생 상 · 벌점제 관리

행정서비스헌장

INFORMATION

행정서비스헌장 제도란?

행정기관이 제공하는 서비스의 기준과 내용, 제공방법 및 절차, 잘못된 서비스에 대한 시정 및 보상조치 등을 구체적으로 정하여 공표하고 이의 실천을 국민에게 약속하는 제도이다.

도입배경 및 목적

구분	내용
1	**행정환경의 변화에 따라 지난 50년간 유지되어온 행정서비스 전달체계의 구조와 틀을 일대 쇄신할 필요성 대두** • 서비스 제공방식을 고객중심으로 전환하여 국민이 일방적인 수혜자가 아니라 적극적 선택권자임을 천명 • 규제 · 절차 중심의 형태와 조직문화를 고객과 결과 중심으로 전환 • 고품질의 서비스 제공을 위해 경쟁과 경영의 원리를 도입
2	**'깨끗하고 공정한 정부'를 원하는 국민의 기대 충족** • 행정서비스의 투명성을 확보하여 서비스 제공에 따른 부정과 부패 방지 • 모든 국민에게 공정하고 평등한 서비스의 제공을 약속하여 특혜나 이권의 여지를 근절
3	**정부개혁 작업의 성공적 추진을 뒷받침하기 위한 전략적 수단 필요** • 정부주도의 개혁만으로는 국민지지 확보에 한계가 있으므로 국민요구에 대한 대응성과 책임성을 높일 수 있는 것이 필요 • 분야별 목표를 재검토함으로써 개혁의 방향을 '고객위주'로 설정할 수 있는 기회 제공

경상남도교육청 행정서비스헌장

경상남도교육청 전 공무원은 우리의 고객에게 사랑과 신뢰를 받도록 최상의 교육행정서비스를 제공할 것을 약속하며, 혁신하는 마음가짐으로 다음과 같이 실천할 것이다.

우리는 고객 누구나 질 높은 교육행정서비스를 받을 수 있도록 최선을 다하겠습니다.
우리는 모든 민원을 고객의 입장에서 생각하고 신속 · 정확 · 공정하게 처리하겠습니다.
우리는 고객의 다양한 의견을 수렴하고 적극적으로 반영하겠습니다.
우리의 행정처리과정에서 고객에게 불만족이나 불편을 초래한 경우, 즉시 시정하고, 이에 대한 적정한 보상을 하겠습니다.
우리의 교육행정서비스에 대하여 고객으로부터 매년 평가를 받고 그 결과를 공개하고 부족한 상황을 보완하겠습니다.

학습플랜

STUDY PLAN

1주 완성 학습플랜

본서에 수록된 전 영역을 단기간에 끝낼 수 있도록 구성한 학습플랜이다. 한 번에 전 영역을 공부하지 않고, 한 영역을 집중적으로 공부할 수 있도록 하였다. 인성검사 및 필기시험에 대한 기초 학습은 되어 있으나, 학습 계획 세우기에 자신이 없는 분들이나 미리 시험에 대비하지 못해 단시간에 많은 분량을 봐야 하는 수험생에게 추천한다.

ONE WEEK STUDY PLAN

Start!	1일 차 ☐	2일 차 ☐	3일 차 ☐
	____월 ____일	____월 ____일	____월 ____일
4일 차 ☐	**5일 차 ☐**	**6일 차 ☐**	**7일 차 ☐**
____월 ____일	____월 ____일	____월 ____일	____월 ____일

도서 200% 활용하기

STRUCTURES

기출복원문제

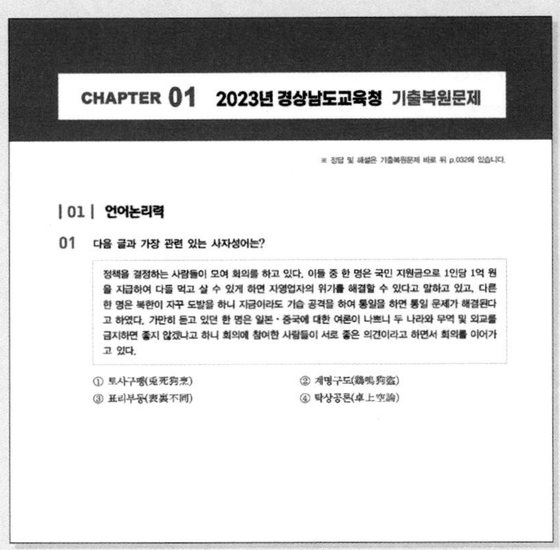

CHAPTER 01 2023년 경상남도교육청 기출복원문제

※ 정답 및 해설은 기출복원문제 바로 뒤 p.032에 있습니다.

| 01 | 언어논리력

01 다음 글과 가장 관련 있는 사자성어는?

정책을 결정하는 사람들이 모여 회의를 하고 있다. 이들 중 한 명은 국민 지원금으로 1인당 1억 원을 지급하여 다들 먹고 살 수 있게 하면 자영업자의 위기를 해결할 수 있다고 말하고 있고, 다른 한 명은 북한이 자꾸 도발을 하니 지금이라도 기습 공격을 하여 통일을 하면 통일 문제가 해결된다고 하였다. 가만히 듣고 있던 한 명은 일본·중국에 대한 여론이 나쁘니 두 나라와 무역 및 외교를 금지하면 좋지 않겠냐고 하니 회의에 참여한 사람들이 서로 좋은 의견이라고 하면서 회의를 이어가고 있다.

① 토사구팽(兎死狗烹) ② 계명구도(鷄鳴狗盜)
③ 표리부동(表裏不同) ④ 탁상공론(卓上空論)

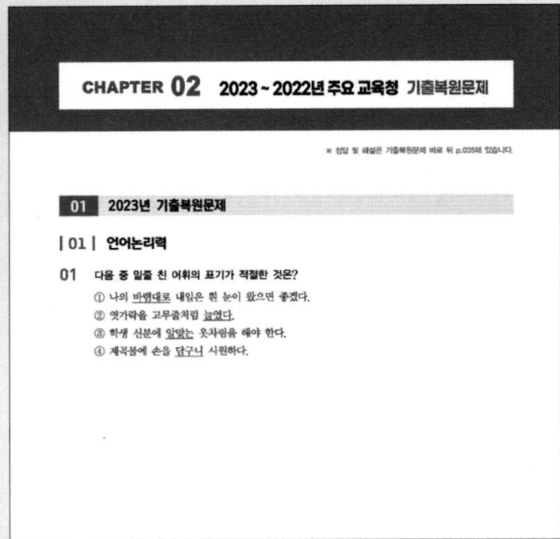

CHAPTER 02 2023 ~ 2022년 주요 교육청 기출복원문제

※ 정답 및 해설은 기출복원문제 바로 뒤 p.035에 있습니다.

01 2023년 기출복원문제

| 01 | 언어논리력

01 다음 중 밑줄 친 어휘의 표기가 적절한 것은?

① 나의 바램대로 내일은 흰 눈이 왔으면 좋겠다.
② 엿가락을 고무줄처럼 늘였다.
③ 학생 신분에 알맞는 옷차림을 해야 한다.
④ 계곡물에 손을 담구니 시원하다.

▸ 2023년 경상남도 교육공무직원 소양평가 기출복원문제로 최근 출제경향을 파악할 수 있도록 하였다.
▸ 2023 ~ 2022년 시행된 주요 교육청 교육공무직원 소양평가 기출복원문제로 다양한 출제유형에 대비하도록 하였다.

직무능력검사

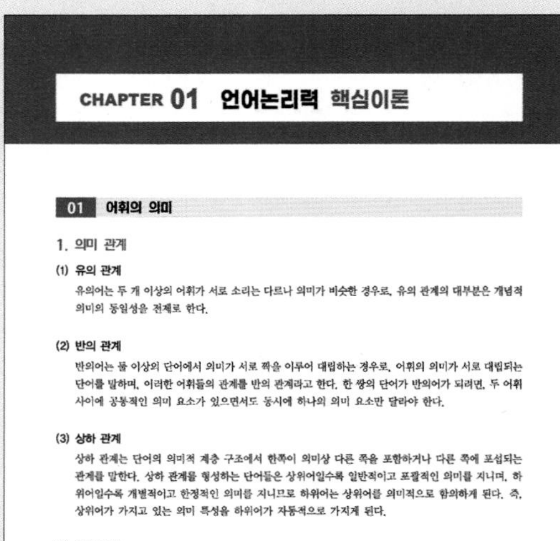

CHAPTER 01 언어논리력 핵심이론

01 어휘의 의미

1. 의미 관계

(1) 유의 관계
유의어는 두 개 이상의 어휘가 서로 소리는 다르나 의미가 비슷한 경우로, 유의 관계의 대부분은 개념적 의미의 동일성을 전제로 한다.

(2) 반의 관계
반의어는 둘 이상의 단어에서 의미가 서로 짝을 이루어 대립하는 경우로, 어휘의 의미가 서로 대립되는 단어를 말하며, 이러한 어휘들의 관계를 반의 관계라고 한다. 한 쌍의 단어가 반의어가 되려면, 두 어휘 사이에 공통적인 의미 요소가 있으면서도 동시에 하나의 의미 요소만 달라야 한다.

(3) 상하 관계
상하 관계는 단어의 의미적 계층 구조에서 한쪽이 의미상 다른 쪽을 포함하거나 다른 쪽에 포섭되는 관계를 말한다. 상하 관계를 형성하는 단어들은 상위어일수록 일반적이고 포괄적인 의미를 지니며, 하위어일수록 개별적이고 한정적인 의미를 지니므로 하위어는 상위어를 의미적으로 함의하게 된다. 즉, 상위어가 가지고 있는 의미 특성을 하위어가 자동적으로 가지게 된다.

(4) 부분 관계

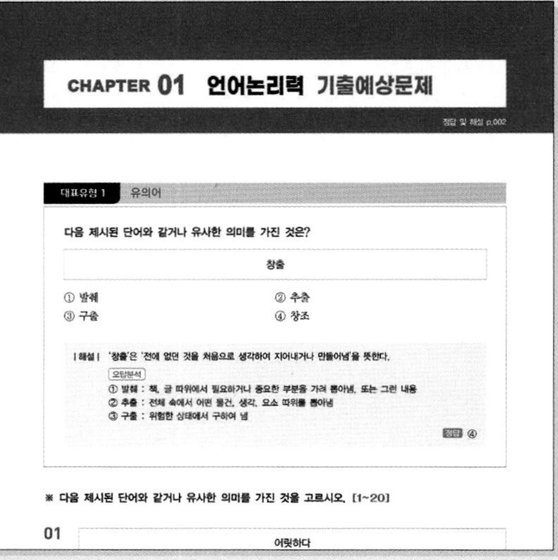

CHAPTER 01 언어논리력 기출예상문제

정답 및 해설 p.002

대표유형 1 유의어

다음 제시된 단어와 같거나 유사한 의미를 가진 것은?

창출

① 발췌 ② 추출
③ 구출 ④ 창조

| 해설 | '창출'은 '전에 없던 것을 처음으로 생각하여 지어내거나 만들어냄'을 뜻한다.

오답분석
① 발췌 : 책, 글 따위에서 필요하거나 중요한 부분을 가려 뽑아냄. 또는 그런 내용
② 추출 : 전체 속에서 어떤 물건, 생각, 요소 따위를 뽑아냄
③ 구출 : 위험한 상태에서 구하여 냄

정답 ④

※ 다음 제시된 단어와 같거나 유사한 의미를 가진 것을 고르시오. [1~20]

01 어렷하다

▸ 직무능력검사 영역별 핵심이론 및 기출예상문제를 수록하여 혼자서도 학습할 수 있도록 하였다.

※ 채용공고문 상 영역은 언어논리력, 이해력, 공간지각력, 문제해결력, 관찰탐구력 등으로 기재되어 있으나, 실제 시험에서 수리와 관련된 능력을 확인하는 문제가 출제됨에 따라 수리력을 추가적으로 수록하여 학습에 도움이 될 수 있도록 하였다.

최종점검 모의고사

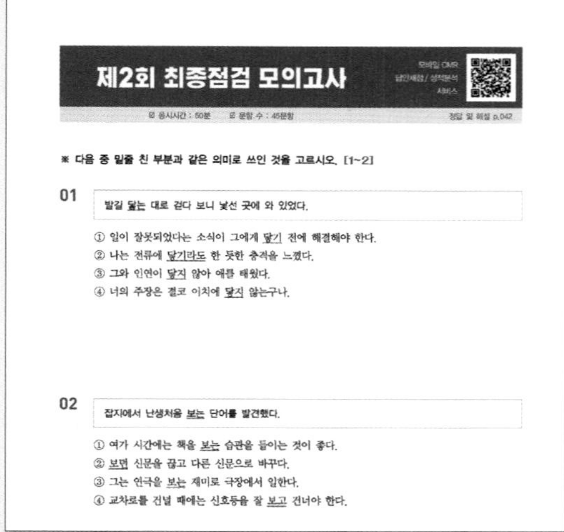

제2회 최종점검 모의고사

모바일 OMR 답안채점 / 성적분석 서비스

☑ 응시시간 : 50분 ☑ 문항 수 : 45문항 정답 및 해설 p.042

※ 다음 중 밑줄 친 부분과 같은 의미로 쓰인 것을 고르시오. [1~2]

01

발길 닿는 대로 걷다 보니 낯선 곳에 와 있었다.

① 일이 잘못되었다는 소식이 그에게 닿기 전에 해결해야 한다.
② 나는 전류에 닿기라도 한 듯한 충격을 느꼈다.
③ 그와 인연이 닿지 않아 애를 태웠다.
④ 너의 주장은 결코 이치에 닿지 않는구나.

02

잡지에서 난생처음 보는 단어를 발견했다.

① 여가 시간에는 책을 보는 습관을 들이는 것이 좋다.
② 보면 신문을 끊고 다른 신문으로 바꾸다.
③ 그는 연극을 보는 재미로 극장에서 일한다.
④ 교차로를 건널 때에는 신호등을 잘 보고 건너야 한다.

제3회 최종점검 모의고사

모바일 OMR 답안채점 / 성적분석 서비스

☑ 응시시간 : 50분 ☑ 문항 수 : 45문항 정답 및 해설 p.050

※ 다음 제시된 단어와 같거나 유사한 의미를 가진 것을 고르시오. [1~3]

01

전범(典範)

① 주범 ② 정범
③ 형범 ④ 원범

02

화상

① 상기 ② 안정
③ 회복 ④ 복구

▸ 최종점검 모의고사 4회분을 수록하여 시험 전 자신의 실력을 스스로 점검할 수 있도록 하였다.
▸ OMR 답안카드 및 모바일 OMR 답안채점 / 성적분석 서비스를 제공하여 실전처럼 연습할 수 있도록 하였다.

인성검사 & 면접

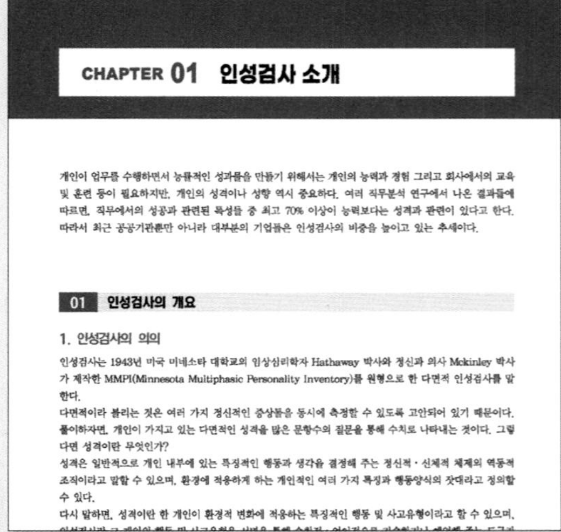

CHAPTER 01 인성검사 소개

개인이 업무를 수행하면서 능률적인 성과물을 만들기 위해서는 개인의 능력과 경험 그리고 회사에서의 교육 및 훈련 등이 필요하지만, 개인의 성격이나 성향 역시 중요하다. 여러 직무분석 연구에서 나온 결과들에 따르면, 직무에서의 성공과 관련된 특성들 중 최고 70% 이상이 능력보다는 성격과 관련이 있다고 한다. 따라서 최근 공공기관뿐만 아니라 대부분의 기업들은 인성검사의 비중을 높이고 있는 추세이다.

01 인성검사의 개요

1. 인성검사의 의의

인성검사는 1943년 미국 미네소타 대학교의 임상심리학자 Hathaway 박사와 정신과 의사 Mckinley 박사가 제작한 MMPI(Minnesota Multiphasic Personality Inventory)를 원형으로 한 다면적 인성검사를 말한다.
다면적이라 불리는 것은 여러 가지 정신적인 증상들을 동시에 측정할 수 있도록 고안되어 있기 때문이다. 풀이하자면, 개인이 가지고 있는 다면적인 성격을 많은 문항수의 질문을 통해 수치로 나타내는 것이다. 그렇다면 성격이란 무엇인가?
성격은 일반적으로 개인 내부에 있는 특징적인 행동과 생각을 결정해 주는 정신적 · 신체적 체제의 역동적 조직이라고 말할 수 있으며, 환경에 적응하게 하는 개인적인 여러 가지 특징과 행동양식의 잣대라고 정의할 수 있다.
다시 말하면, 성격이란 한 개인이 환경적 변화에 적응하는 특징적인 행동 및 사고유형이라고 할 수 있으며,

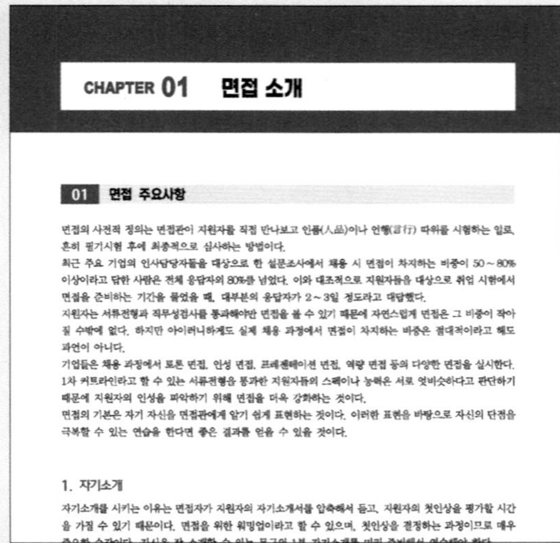

CHAPTER 01 면접 소개

01 면접 주요사항

면접의 사전적 정의는 면접관이 지원자를 직접 만나보고 인품(人品)이나 언행(言行) 따위를 시험하는 일로, 흔히 필기시험 후에 최종적으로 심사하는 방법이다.
최근 주요 기업의 인사담당자들을 대상으로 한 설문조사에서 채용 시 면접이 차지하는 비중이 50~80% 이상이라고 답한 사람은 전체 응답자의 80%를 넘었다. 이와 대조적으로 지원자들을 대상으로 취업 시험에서 면접을 준비하는 기간을 물었을 때, 대부분의 응답자가 2~3일 정도라고 대답했다.
지원자는 서류전형과 직무성검사를 통과해야만 면접을 볼 수 있기 때문에 자연스럽게 면접은 그 비중이 작아질 수밖에 없다. 하지만 아이러니하게도 실제 채용 과정에서 면접이 차지하는 비중은 절대적이라고 해도 과언이 아니다.
기업들은 채용 과정에서 토론 면접, 인성 면접, 프레젠테이션 면접, 역량 면접 등의 다양한 면접을 실시한다. 1차 커트라인이라고 할 수 있는 서류전형을 통과한 지원자들의 스펙이나 능력은 서로 엇비슷하다고 판단하기 때문에 지원자의 인성을 파악하기 위해 면접을 더욱 강화하는 것이다.
면접의 기본은 자기 자신을 면접관에게 알기 쉽게 표현하는 것이다. 이러한 표현을 바탕으로 자신의 단점을 극복할 수 있는 연습을 한다면 좋은 결과를 얻을 수 있을 것이다.

1. 자기소개

자기소개를 시키는 이유는 면접자가 지원자의 자기소개서를 압축해서 듣고, 지원자의 첫인상을 평가할 시간을 가질 수 있기 때문이다. 면접을 위한 워밍업이라고 할 수 있으며, 첫인상을 결정하는 과정이므로 매우

▸ 인성검사 소개 및 모의테스트 2회분을 수록하여 경상남도교육청의 인재상에 부합하는지 확인할 수 있도록 하였다.
▸ 면접 소개 및 예상 면접질문을 통해 면접에 미리 대비할 수 있도록 하였다.

이 책의 차례

CONTENTS

Add+

기출복원문제

※ 기출복원문제는 수험생들의 후기를 통해 SD에듀에서 복원한 문제로 실제 문제와 다소 차이가 있을 수 있으며, 본 저작물의 무단전재 및 복제를 금합니다.

CHAPTER 01 2023년 경상남도교육청 기출복원문제

※ 정답 및 해설은 기출복원문제 바로 뒤 p.032에 있습니다.

| 01 | 언어논리력

01 다음 제시된 상황에 가장 적절한 사자성어는?

> 정책을 결정하는 사람들이 모여 회의를 하고 있다. 이들 중 한 명은 국민 지원금으로 1인당 1억 원을 지급하여 다들 먹고 살 수 있게 하면 자영업자의 위기를 해결할 수 있다고 말하고 있고, 다른 한 명은 북한이 자꾸 도발을 하니 지금이라도 기습 공격을 하여 통일을 하면 통일 문제가 해결된다고 하였다. 가만히 듣고 있던 한 명은 일본·중국에 대한 여론이 나쁘니 두 나라와 무역 및 외교를 금지하면 좋지 않겠냐고 하니 회의에 참여한 사람들이 서로 좋은 의견이라고 하면서 회의를 이어가고 있다.

① 토사구팽(兎死狗烹)
② 계명구도(鷄鳴狗盜)
③ 표리부동(表裏不同)
④ 탁상공론(卓上空論)

02 다음 제시된 단어의 관계를 유추하여 빈칸에 들어갈 단어를 바르게 나열한 것은?

> 계절 : (㉠) = (㉡) : 호랑이

	㉠	㉡
①	날씨	사자
②	기후	포유류
③	윤년	다리
④	가을	동물

03 다음 중 밑줄 친 단어의 맞춤법이 올바르게 쓰인 것끼리 짝지어진 것은?

> 오늘은 웬지 아침부터 기분이 좋지 않았다. 회사에 가기 싫은 마음을 다독이며 출근 준비를 하였다. 회사에 겨우 도착하여 업무용 컴퓨터를 켰지만, 모니터 화면에는 아무것도 보이지 않았다. 심각한 바이러스에 노출된 컴퓨터를 힘들게 복구했지만, 며칠 동안 힘들게 작성했던 문서가 훼손되었다. 당장 오늘까지 제출해야 하는 문서인데, 이 문제를 어떡게 해결해야 할지 걱정이 된다. 문서를 다시 작성하든지, 팀장님께 사정을 말씀드리던지 해결책을 찾아야만 한다. 현재 나의 간절한 바램은 이 문제가 무사히 해결되는 것이다.

① 웬지, 며칠, 훼손
② 며칠, 어떡게, 바램
③ 며칠, 훼손, 작성하든지
④ 며칠, 말씀드리던지, 바램

04 다음 제시된 단어의 유의어로 가장 적절한 것은?

> 갈음하다

① 분리하다
② 대신하다
③ 어림하다
④ 헤아리다

05 다음 밑줄 친 단어와 같은 의미로 쓰인 것은?

> 할아버지의 수레를 뒤에서 밀었다.

① 밖에서 오랫동안 고민하던 그는 문을 밀고 들어왔다.
② 오랫동안 기른 머리를 짧게 밀었다.
③ 오늘 일을 보면 김차장을 누가 뒤에서 밀고 있는 것 같아.
④ 송판을 대패로 밀었다.

| 02 | 이해력

01 **다음 글의 빈칸에 들어갈 접속어로 가장 적절한 것은?**

> 단감은 비타민C와 비타민A가 풍부하여 감기 예방과 피로 해소에 좋다. ________ 단감의 타닌 성분은 알코올 농도 상승을 막고 흡수를 더디게 하여 숙취 해소에 도움을 준다.

① 그러나
② 그러므로
③ 왜냐하면
④ 또한

02 **다음 제시된 문장을 논리적 순서대로 바르게 나열한 것은?**

> (가) 또한 내과 교수팀은 "이번에 발표된 치료성적은 치료 중인 많은 난치성 결핵환자들에게 큰 희망을 줄 수 있을 것"이라며 덧붙였다.
> (나) A병원 내과 교수팀은 지난 결핵 및 호흡기학회에서 그동안 치료가 매우 어려운 것으로 알려진 난치성 결핵의 치료 성공률을 세계 최고 수준인 80%로 높였다고 발표했다.
> (다) 완치가 거의 불가능한 난치성 결핵균에 대한 치료성적이 우리나라가 세계 최고 수준인 것으로 발표되어 치료 중인 환자와 가족들에게 희소식이 되고 있다.
> (라) 내과 교수팀은 지난 10년간 A병원에서 새로운 치료법을 적용한 결핵 환자 155명의 치료성적을 분석한 결과, 치료 성공률이 49%에서 현재는 80%에 이르렀다고 설명했다.

① (가) – (나) – (다) – (라)
② (다) – (나) – (라) – (가)
③ (다) – (가) – (라) – (나)
④ (가) – (라) – (다) – (나)

03 다음 글의 내용으로 적절하지 않은 것은?

우리나라만이 갖는 선과 형태의 특성은 부드러움 속에 담긴 넉넉한 아름다움으로 요약할 수 있다. 이러한 형태미가 발생하게 된 가장 중요한 배경은 우리의 독특한 자연 조건과 정서에 있다. 정서는 환경과 생활 속에서 늘 보고 듣고 체험하는 데서 자연스럽게 형성되는데, 거칠고 척박한 곳에서의 생활은 거칠고 투박한 심성을 만들고 파생되는 미의 형태도 투박하게 된다. 반대로 따뜻하고 부드러운 환경에서 가꾸어진 여유로운 심성은 부드러운 그림의 형태로 나타날 것이다. 이처럼 환경의 영향이 크기 때문에 맹자의 어머니도 교육을 위해서 세 번씩이나 이사했던 것이다.
한편 우리나라의 자연은 노년기 지형으로서 완만한 선과 다양한 형태를 지니고 있다. 지리산처럼 웅장한 모습이 있는가 하면, 설악산처럼 힘 있는 선을 나타내는 형태도 있다. 그러나 전체적으로는 부드러움을 지녔다고 할 수 있으며, 강함은 전체적인 부드러움 속에서 적절하게 조화를 이룬다고 볼 수 있다. 이러한 자연환경 속에서 우리 민족은 부드럽고 따뜻한 정서를 지니게 되었고, 그에 따라 미술에서도 부드러운 곡선과 넉넉한 형태감이 나타나게 된 것이다.
우리의 전통 가옥인 초가집 지붕의 선과 형태를 생각해 보자. 자연스러운 곡선으로 마치 주변의 야산을 옮겨다 놓은 듯한 낯익은 형태감을 지니고 있다. 이처럼 우리 주변에서 흔히 볼 수 있는 자연의 선과 형태가 생활 속에서 나타나게 되었고, 자연스럽게 미의식에도 커다란 영향을 미쳐 작품에도 그러한 선과 형태가 나타난 것이다.
우리의 따뜻한 정서가 살아 있는 조선백자도 마찬가지이다. 중국의 자기처럼 '대칭과 완벽'의 아름다움을 찾을 수는 없지만, 보름달을 닮았다고 하여 '달 항아리'라는 예쁜 이름을 갖게 된 백자는 넉넉한 곡선과 비대칭의 아름다움, 그러면서도 여유 있고 균형잡힌 형태감으로 우리에게 다가온다. 중국의 완벽한 자기(瓷器)나 기교적인 일본의 자기에서는 결코 느낄 수 없는 아름다움이다.
이러한 아름다움은 우리의 한복뿐 아니라 풍속화의 선이나 산수화의 부드러우면서도 때로는 힘찬 선과 형태감, 수수하면서도 때로는 파격적인 민화 등 다양한 분야에서 나타나는 것이다. 즉, 우리의 정서가 담겨 있는 선과 형태의 전반적인 특징은 '부드러움'이었으며, 자연과의 조화를 드러내는 아름다움이었던 것이다.
선과 형태에 관한 전통적인 개념이 현대 미술에까지 계승되고 있다고 자신 있게 말하지는 못하지만 우리 자신의 것을 바탕으로 하지 않는 문화는 사상누각에 불과하다. 우리는 우리 문화의 근원이라 할 수 있는 우리의 자연에 관심을 가져야 한다. 쉼 없이 이어지는 산의 부드러우면서도 때로는 힘있는 곡선과 자연 그대로의 오솔길, 산 따라 골 따라 순응하면서 흘러가는 냇물의 흐름과 뚜렷한 사계절의 흐름을 우리의 그림과 도자기, 생활 문화와 비교해 보면 우리 미의 근원이 자연임을 알 수 있을 것이다.

① 한국의 자연은 완만한 선과 다양한 형태를 지니고 있다.
② 부드러움 속에 넉넉함이 담긴 것이 한국의 아름다움이다.
③ 한복이나 민화에서도 한국적인 아름다움을 발견할 수 있다.
④ 조선백자는 세련된 기교와 대칭의 아름다움을 지니고 있다.

※ 다음 글을 읽고 이어지는 질문에 답하시오. [4~5]

일반적으로 사람들은 현대미술을 이해하기 어려운 복잡한 미술이라고 생각한다. 회화나 조각에서 아름다움을 쉽게 느낄 수 있는 기존의 미술과는 달리 현대미술은 장르적 한계점을 벗어나 종합예술로서 예술가의 생각을 중심으로 표현하는 미술이기 때문이다. ___㉠___ 현대미술에 큰 관심이 없는 사람들은 자신의 생활과 큰 연결점이 없는 예술가만의 미술로 치부하곤 한다. 그러나 현대미술은 알고 보면 오히려 일반인들에게 친근하게 다가오는 미술이라고 할 수 있다. 과거의 미술은 미술사적으로 미학적인 요소들을 강조하여 표현되었다. 그러나 현대의 미술은 이러한 틀에서 벗어나 우리가 흔하게 접할 수 있는 요소를 활용하여 예술가의 생각이나 감각이 독창적인 방법으로 전개된다. 현대미술의 시작이라 할 수 있는 남성용 소변기를 사용해 제작한 마르셀 뒤샹의 「샘」을 보면 이를 쉽게 알 수 있다. 이처럼 현대미술은 기존 모더니즘적 예술지상주의에서 벗어나 일상 속에서 쉽게 접하는 요소들을 시각화하여 표현한다. 현대미술을 접하는 사람들은 예술가의 작품에서 의미를 발견하고, 일상 속 요소들의 숨겨진 아름다움이나 순수함을 발견할 수 있다. 특히 장르를 가리지 않는 현대미술의 특성상 미술뿐만 아니라 다른 영역에서도 사람들에게 새로운 시각과 아이디어를 제공할 수 있으며, 흔하고 무의미한 요소들에 특별한 의미를 부여하기 때문에 사물의 고정된 틀에서 벗어나 우리의 인식을 새롭게 넓힐 수 있다.

04 윗글의 주제로 가장 적절한 것은?

① 예술가적 표현의 종류
② 현대미술의 역할
③ 현대미술이 가지는 한계점
④ 현대미술을 이해하는 방법

05 다음 중 빈칸 ㉠에 들어갈 접속어로 가장 적절한 것은?

① 그러나
② 그래서
③ 한편
④ 예를 들어

| 03 | 공간지각력

01 다음과 같은 모양을 만드는 데 사용된 블록의 개수는?(단, 보이지 않는 곳의 블록은 있다고 가정한다)

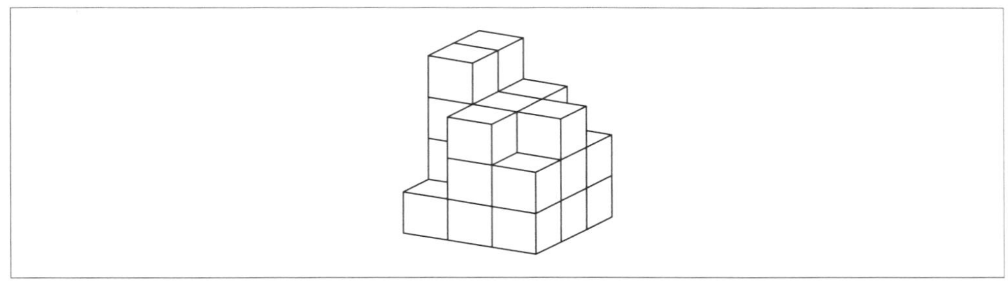

① 22개　　② 23개

③ 24개　　④ 25개

02 다음 중 제시된 도형과 같은 것은?

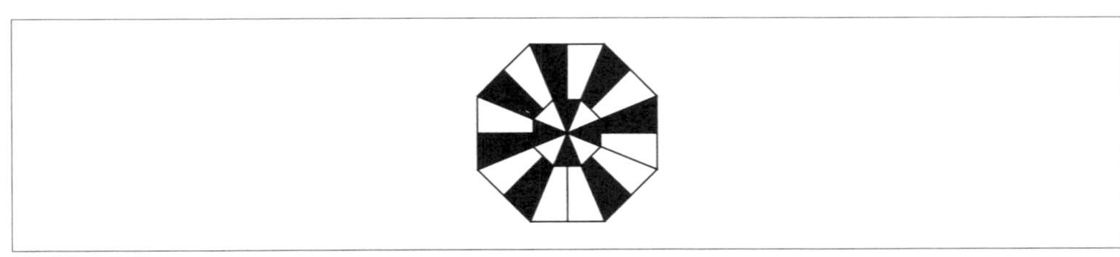

①

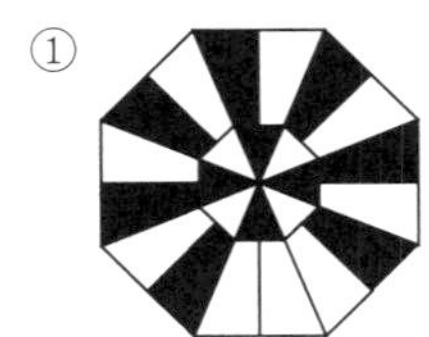

②

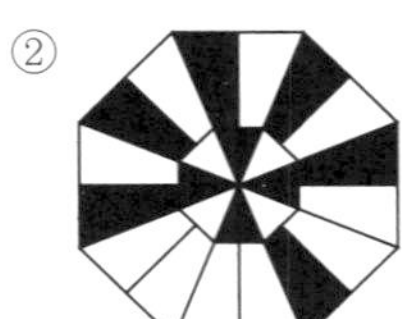

③

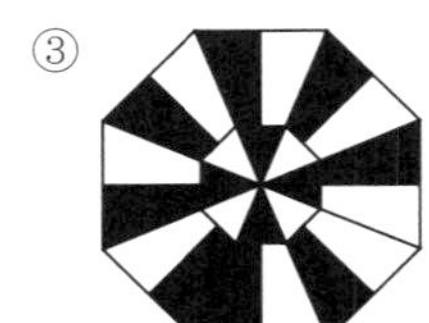

④

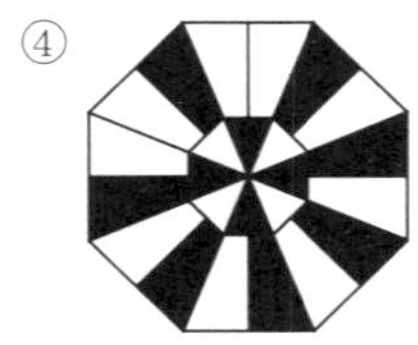

| 04 | 문제해결력

01 **다음 명제를 통해 얻을 수 있는 결론으로 가장 적절한 것은?**

> 전제 1. 모든 음악가는 베토벤을 좋아한다.
> 전제 2. 나는 음악가가 아니다.
> 결론. 그러므로 ________________

① 나는 베토벤을 좋아한다.
② 나는 베토벤을 좋아하지 않는다.
③ 미술가인 내 어머니는 베토벤을 좋아하지 않는다.
④ 내가 베토벤을 좋아하는지 좋아하지 않는지 알 수 없다.

02 **A ~ D 네 사람이 참여한 달리기 시합에서 동순위 없이 순위가 완전히 결정되었다. A, B, C는 각자 다음과 같이 진술하였다. 이들의 진술이 자신보다 낮은 순위의 사람에 대한 진술이라면 참이고, 높은 순위의 사람에 대한 진술이라면 거짓이라고 할 때, 반드시 참인 것은?**

> • A : C는 1위이거나 2위이다.
> • B : D는 3위이거나 4위이다.
> • C : D는 2위이다.

① A는 1위이다.
② B는 2위이다.
③ D는 4위이다.
④ A가 B보다 순위가 높다.

03 다음 글에서 나타난 문제 해결 기법은?

> • 문제상황 : 교내 도서관의 도서가 지속적으로 분실되고 있음
> • 문제해결과정
> 1. 왜 교내 도서관의 도서가 분실되는가?
> → 도서를 빌려간 학생들이 반납을 하지 않았기 때문
> 2. 왜 학생들이 빌려간 도서를 반납하지 않는가?
> → 반납 기일에 대해 자주 잊어버리기 때문
> 3. 왜 학생들은 반납 기일을 자주 잊어버리는가?
> → 임박한 반납 기일을 인지할 장치가 없기 때문
> 4. 왜 반납 기일을 인지할 장치가 없는가?
> → 도서를 빌려줄 당시에 구두로만 반납 기일을 알려주기 때문
> 5. 왜 구두로만 반납 기일을 알려주는가?
> • 문제해결 : 학생들이 반납 기일을 인지할 수 있도록 반납 기일 하루 전 문자로 통보

① TRIZ
② Brainstorming
③ Synectics
④ 5Why

| 05 | 관찰탐구력

01 ‘이 물질’의 합성과 분비가 제대로 이루어지지 않을 경우 포도당을 함유한 오줌을 배설하는 당뇨병이 발생할 수 있다. 대표적인 당뇨병 치료제인 ‘이 물질’은?

① 아미노산
② 글루카곤
③ 인슐린
④ 타우린

02 다음 그림은 마찰이 없는 수평면에서 크기가 다른 두 힘이 한 물체에 작용하고 있는 것을 나타낸 것이다. 이 물체의 가속도 크기는?

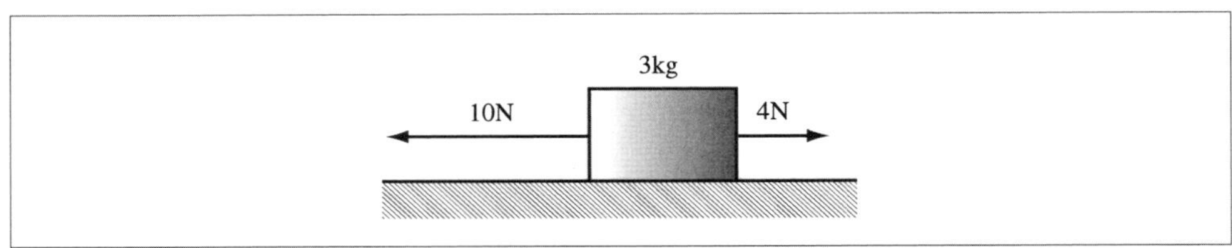

① $1m/s^2$
② $2m/s^2$
③ $3m/s^2$
④ $4m/s^2$

03 다음 설명에 해당하는 물질은?

- 암모니아 합성에 사용된다.
- 반응성이 낮아 과자 봉지의 충전재로 사용된다.
- 지구 대기 조성(부피비) 중 약 78%를 차지한다.

① 산소
② 탄소
③ 질소
④ 아르곤

04 다음 중 작용·반작용의 사례에 해당하지 않는 것은?

① 영수가 운동장을 걷는다.
② 높은 곳에서 떨어질 때 몸을 굴렀다.
③ 물로켓이 물을 뿜으며 발사되었다.
④ 풍선을 불은 후 손을 놓으니 앞으로 나아갔다.

05 다음 〈보기〉에서 설명하는 현상에 적용되는 법칙은?

보기

- 물을 가득 채운 냄비를 가열하면 끓어 넘친다.
- 겨울철 축구공은 여름철에 비해 공기압이 떨어져 있다.
- 알코올 온도계로 기온을 측정하였다.
- 열기구가 하늘 위로 올라간다.
- 따뜻한 물에 찌그러진 탁구공을 넣으면 탁구공이 펴진다.

① 보일의 법칙
② 샤를의 법칙
③ 각운동량 보존의 법칙
④ 에너지 보존의 법칙

CHAPTER 02 2023 ~ 2022년 주요 교육청 기출복원문제

※ 정답 및 해설은 기출복원문제 바로 뒤 p.035에 있습니다.

01 2023년 기출복원문제

| 01 | 언어논리력

01 다음 중 밑줄 친 어휘의 표기가 적절한 것은?

① 나의 바램대로 내일은 흰 눈이 왔으면 좋겠다.
② 엿가락을 고무줄처럼 늘였다.
③ 학생 신분에 알맞는 옷차림을 해야 한다.
④ 계곡물에 손을 담구니 시원하다.

02 다음 제시된 문장의 수정 방안으로 적절한 것은?

- 빨리 도착하려면 저 산을 ㉠ 넘어야 한다.
- 장터는 저 산 ㉡ 넘어에 있소.
- 나는 대장간 일을 ㉢ 어깨너머로 배웠다.
- 자동차는 수많은 작은 부품들로 ㉣ 나뉜다.

① ㉠ : 목적지에 대해 설명하고 있으므로 '너머'로 수정한다.
② ㉡ : 산으로 가로막힌 반대쪽 장소를 의미하기 때문에 '너머'로 수정한다.
③ ㉢ : 남몰래 보고 배운 것을 뜻하므로 '어깨넘어'로 수정한다.
④ ㉣ : 피동 표현을 사용해야 하므로 '나뉘어진다'로 수정한다.

| 02 | 이해력

01 다음 제시된 문단을 논리적 순서대로 바르게 나열한 것은?

> (가) 오류가 발견된 교과서들은 편향적 내용을 검증 없이 인용하거나 부실한 통계를 일반화하는 등의 문제점을 보였다. 대표적으로 교과서 대부분이 대도시의 온도 상승 평균값만을 보고 한반도의 기온 상승이 세계 평균보다 2배 높다고 과장한 것으로 나타났다.
>
> (나) 환경 관련 교과서 대부분이 표면적으로 드러나는 사실을 검증하지 않고 그대로 싣는 문제점을 보였다. 고등학생들이 보는 교과서인 만큼 객관적 사실에 기반을 둬 균형 있는 내용을 실어야 한다.
>
> (다) 고등학교 환경 관련 교과서 대부분이 특정 주장을 검증 없이 게재하는 등 많은 오류가 존재한다는 보수 환경·시민단체의 지적이 제기됐다. 환경정보평가원이 고등학교 환경 관련 교과서 23종을 분석한 결과 총 1,175개의 오류가 발견됐다.
>
> (라) 또한 우리나라 전력 생산의 상당 부분을 차지하는 원자력 발전의 경우 단점만을 자세히 기술하고 경제성과 효율성이 낮은 신재생 에너지는 장점만 언급한 교과서도 있었다.

① (가) – (라) – (나) – (다)
② (나) – (가) – (라) – (다)
③ (다) – (가) – (라) – (나)
④ (다) – (라) – (나) – (가)

02 다음 글의 내용으로 가장 적절한 것은?

> 세계 식품 시장의 20%를 차지하는 할랄식품(Halal Food)은 '신이 허용한 음식'이라는 뜻으로 이슬람 율법에 따라 생산, 처리, 가공되어 무슬림들이 먹거나 사용할 수 있는 식품을 말한다. 이런 기준이 적용된 할랄식품은 엄격하게 생산되고 유통과정이 투명하기 때문에 일반 소비자들에게도 좋은 평을 얻고 있다.
>
> 할랄식품 시장은 최근 들어 급격히 성장하고 있는데 이의 가장 큰 원인은 무슬림 인구의 증가이다. 무슬림은 최근 20년 동안 5억 명 이상의 인구증가를 보이고 있어서 많은 유통업계들이 할랄식품을 위한 생산라인을 설치하는 등의 노력을 하고 있다.
>
> 그러나 할랄식품을 수출하는 것은 쉬운 일이 아니다. 신이 '부정한 것'이라고 하는 모든 것으로부터 분리돼야 하기 때문이다. 또한, 국제적으로 표준화된 기준이 없다는 것도 할랄식품 시장의 성장을 방해하는 요인이다. 세계 할랄 인증 기준만 200종에 달하고 수출업체는 각 무슬림 국가마다 별도의 인증을 받아야 한다. 전문가들은 이대로라면 할랄 인증이 무슬림 국가들의 수입 장벽이 될 수 있다고 지적한다.

① 할랄식품은 무슬림만 먹어야 하는 식품이다.
② 할랄식품의 이미지 때문에 소비자들에게 인기가 좋다.
③ 할랄식품 시장의 급격한 성장으로 유통업계에서 할랄식품을 위한 생산라인을 설치 중이다.
④ 표준화된 할랄 인증 기준을 통과하면 무슬림 국가에 수출이 가능하다.

| 03 | 공간지각력

01 다음 중 제시된 도형과 같은 것은?

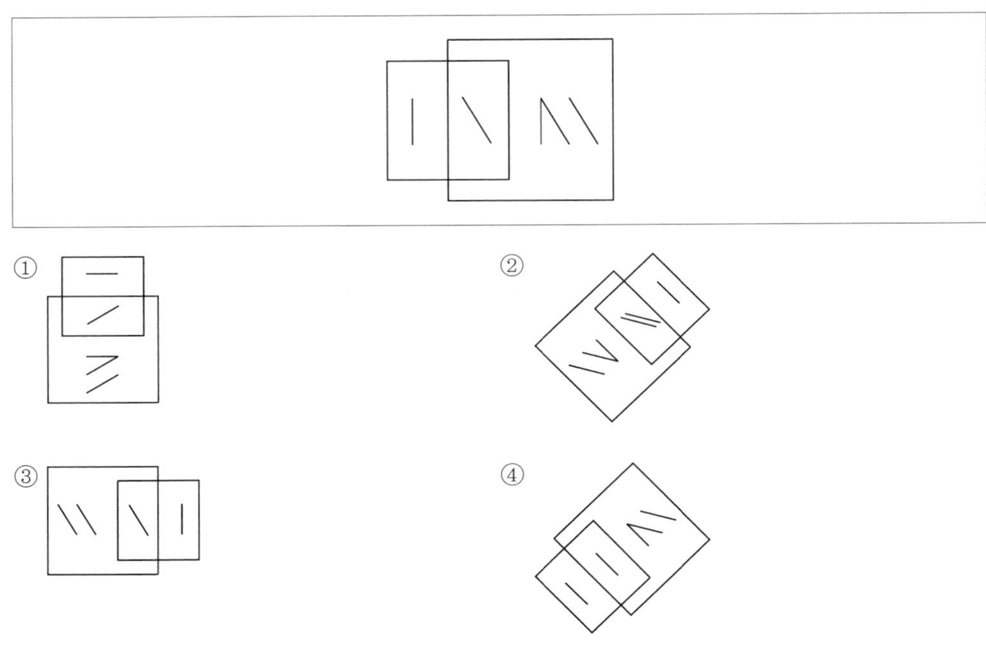

02 다음과 같은 모양을 만드는 데 사용된 블록의 개수는?(단, 보이지 않는 곳의 블록은 있다고 가정하며, 블록은 모두 정육면체이다)

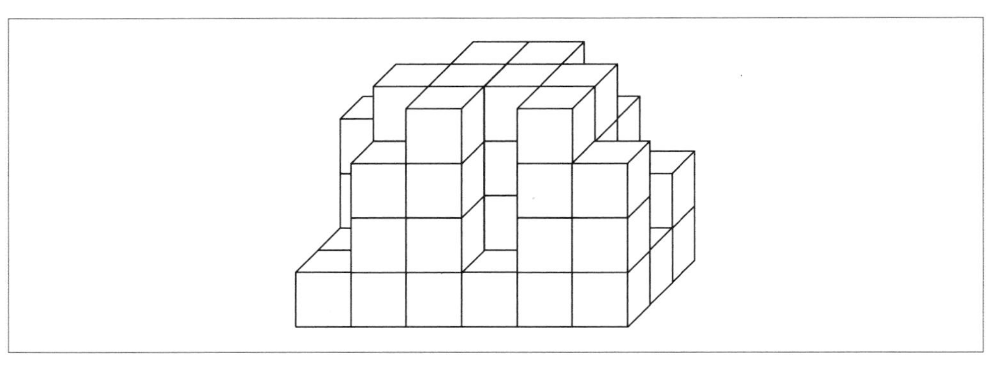

① 51개

② 52개

③ 53개

④ 54개

03 다음 제시된 도형의 규칙에 따라 물음표에 들어갈 도형으로 옳은 것은?

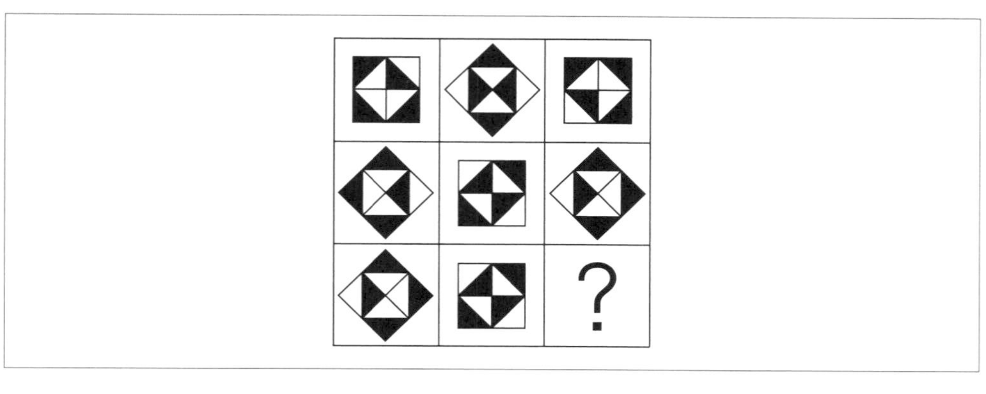

① 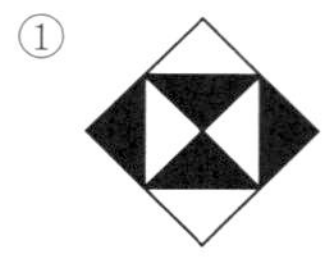

② 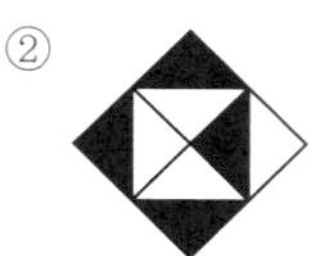

③ 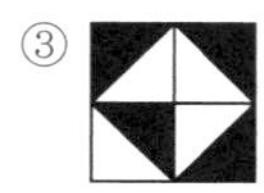

④ 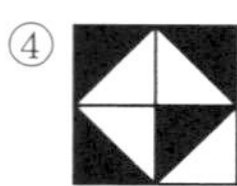

| 04 | 문제해결력

01 제시된 명제가 모두 참일 때, 다음 중 반드시 참이 아닌 것은?

- 적극적인 사람은 활동량이 많다.
- 잘 다치지 않는 사람은 활동량이 많지 않다.
- 활동량이 많으면 면역력이 강화된다.
- 적극적이지 않은 사람은 영양제를 챙겨 먹는다.

① 적극적인 사람은 잘 다친다.
② 적극적인 사람은 면역력이 강화된다.
③ 잘 다치지 않는 사람은 영양제를 챙겨 먹는다.
④ 영양제를 챙겨 먹으면 면역력이 강화된다.

02 제시된 문장이 모두 참일 때, 다음 〈보기〉에서 A, B의 결론에 대한 판단으로 옳은 것은?

- 진구는 공을 2개 가지고 있다.
- 유천이는 공을 5개 가지고 있다.
- 상우는 공이 진구보다 많고 유천이보다 적다.
- 종현이는 진구보다 공이 많다.

보기

- A : 상우는 3개 이상의 공을 가지고 있다.
- B : 종현이는 유천이보다 공이 적다.

① A만 옳다.
② B만 옳다.
③ A, B 모두 옳다.
④ A, B 모두 옳지 않다.

03 **제시된 명제가 모두 참일 때, 빈칸에 들어갈 명제로 가장 적절한 것은?**

- 회계팀의 팀원은 모두 회계 관련 자격증을 가지고 있다.
- ______________________________
- 돈 계산이 빠르지 않은 사람은 회계팀이 아니다.

① 회계팀이 아닌 사람은 돈 계산이 빠르다.
② 돈 계산이 빠른 사람은 회계 관련 자격증을 가지고 있다.
③ 회계팀이 아닌 사람은 회계 관련 자격증을 가지고 있지 않다.
④ 돈 계산이 빠르지 않은 사람은 회계 관련 자격증을 가지고 있지 않다.

04 **S학교에 근무하고 있는 A ~ E 5명의 직원 중 1명이 오늘 지각하였고, 이들은 다음과 같이 진술하였다. 이들 중 1명의 진술이 거짓일 때, 지각한 사람은 누구인가?**

- A : 지각한 사람은 E이다.
- B : 나는 지각하지 않았다.
- C : B는 지각하지 않았다.
- D : 내가 지각했다.
- E : A의 말은 거짓말이다.

① A ② B
③ C ④ D

| 05 | 수리력

01 다음은 A씨가 1월부터 4월까지 지출한 외식비이다. 1월부터 5월까지의 평균 외식비가 120,000원 이상 130,000원 이하가 되게 하려고 할 때, A씨가 5월에 최대로 사용할 수 있는 외식비는?

〈월별 외식비〉

(단위 : 원)

1월	2월	3월	4월	5월
110,000	180,000	50,000	120,000	?

① 14만 원　② 15만 원
③ 18만 원　④ 19만 원

02 다음은 응답자 특성별 스마트폰 1일 평균 이용횟수에 관한 자료이다. 빈칸 (가), (나)에 들어갈 수치로 옳은 것은?(단, 항목별 수치는 응답자 특성 간 일정한 규칙으로 변화한다)

〈응답자 특성별 스마트폰 1일 평균 이용횟수〉

(단위 : %)

구분		10회 미만	10회 이상 30회 미만	30회 이상 50회 미만	50회 이상	평균 이용횟수(회)
유치원생	기타	78.0	15.4	5.5	1.1	7.0
	과의존위험군	12.5	50.6	33.8	3.1	23.1
	일반사용자군	92.3	7.7	0.0	0.0	3.5
초등학생	기타	50.8	30.7	13.0	5.5	15.0
	과의존위험군	25.4	47.1	21.1	6.4	23.0
	일반사용자군	58.9	24.9	10.7	5.5	12.7
중학생	기타	23.1	43.2	–	(가)	24.3
	과의존위험군	31.1	46.2	13.0	9.7	21.5
	일반사용자군	18.1	44.6	26.3	11.0	25.8
고등학생	기타	24.0	44.1	17.6	14.3	23.1
	과의존위험군	33.5	44.0	9.5	13.0	19.6
	일반사용자군	20.1	43.4	20.0	16.5	24.4
대학생	기타	19.2	40.3	21.8	18.7	29.8
	과의존위험군	21.1	38.7	23.9	16.3	36.4
	일반사용자군	18.6	45.4	–	(나)	27.7

	(가)	(나)
①	9.7	19.8
②	9.7	22.0
③	9.9	19.8
④	9.9	22.0

03 며칠 전 Q씨는 온라인 쇼핑몰 S마켓에서 1개당 7,500원인 A상품을 6개, 1개당 8,000원인 B상품을 5개 구매하였고 배송비는 무료였다. 오늘 두 물건을 받아본 Q씨는 마음에 들지 않아 두 물건을 모두 반품하고 환불되는 금액으로 1개당 5,500원인 C상품을 사려고 한다. A상품과 B상품의 반품 배송비는 총 5,000원이며, C상품을 구매할 때에는 3,000원의 배송비가 발생한다고 할 때, C상품을 몇 개 구매할 수 있는가?

① 14개
② 15개
③ 16개
④ 17개

04 다음은 S고등학교 1학년 3반 학생들의 음악 수행평가 점수 현황을 나타낸 그래프이다. 그래프를 참고할 때, 1학년 3반 학생들의 음악 수행평가 평균은 몇 점인가?(단, 수행평가는 80점 만점이다)

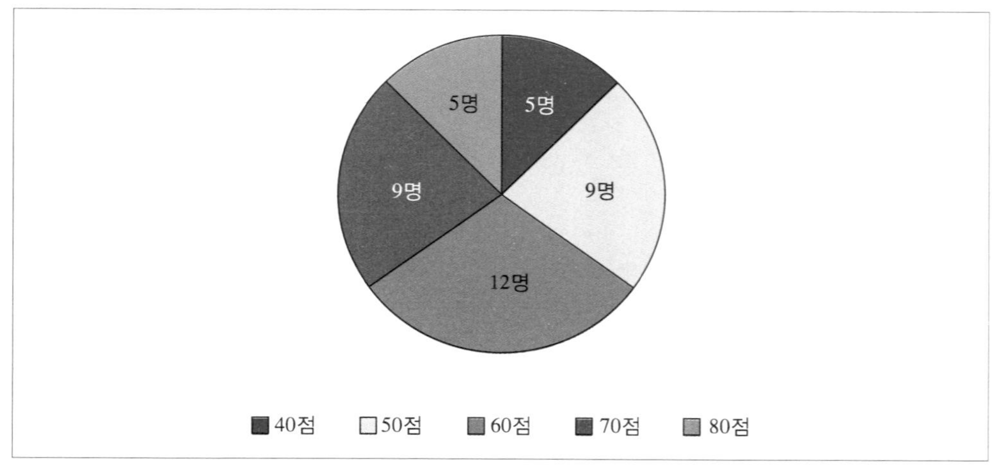

① 50점
② 60점
③ 65점
④ 70점

02 2022년 기출복원문제

| 01 | 언어논리력

01 다음 뜻을 지닌 한자성어로 적절한 것은?

외손뼉은 울릴 수 없다.

① 고장난명(孤掌難鳴)
② 상전벽해(桑田碧海)
③ 오비이락(烏飛梨落)
④ 순망치한(脣亡齒寒)

02 다음 중 밑줄 친 부분의 맞춤법이 적절한 것은?

① 그림에 떡이다.
② 더우면 윗도리를 벗어라.
③ 그거 먹어도 될껄.
④ 형은 끼니도 거른채 일에 몰두했다.

03 다음 중 단어의 형성 방법이 다른 것은?

① 부채질
② 휘감다
③ 새롭다
④ 날뛰다

04 다음 중 밑줄 친 부분의 띄어쓰기가 적절한 것은?

① 이 가방은 저희 매장에 하나 밖에 남지 않은 마지막 상품입니다.
② 이번 휴가에는 올해 열살이 된 조카와 놀이공원에 가려고 한다.
③ 실제로 본 백두산의 모습은 사진에서 본 바와 같이 아름다웠다.
④ 화가 머리끝까지 차오른 주인은 손님을 쫓아내버렸다.

05 다음 〈보기〉 중 밑줄 친 단어의 쓰임이 적절하지 않은 것을 모두 고르면?

보기

ㄱ. 일이 하도 많아 밤샘 작업이 예삿일로 되어 버렸다.
ㄴ. 아이는 등굣길에 문구점에 잠깐 들른다.
ㄷ. 지하 전셋방에서 살림을 시작한 지 10년 만에 집을 장만하였다.
ㄹ. 조갯살로 국물을 내어 칼국수를 끓이면 시원한 맛이 일품이다.
ㅁ. 우리는 저녁을 어디서 먹을까 망설이다가 만장일치로 피잣집에 갔다.

① ㄱ, ㄴ
② ㄱ, ㄷ
③ ㄴ, ㄷ
④ ㄷ, ㅁ

06 다음 〈보기〉에 제시된 단어를 사전 등재 순서에 맞게 나열한 것은?

보기

ㄱ. 왜가리
ㄴ. 약과
ㄷ. 애간장
ㄹ. 외래어

① ㄴ－ㄱ－ㄷ－ㄹ
② ㄷ－ㄴ－ㄱ－ㄹ
③ ㄷ－ㄴ－ㄹ－ㄱ
④ ㄹ－ㄱ－ㄷ－ㄴ

| 02 | 이해력

01 **독서를 새해 목표로 세운 A씨는 휴대하기 편리한 전자책 구매를 고민하는 중에 전자책 시장에 관한 기사를 접했다. A씨가 기사를 읽고 판단한 내용으로 적절하지 않은 것은?**

국내에서는 종이책과 전자책이 저마다 확고한 시장을 확보하고 공존하고 있다. 출판업계 관계자들은 전자책에 대해 종이책을 밀어내는 '경쟁자'의 입장이 아닌 '보완재' 혹은 '동력자'의 관계로 보고 있다. K문고 관계자에 따르면 "종이책과 전자책은 저마다의 장점이 있다. 종이책은 책의 속성인 종이를 넘기는 경험을 주고 전자책은 갖고 다니기 편리한 점이 있다."며 "전자책의 등장으로 출판업의 형태가 변화했을 뿐 전자책과 종이책을 경쟁상대로 보는 것은 맞지 않다."고 말했다. 즉, 종이책과 전자책은 상생하고 있다는 것이다.

일주일에 한 번은 서점을 들른다는 김 모(26)씨도 인터넷신문이 등장하면서 종이신문을 보기 힘들게 된 것처럼 전자책이 종이책을 잡아먹을 것이라고 생각했다. 그러나 "종이책 고유의 감성은 강했다."며 "종이책이 가진 감성을 전자책이 메우기는 힘들다."고 말했다. K문고 E비즈니스 본부장은 "먼 미래에는 어떻게 환경이 바뀌게 될지 예측하기 어렵지만 당분간은 종이책과 전자책이 공존하면서 독서시장을 키울 것으로 보인다. 종이책의 적은 전자책이 아니며, 전자책이 전체 독서시장의 외연을 넓히는 순기능을 할 것으로 기대하고 있다."고 말했다.

현재 국내 전자책 시장은 '웹소설'과 '웹툰'을 필두로 입지를 다지고 있다. 어느 웹소설 전문사이트의 경우 지난 2008년 최초로 웹소설 판매를 시작한 이후 2009년 2억 원이던 연 매출이 지난해 125억 원으로 급성장했다. 또한 국내 웹툰 시장은 지난해 5,840억 원에서 올해 7,240억 원으로 23% 성장했다.

한국전자출판협회 관계자는 "출판사는 전자책과 종이책 판매량을 따지지만 협회에서는 개별로 본다."며 "국내 출판산업은 전자책과 종이책을 비교할 수 없는 구조다. 종이책을 만들지 않는 웹소설과 웹툰도 전자책으로 분류할 수 있어 시장 구분이 모호하다."라며 비교대상이 아니라고 말했다. 한편 "책이라는 큰 카테고리 안에서 전자책은 종이책과 공존해야 할 대상이라고 생각한다."라고 덧붙였다.

프랑스는 종이책의 선전(善戰)을 입증하는 나라로 꼽힌다. 한때 프랑스에 전자책이 상륙하면서 오프라인 서점과 종이책은 3년 내 멸종할 것이란 전망까지 나왔지만 뚜껑을 열고 보니 오판이었다. 전통을 중시하는 프랑스에서 전자책은 전 세계에서 가장 힘을 못 쓰고 있는 것이다.

전통을 존중하는 프랑스가 원체 유별나긴 하지만, 미국도 사실 크게 다르지 않다. 2007년 아마존이 전자책을 출시하면서 매년 급속한 성장을 이어가던 전자책은 최근 영어권 국가를 중심으로 성장률에 정체 신호가 들어왔다. 미국출판협회(AAP) 집계에 따르면, 2016년 1월부터 9월까지 도서 판매에서 전자책 매출은 18.7% 감소하고, 종이책은 7.5% 증가했다고 발표했다. 영국출판협회(PA)도 2016년 영국의 전자책 판매가 17% 감소, 종이책은 7% 증가했다고 발표했다. 전자책 전용 단말기 판매도 2011년 최고치를 기록한 이후 5년간 약 40% 정도 감소했다.

이러한 해외 전자책 시장 정체의 주요 원인으로는 이용자들의 디지털 피로도 현상과 메이저 출판사들의 전자책 가격 인상으로 나타났다. 이용자 관점에서 보았을 때 다수 독자가 느끼는 전자기기를 통한 장문 읽기의 부담감과 다양한 멀티미디어 및 엔터테인먼트 콘텐츠 이용률의 증가가 정체의 원인으로 나타난 것이다.

책은 지식 정보의 전달 수단만이 아니라 인간 감성을 다루는 예술이다. 종이책은 책장 넘기는 소리, 저마다 다른 종이 재질 그리고 잉크 냄새 등 전자책은 흉내낼 수 없는 아날로그 감수성의 결집체이다. 이것이 전자책이 출시된 지 10년이 지난 지금도 많은 인문주의자가 책의 내용만큼 책 그 자체를 아끼는 이유다.

① 해외시장에서의 전자책 성장률 정체는 이용자들이 전자기기를 통한 장문 읽기에 부담을 느꼈기 때문이야.
② 해외시장의 사례를 보아 국내에서 전자책은 종이책보다 경쟁력이 뒤처질 것임을 알 수 있어.
③ 종이책이 살아남을 수 있었던 이유는 이용자의 아날로그 감성을 자극했기 때문이군.
④ 국내 시장에서 종이책과 전자책은 저마다의 확고한 시장 속에서 공존하고 있어.

02 다음 글의 내용에서 추론할 수 없는 것은?

초기의 독서는 소리 내어 읽는 음독 중심이었다. 고대 그리스인들은 쓰인 글이 완전해지려면 소리 내어 읽는 행위가 필요하다고 생각했다. 또한 초기의 두루마리 책은 띄어쓰기나 문장부호 없이 이어 쓰는 연속 기법으로 표기되어 어쩔 수 없이 독자가 자기 목소리로 문자의 뜻을 더듬어가며 읽어봐야 글을 이해할 수 있었다. 흡사 종교의식을 치르듯 성서나 경전을 진지하게 암송하는 낭독이나, 필자나 전문 낭독가가 낭독하는 것을 들음으로써 간접적으로 책을 읽는 낭독 – 듣기가 보편적이었다.
그러던 12세기 무렵 독서 역사에 큰 변화가 일어나는데, 그것은 유럽 수도원의 필경사들 사이에서 시작된 '소리를 내지 않고 읽는 묵독'의 발명이었다. 공동생활에서 소리를 최대한 낮춰 읽는 것이 불가피했던 것이다. 비슷한 시기에 두루마리 책을 완전히 대체하게 된 책자형 책은 주석을 참조하거나 앞부분을 다시 읽는 것을 가능하게 하여 묵독을 도왔다. 묵독이 시작되자 낱말의 간격이나 문장의 경계 등을 표시할 필요성이 생겨 띄어쓰기와 문장부호가 발달했다. 이와 함께 반체제, 에로티시즘, 신앙심 등 개인적 체험을 기록한 책도 점차 등장했다. 이러한 묵독은 꼼꼼히 읽는 분석적 읽기를 가능하게 했다.
음독과 묵독이 공존하던 18세기 중반에 새로운 독서 방식으로 다독이 등장했다. 금속활자와 인쇄술의 보급으로 책 생산이 이전의 3 ~ 4배로 증가하면서 다양한 장르의 책들이 출판되었다. 이전에 책을 접하지 못했던 여성들이 독자로 대거 유입되었고, 독서 조합과 대출 도서관 등 독서 기관이 급격히 증가했다. 이전 시대에는 제한된 목록의 고전을 여러 번 정독하는 집중형 독서가 주로 행해졌던 반면, 이제는 분산형 독서가 행해졌다. 이것은 필독서인 고전의 권위에 대항하여 자신이 읽고 싶은 것을 골라 읽는 자유로운 선택적 읽기를 뜻한다. 이처럼 오늘날 행해지는 다양한 독서 방식들은 장구한 시간의 흐름 속에서 하나씩 등장했다. 그래서 거기에는 당대의 지식사를 이끌었던 흔적들이 남아 있다.

① 다양한 내용의 책을 읽는 데에는 분산형 독서가 효과적이다.
② 분산형 독서는 고전이 전에 가졌던 권위를 약화시켰다.
③ 책자형 책의 출현으로 인해 낭독의 확산이 가능해졌다.
④ 책의 형태가 변화하면 독서의 방식도 따라서 변화한다.

| 03 | 공간지각력

01 다음 세 블록을 합쳤을 때 나올 수 있는 형태로 적절한 것은?

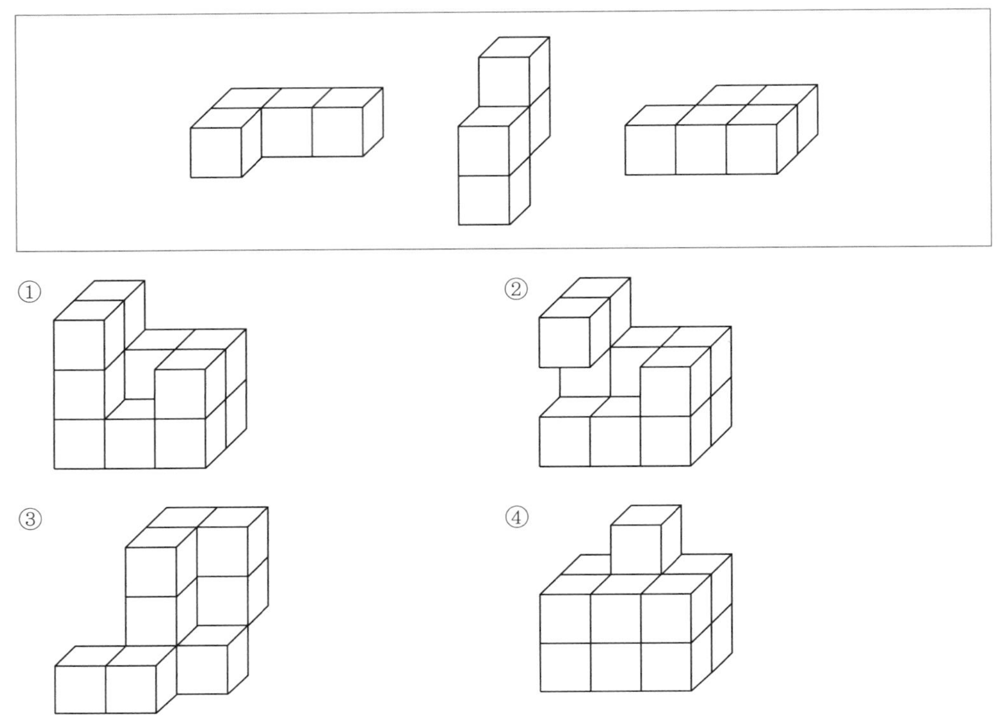

02 제시된 전개도를 접었을 때 나타나는 입체도형으로 적절한 것은?

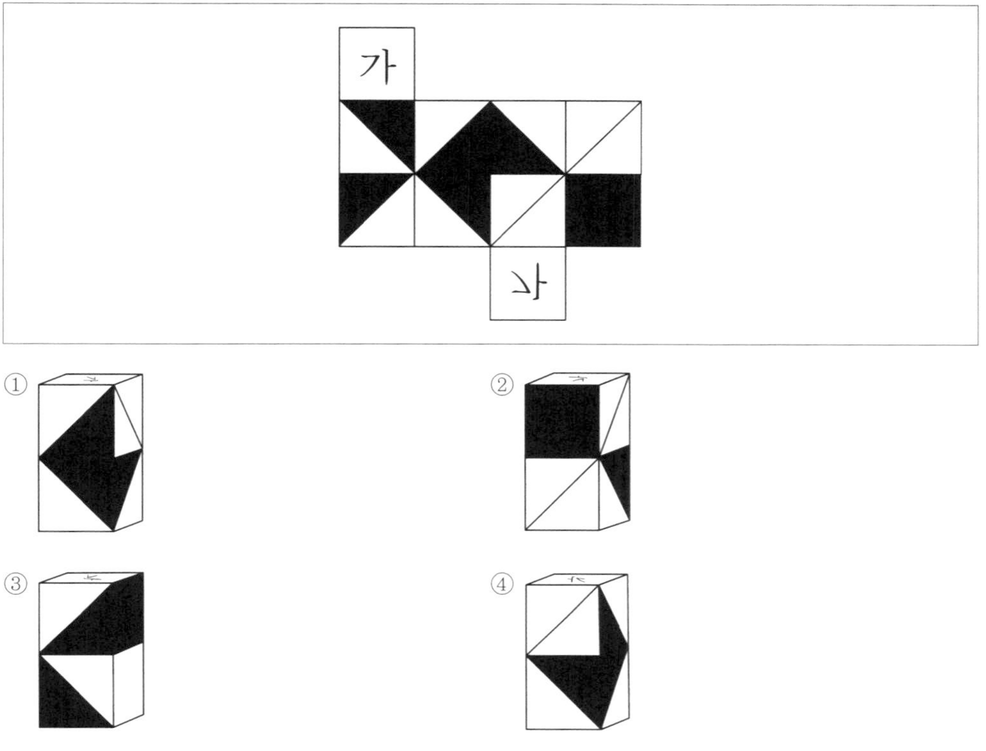

03 다음 그림과 같이 화살표 방향으로 종이를 접은 후, 일부분을 잘라내어 다시 펼쳤을 때의 그림으로 적절한 것은?

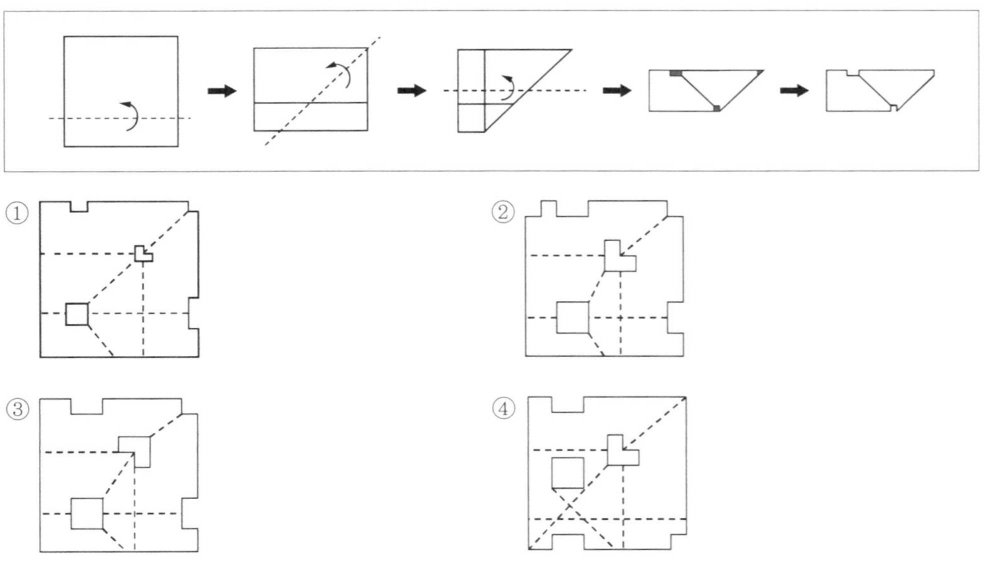

04 다음 제시된 도형과 같은 것은?

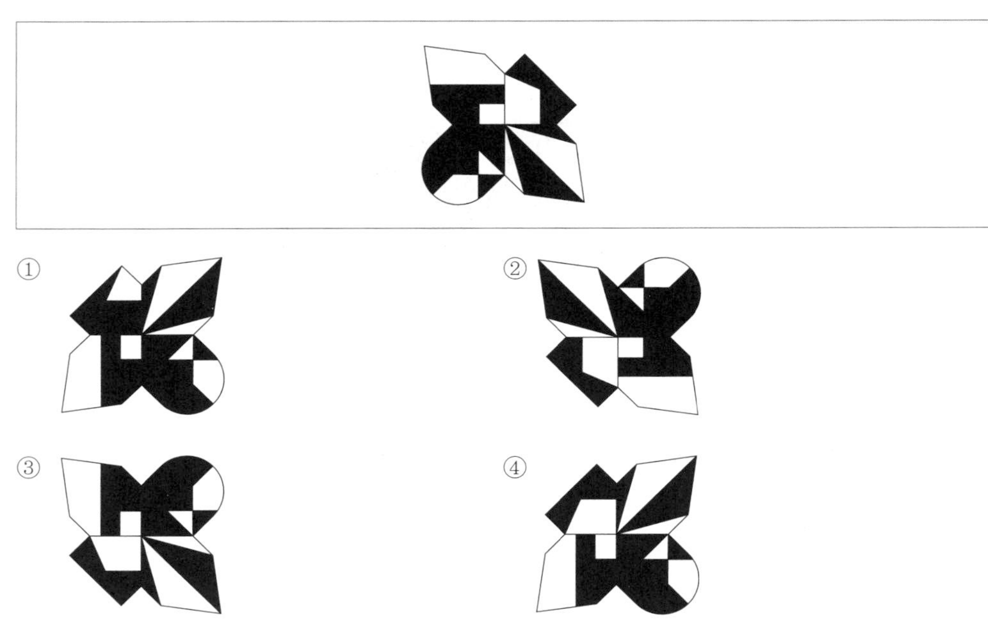

05 다음과 같은 모양을 만드는 데 사용된 블록의 개수는?(단, 보이지 않는 곳의 블록은 있다고 가정한다)

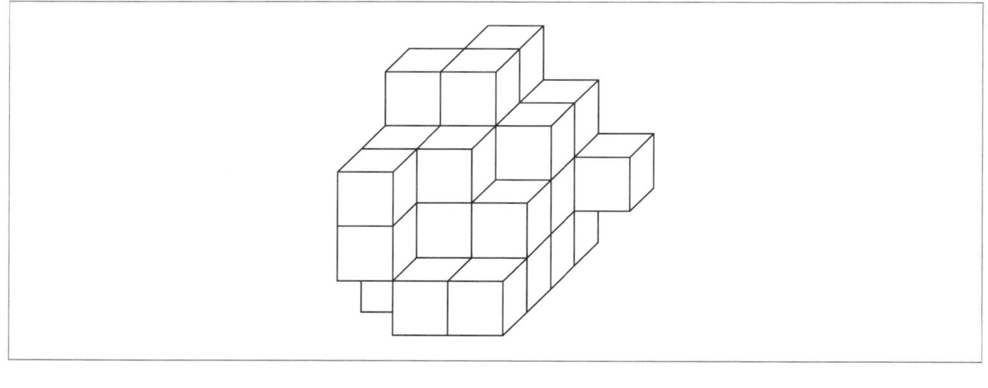

① 37개
② 36개
③ 35개
④ 34개

| 04 | 문제해결력

01 점심식사를 하기 위해 구내식당 배식대 앞에 A ~ F가 한 줄로 줄을 서 있다. 순서가 다음과 같을 때, 항상 옳은 것은?

- A는 맨 앞 또는 맨 뒤에 서 있다.
- B는 맨 앞 또는 맨 뒤에 서지 않는다.
- D와 F는 앞뒤로 인접해서 서 있다.
- B와 C는 한 사람을 사이에 두고 서 있다.
- D는 B보다 앞쪽에 서 있다.

① A가 맨 뒤에 서 있다면 맨 앞에는 D가 서 있다.
② A가 맨 앞에 서 있다면 E는 다섯 번째에 서 있다.
③ F와 B는 앞뒤로 서 있지 않다.
④ C는 맨 뒤에 서지 않는다.

02 찬열이의 가족(할아버지, 할머니, 아버지, 어머니, 누나)은 찬열이의 대상 수상을 기념해 중국집에서 외식을 하기로 했다. 가족들은 볶음밥, 울면, 우동, 잡채밥, 짜장면, 짬뽕을 각자 한 그릇씩 주문하였다. 다음 중 찬열이가 주문한 음식과 찬열이의 왼쪽에 앉은 사람을 바르게 연결한 것은? (단, 테이블은 원형이다)

- 할머니는 찬열이 반대편에 앉고, 찬열이와 누나 사이에는 한 사람이 있다.
- 아버지는 할머니 바로 왼쪽에 있다.
- 할아버지와 아버지만 밥류를 먹고, 아버지가 잡채밥을 먹으면 찬열이는 짜장면을 먹는다.
- 볶음밥의 반대편에는 잡채밥이 있고, 할머니 앞에는 국물이 없는 음식이 있다.
- 누나는 짬뽕을 먹고, 짬뽕 반대편에는 우동이 있다.
- 울면을 먹고 싶어하는 누나에게 할아버지가 옆자리의 울면을 나눠준다.

① 짜장면 – 어머니
② 울면 – 어머니
③ 짜장면 – 할아버지
④ 울면 – 할아버지

03 A ~ D 네 명이 4층 아파트의 서로 다른 층에 살고 있다. 주어진 〈조건〉으로 볼 때 3층에 사는 사람은?

조건
- A는 짝수 층에 살지 않는다.
- B는 1층에 살지 않는다.
- C는 B보다 더 위층에 산다.
- D는 A보다 더 아래층에 산다.

① A ② B
③ C ④ D

04 신발가게에서 일정 금액 이상 구매한 고객에게 추첨을 통해 다양한 경품을 주는 이벤트를 하고 있다. 함께 쇼핑을 한 A ~ E는 이벤트에 응모했고 이 중 한 명만 신발에 당첨되었다. 다음 A ~ E의 대화에서 한 명이 거짓말을 한다고 할 때, 신발 당첨자는?

- A : C는 신발이 아닌 할인권에 당첨됐어.
- B : D가 신발에 당첨됐고, 나는 커피 교환권에 당첨됐어.
- C : A가 신발에 당첨됐어.
- D : C의 말은 거짓이야.
- E : 나는 꽝이야.

① A ② B
③ C ④ D

05 6명의 학생이 아침, 점심, 저녁을 먹는데 메뉴는 김치찌개와 된장찌개뿐이다. 주어진 〈조건〉이 모두 참일 때, 적절하지 않은 것은?

조건
- 아침과 저녁은 다른 메뉴를 먹는다.
- 점심과 저녁에 같은 메뉴를 먹은 사람은 4명이다.
- 아침에 된장찌개를 먹은 사람은 3명이다.
- 하루에 된장찌개를 한 번만 먹은 사람은 3명이다.

① 아침에 된장찌개를 먹은 사람은 모두 저녁에 김치찌개를 먹었다.
② 된장찌개는 총 9그릇이 필요하다.
③ 김치찌개는 총 10그릇이 필요하다.
④ 점심에 된장찌개를 먹은 사람은 아침이나 저녁 중 한 번은 된장찌개를 먹었다.

| 05 | 관찰탐구력

01 지권에서 판의 구조와 운동에 대한 설명으로 적절한 것을 〈보기〉에서 모두 고르면?

보기

ㄱ. 지구 표면은 여러 개의 판으로 되어 있다.
ㄴ. 판의 운동을 일으키는 원동력은 맨틀 대류이다.
ㄷ. 판과 판이 멀어지는 곳에서 습곡 산맥이 만들어진다.

① ㄱ　　② ㄷ
③ ㄱ, ㄴ　　④ ㄴ, ㄷ

02 다음 그림은 일식 때 태양, 지구, 달의 위치 관계를 나타낸 것이다. 이에 대한 설명으로 적절한 것을 〈보기〉에서 모두 고르면?

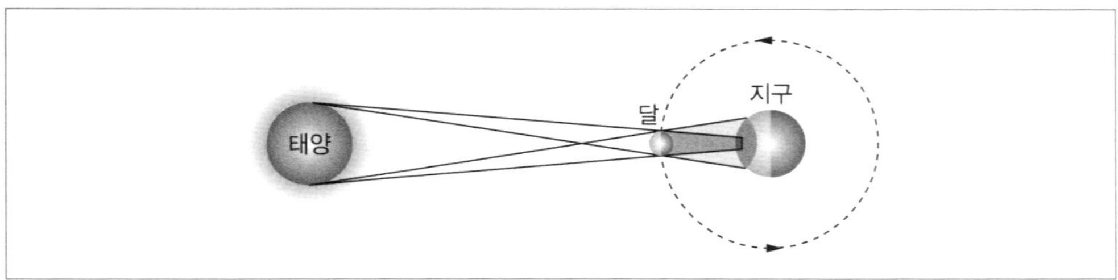

보기

ㄱ. 달의 위상은 망이다.
ㄴ. 매달 일어나는 현상이다.
ㄷ. 태양 – 달 – 지구가 일직선상에 위치한다.

① ㄱ　　② ㄷ
③ ㄱ, ㄴ　　④ ㄴ, ㄷ

03 다음에서 설명하는 것은?

• 지권에서 판의 운동을 일으키는 원동력이다.
• 습곡 산맥, 화산, 지진 등 지표면의 변화를 일으키는 원인이 된다.

① 내핵의 운동　　② 대기의 순환
③ 맨틀의 대류　　④ 해류의 순환

| 06 | 수리력

01 S학원에 초급반 수업 A, B, C, 고급반 수업 가, 나, 다가 있다. 6개 수업을 순차적으로 개설하려고 할 때, 고급반 수업은 이어서 개설되고, 초급반 수업은 이어서 개설되지 않는 경우의 수는?

① 12가지
② 24가지
③ 36가지
④ 72가지

02 다음은 황소개구리의 개체 수 변화에 대한 자료이다. 이와 같은 일정한 변화가 지속될 때 2025년 황소개구리의 개체 수는 몇 마리인가?

〈황소개구리 개체 수 변화〉

(단위 : 만 마리)

구분	2017년	2018년	2019년	2020년	2021년
개체 수	50	47	44	41	38

① 24만 마리
② 25만 마리
③ 26만 마리
④ 27만 마리

03 K마트에서 오리구이 400g과 치킨 1마리를 구매하면 22,000원이고, 치킨 2마리와 오리구이 200g을 구매하면 35,000원이다. 오리구이 100g당 가격은 얼마인가?

① 1,000원
② 1,500원
③ 2,000원
④ 2,500원

04 학교에서 도서관까지 시속 40km로 갈 때와 시속 45km로 갈 때 걸리는 시간이 10분 차이가 난다면 학교에서 도서관까지의 거리는 얼마인가?

① 50km
② 60km
③ 70km
④ 80km

05 다음은 2011 ~ 2021년 국내 5급 공무원과 7급 공무원 채용인원 현황에 대한 자료이다. 자료에 대한 〈보기〉의 설명 중 적절한 것을 모두 고르면?

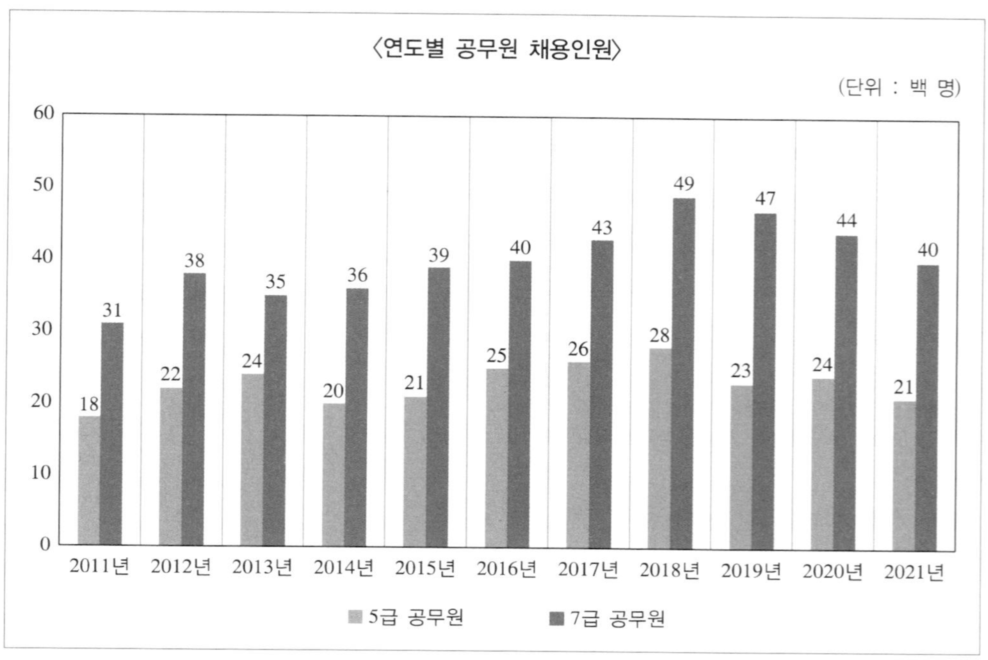

보기

ㄱ. 2014 ~ 2019년 동안 5급 공무원과 7급 공무원 채용인원의 증감추이는 동일하다.
ㄴ. 2011 ~ 2021년 동안 채용인원이 가장 적은 해와 가장 많은 해의 인원 차이는 5급 공무원이 7급 공무원보다 많다.
ㄷ. 2012 ~ 2021년 동안 전년 대비 채용인원의 증감량이 가장 많은 해는 5급 공무원과 7급 공무원 모두 동일하다.
ㄹ. 2011 ~ 2021년 동안 매년 7급 공무원 채용인원이 5급 공무원 채용인원의 2배 미만이다.

① ㄱ　　② ㄷ
③ ㄱ, ㄴ　　④ ㄱ, ㄷ

2023년 경상남도교육청 기출복원문제

| 01 | 언어논리력

01	02	03	04	05
④	④	③	②	①

01 정답 ④

탁상공론은 '현실성이나 실천 가능성이 없는 허황한 이론이나 논의'를 뜻하는 사자성어로, 제시된 상황에 가장 적절하다.

오답분석

① 토사구팽(兎死狗烹) : 토끼 사냥이 끝나면 사냥개를 삶아 먹는다는 것으로 쓸모가 없어지면 버려진다는 뜻
② 계명구도(鷄鳴狗盜) : 닭의 울음소리와 개 도둑. 하찮은 재주도 쓸모가 있다는 뜻
③ 표리부동(表裏不同) : 겉과 속이 같지 않다는 뜻

02 정답 ④

제시된 단어의 관계를 살펴보면 왼쪽 항은 오른쪽 항의 범주이며, 오른쪽 항은 왼쪽 항의 요소이다. 따라서 ㉠에는 '가을'이, ㉡에는 '동물'이 들어가야 한다.

03 정답 ③

오답분석

- 웬지 → 왠지
- 어떡게 → 어떻게
- 말씀드리던지 → 말씀드리든지
- 바램 → 바람

04 정답 ②

갈음하다 : 다른 것으로 바꾸어 대신하다.

오답분석

① 분리하다 : 서로 나누어 떨어지게 하다.
③ 어림하다 : 대강 짐작으로 헤아리다.
④ 헤아리다 : 수량을 세다.

05 정답 ①

제시된 문장과 ①의 '밀다'는 '일정한 방향으로 움직이도록 반대쪽에서 힘을 가하다.'의 의미로 사용되었다.

오답분석

② 머리카락이나 털 따위를 매우 짧게 깎다.
③ 뒤에서 보살피고 도와주다.
④ 바닥이 반반해지도록 연장을 누르면서 문지르다.

| 02 | 이해력

01	02	03	04	05
④	②	④	②	②

01

정답 ④

단감이 감기 예방과 피로 해소에 좋다는 앞의 내용에 이어 숙취 해소에도 도움을 준다는 내용을 추가로 이야기하고 있으므로 빈칸에 들어갈 접속어로 '또한'이 적절하다.

02

정답 ②

제시문은 A병원 내과 교수팀이 난치성 결핵균에 대한 치료성적이 세계 최고 수준으로 인정받았으며, 이로 인해 많은 결핵환자들에게 큰 희망을 주었다는 내용의 글이다. 따라서 (다) 난치성 결핵균에 대한 치료성적이 우리나라가 세계 최고 수준임 → (나) A병원 내과 교수팀이 난치성 결핵의 치료 성공률을 세계 최고 수준으로 높임 → (라) 현재 치료 성공률이 80%에 이름 → (가) 이는 난치성 결핵환자들에게 큰 희망이 될 것임 순서로 연결되어야 한다.

03

정답 ④

네 번째 문단에서 조선백자는 넉넉한 곡선과 비대칭의 아름다움, 그러면서도 여유 있고 균형 잡힌 형태감을 지니고 있다고 하였다. '대칭과 완벽'은 중국 자기의 특징이고, '기교'는 일본 자기의 특징이다.

오답분석

①·② 두 번째 문단에서 확인할 수 있다.
③ 다섯 번째 문단에서 확인할 수 있다.

04

정답 ②

제시문은 현대미술이 사람들의 인식을 넓히고 새로운 아이디어를 주는 등 현대미술의 역할에 대해 서술하고 있다.

05

정답 ②

빈칸 ㉠의 앞 문장은 빈칸 ㉠의 뒤 문장에서 일반인이 현대미술을 예술가만의 미술로 치부하는 이유가 된다. 따라서 서로 인과 관계에 있으므로 '그래서'가 가장 적절하다.

| 03 | 공간지각력

01	02			
④	④			

01

정답 ④

1층 : 9개, 2층 : 8개, 3층 : 6개, 4층 : 2개
∴ $9+8+6+2=25$개

02

정답 ④

제시된 도형을 180° 회전한 것이다.

| 04 | 문제해결력

01	02	03		
④	②	④		

01

정답 ④

모든 음악가는 베토벤을 좋아하지만, 음악가가 아닌 사람이 베토벤을 좋아하는지 좋아하지 않는지 알 수 없다. 따라서 ④가 적절한 결론이다.

오답분석

①·② 나는 음악가가 아니지만, 음악가가 아닌 사람이 베토벤을 좋아하는지 좋아하지 않는지 알 수 없다. 따라서 내가 베토벤을 좋아하는지 여부는 알 수 없다.

③ 미술가인 어머니에 대한 전제는 제시되어 있지 않다. 따라서 알 수 없다.

02

정답 ②

먼저 A의 진술이 참인 경우와 거짓인 경우로 나누어 본다.

i) A의 진술이 참인 경우
A가 1위, C가 2위이다. 그러면 B의 진술은 참이다. 따라서 B가 3위, D가 4위이다. 그러나 D가 C보다 순위가 낮음에도 C의 진술은 거짓이다. 이는 제시된 조건에 위배된다.

ii) A의 진술이 거짓인 경우
제시된 조건에 따라 A의 진술이 거짓이라면 C는 3위 또는 4위일 것인데, 자신보다 높은 순위의 사람에 대한 진술이 거짓이므로 C는 3위, A는 4위이다. 그러면 B의 진술은 거짓이므로, D가 1위, B가 2위이다.

따라서 반드시 참인 것은 ②이다.

03

정답 ④

제시문에서 볼 수 있는 문제 해결 기법은 5Why 기법이다. 5Why 기법은 문제에 대한 질문과 대답을 계속 진행하면서 문제의 실체와 근본적인 원인을 파악하고 올바른 해결방안을 수립하도록 돕는 문제 해결 기법이다.

오답분석

① TRIZ : 문제에 대하여 이상적인 결과를 정하고, 그 결과를 얻는 데 모순이 되는 것을 찾아 모순을 극복할 수 있는 창의적인 해결안을 찾는 문제 해결 기법

② Brainstorming : 새로운 아이디어를 떠올리고, 창의적으로 문제를 해결하기 위한 집단적 창의력 사고 기법

③ Synectics : 서로 관련이 없어 보이는 것들을 조합하여 새로운 것을 도출하는 사고 기법

| 05 | 관찰탐구력

01	02	03	04	05
③	②	③	②	②

01

정답 ③

이자(췌장)의 β세포에서 합성·분비되어 혈액 속의 포도당의 양을 일정하게 유지시키는 역할을 하는 인슐린은 당뇨병 치료제로 널리 사용된다.

02

정답 ②

서로 반대되는 힘의 합력은 다음과 같다.

$-10\text{N}+4\text{N}=-6\text{N}$[(−)는 힘의 방향을 뜻한다]

뉴턴의 운동 제2법칙(가속도의 법칙)에 따르면 $F=m\times a$이다.

$\therefore\ a=\frac{F}{m}=\frac{6}{3}=2\text{m/s}^2$

03

정답 ③

질소는 원소주기율표상에서 2주기 15족에 속하는 비금속 원소로 지구 대기의 약 78% 정도를 차지하고 있으며 지구 생명체의 구성 성분이다. 질소는 인체에 무해하고 반응성이 적은 안정한 기체로 과자 봉지 충전재로 많이 쓰인다.

04

정답 ②

높은 곳에서 떨어질 때 몸을 구르면 충격 시간이 길어져 몸에 받는 충격력이 감소한다. 이는 작용·반작용 사례에 해당하지 않는다.

오답분석

① 걸을 때 발바닥이 땅을 밀면서 땅 또한 발바닥을 밀어 앞으로 나아간다.

③ 물로켓이 물을 밀면서 물 또한 물로켓을 밀어 앞으로 나아간다.

④ 풍선이 공기를 밀면서 공기 또한 풍선을 밀어 앞으로 나아간다.

05

정답 ②

보기에 나타난 현상들은 샤를의 법칙에 의해 나타나는 현상으로, 샤를의 법칙은 기체의 부피가 기체의 온도에 비례한다는 법칙이다. 이에 따르면 기체의 부피는 1℃ 올라갈 때마다 0℃일 때 부피의 $\frac{1}{273}$씩 증가한다.

2023 ~ 2022년 주요 교육청 기출복원문제

01 2023년 기출복원문제

| 01 | 언어논리력

01	02			
②	②			

01

정답 ②

'본디보다 더 길어지게 하다.'라는 의미로 쓰였으므로 '늘이다'의 활용형인 '늘였다'로 쓰는 것이 옳다.

오답분석

① 바램대로 → 바람대로
③ 알맞는 → 알맞은
④ 담구니 → 담그니

02

정답 ②

오답분석

① 산을 '넘는다'는 행위의 의미이므로 '넘어'가 맞다.
③ '어깨너머'는 타인이 하는 것을 옆에서 보거나 들음을 의미한다.
④ '나뉘다(나누이다)'는 '나누다'의 피동형이므로 피동을 나타내는 접사 '-어지다'와 결합할 수 없다.

| 02 | 이해력

01	02			
③	③			

01

정답 ③

제시문은 교과서에서 많은 오류가 발견된 사실을 제시하고 오류의 유형과 예시를 차례로 언급하며 문제 해결에 대한 요구를 제시하고 있다. 따라서 (다) 교과서에서 많은 오류가 발견 → (가) 교과서에서 나타나는 오류의 유형과 예시 → (라) 편향된 내용을 담은 교과서의 또 다른 예시 → (나) 교과서의 문제 지적과 해결 촉구 순서로 연결되어야 한다.

02

정답 ③

할랄식품 시장의 확대로 많은 유통업계들이 할랄식품을 위한 생산라인을 설치 중이다.

오답분석

①·② 할랄식품은 엄격하게 생산·유통되기 때문에 일반 소비자들에게도 평이 좋다.
④ 세계 할랄 인증 기준은 200종에 달하고 수출하는 국가마다 별도의 인증을 받아야 한다.

| 03 | 공간지각력

01	02	03		
①	③	②		

01

정답 ①

오답분석

②

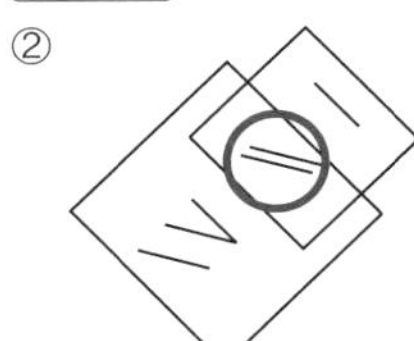

③

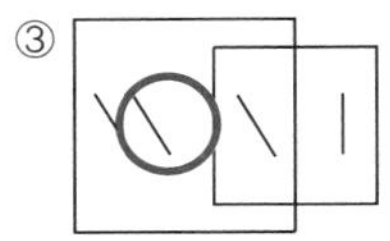

④

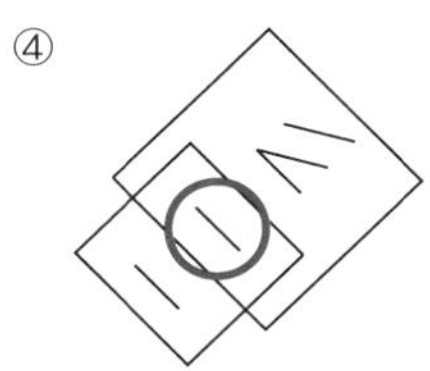

02

정답 ③

1층 : 18개, 2층 : 14개, 3층 : 13개, 4층 : 8개

∴ 18+14+13+8=53개

03

정답 ②

규칙은 세로로 적용된다.

첫 번째 도형을 시계 방향으로 45° 회전한 것이 두 번째 도형이고, 이를 180° 회전한 것이 세 번째 도형이다.

| 04 | 문제해결력

01	02	03	04	
④	①	④	④	

01

정답 ④

제시된 명제를 정리하면 다음과 같다.

- 적극적인 사람 → 활동량이 많음
- 잘 다치지 않음 → 활동량이 많지 않음
- 활동량이 많음 → 면역력이 강화됨
- 적극적이지 않음 → 영양제 챙겨 먹음

명제의 대우는 항상 성립하므로, 다음과 같은 결과를 도출할 수 있다.

- 적극적인 사람 → 활동량이 많음 → 면역력이 강화됨 / 잘 다침
- 활동량이 많지 않음 → 적극적이지 않음 → 영양제 챙겨 먹음

따라서 영양제를 챙겨 먹으면 면역력이 강화되는지 여부는 알 수 없다.

02

정답 ①

- A : 상우의 공은 3개 혹은 4개이므로 3개 이상이라고 할 수 있다.
- B : 종현이는 유천이보다 공이 더 많을 수도 있고 적을 수도 있다.

따라서 A만 옳다.

03

정답 ④

'회계팀 팀원'을 p, '회계 관련 자격증을 가지고 있다.'를 q, '돈 계산이 빠르다.'를 r이라고 하여 주어진 명제를 정리하면 다음과 같다.

- 첫 번째 명제 : $p \rightarrow q$
- 마지막 명제 : $\sim r \rightarrow \sim p$

이때 마지막 명제의 대우는 $p \rightarrow r$이므로, 마지막 명제가 참이 되기 위해서는 $q \rightarrow r$이 필요하다.

따라서 빈칸에 들어갈 명제는 $q \rightarrow r$의 대우에 해당하는 ④이다.

04

정답 ④

A와 E의 진술이 상반되므로 둘 중 한 명이 거짓을 말하고 있음을 알 수 있다.

1) E의 진술이 거짓인 경우 : 지각한 사람이 D와 E 2명이 되므로 성립하지 않는다.
2) A의 진술이 거짓인 경우 : B, C, D, E의 진술이 모두 참이 되며, 지각한 사람은 D이다.

따라서 거짓을 말하는 사람은 A이며, 지각한 사람은 D이다.

| 05 | 수리력

01	02	03	04	
④	④	①	②	

01

정답 ④

5개월 동안 평균 외식비가 12만 원 이상 13만 원 이하일 때, 총 외식비는 12×5=60만 원 이상 13×5=65만 원 이하가 된다. 또한 1월부터 4월까지 지출한 외식비는 110,000+180,000+50,000+120,000=460,000원이다.
따라서 A씨가 5월에 최대로 사용할 수 있는 외식비는 650,000−460,000=190,000원이다.

02

정답 ④

항목별로 보면, 스마트폰 1일 평균 이용횟수가 '50회 이상'인 항목 중 기타의 경우에는 유치원생부터 대학생까지 4.4씩 증가하고, 과의존위험군의 경우 3.3씩, 일반사용자군은 5.5씩 증가하고 있다.
따라서 (가)에 들어갈 수치는 5.5+4.4=9.9이고, (나)에 들어갈 수치는 16.5+5.5=22.0이다.

03

정답 ①

- A상품 6개와 B상품 5개의 가격 : 7,500×6+8,000×5 =85,000원
- A상품과 B상품의 반품 배송비 : 5,000원
- C상품의 배송비 : 3,000원

→ C상품을 구매할 수 있는 금액 : 85,000−(5,000+3,000) =77,000원
따라서 C상품은 77,000÷5,500=14개 구매할 수 있다.

04

정답 ②

학생들의 음악 수행평가 평균을 구하기 위해 반 전체 학생 수와 점수의 총합을 먼저 알아야 한다. 전체 학생 수는 5+9+12+9+5=40명이며, 40명이 받은 점수 총합은 40×5+50×9+60×12+70×9+80×5=2,400점이다.

따라서 평균은 $\frac{2,400}{40}$=60점이다.

02 2022년 기출복원문제

| 01 | 언어논리력

01	02	03	04	05	06				
①	②	④	③	④	②				

01

정답 ①

고장난명(孤掌難鳴)은 '외손뼉만으로는 소리가 울리지 아니한다.'는 뜻으로, 혼자의 힘만으로 어떤 일을 이루기 어려움을 이르는 말이다.

오답분석

② 상전벽해(桑田碧海) : 뽕나무밭이 변하여 푸른 바다가 된다는 뜻으로, 세상일의 변천이 심함을 비유적으로 이르는 말
③ 오비이락(烏飛梨落) : 까마귀 날자 배 떨어진다는 뜻으로, 아무 관계도 없이 한 일이 공교롭게도 때가 같아 억울하게 의심을 받거나 난처한 위치에 서게 됨을 이르는 말
④ 순망치한(脣亡齒寒) : 입술이 없으면 이가 시리다는 뜻으로, 서로 이해관계가 밀접한 사이에 어느 한쪽이 망하면 다른 한쪽도 그 영향을 받아 온전하기 어려움을 이르는 말

02

정답 ②

'웃–' 및 '윗–'은 명사 '위'에 맞추어 통일한다.
예 윗넓이, 윗니, 윗도리 등
다만 된소리나 거센소리 앞에서는 '위–'로 한다.
예 위짝, 위쪽, 위층 등

오답분석

④ '채'는 '이미 있는 상태 그대로 있다.'는 뜻을 나타내는 의존명사이므로 띄어 쓴다.

03

정답 ④

날뛰다는 '날다'+'뛰다'가 결합될 때 어미 '–고'가 생략된 합성어이다.

오답분석

① 부채질 : '부채'+'–질(접미사)'로 파생어이다.
② 휘감다 : '휘(접두사)–'+'감다'로 파생어이다.
③ 새롭다 : '새'+'–롭다(접미사)'로 파생어이다.

단어의 형성
1. 합성어 : 어근+어근
2. 파생어 : 어근+접사
   (1) 접두사+어근
   (2) 어근+접미사

04

정답 ③

'바'는 '앞에서 말한 내용 그 자체나 일 따위를 나타내는 말'을 의미하는 의존명사이므로 앞말과 띄어 쓴다.

오답분석

① '-밖에'는 주로 체언이나 명사형 어미 뒤에 붙어 '그것 말고는', '그것 이외에는' 등의 뜻을 나타내는 보조사이므로 '하나밖에'와 같이 앞말에 붙여 쓴다.
② '살'은 '나이를 세는 단위'를 의미하는 의존명사이므로 '열 살이'와 같이 띄어 쓴다.
④ 본용언이 합성어인 경우는 본용언과 보조 용언을 붙여 쓰지 않으므로 '쫓아내 버렸다'와 같이 띄어 써야 한다.

05

정답 ④

ㄷ. 전셋방 → 전세방
ㅁ. 피잣집 → 피자집

한글맞춤법 제4장 제4절 제30항
사이시옷은 다음과 같은 경우에 받치어 적는다.
1. 순 우리말로 된 합성어로서 앞말이 모음으로 끝난 경우
   (1) 뒷말의 첫소리가 된소리로 나는 것
      예 바닷가, 쳇바퀴, 나뭇가지
   (2) 뒷말의 첫소리 'ㄴ, ㅁ' 앞에서 'ㄴ' 소리가 덧나는 것
      예 잇몸, 멧나물, 아랫마을
   (3) 뒷말의 첫소리 모음 앞에서 'ㄴㄴ' 소리가 덧나는 것
      예 깻잎, 베갯잇, 도리깻열
2. 순 우리말과 한자어로 된 합성어로서 앞말이 모음으로 끝난 경우
   (1) 뒷말의 첫소리가 된소리로 나는 것
      예 샛강, 탯줄, 전셋집
   (2) 뒷말의 첫소리 'ㄴ, ㅁ' 앞에서 'ㄴ' 소리가 덧나는 것
      예 곗날, 양칫물, 제삿날
   (3) 뒷말의 첫소리 모음 앞에서 'ㄴㄴ' 소리가 덧나는 것
      예 예삿일, 가욋일, 사삿일
3. 두 음절로 된 다음 한자어
   예 곳간(庫間), 셋방(貰房), 숫자(數字), 찻간(車間), 툇간(退間), 횟수(回數)

06

정답 ②

모음의 사전 등재 순서는 ㅏ, ㅐ, ㅑ, ㅒ, ㅓ, ㅔ, ㅕ, ㅖ, ㅗ, ㅘ, ㅙ, ㅚ, ㅛ, ㅜ, ㅝ, ㅞ, ㅟ, ㅠ, ㅡ, ㅢ, ㅣ 순이다. 따라서 'ㄷ. 애간장 – ㄴ. 약과 – ㄱ. 왜가리 – ㄹ. 외래어' 순서이다.

| 02 | 이해력

01	02			
②	③			

01

정답 ②

해외시장에서 종이책이 선전함으로써 전자책 이용률이 정체되었다고 하였다. 하지만 이를 통해 전자책이 종이책보다 경쟁력이 뒤처졌다고 판단할 수 없으며, 국내시장에서의 전자책과 종이책은 서로 보완재, 동력자의 역할로 상생하고 있다고 하였으므로 ②는 적절하지 않은 판단이다.

오답분석

① 일곱 번째 문단을 통해 알 수 있다.
③ 두 번째 문단과 마지막 문단을 통해 알 수 있다.
④ 첫 번째 문단을 통해 알 수 있다.

02

③

초기의 독서는 낭독이 보편적이었고, 12세기 무렵 책자형 책이 두루마리 책을 대체하면서 묵독이 가능하게 되었다. 따라서 책자형 책의 출현으로 낭독의 확산이 아닌 묵독의 확산이 가능해졌다고 할 수 있다.

오답분석

①·② 세 번째 문단에서 확인할 수 있다.
④ 글 전체에서 확인할 수 있다.

| 03 | 공간지각력

01	02	03	04	05
④	④	①	④	④

01

정답 ④

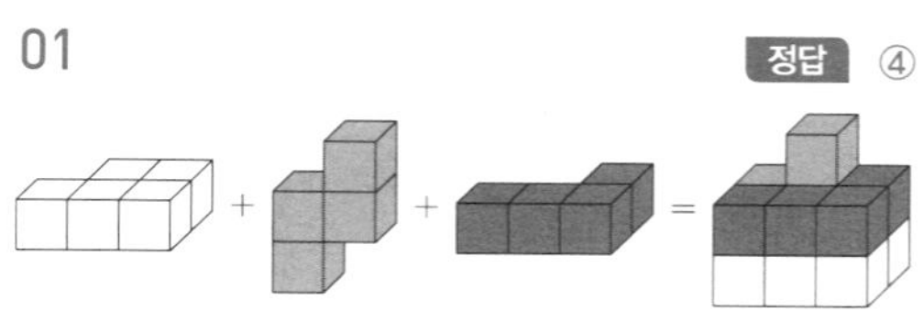

02

정답 ④

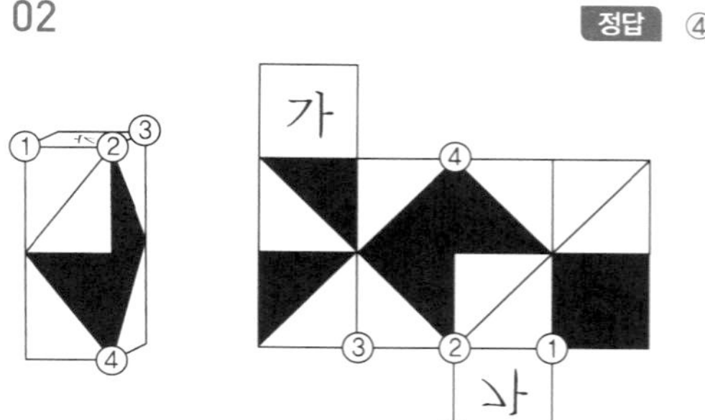

03

정답 ①

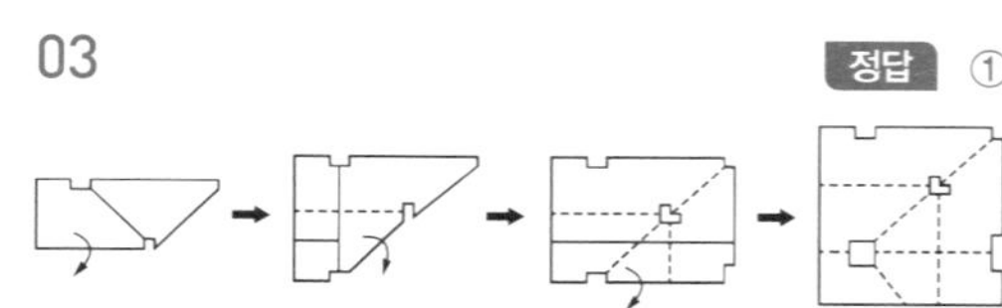

04

정답 ④

①

②

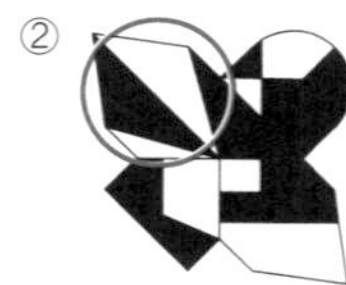

③

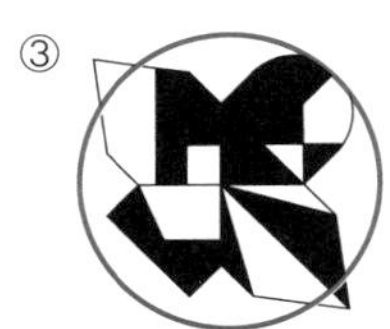

05

정답 ④

1층 : 11개, 2층 : 11개, 3층 : 9개, 4층 : 3개

∴ 11+11+9+3=34개

| 04 | 문제해결력

01	02	03	04	05
②	④	①	④	③

01

정답 ②

조건에 따라 순서를 정리해 보면 다음과 같다.

구분	첫 번째	두 번째	세 번째	네 번째	다섯 번째	여섯 번째
경우 1	A	D	F	B	E	C
경우 2	A	F	D	B	E	C
경우 3	D	F	B	E	C	A
경우 4	F	D	B	E	C	A
경우 5	D	F	C	E	B	A
경우 6	F	D	C	E	B	A

A가 맨 앞에 서면 E는 다섯 번째에 설 수밖에 없으므로 ②는 항상 옳다.

오답분석

① A가 맨 뒤에 서 있는 경우 맨 앞에는 D가 서 있을 수도, F가 서 있을 수도 있다.

③ 경우 1과 경우 3에서 F와 B는 앞뒤로 서 있다.

④ 경우 1과 경우 2에서 C는 맨 뒤에 서 있다.

02

정답 ④

주어진 조건을 그림으로 정리하면 다음과 같다.

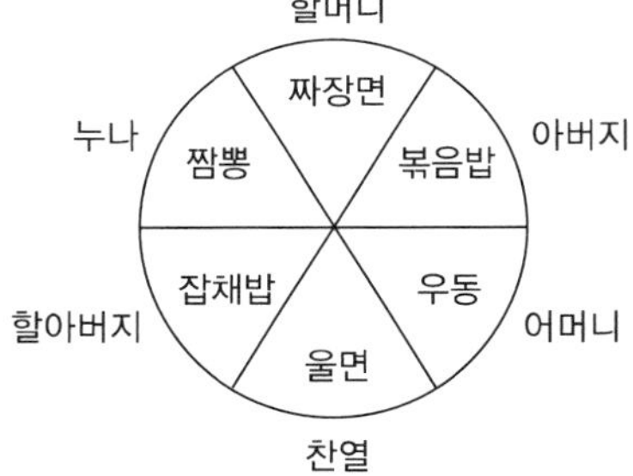

따라서 찬열이는 울면을 먹었고, 찬열이의 왼쪽에 앉은 사람은 할아버지이다.

03

정답 ①

A 아래에 D가, C 아래에 B가 살고, B는 1층에 살지 않는다. 그러므로 A, B, C는 1층에 살 수 없다.

따라서 D가 1층에 살고, A는 3층에 산다. 그리고 B는 2층, C는 4층에 산다.

04

정답 ④

단 한 명이 거짓말을 하고 있으므로 C와 D 중 한 명은 반드시 거짓을 말하고 있다. 즉, C의 말이 거짓일 경우 D의 말은 참이 되며, D의 말이 참일 경우 C의 말은 거짓이 된다.

1) D의 말이 거짓일 경우
   C와 B의 말이 참이므로, A와 D가 모두 신발 당첨자가 되어 모순이 된다.
2) C의 말이 거짓일 경우
   A는 신발 당첨자가 되지 않으며, 나머지 진술에 따라 D가 신발 당첨자가 된다.

따라서 C가 거짓을 말하고 있으며, 신발 당첨자는 D이다.

05

정답 ③

주어진 조건을 표로 정리하면 다음과 같다.

구분	A	B	C	D	E	F
아침	된장찌개	된장찌개	된장찌개	김치찌개	김치찌개	김치찌개
점심	김치찌개	김치찌개	된장찌개	된장찌개	된장찌개	김치찌개
저녁	김치찌개	김치찌개	김치찌개	된장찌개	된장찌개	된장찌개

따라서 김치찌개는 총 9그릇이 필요하다.

| 05 | 관찰탐구력

01	02	03		
③	②	③		

01

정답 ③

오답분석

ㄷ. 습곡 산맥은 횡압력을 받아 생성된다. 따라서 판과 판이 가까워지는 곳에서 습곡 산맥이 만들어진다.

02

정답 ②

일식은 지구상에서 볼 때 태양이 달에 의해서 가려지는 현상으로, 그림을 통해 알 수 있듯이 태양 – 달 – 지구가 일직선상에 위치한다. 삭(달의 위상)에서 일어나며, 약 6개월의 주기로 나타난다.

03

정답 ③

지각 아래에 있는 맨틀에서의 대류가 일어나고 맨틀 위에 떠 있는 판은 여러 조각으로 나뉘어져 맨틀 대류에 따라 움직인다. 판의 이동에 따라 대륙들도 분리되고 합쳐지는 과정을 반복해 왔으며, 판의 운동에 의해 화산 활동, 습곡 산맥, 지진 등이 일어나 지표면의 모습이 바뀐다.

| 06 | 수리력

01	02	03	04	05
④	③	②	②	①

01

정답 ④

고급반 가, 나, 다수업은 이어서 개설되므로 하나의 묶음으로 생각한다. 고급반 가, 나, 다수업이 하나의 묶음 안에서 개설되는 경우의 수는 3!가지이다.

초급반 A, B, C수업은 이어서 개설되지 않으므로 6개 수업을 순차적으로 개설하는 방법은 다음과 같은 두 가지 경우가 있다.

초급반 A, B, C	고급반 가, 나, 다	초급반 A, B, C	초급반 A, B, C

초급반 A, B, C	초급반 A, B, C	고급반 가, 나, 다	초급반 A, B, C

두 가지 경우에서 초급반 A, B, C수업의 개설 순서를 정하는 경우의 수는 3!가지이다.

따라서 6개 수업을 순차적으로 개설하는 경우의 수는 모두 $3!\times2\times3!=6\times2\times6=72$가지이다.

02

정답 ③

1) 규칙 파악

- 황소개구리 개체 수

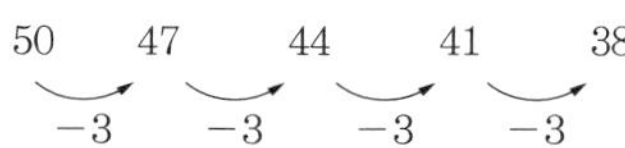

∴ 황소개구리의 개체 수는 감소하고 있으며, 첫째 항은 50이고 공차가 3인 등차수열이다.

2) 계산

㉠ 직접 계산하기

- 황소개구리 개체 수

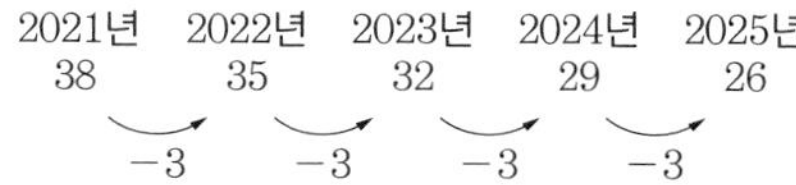

㉡ 식 세워 계산하기

- 황소개구리 개체 수

$n\geq2$인 자연수일 때 n번째 항을 a_n이라 하면

$a_n=a_{n-1}-3=a_1-3(n-1)$인 수열이므로

$a_9=50-3(8)=26$만 마리이다.

03

정답 ②

치킨 1마리 값을 x원, 오리구이 100g당 가격을 y원이라고 하면 다음과 같은 식이 성립한다.

- $x+4y=22,000$ ⋯ ㉠
- $2x+2y=35,000$ ⋯ ㉡

㉠과 ㉡을 연립하면 $x=16,000$, $y=1,500$이다.

따라서 오리구이 100g당 가격은 1,500원이다.

04

정답 ②

학교에서 도서관까지의 거리를 $x$km라고 하면 다음과 같은 식이 성립한다.

$\frac{x}{40}=\frac{x}{45}+\frac{1}{6}$ → $9x-8x=60$

∴ $x=60$

따라서 학교에서 도서관까지의 거리는 60km이다.

05

정답 ①

5급 공무원과 7급 공무원 채용인원 모두 2015년부터 2018년까지 전년 대비 증가했고, 2019년에는 전년 대비 감소했다.

오답분석

ㄴ. 2011 ~ 2021년 동안 채용인원이 가장 적은 해는 5급과 7급 공무원 모두 2011년이며, 가장 많은 해는 2018년이다. 따라서 2018년과 2011년의 채용인원 차이는 5급 공무원이 $28-18=10$백 명, 7급 공무원은 $49-31=18$백 명으로 7급 공무원이 더 많다.

ㄷ. 2012년부터 2021년까지 전년 대비 채용인원의 증감량이 가장 많은 해는 5급 공무원의 경우 2019년에 전년 대비 $23-28=-5$백 명이 감소했고, 7급 공무원의 경우 2012년에 전년 대비 $38-31=7$백 명이 증가했다.

ㄹ. 2019년 채용인원은 5급 공무원이 23백 명, 7급 공무원이 47백 명으로 7급 공무원 채용인원이 5급 공무원 채용인원의 2배인 $23\times2=46$백 명보다 많다.

PART

1

인성검사

CHAPTER 01 인성검사 소개

개인이 업무를 수행하면서 능률적인 성과물을 만들기 위해서는 개인의 능력과 경험 그리고 회사에서의 교육 및 훈련 등이 필요하지만, 개인의 성격이나 성향 역시 중요하다. 여러 직무분석 연구에서 나온 결과들에 따르면, 직무에서의 성공과 관련된 특성들 중 최고 70% 이상이 능력보다는 성격과 관련이 있다고 한다. 따라서 최근 공공기관뿐만 아니라 대부분의 기업들은 인성검사의 비중을 높이고 있는 추세이다.

01 인성검사의 개요

1. 인성검사의 의의

인성검사는 1943년 미국 미네소타 대학교의 임상심리학자 Hathaway 박사와 정신과 의사 Mckinley 박사가 제작한 MMPI(Minnesota Multiphasic Personality Inventory)를 원형으로 한 다면적 인성검사를 말한다.

다면적이라 불리는 것은 여러 가지 정신적인 증상들을 동시에 측정할 수 있도록 고안되어 있기 때문이다. 풀이하자면, 개인이 가지고 있는 다면적인 성격을 많은 문항수의 질문을 통해 수치로 나타내는 것이다. 그렇다면 성격이란 무엇인가?

성격은 일반적으로 개인 내부에 있는 특징적인 행동과 생각을 결정해 주는 정신적·신체적 체제의 역동적 조직이라고 말할 수 있으며, 환경에 적응하게 하는 개인적인 여러 가지 특징과 행동양식의 잣대라고 정의할 수 있다.

다시 말하면, 성격이란 한 개인이 환경적 변화에 적응하는 특징적인 행동 및 사고유형이라고 할 수 있으며, 인성검사란 그 개인의 행동 및 사고유형을 서면을 통해 수치적·언어적으로 기술하거나 예언해 주는 도구라 할 수 있다.

신규채용 또는 평가에 활용하는 인성검사로 MMPI 원형을 그대로 사용하는 기업도 있지만, 대부분의 기업에서는 MMPI 원형을 기준으로 연구, 조사, 정보수집, 개정 등의 과정을 통해서 자체 개발한 유형을 사용하고 있다.

인성검사의 구성은 여러 가지 하위 척도로 구성되어 있는데, MMPI 다면적 인성검사의 척도를 살펴보면 기본 척도가 8개 문항으로 구성되어 있고, 2개의 임상 척도와 4개의 타당성 척도를 포함, 총 14개 척도로 구성되어 있으며, 캘리포니아 심리검사(CPI; California Psychological Inventory)의 경우는 48개 문항, 18개의 척도로 구성되어 있다.

2. 인성검사의 해석단계

해석단계는 첫 번째, 각 타당성 및 임상 척도에 대한 피검사자의 점수를 검토하는 방법으로 각 척도마다 피검사자의 점수가 정해진 범위에 속하는지 여부를 검토하게 된다.
두 번째, 척도별 연관성에 대한 분석으로 각 척도에서의 점수범위가 의미하는 것과 그것들이 나타낼 가설들을 종합하고, 어느 특정 척도의 점수를 근거로 하여 다른 척도들에 대한 예측을 시도하게 된다.
세 번째, 척도 간의 응집 또는 분산을 찾아보고 그에 따른 해석적 가설을 형성하는 과정으로 두 개 척도 간의 관계만을 가지고 해석하게 된다.
네 번째, 매우 낮은 임상 척도에 대한 검토로서, 일부 척도에서 낮은 점수가 특별히 의미 있는 경우가 있기 때문에 신중히 다뤄지게 된다.
다섯 번째, 타당성 및 임상 척도에 대한 형태적 분석으로서, 타당성 척도들과 임상 척도들 전체의 형태적 분석이다. 주로 척도들의 상승도와 기울기 및 굴곡을 해석해서 피검사자에 대한 종합적이고 총체적인 추론적 해석을 하게 된다.

02 척도구성

1. MMPI 척도구성

(1) 타당성 척도

타당성 척도는 피검사자가 검사에 올바른 태도를 보였는지, 또 피검사자가 응답한 검사문항들의 결론이 신뢰할 수 있는 결론인가를 알아보는 라이스케일(허위척도)이라 할 수 있다. 타당성 4개 척도는 잘못된 검사태도를 탐지하게 할 뿐만 아니라, 임상 척도와 더불어 검사 이외의 행동에 대하여 유추할 수 있는 자료를 제공해 줌으로써, 의미있는 인성요인을 밝혀주기도 한다.

〈타당성 4개 척도구성〉

무응답 척도 (?)	무응답 척도는 피검사자가 응답하지 않은 문항과 '그렇다'와 '아니다'에 모두 답한 문항들의 총합이다. 척도점수의 크기는 다른 척도점수에 영향을 미치게 되므로, 빠뜨린 문항의 수를 최소로 줄이는 것이 중요하다.
허구 척도 (L)	L 척도는 피검사자가 자신을 좋은 인상으로 나타내 보이기 위해 하는 고의적이고 부정직하며 세련되지 못한 시도를 측정하는 허구 척도이다. L 척도의 문항들은 정직하지 못하거나 결점들을 고의적으로 감춰 자신을 좋게 보이려는 사람들의 장점마저도 부인하게 된다.
신뢰성 척도 (F)	F 척도는 검사문항에 빗나간 방식의 답변을 응답하는 경향을 평가하기 위한 척도로 정상적인 집단의 10% 이하가 응답한 내용을 기준으로 일반 대중의 생각이나 경험과 다른 정도를 측정한다.
교정 척도 (K)	K 척도는 분명한 정신적인 장애를 지니면서도 정상적인 프로파일을 보이는 사람들을 식별하기 위한 것이다. K 척도는 L 척도와 유사하게 거짓답안을 확인하지만 L 척도보다 더 미세하고 효과적으로 측정한다.

(2) 임상 척도

임상 척도는 검사의 주된 내용으로써 비정상 행동의 종류를 측정하는 10가지 척도로 되어 있다. 임상 척도의 수치는 높은 것이 좋다고 해석하는 경우도 있지만, 개별 척도별로 해석을 참고하는 경우가 대부분이다.

척도	내용
건강염려증(Hs) Hypochondriasis	개인이 말하는 신체적 증상과 이러한 증상들이 다른 사람을 조정하는 데 사용되고 있지는 않은지 여부를 측정하는 척도로서, 측정내용은 신체의 기능에 대한 과도한 집착 및 이와 관련된 질환이나 비정상적인 상태에 대한 불안감 등이다.
우울증(D) Depression	개인의 비관 및 슬픔의 정도를 나타내는 기분상태의 척도로서, 자신에 대한 태도와 타인과의 관계에 대한 태도, 절망감, 희망의 상실, 무력감 등을 원인으로 나타나는 활동에 대한 흥미의 결여, 불면증과 같은 신체적 증상 및 과도한 민감성 등을 표현한다.
히스테리(Hy) Hysteria	현실에 직면한 어려움이나 갈등을 회피하는 방법인 부인기제를 사용하는 경향 정도를 진단하려는 것으로서 특정한 신체적 증상을 나타내는 문항들과 아무런 심리적·정서적 장애도 가지고 있지 않다고 주장하는 것을 나타내는 문항들의 두 가지 다른 유형으로 구성되어 있다.
반사회성(Pd) Psychopathic Deviate	가정이나 일반사회에 대한 불만, 자신 및 사회와의 격리, 권태 등을 주로 측정하는 것으로서 반사회적 성격, 비도덕적인 성격 경향 정도를 알아보기 위한 척도이다.
남성-여성특성(Mf) Masculinity-Femininity	직업에 관한 관심, 취미, 종교적 취향, 능동·수동성, 대인감수성 등의 내용을 담고 있으며, 흥미형태의 남성특성과 여성특성을 측정하고 진단하는 검사이다.
편집증(Pa) Paranoia	편집증을 평가하기 위한 것으로서 정신병적인 행동과 과대의심, 관계망상, 피해망상, 과대망상, 과민함, 비사교적 행동, 타인에 대한 불만감 같은 내용의 문항들로 구성되어 있다.
강박증(Pt) Psychasthenia	병적인 공포, 불안감, 과대근심, 강박관념, 자기 비판적 행동, 집중력 곤란, 죄책감 등을 검사하는 내용으로 구성되어 있으며, 주로 오랫동안 지속된 만성적인 불안을 측정한다.
정신분열증(Sc) Schizophrenia	정신적 혼란을 측정하는 척도로서 가장 많은 문항에 내포하고 있다. 이 척도는 별난 사고방식이나 행동양식을 지닌 사람을 판별하는 것으로서 사회적 고립, 가족관계의 문제, 성적 관심, 충동억제불능, 두려움, 불만족 등의 내용으로 구성되어 있다.
경조증(Ma) Hypomania	정신적 에너지를 측정하는 것으로서, 사고의 다양성과 과장성, 행동영역의 불안정성, 흥분성, 민감성 등을 나타낸다. 이 척도가 높으면 무엇인가를 하지 않고는 못 견디는 정력적인 사람이다.
내향성(Si) Social Introversion	피검사자의 내향성과 외향성을 측정하기 위한 척도로서, 개인의 사회적 접촉 회피, 대인관계의 기피, 비사회성 등의 인성요인을 측정한다. 이 척도의 내향성과 외향성은 어느 하나가 좋고 나쁨을 나타내는 것이 아니라, 피검사자가 어떤 성향의 사람인가를 알아내는 것이다.

2. CPI 척도구성

〈18 척도〉

척도	설명
지배성 척도 (Do)	강력하고 지배적이며, 리더십이 강하고 대인관계에서 주도권을 잡는 지배적인 사람을 변별하고자 하는 척도이다.
지위능력 척도 (Cs)	현재의 개인 자신의 지위를 측정하는 것이 아니라, 개인의 내부에 잠재되어 있어 어떤 지위에 도달하게끔 하는 자기 확신, 야심, 자신감 등을 평가하기 위한 척도이다.
사교성 척도 (Sy)	사교적이고 활달하며 참여기질이 좋은 사람과, 사회적으로 자신을 나타내기 싫어하고 참여기질이 좋지 않은 사람을 변별하고자 하는 척도이다.
사회적 태도 척도 (Sp)	사회생활에서의 안정감, 활력, 자발성, 자신감 등을 평가하기 위한 척도로서, 사교성과 밀접한 관계가 있다. 고득점자는 타인 앞에 나서기를 좋아하고, 타인의 방어기제를 공격하여 즐거움을 얻고자 하는 성격을 가지고 있다.
자기수용 척도 (Sa)	자신에 대한 믿음, 자신의 생각을 수용하는 자기확신감을 가지고 있는 사람을 변별하기 위한 척도이다.
행복감 척도 (Wb)	근본 목적은 행복감을 느끼는 사람과 그렇지 않은 사람을 변별해 내는 척도 검사이지만, 긍정적인 성격으로 가장하기 위해서 반응한 사람을 변별해 내는 타당성 척도로서의 목적도 가지고 있다.
책임감 척도 (Re)	법과 질서에 대해서 철저하고 양심적이며 책임감이 강해 신뢰할 수 있는 사람과 인생은 이성에 의해서 지배되어야 한다고 믿는 사람을 변별하기 위한 척도이다.
사회성 척도 (So)	사회생활에서 이탈된 행동이나 범죄의 가능성이 있는 사람을 변별하기 위한 척도로서 범죄자 유형의 사람은 정상인보다 매우 낮은 점수를 나타낸다.
자기통제 척도 (Sc)	자기통제의 유무, 충동, 자기중심에서 벗어날 수 있는 통제의 적절성, 규율과 규칙에 동의하는 정도를 측정하는 척도로서, 점수가 높은 사람은 지나치게 자신을 통제하려 하며, 낮은 사람은 자기 통제가 잘 안되므로 충동적이 된다.
관용성 척도 (To)	침묵을 지키고 어떤 사실에 대하여 성급하게 판단하기를 삼가고 다양한 관점을 수용하려는 사회적 신념과 태도를 재려는 척도이다.
좋은 인상 척도 (Gi)	타인이 자신에 대해 어떻게 반응하는가, 타인에게 좋은 인상을 주었는가에 흥미를 느끼는 사람을 변별하고, 자신을 긍정적으로 보이기 위해 솔직하지 못한 반응을 하는 사람을 찾아내기 위한 타당성 척도이다.
추종성 척도 (Cm)	사회에 대한 보수적인 태도와 생각을 측정하는 척도검사이다. 아무렇게나 적당히 반응한 피검사자를 찾아내는 타당성 척도로서의 목적도 있다.
순응을 위한 성취 척도 (Ac)	강한 성취욕구를 측정하기 위한 척도로서 학업성취에 관련된 동기요인과 성격요인을 측정하기 위해서 만들어졌다.
독립성을 통한 성취 척도 (Ai)	독립적인 사고, 창조력, 자기실현을 위한 성취능력의 정도를 측정하는 척도이다.
지적 능률 척도 (Ie)	지적 능률성을 측정하기 위한 척도이며, 지능과 의미 있는 상관관계를 가지고 있는 성격특성을 나타내는 항목을 제공한다.
심리적 예민성 척도 (Py)	동기, 내적 욕구, 타인의 경험에 공명하고 흥미를 느끼는 정도를 재는 척도이다.
유연성 척도 (Fx)	개인의 사고와 사회적 행동에 대한 유연성, 순응성 정도를 나타내는 척도이다.
여향성 척도 (Fe)	흥미의 남향성과 여향성을 측정하기 위한 척도이다.

03 인성검사 수검요령

인성검사는 특별한 수검요령이 없다. 다시 말하면 모범답안이 없고, 정답이 없다는 이야기이다. 국어문제처럼 말의 뜻을 풀이하는 것도 아니다. 굳이 수검요령을 말하자면, 진실하고 솔직한 내 생각을 답하는 것이라고 할 수 있다.

인성검사에서 가장 중요한 것은 첫째, 솔직한 답변이다. 지금까지 경험을 통해서 축적된 내 생각과 행동을 거짓 없이 솔직하게 기재하는 것이다. 예를 들어, "나는 타인의 물건을 훔치고 싶은 충동을 느껴 본 적이 있다."라는 질문에 피검사자들은 많은 생각을 하게 된다. 생각해 보라. 유년기에 또는 성인이 되어서도 타인의 물건을 훔치는 일을 저지른 적은 없더라도, 훔치고 싶은 충동은 누구나 조금이라도 다 느껴보았을 것이다. 그런데 간혹 이 질문에 고민을 하는 사람이 있다. 과연 이 질문에 "예"라고 대답하면 담당 검사관들이 나를 사회적으로 문제가 있는 사람으로 여기지는 않을까 하는 생각에 "아니요"라는 답을 기재하게 된다. 이런 솔직하지 않은 답변이 답변의 신뢰와 솔직함을 나타내는 타당성 척도에 좋지 않은 점수를 주게 된다. 둘째, 일관성 있는 답변이다. 인성검사의 수많은 질문 중에는 비슷한 내 용의 물음이 여러 개 숨어 있는 경우가 많이 있다. 그 질문들은 피검사자의 '솔직한 답변'과 '심리적인 상태'를 알아보기 위해 반복적으로 나오는 것이다. 가령 "나는 유년 시절 타인의 물건을 훔친 적이 있다."라는 질문에 "예"라고 대답했는데, "나는 유년 시절 타인의 물건을 훔쳐보고 싶은 충동을 느껴본 적이 있다."라는 질문에는 "아니요"라는 답을 기재한다면 어떻겠는가. 일관성 없이 '대충 기재하자'라는 식의 심리적 무성의성 답변이 되거나, 정신적으로 문제가 있는 사람으로 보일 수 있다.

인성검사는 많은 문항을 풀어야 하기 때문에 피검사자들은 지루함과 따분함을 느낄 수 있고 반복된 내용의 질문 때문에 인내심이 바닥날 수도 있다. 그럴수록 인내를 가지고 솔직하게 내 생각을 대답하는 것이 무엇보다 중요한 요령이 될 것이다.

04 인성검사 시 유의사항

(1) 충분한 휴식으로 불안을 없애고 정서적인 안정을 취한다. 심신이 안정되어야 자신의 마음을 표현할 수 있다.

(2) 생각나는 대로 솔직하게 응답한다. 자신을 너무 과대포장하지도, 너무 비하시키지도 마라. 답변을 꾸며서 하면 앞뒤가 맞지 않게끔 구성돼 있어 불리한 평가를 받게 되므로 솔직하게 답하도록 한다.

(3) 검사문항에 대해 지나치게 생각해서는 안 된다. 지나치게 몰두하면 엉뚱한 답변이 나올 수 있으므로 불필요한 생각은 삼간다.

(4) 인성검사는 대개 문항 수가 많기에 자칫 건너뛰는 경우가 있는데, 가능한 한 모든 문항에 답해야 한다. 응답하지 않은 문항이 많을 경우 평가자가 정확한 평가를 내리지 못해 불리한 평가를 내릴 수 있기 때문이다.

05 인성검사 유형

유형 1

※ 다음 질문내용을 읽고 본인에 해당하는 응답의 '예', '아니요'에 ○표 하시오. [1~30]

번호	질문	응답	
1	조심스러운 성격이라고 생각한다.	예	아니요
2	사물을 신중하게 생각하는 편이라고 생각한다.	예	아니요
3	동작이 기민한 편이다.	예	아니요
4	포기하지 않고 노력하는 것이 중요하다.	예	아니요
5	일주일의 예정을 만드는 것을 좋아한다.	예	아니요
6	노력의 여하보다 결과가 중요하다.	예	아니요
7	자기주장이 강하다.	예	아니요
8	장래의 일을 생각하면 불안해질 때가 있다.	예	아니요
9	소외감을 느낄 때가 있다.	예	아니요
10	훌쩍 여행을 떠나고 싶을 때가 자주 있다.	예	아니요
11	대인관계가 귀찮다고 느낄 때가 있다.	예	아니요
12	자신의 권리를 주장하는 편이다.	예	아니요
13	낙천가라고 생각한다.	예	아니요
14	싸움을 한 적이 없다.	예	아니요
15	자신의 의견을 상대에게 잘 주장하지 못한다.	예	아니요
16	좀처럼 결단하지 못하는 경우가 있다.	예	아니요
17	하나의 취미를 오래 지속하는 편이다.	예	아니요
18	한 번 시작한 일은 끝을 맺는다.	예	아니요
19	행동으로 옮기기까지 시간이 걸린다.	예	아니요
20	다른 사람들이 하지 못하는 일을 하고 싶다.	예	아니요
21	해야 할 일은 신속하게 처리한다.	예	아니요
22	병이 아닌지 걱정이 들 때가 있다.	예	아니요
23	다른 사람의 충고를 기분 좋게 듣는 편이다.	예	아니요
24	다른 사람에게 의존적이 될 때가 많다.	예	아니요
25	타인에게 간섭받는 것은 싫다.	예	아니요
26	의식 과잉이라는 생각이 들 때가 있다.	예	아니요
27	수다를 좋아한다.	예	아니요
28	잘못된 일을 한 적이 한 번도 없다.	예	아니요
29	모르는 사람과 이야기하는 것은 용기가 필요하다.	예	아니요
30	끙끙거리며 생각할 때가 있다.	예	아니요

유형 2

※ 다음 질문내용을 읽고 A, B 중 해당되는 곳에 ○표 하시오. [1~15]

번호	질문	응답	
1	A 사람들 앞에서 잘 이야기하지 못한다. B 사람들 앞에서 이야기하는 것을 좋아한다.	A	B
2	A 엉뚱한 생각을 잘한다. B 비현실적인 것을 싫어한다.	A	B
3	A 친절한 사람이라는 말을 듣고 싶다. B 냉정한 사람이라는 말을 듣고 싶다.	A	B
4	A 예정에 얽매이는 것을 싫어한다. B 예정이 없는 상태를 싫어한다.	A	B
5	A 혼자 생각하는 것을 좋아한다. B 다른 사람과 이야기하는 것을 좋아한다.	A	B
6	A 정해진 절차에 따르는 것을 싫어한다. B 정해진 절차가 바뀌는 것을 싫어한다.	A	B
7	A 친절한 사람 밑에서 일하고 싶다. B 이성적인 사람 밑에서 일하고 싶다.	A	B
8	A 그때그때의 기분으로 행동하는 경우가 많다. B 미리 행동을 정해두는 경우가 많다.	A	B
9	A 다른 사람과 만났을 때 화제를 찾는 데 고생한다. B 다른 사람과 만났을 때 화제에 부족함이 없다.	A	B
10	A 학구적이라는 인상을 주고 싶다. B 실무적이라는 인상을 주고 싶다.	A	B
11	A 친구가 돈을 빌려달라고 하면 거절하지 못한다. B 본인에게 도움이 되지 않는 차금은 거절한다.	A	B
12	A 조직 안에서는 독자적으로 움직이는 타입이라고 생각한다. B 조직 안에서는 우등생 타입이라고 생각한다.	A	B
13	A 문장을 쓰는 것을 좋아한다. B 이야기하는 것을 좋아한다.	A	B
14	A 직감으로 판단한다. B 경험으로 판단한다.	A	B
15	A 다른 사람이 어떻게 생각하는지 신경 쓰인다. B 다른 사람이 어떻게 생각하든 신경 쓰지 않는다.	A	B

※ 다음 질문을 읽고, '아니다', '대체로 아니다', '대체로 그렇다', '그렇다'에 체크하시오. **[1~30]**

번호	질문	아니다	대체로 아니다	대체로 그렇다	그렇다
1	충동구매는 절대 하지 않는다.				
2	컨디션에 따라 기분이 잘 변한다.				
3	옷 입는 취향이 오랫동안 바뀌지 않고 그대로이다.				
4	남의 물건이 좋아 보인다.				
5	반성하는 일이 거의 없다.				
6	남의 말을 호의적으로 받아들인다.				
7	혼자 있을 때가 편안하다.				
8	모임을 할 때, 주도적인 편이다.				
9	남의 말을 좋은 쪽으로 해석한다.				
10	남의 의견을 절대 참고하지 않는다.				
11	일을 시작할 때 계획을 세우는 편이다.				
12	부모님과 여행을 자주 간다.				
13	할 말이 있으면 꼭 해야 직성이 풀린다.				
14	사람을 상대하는 것을 좋아한다.				
15	컴퓨터로 일을 하는 것을 좋아한다.				
16	하루 종일 말하지 않고 지낼 수 있다.				
17	감정조절이 잘 안되는 편이다.				
18	평소 꼼꼼한 편이다.				
19	다시 태어나고 싶은 순간이 있다.				
20	운동을 하다가 다친 적이 있다.				
21	다른 사람의 말보다는 자신의 믿음을 믿는다.				
22	귀찮은 일이 있으면 먼저 해치운다.				
23	정리 정돈하는 것을 좋아한다.				
24	다른 사람의 대화에 끼고 싶다.				
25	카리스마가 있다는 말을 들어본 적이 있다.				
26	미래에 대한 고민이 많다.				
27	친구들의 성공 소식에 씁쓸한 적이 있다.				
28	내가 못하는 것이 있으면 참지 못한다.				
29	계획에 없는 일을 시키면 짜증이 난다.				
30	화가 나면 물건을 집어 던지는 버릇이 있다.				

유형 4

※ 다음 질문을 읽고, ①~⑥ 중 자신에게 해당되는 것을 고르시오. [1~3]

01 최대리가 신약을 개발했는데 치명적이지는 않지만 유해한 부작용이 발견됐다. 그런데 최대리는 묵인하고 신약을 유통시켰다.

1-(1) 당신은 이 상황에 대해 얼마나 동의하는가?

① 0% ② 20% ③ 40% ④ 60% ⑤ 80% ⑥ 100%

1-(2) 자신이라도 그렇게 할 것인가?

① 0% ② 20% ③ 40% ④ 60% ⑤ 80% ⑥ 100%

02 같은 팀 최대리가 자신의 성과를 높이기 위해 중요한 업무를 상사에게 요구한다.

2-(1) 다른 팀원도 그 상황에 동의할 것 같은가?

① 0% ② 20% ③ 40% ④ 60% ⑤ 80% ⑥ 100%

2-(2) 자신이라도 그렇게 할 것인가?

① 0% ② 20% ③ 40% ④ 60% ⑤ 80% ⑥ 100%

03 최대리가 회계 보고서 작성 후 오류를 발견했지만 바로잡기엔 시간이 부족하여 그냥 제출했다.

3-(1) 다른 직원들도 그 상황에 동의할 것 같은가?

① 0% ② 20% ③ 40% ④ 60% ⑤ 80% ⑥ 100%

3-(2) 자신이라도 그렇게 할 것인가?

① 0% ② 20% ③ 40% ④ 60% ⑤ 80% ⑥ 100%

유형 5

※ 각 문항을 읽고, ①~⑥ 중 자신의 성향과 가까운 정도에 따라 ① 전혀 그렇지 않다, ② 그렇지 않다, ③ 조금 그렇지 않다, ④ 조금 그렇다, ⑤ 그렇다, ⑥ 매우 그렇다 중 하나를 선택하시오. 그리고 3개의 문장 중 자신의 성향에 비추어볼 때 가장 먼 것(멀다)과 가장 가까운 것(가깝다)을 하나씩 선택하시오. [1~4]

PART 1

01

질문	답안 1						답안 2	
	①	②	③	④	⑤	⑥	멀다	가깝다
1. 사물을 신중하게 생각하는 편이라고 생각한다.	☐	☐	☐	☐	☐	☐	☐	☐
2. 포기하지 않고 노력하는 것이 중요하다.	☐	☐	☐	☐	☐	☐	☐	☐
3. 자신의 권리를 주장하는 편이다.	☐	☐	☐	☐	☐	☐	☐	☐

02

질문	답안 1						답안 2	
	①	②	③	④	⑤	⑥	멀다	가깝다
1. 노력의 여하보다 결과가 중요하다.	☐	☐	☐	☐	☐	☐	☐	☐
2. 자기주장이 강하다.	☐	☐	☐	☐	☐	☐	☐	☐
3. 어떠한 일이 있어도 출세하고 싶다.	☐	☐	☐	☐	☐	☐	☐	☐

03

질문	답안 1						답안 2	
	①	②	③	④	⑤	⑥	멀다	가깝다
1. 다른 사람의 일에 관심이 없다.	☐	☐	☐	☐	☐	☐	☐	☐
2. 때로는 후회할 때도 있다.	☐	☐	☐	☐	☐	☐	☐	☐
3. 진정으로 마음을 허락할 수 있는 사람은 없다.	☐	☐	☐	☐	☐	☐	☐	☐

04

질문	답안 1						답안 2	
	①	②	③	④	⑤	⑥	멀다	가깝다
1. 타인에게 간섭받는 것은 싫다.	☐	☐	☐	☐	☐	☐	☐	☐
2. 신경이 예민한 편이라고 생각한다.	☐	☐	☐	☐	☐	☐	☐	☐
3. 난관에 봉착해도 포기하지 않고 열심히 해본다.	☐	☐	☐	☐	☐	☐	☐	☐

유형 6

※ 다음 질문을 읽고, ①～⑤ 중 자신에게 해당하는 것을 고르시오(① 전혀 그렇지 않다, ② 그렇지 않다, ③ 보통이다, ④ 그렇다, ⑤ 매우 그렇다). 그리고 4개의 문장 중 자신과 가장 먼 것(멀다)과 가장 가까운 것(가깝다)을 하나씩 선택하시오. [1~4]

01

							멀다	가깝다
A.	야망이 있다.	①	②	③	④	⑤	☐	☐
B.	평소 사회 문제에 관심이 많다.	①	②	③	④	⑤	☐	☐
C.	친구들의 생일을 잘 잊는 편이다.	①	②	③	④	⑤	☐	☐
D.	누군가를 챙겨주는 것에 행복을 느낀다.	①	②	③	④	⑤	☐	☐

02

							멀다	가깝다
A.	지시하는 것보다 명령에 따르는 것이 편하다.	①	②	③	④	⑤	☐	☐
B.	옆에 사람이 있는 것이 싫다.	①	②	③	④	⑤	☐	☐
C.	친구들과 남의 이야기를 하는 것을 좋아한다.	①	②	③	④	⑤	☐	☐
D.	모두가 싫증을 내는 일에도 혼자서 열심히 한다.	①	②	③	④	⑤	☐	☐

03

							멀다	가깝다
A.	완성된 것보다 미완성인 것에 흥미가 있다.	①	②	③	④	⑤	☐	☐
B.	능력을 살릴 수 있는 일을 하고 싶다.	①	②	③	④	⑤	☐	☐
C.	내 분야에서는 최고가 되고 싶다.	①	②	③	④	⑤	☐	☐
D.	다른 사람의 충고를 잘 받아들이지 못한다.	①	②	③	④	⑤	☐	☐

04

							멀다	가깝다
A.	다소 산만한 편이라는 이야기를 자주 듣는다.	①	②	③	④	⑤	☐	☐
B.	주변에 호기심이 많고, 새로운 상황에 잘 적응한다.	①	②	③	④	⑤	☐	☐
C.	타인의 의견을 잘 듣는 편이다.	①	②	③	④	⑤	☐	☐
D.	단체 생활을 좋아하지는 않지만 적응하려고 노력한다.	①	②	③	④	⑤	☐	☐

CHAPTER 02 모의테스트

※ 인성검사 모의테스트는 질문 및 답변 유형을 연습하기 위한 것으로 실제 시험과 다를 수 있으며, 인성검사는 정답이 따로 없는 유형의 검사이므로 결과지를 제공하지 않습니다.

PART 1

01 제1회 인성검사 모의테스트

※ 다음 질문을 읽고, ①~⑤ 중 자신에게 해당하는 것을 고르시오(① 전혀 그렇지 않다, ② 약간 그렇지 않다, ③ 보통이다, ④ 약간 그렇다, ⑤ 매우 그렇다). [1~200]

번호	질문	응답
01	결점을 지적받아도 아무렇지 않다.	① ② ③ ④ ⑤
02	피곤할 때도 명랑하게 행동한다.	① ② ③ ④ ⑤
03	실패했던 경험을 생각하면서 고민하는 편이다.	① ② ③ ④ ⑤
04	언제나 생기가 있다.	① ② ③ ④ ⑤
05	윗사람의 지적을 순수하게 받아들일 수 있다.	① ② ③ ④ ⑤
06	매일 목표가 있는 생활을 하고 있다.	① ② ③ ④ ⑤
07	열등감으로 자주 고민한다.	① ② ③ ④ ⑤
08	남에게 무시당하면 화가 난다.	① ② ③ ④ ⑤
09	무엇이든지 하면 된다고 생각하는 편이다.	① ② ③ ④ ⑤
10	자신의 존재를 과시하고 싶다.	① ② ③ ④ ⑤
11	사람을 많이 만나는 것을 좋아한다.	① ② ③ ④ ⑤
12	보고 들은 것을 문장으로 옮기는 것을 좋아한다.	① ② ③ ④ ⑤
13	특정한 사람과 교제를 하는 편이다.	① ② ③ ④ ⑤
14	친구에게 먼저 말을 하는 편이다.	① ② ③ ④ ⑤
15	친구만 있으면 된다고 생각한다.	① ② ③ ④ ⑤
16	많은 사람 앞에서 말하는 것이 서툴다.	① ② ③ ④ ⑤
17	반 편성과 교실 이동을 싫어한다.	① ② ③ ④ ⑤
18	다과회 등에서 자주 책임을 맡는다.	① ② ③ ④ ⑤
19	새로운 환경에 쉽게 적응하지 못하는 편이다.	① ② ③ ④ ⑤
20	누구하고나 친하게 교제한다.	① ② ③ ④ ⑤

번호	질문	응답
21	충동구매는 절대 하지 않는다.	① ② ③ ④ ⑤
22	컨디션에 따라 기분이 잘 변한다.	① ② ③ ④ ⑤
23	옷 입는 취향이 오랫동안 바뀌지 않고 그대로이다.	① ② ③ ④ ⑤
24	남의 물건이 좋아보인다.	① ② ③ ④ ⑤
25	광고를 보면 그 물건을 사고 싶다.	① ② ③ ④ ⑤
26	자신이 낙천주의자라고 생각한다.	① ② ③ ④ ⑤
27	에스컬레이터에서 걷지 않는다.	① ② ③ ④ ⑤
28	꾸물대는 것을 싫어한다.	① ② ③ ④ ⑤
29	고민이 생겨도 심각하게 생각하지 않는다.	① ② ③ ④ ⑤
30	반성하는 일이 거의 없다.	① ② ③ ④ ⑤
31	남의 말을 호의적으로 받아들인다.	① ② ③ ④ ⑤
32	혼자 있을 때가 편안하다.	① ② ③ ④ ⑤
33	친구에게 불만이 있다.	① ② ③ ④ ⑤
34	남의 말을 좋은 쪽으로 해석한다.	① ② ③ ④ ⑤
35	남의 의견을 절대 참고하지 않는다.	① ② ③ ④ ⑤
36	기분 나쁜 일은 금세 잊는 편이다.	① ② ③ ④ ⑤
37	선배와 쉽게 친해진다.	① ② ③ ④ ⑤
38	슬럼프에 빠지면 좀처럼 헤어나지 못한다.	① ② ③ ④ ⑤
39	자신의 소문에 관심을 기울인다.	① ② ③ ④ ⑤
40	주위 사람에게 인사하는 것이 귀찮다.	① ② ③ ④ ⑤
41	기호에 맞지 않으면 거절하는 편이다.	① ② ③ ④ ⑤
42	여간해서 흥분하지 않는 편이다.	① ② ③ ④ ⑤
43	옳다고 생각하면 밀고 나간다.	① ② ③ ④ ⑤
44	항상 무슨 일이든지 해야만 한다.	① ② ③ ④ ⑤
45	휴식시간에도 일하고 싶다.	① ② ③ ④ ⑤
46	걱정거리가 생기면 머릿속에서 떠나지 않는 편이다.	① ② ③ ④ ⑤
47	매일 힘든 일이 너무 많다.	① ② ③ ④ ⑤
48	시험 전에도 노는 계획을 세운다.	① ② ③ ④ ⑤
49	슬픈 일만 머릿속에 남는다.	① ② ③ ④ ⑤
50	사는 것이 힘들다고 느낀 적은 없다.	① ② ③ ④ ⑤

번호	질문	응답
51	처음 만난 사람과 이야기하는 것이 피곤하다.	① ② ③ ④ ⑤
52	비난을 받으면 신경이 쓰인다.	① ② ③ ④ ⑤
53	실패해도 또 다시 도전한다.	① ② ③ ④ ⑤
54	남에게 비판을 받으면 불쾌하다.	① ② ③ ④ ⑤
55	다른 사람의 지적을 순수하게 받아들일 수 있다.	① ② ③ ④ ⑤
56	자신의 프라이드가 높다고 생각한다.	① ② ③ ④ ⑤
57	자신의 입장을 잊어버릴 때가 있다.	① ② ③ ④ ⑤
58	남보다 쉽게 우위에 서는 편이다.	① ② ③ ④ ⑤
59	목적이 없으면 마음이 불안하다.	① ② ③ ④ ⑤
60	일을 할 때에 자신이 없다.	① ② ③ ④ ⑤
61	상대방이 말을 걸어오기를 기다리는 편이다.	① ② ③ ④ ⑤
62	친구 말을 듣는 편이다.	① ② ③ ④ ⑤
63	싸움으로 친구를 잃은 경우가 있다.	① ② ③ ④ ⑤
64	모르는 사람과 말하는 것은 귀찮다.	① ② ③ ④ ⑤
65	아는 사람이 많아지는 것이 즐겁다.	① ② ③ ④ ⑤
66	신호 대기 중에도 조바심이 난다.	① ② ③ ④ ⑤
67	매사에 심각하게 생각하는 것을 싫어한다.	① ② ③ ④ ⑤
68	자신이 경솔하다고 자주 느낀다.	① ② ③ ④ ⑤
69	상대방이 통화 중이어도 자꾸 전화를 건다.	① ② ③ ④ ⑤
70	충동적인 행동을 하지 않는 편이다.	① ② ③ ④ ⑤
71	칭찬도 나쁘게 받아들이는 편이다.	① ② ③ ④ ⑤
72	자신이 손해를 보고 있다고 생각한다.	① ② ③ ④ ⑤
73	어떤 상황에서나 만족할 수 있다.	① ② ③ ④ ⑤
74	무슨 일이든지 자신의 생각대로 하지 못한다.	① ② ③ ④ ⑤
75	부모님에게 불만을 느낀다.	① ② ③ ④ ⑤
76	깜짝 놀라면 당황하는 편이다.	① ② ③ ④ ⑤
77	주위의 평판이 좋다고 생각한다.	① ② ③ ④ ⑤
78	자신이 소문에 휘말려도 좋다.	① ② ③ ④ ⑤
79	긴급사태에도 당황하지 않고 행동할 수 있다.	① ② ③ ④ ⑤
80	윗사람과 이야기하는 것이 불편하다.	① ② ③ ④ ⑤

번호	질문	응답
81	정색하고 화내기 쉬운 화제를 올릴 때가 있다.	① ② ③ ④ ⑤
82	자신이 좋아하는 연예인을 남들이 욕해도 화가 나지 않는다.	① ② ③ ④ ⑤
83	남을 비판할 때가 있다.	① ② ③ ④ ⑤
84	주체할 수 없을 만큼 여유가 많은 것은 싫어한다.	① ② ③ ④ ⑤
85	의견이 어긋날 때는 한발 양보한다.	① ② ③ ④ ⑤
86	싫은 사람과도 협력할 수 있다.	① ② ③ ④ ⑤
87	사람은 너무 고통거리가 많다고 생각한다.	① ② ③ ④ ⑤
88	걱정거리가 있으면 잠을 잘 수가 없다.	① ② ③ ④ ⑤
89	즐거운 일보다는 괴로운 일이 더 많다.	① ② ③ ④ ⑤
90	싫은 사람이라도 인사를 한다.	① ② ③ ④ ⑤
91	사소한 일에도 신경을 많이 쓰는 편이다.	① ② ③ ④ ⑤
92	누가 나에게 말을 걸기 전에 내가 먼저 말을 걸지 않는다.	① ② ③ ④ ⑤
93	이따금 결심을 빨리 하지 못하기 때문에 손해 보는 경우가 많다.	① ② ③ ④ ⑤
94	사람들은 누구나 곤경에서 벗어나기 위해 거짓말을 할 수 있다.	① ② ③ ④ ⑤
95	어떤 일을 실패하면 두고두고 생각한다.	① ② ③ ④ ⑤
96	비교적 말이 없는 편이다.	① ② ③ ④ ⑤
97	기왕 일을 한다면 꼼꼼하게 하는 편이다.	① ② ③ ④ ⑤
98	지나치게 깔끔한 척을 하는 편에 속한다.	① ② ③ ④ ⑤
99	나를 기분 나쁘게 한 사람을 쉽게 잊지 못하는 편이다.	① ② ③ ④ ⑤
100	수줍음을 많이 타서 많은 사람 앞에 나서길 싫어한다.	① ② ③ ④ ⑤
101	혼자 지내는 시간이 즐겁다.	① ② ③ ④ ⑤
102	주위 사람이 잘 되는 것을 보면 상대적으로 내가 실패한 것 같다.	① ② ③ ④ ⑤
103	어떤 일을 시도하다가 잘 안되면 금방 포기한다.	① ② ③ ④ ⑤
104	이성 친구와 웃고 떠드는 것을 별로 좋아하지 않는다.	① ② ③ ④ ⑤
105	낯선 사람과 만나는 것을 꺼리는 편이다.	① ② ③ ④ ⑤
106	밤낮없이 같이 다닐만한 친구들이 거의 없다.	① ② ③ ④ ⑤
107	연예인이 되고 싶은 마음은 조금도 가지고 있지 않다.	① ② ③ ④ ⑤
108	여럿이 모여서 이야기하는 데 잘 끼어들지 못한다.	① ② ③ ④ ⑤
109	사람들은 이득이 된다면 옳지 않은 방법이라도 쓸 것이다.	① ② ③ ④ ⑤
110	사람들이 정직하게 행동하는 것은 다른 사람의 비난이 두렵기 때문이다.	① ② ③ ④ ⑤

번호	질문	응답
111	처음 보는 사람들과 쉽게 이야기하거나 친해지는 편이다.	① ② ③ ④ ⑤
112	모르는 사람들이 많이 모여 있는 곳에서도 활발하게 행동하는 편이다.	① ② ③ ④ ⑤
113	여기저기에 친구나 아는 사람들이 많이 있다.	① ② ③ ④ ⑤
114	모임에서 말을 많이 하고 적극적으로 행동한다.	① ② ③ ④ ⑤
115	슬프거나 기쁜 일이 생기면 부모나 친구에게 이야기하는 편이다.	① ② ③ ④ ⑤
116	활발하고 적극적이라는 말을 자주 듣는다.	① ② ③ ④ ⑤
117	시간이 걸리는 일이나 놀이에 싫증을 내고, 새로운 놀이나 활동을 원한다.	① ② ③ ④ ⑤
118	혼자 조용히 있거나 책을 읽는 것보다는 사람들과 어울리는 것을 좋아한다.	① ② ③ ④ ⑤
119	새로운 유행이 시작되면 다른 사람보다 먼저 시도해 보는 편이다.	① ② ③ ④ ⑤
120	기분을 잘 드러내기 때문에 남들이 본인의 기분을 금방 알게 된다.	① ② ③ ④ ⑤
121	비유적이고 상징적인 표현보다는 구체적이고 정확한 표현을 더 잘 이해한다.	① ② ③ ④ ⑤
122	주변 사람들의 외모나 다른 특징들을 자세히 기억한다.	① ② ③ ④ ⑤
123	꾸준하고 참을성이 있다는 말을 자주 듣는다.	① ② ③ ④ ⑤
124	공부할 때 세부적인 내용을 암기할 수 있다.	① ② ③ ④ ⑤
125	손으로 직접 만지거나 조작하는 것을 좋아한다.	① ② ③ ④ ⑤
126	상상 속에서 이야기를 잘 만들어 내는 편이다.	① ② ③ ④ ⑤
127	종종 물건을 잃어버리거나 어디에 두었는지 기억을 못하는 때가 있다.	① ② ③ ④ ⑤
128	창의력과 상상력이 풍부하다는 이야기를 자주 듣는다.	① ② ③ ④ ⑤
129	다른 사람들이 생각하지도 않는 엉뚱한 행동이나 생각을 할 때가 종종 있다.	① ② ③ ④ ⑤
130	이것저것 새로운 것에 관심이 많고 새로운 것을 배우고 싶어 한다.	① ② ③ ④ ⑤
131	'왜?'라는 질문을 자주 한다.	① ② ③ ④ ⑤
132	의지와 끈기가 강한 편이다.	① ② ③ ④ ⑤
133	궁금한 점이 있으면 꼬치꼬치 따져서 궁금증을 풀고 싶어 한다.	① ② ③ ④ ⑤
134	참을성이 있다는 말을 자주 듣는다.	① ② ③ ④ ⑤
135	남의 비난에도 잘 견딘다.	① ② ③ ④ ⑤
136	다른 사람의 감정에 민감하다.	① ② ③ ④ ⑤
137	자신의 잘못을 쉽게 인정하는 편이다.	① ② ③ ④ ⑤
138	싹싹하다는 소리를 잘 듣는다.	① ② ③ ④ ⑤
139	쉽게 양보를 하는 편이다.	① ② ③ ④ ⑤
140	음식을 선택할 때 쉽게 결정을 못 내릴 때가 많다.	① ② ③ ④ ⑤

번호	질문	응답
141	계획표를 세밀하게 짜 놓고 그 계획표에 따라 생활하는 것을 좋아한다.	① ② ③ ④ ⑤
142	대체로 할 일을 먼저 해 놓고 나서 노는 편이다.	① ② ③ ④ ⑤
143	시험보기 전에 미리 여유 있게 공부 계획표를 짜 놓는다.	① ② ③ ④ ⑤
144	마지막 순간에 쫓기면서 일하는 것을 싫어한다.	① ② ③ ④ ⑤
145	계획에 따라 규칙적인 생활을 하는 편이다.	① ② ③ ④ ⑤
146	자기 것을 잘 나누어주는 편이다.	① ② ③ ④ ⑤
147	자심의 소지품을 덜 챙기는 편이다.	① ② ③ ④ ⑤
148	신발이나 옷이 떨어져도 무관심한 편이다.	① ② ③ ④ ⑤
149	자기 것을 덜 주장하고, 덜 고집하는 편이다.	① ② ③ ④ ⑤
150	활동이 많으면서도 무난하고 점잖다는 말을 듣는 편이다.	① ② ③ ④ ⑤
151	몇 번이고 생각하고 검토한다.	① ② ③ ④ ⑤
152	여러 번 생각한 끝에 결정을 내린다.	① ② ③ ④ ⑤
153	어떤 일이든 따지려 든다.	① ② ③ ④ ⑤
154	일단 결정하면 행동으로 옮긴다.	① ② ③ ④ ⑤
155	앞에 나서기를 꺼린다.	① ② ③ ④ ⑤
156	규칙을 잘 지킨다.	① ② ③ ④ ⑤
157	나의 주장대로 행동한다.	① ② ③ ④ ⑤
158	지시나 충고를 받는 것이 싫다.	① ② ③ ④ ⑤
159	급진적인 변화를 좋아한다.	① ② ③ ④ ⑤
160	규칙은 반드시 지킬 필요가 없다.	① ② ③ ④ ⑤
161	혼자서 일하기를 좋아한다.	① ② ③ ④ ⑤
162	미래에 대해 별로 염려를 하지 않는다.	① ② ③ ④ ⑤
163	새로운 변화를 싫어한다.	① ② ③ ④ ⑤
164	조용한 분위기를 좋아한다.	① ② ③ ④ ⑤
165	도전적인 직업보다는 안정적인 직업이 좋다.	① ② ③ ④ ⑤
166	친구를 잘 바꾸지 않는다.	① ② ③ ④ ⑤
167	남의 명령을 듣기 싫어한다.	① ② ③ ④ ⑤
168	모든 일에 앞장서는 편이다.	① ② ③ ④ ⑤
169	다른 사람이 하는 일을 보면 답답하다.	① ② ③ ④ ⑤
170	남을 지배하는 사람이 되고 싶다.	① ② ③ ④ ⑤

번호	질문	응답
171	규칙적인 것이 싫다.	① ② ③ ④ ⑤
172	매사에 감동을 자주 받는다.	① ② ③ ④ ⑤
173	새로운 물건과 일에 대한 생각을 자주 한다.	① ② ③ ④ ⑤
174	창조적인 일을 하고 싶다.	① ② ③ ④ ⑤
175	나쁜 일은 오래 생각하지 않는다.	① ② ③ ④ ⑤
176	사람들의 이름을 잘 기억하는 편이다.	① ② ③ ④ ⑤
177	외딴 곳보다는 사람들이 북적거리는 곳에 살고 싶다.	① ② ③ ④ ⑤
178	제조업보다는 서비스업이 마음에 든다.	① ② ③ ④ ⑤
179	농사를 지으면서 자연과 더불어 살고 싶다.	① ② ③ ④ ⑤
180	예절 같은 것은 별로 신경 쓰지 않는다.	① ② ③ ④ ⑤
181	거칠고 반항적인 사람보다 예의바른 사람들과 어울리고 싶다.	① ② ③ ④ ⑤
182	대인관계에서 상황을 빨리 파악하는 편이다.	① ② ③ ④ ⑤
183	계산에 밝은 사람은 꺼려진다.	① ② ③ ④ ⑤
184	친구들과 노는 것보다 혼자 노는 것이 편하다.	① ② ③ ④ ⑤
185	교제범위가 넓은 편이라 사람을 만나는 데 많은 시간을 소비한다.	① ② ③ ④ ⑤
186	손재주는 비교적 있는 편이다.	① ② ③ ④ ⑤
187	기획과 섭외 중 기획을 더 잘할 수 있을 것 같다.	① ② ③ ④ ⑤
188	도서실 등에서 책을 정리하고 관리하는 일을 싫어하지 않는다.	① ② ③ ④ ⑤
189	선입견으로 판단하지 않고 이론적으로 판단하는 편이다.	① ② ③ ④ ⑤
190	예술제나 미술전 등에 관심이 많다.	① ② ③ ④ ⑤
191	행사의 사회나 방송 등 마이크를 사용하는 분야에 관심이 많다.	① ② ③ ④ ⑤
192	하루 종일 방에 틀어 박혀 연구하거나 몰두해야 하는 일은 싫다.	① ② ③ ④ ⑤
193	공상이나 상상을 많이 하는 편이다.	① ② ③ ④ ⑤
194	모르는 사람과도 마음이 맞으면 쉽게 마음을 터놓고 바로 친해진다.	① ② ③ ④ ⑤
195	물건을 만들거나 도구를 사용하는 일이 싫지는 않다.	① ② ③ ④ ⑤
196	새로운 아이디어를 생각해내는 일이 좋다.	① ② ③ ④ ⑤
197	회의에서 사회나 서기를 맡는다면 서기 쪽이 맞을 것 같다.	① ② ③ ④ ⑤
198	사건 뒤에 숨은 본질을 생각해 보기를 좋아한다.	① ② ③ ④ ⑤
199	색채감각이나 미적 센스가 풍부한 편이다.	① ② ③ ④ ⑤
200	다른 사람들의 눈길을 끌고 주목을 받는 것이 아무렇지도 않다.	① ② ③ ④ ⑤

02 제2회 인성검사 모의테스트

※ 다음 질문을 읽고, ①～⑤ 중 자신에게 해당하는 것을 고르시오(① 전혀 그렇지 않다, ② 약간 그렇지 않다, ③ 보통이다, ④ 약간 그렇다, ⑤ 매우 그렇다). [1~200]

번호	질문	응답
01	문화재 위원과 체육대회 위원 중 체육대회 위원을 하고 싶다.	① ② ③ ④ ⑤
02	보고 들은 것을 문장으로 옮기기를 좋아한다.	① ② ③ ④ ⑤
03	남에게 뭔가 가르쳐 주는 일이 좋다.	① ② ③ ④ ⑤
04	많은 사람과 장시간 함께 있으면 피곤하다.	① ② ③ ④ ⑤
05	엉뚱한 일을 하기 좋아하고 발상도 개성적이다.	① ② ③ ④ ⑤
06	전표 계산 또는 장부 기입 같은 일을 싫증내지 않고 할 수 있다.	① ② ③ ④ ⑤
07	책이나 신문을 열심히 읽는 편이다.	① ② ③ ④ ⑤
08	신경이 예민한 편이며, 감수성도 풍부하다.	① ② ③ ④ ⑤
09	연회석에서 망설임 없이 노래를 부르거나 장기를 보이는 편이다.	① ② ③ ④ ⑤
10	즐거운 캠프를 위해 계획 세우기를 좋아한다.	① ② ③ ④ ⑤
11	데이터를 분류하거나 통계내는 일을 싫어하지는 않는다.	① ② ③ ④ ⑤
12	드라마나 소설 속 등장인물의 생활과 사고방식에 흥미가 있다.	① ② ③ ④ ⑤
13	자신의 미적 표현력을 살리면 상당히 좋은 작품이 나올 것 같다.	① ② ③ ④ ⑤
14	화려한 것을 좋아하며 주위의 평판에 신경을 쓰는 편이다.	① ② ③ ④ ⑤
15	여럿이서 여행할 기회가 있다면 즐겁게 참가한다.	① ② ③ ④ ⑤
16	여행 소감 쓰기를 좋아한다.	① ② ③ ④ ⑤
17	상품 전시회에서 상품 설명을 한다면 잘할 수 있을 것 같다.	① ② ③ ④ ⑤
18	변화가 적고 손이 많이 가는 일도 꾸준히 하는 편이다.	① ② ③ ④ ⑤
19	신제품 홍보에 흥미가 있다.	① ② ③ ④ ⑤
20	열차 시간표 한 페이지 정도라면 정확하게 옮겨 쓸 자신이 있다.	① ② ③ ④ ⑤
21	자신의 장래에 대해 자주 생각한다.	① ② ③ ④ ⑤
22	혼자 있는 것에 익숙하다.	① ② ③ ④ ⑤
23	별 근심이 없다.	① ② ③ ④ ⑤
24	나의 환경에 아주 만족한다.	① ② ③ ④ ⑤
25	상품을 고를 때 디자인과 색에 신경을 많이 쓴다.	① ② ③ ④ ⑤
26	극단이나 연기학원에서 공부해 보고 싶다는 생각을 한 적이 있다.	① ② ③ ④ ⑤
27	외출할 때 날씨가 좋지 않아도 그다지 신경 쓰지 않는다.	① ② ③ ④ ⑤
28	손님을 불러들이는 호객행위도 마음만 먹으면 할 수 있을 것 같다.	① ② ③ ④ ⑤
29	신중하고 주의 깊은 편이다.	① ② ③ ④ ⑤
30	하루 종일 책상 앞에 앉아 있어도 지루해하지 않는 편이다.	① ② ③ ④ ⑤

번호	질문	응답
31	알기 쉽게 요점을 정리한 다음 남에게 잘 설명하는 편이다.	① ② ③ ④ ⑤
32	생물 시간보다는 미술 시간에 흥미가 있다.	① ② ③ ④ ⑤
33	남이 자신에게 상담을 해오는 경우가 많다.	① ② ③ ④ ⑤
34	친목회나 송년회 등의 총무 역할을 좋아하는 편이다.	① ② ③ ④ ⑤
35	실패하든 성공하든 그 원인은 꼭 분석한다.	① ② ③ ④ ⑤
36	실내 장식품이나 액세서리 등에 관심이 많다.	① ② ③ ④ ⑤
37	남에게 보이기 좋아하고 지기 싫어하는 편이다.	① ② ③ ④ ⑤
38	대자연 속에서 마음대로 몸을 움직이는 일이 좋다.	① ② ③ ④ ⑤
39	파티나 모임에서 자연스럽게 돌아다니며 인사하는 성격이다.	① ② ③ ④ ⑤
40	무슨 일에 쉽게 빠져드는 편이며 주인의식도 강하다.	① ② ③ ④ ⑤
41	우리나라 분재를 파리에서 파는 방법 따위를 생각하기 좋아한다.	① ② ③ ④ ⑤
42	하루 종일 거리를 돌아다녀도 그다지 피로를 느끼지 않는다.	① ② ③ ④ ⑤
43	컴퓨터의 키보드 조작도 연습하면 잘할 수 있을 것 같다.	① ② ③ ④ ⑤
44	자동차나 모터보트 등의 운전에 흥미를 갖고 있다.	① ② ③ ④ ⑤
45	연예인의 인기비결을 곧잘 생각해 본다.	① ② ③ ④ ⑤
46	과자나 빵을 판매하는 일보다 만드는 일이 나에게 맞을 것 같다.	① ② ③ ④ ⑤
47	대체로 걱정하거나 고민하지 않는다.	① ② ③ ④ ⑤
48	비판적인 말을 들어도 쉽게 상처받지 않는다.	① ② ③ ④ ⑤
49	초등학교 선생님보다는 등대지기가 더 재미있을 것 같다.	① ② ③ ④ ⑤
50	남의 생일이나 명절에 선물을 사러 다니는 일은 귀찮다.	① ② ③ ④ ⑤
51	조심스러운 성격이라고 생각한다.	① ② ③ ④ ⑤
52	훌쩍 여행을 떠나고 싶을 때가 자주 있다.	① ② ③ ④ ⑤
53	사물을 신중하게 생각하는 편이라고 생각한다.	① ② ③ ④ ⑤
54	다른 사람들이 하지 못하는 일을 하고 싶다.	① ② ③ ④ ⑤
55	소외감을 느낄 때가 있다.	① ② ③ ④ ⑤
56	노력의 여하보다 결과가 중요하다.	① ② ③ ④ ⑤
57	다른 사람에게 의존적이 될 때가 많다.	① ② ③ ④ ⑤
58	타인에게 간섭받는 것은 싫다.	① ② ③ ④ ⑤
59	동작이 기민한 편이다.	① ② ③ ④ ⑤
60	다른 사람에게 항상 움직이고 있다는 말을 듣는다.	① ② ③ ④ ⑤

번호	질문	응답
61	해야 할 일은 신속하게 처리한다.	① ② ③ ④ ⑤
62	일주일의 예정을 만드는 것을 좋아한다.	① ② ③ ④ ⑤
63	잘하지 못하는 게임은 하지 않으려고 한다.	① ② ③ ④ ⑤
64	자기주장이 강하다.	① ② ③ ④ ⑤
65	의식 과잉이라는 생각이 들 때가 있다.	① ② ③ ④ ⑤
66	포기하지 않고 노력하는 것이 중요하다.	① ② ③ ④ ⑤
67	어떠한 일이 있어도 출세하고 싶다.	① ② ③ ④ ⑤
68	대인관계가 귀찮다고 느낄 때가 있다.	① ② ③ ④ ⑤
69	수다를 좋아한다.	① ② ③ ④ ⑤
70	장래의 일을 생각하면 불안해질 때가 있다.	① ② ③ ④ ⑤
71	쉽게 침울해 한다.	① ② ③ ④ ⑤
72	한 번 시작한 일은 끝을 맺는다.	① ② ③ ④ ⑤
73	막무가내라는 말을 들을 때가 많다.	① ② ③ ④ ⑤
74	자신의 권리를 주장하는 편이다.	① ② ③ ④ ⑤
75	쉽게 싫증을 내는 편이다.	① ② ③ ④ ⑤
76	하나의 취미를 오래 지속하는 편이다.	① ② ③ ④ ⑤
77	옆에 사람이 있으면 싫다.	① ② ③ ④ ⑤
78	자신의 의견을 상대에게 잘 주장하지 못한다.	① ② ③ ④ ⑤
79	토론에서 이길 자신이 있다.	① ② ③ ④ ⑤
80	좀처럼 결단하지 못하는 경우가 있다.	① ② ③ ④ ⑤
81	남과 친해지려면 용기가 필요하다.	① ② ③ ④ ⑤
82	활력이 있다.	① ② ③ ④ ⑤
83	다른 사람의 일에 관심이 없다.	① ② ③ ④ ⑤
84	통찰력이 있다고 생각한다.	① ② ③ ④ ⑤
85	다른 사람에게 위해를 가할 것 같은 기분이 든 때가 있다.	① ② ③ ④ ⑤
86	지루하면 마구 떠들고 싶어진다.	① ② ③ ④ ⑤
87	매사에 느긋하고 차분하게 매달린다.	① ② ③ ④ ⑤
88	친구들이 진지한 사람으로 생각하고 있다.	① ② ③ ④ ⑤
89	때로는 후회할 때도 있다.	① ② ③ ④ ⑤
90	친구들과 남의 이야기를 하는 것을 좋아한다.	① ② ③ ④ ⑤

번호	질문	응답
91	사소한 일로 우는 일이 많다.	① ② ③ ④ ⑤
92	내성적이라고 생각한다.	① ② ③ ④ ⑤
93	당황하면 갑자기 땀이 나서 신경 쓰일 때가 있다.	① ② ③ ④ ⑤
94	어떤 일이 있어도 의욕을 가지고 열심히 하는 편이다.	① ② ③ ④ ⑤
95	진정으로 마음을 허락할 수 있는 사람은 없다.	① ② ③ ④ ⑤
96	집에서 가만히 있으면 기분이 우울해진다.	① ② ③ ④ ⑤
97	굳이 말하자면 시원시원하다.	① ② ③ ④ ⑤
98	난관에 봉착해도 포기하지 않고 열심히 해본다.	① ② ③ ④ ⑤
99	기다리는 것에 짜증내는 편이다.	① ② ③ ④ ⑤
100	감정적으로 될 때가 많다.	① ② ③ ④ ⑤
101	눈을 뜨면 바로 일어난다.	① ② ③ ④ ⑤
102	친구들로부터 줏대 없는 사람이라는 말을 듣는다.	① ② ③ ④ ⑤
103	리더로서 인정을 받고 싶다.	① ② ③ ④ ⑤
104	누구나 권력자를 동경하고 있다고 생각한다.	① ② ③ ④ ⑤
105	다른 사람들이 남을 배려하는 마음씨가 있다는 말을 한다.	① ② ③ ④ ⑤
106	인간관계가 폐쇄적이라는 말을 듣는다.	① ② ③ ④ ⑤
107	누구와도 편하게 이야기할 수 있다.	① ② ③ ④ ⑤
108	몸으로 부딪혀 도전하는 편이다.	① ② ③ ④ ⑤
109	가만히 있지 못할 정도로 침착하지 못할 때가 있다.	① ② ③ ④ ⑤
110	사물을 과장해서 말하지 않는 편이다.	① ② ③ ④ ⑤
111	그룹 내에서는 누군가의 주도하에 따라가는 경우가 많다.	① ② ③ ④ ⑤
112	굳이 말하자면 자의식 과잉이다.	① ② ③ ④ ⑤
113	무슨 일이든 자신을 가지고 행동한다.	① ② ③ ④ ⑤
114	여행을 가기 전에는 세세한 계획을 세운다.	① ② ③ ④ ⑤
115	다른 사람에게 자신이 소개되는 것을 좋아한다.	① ② ③ ④ ⑤
116	차분하다는 말을 듣는다.	① ② ③ ④ ⑤
117	몸을 움직이는 것을 좋아한다.	① ② ③ ④ ⑤
118	의견이 다른 사람과는 어울리지 않는다.	① ② ③ ④ ⑤
119	계획을 생각하기보다 빨리 실행하고 싶어한다.	① ② ③ ④ ⑤
120	스포츠 선수가 되고 싶다고 생각한 적이 있다.	① ② ③ ④ ⑤

번호	질문	응답
121	융통성이 없는 편이다.	① ② ③ ④ ⑤
122	자신을 쓸모없는 인간이라고 생각할 때가 있다.	① ② ③ ④ ⑤
123	완성된 것보다 미완성인 것에 흥미가 있다.	① ② ③ ④ ⑤
124	작은 소리도 신경 쓰인다.	① ② ③ ④ ⑤
125	굳이 말하자면 장거리 주자에 어울린다고 생각한다.	① ② ③ ④ ⑤
126	모두가 싫증을 내는 일에도 혼자서 열심히 한다.	① ② ③ ④ ⑤
127	커다란 일을 해보고 싶다.	① ② ③ ④ ⑤
128	주위의 영향을 받기 쉽다.	① ② ③ ④ ⑤
129	잘하지 못하는 것이라도 자진해서 한다.	① ② ③ ④ ⑤
130	나는 완고한 편이라고 생각한다.	① ② ③ ④ ⑤
131	타인의 일에는 별로 관여하고 싶지 않다고 생각한다.	① ② ③ ④ ⑤
132	휴일은 세부적인 예정을 세우고 보낸다.	① ② ③ ④ ⑤
133	번화한 곳에 외출하는 것을 좋아한다.	① ② ③ ④ ⑤
134	능력을 살릴 수 있는 일을 하고 싶다.	① ② ③ ④ ⑤
135	자주 깊은 생각에 잠긴다.	① ② ③ ④ ⑤
136	지인을 발견해도 만나고 싶지 않을 때가 많다.	① ② ③ ④ ⑤
137	나는 자질구레한 걱정이 많다.	① ② ③ ④ ⑤
138	가만히 있지 못할 정도로 불안해질 때가 많다.	① ② ③ ④ ⑤
139	이유도 없이 화가 치밀 때가 있다.	① ② ③ ④ ⑤
140	이유도 없이 다른 사람과 부딪힐 때가 있다.	① ② ③ ④ ⑤
141	나는 다른 사람보다 기가 세다.	① ② ③ ④ ⑤
142	친절한 사람 밑에서 일하고 싶다.	① ② ③ ④ ⑤
143	다른 사람이 나를 어떻게 생각하는지 궁금할 때가 많다.	① ② ③ ④ ⑤
144	직접 만나는 것보다 전화로 얘기하는 것이 편하다.	① ② ③ ④ ⑤
145	침울해지면서 아무 것도 손에 잡히지 않을 때가 있다.	① ② ③ ④ ⑤
146	이성적인 사람 밑에서 일하고 싶다.	① ② ③ ④ ⑤
147	다른 사람보다 쉽게 우쭐해진다.	① ② ③ ④ ⑤
148	시를 많이 읽는다.	① ② ③ ④ ⑤
149	성격이 밝다는 말을 듣는다.	① ② ③ ④ ⑤
150	실무적이라는 인상을 주고 싶다.	① ② ③ ④ ⑤

번호	질문	응답
151	어색해지면 입을 다무는 경우가 많다.	① ② ③ ④ ⑤
152	커피가 있어야 안심이 된다.	① ② ③ ④ ⑤
153	어린 시절로 돌아가고 싶을 때가 있다.	① ② ③ ④ ⑤
154	무모할 것 같은 일에 도전하고 싶다.	① ② ③ ④ ⑤
155	하루의 행동을 반성하는 경우가 많다.	① ② ③ ④ ⑤
156	학구적이라는 인상을 주고 싶다.	① ② ③ ④ ⑤
157	내가 아는 것을 남에게 알려주고 싶다.	① ② ③ ④ ⑤
158	굳이 말하자면 기가 센 편이다.	① ② ③ ④ ⑤
159	일의 보람보단 결과를 중요시 한다.	① ② ③ ④ ⑤
160	격렬한 운동도 그다지 힘들어하지 않는다.	① ② ③ ④ ⑤
161	가능성보단 현실성에 눈을 돌린다.	① ② ③ ④ ⑤
162	부탁을 잘 거절하지 못한다.	① ② ③ ④ ⑤
163	앞으로의 일을 생각하지 않으면 진정이 되지 않는다.	① ② ③ ④ ⑤
164	상상이 되는 것을 선호한다.	① ② ③ ④ ⑤
165	빌려준 것을 받지 못하는 편이다.	① ② ③ ④ ⑤
166	인생에서 중요한 것은 높은 목표를 갖는 것이다.	① ② ③ ④ ⑤
167	잠을 쉽게 자는 편이다.	① ② ③ ④ ⑤
168	다른 사람이 부럽다고 생각하지 않는다.	① ② ③ ④ ⑤
169	학문보다는 기술이다.	① ② ③ ④ ⑤
170	무슨 일이든 선수를 쳐야 이긴다고 생각한다.	① ② ③ ④ ⑤
171	SNS를 좋아하는 편이다.	① ② ③ ④ ⑤
172	뉴스를 자주 보는 편이다.	① ② ③ ④ ⑤
173	불우이웃을 돕는 편이다.	① ② ③ ④ ⑤
174	취미활동에 돈을 아끼지 않는다.	① ② ③ ④ ⑤
175	혼자서 밥을 먹어도 이상하지 않다.	① ② ③ ④ ⑤
176	기획하는 것보다 영업하는 것이 편하다.	① ② ③ ④ ⑤
177	나만의 특기를 가지고 있다.	① ② ③ ④ ⑤
178	토론자와 사회 중에서 토론자가 더 어울린다.	① ② ③ ④ ⑤
179	아기자기한 것을 좋아한다.	① ② ③ ④ ⑤
180	통계가 맞지 않으면 신경이 쓰인다.	① ② ③ ④ ⑤

번호	질문	응답
181	100년 전의 풍습에 흥미가 있다.	① ② ③ ④ ⑤
182	신제품 개발보다 기존 상품을 개선하는 것을 선호한다.	① ② ③ ④ ⑤
183	손으로 쓴 글씨에 자신이 있다.	① ② ③ ④ ⑤
184	현재의 삶에 만족한다.	① ② ③ ④ ⑤
185	내 미래를 밝다고 생각한다.	① ② ③ ④ ⑤
186	과학보다는 철학에 관심이 있다.	① ② ③ ④ ⑤
187	원인을 알 수 없으면 반드시 찾아야 한다.	① ② ③ ④ ⑤
188	무언가에 흥미를 느끼는 데 오래 걸린다.	① ② ③ ④ ⑤
189	처음 보는 사람에게 물건을 잘 팔수 있다.	① ② ③ ④ ⑤
190	언어가 안 통하는 나라에서 잘 생활할 수 있다.	① ② ③ ④ ⑤
191	시각보다는 청각에 민감한 편이다.	① ② ③ ④ ⑤
192	큰 건물이 작은 건물보다 좋다.	① ② ③ ④ ⑤
193	음식을 만드는 것이 물건을 전시하는 것보다 쉽다.	① ② ③ ④ ⑤
194	안 쓰는 물건을 잘 버리는 편이다.	① ② ③ ④ ⑤
195	사람의 인상착의나 이름을 잘 외운다.	① ② ③ ④ ⑤
196	지시를 받는 것보다 지시를 하는 것이 어울린다.	① ② ③ ④ ⑤
197	규칙적으로 먹고 잔다.	① ② ③ ④ ⑤
198	처음 겪는 상황에도 빠르게 대처할 수 있다.	① ② ③ ④ ⑤
199	내가 할 수 있는 것은 내가 한다.	① ② ③ ④ ⑤
200	이성하고 얘기하는 것이 어렵지 않다.	① ② ③ ④ ⑤

PART

2

직무능력검사

CHAPTER 01

언어논리력

합격 CHEAT KEY

출제유형

어휘력

어휘의 의미를 정확하게 알고 있는지 평가하는 유형으로, 밑줄 친 어휘와 같은 의미로 쓰인 어휘를 찾는 문제, 주어진 문장 속에서 사용이 적절하지 않은 어휘를 찾는 문제, 주어진 여러 단어의 뜻을 포괄하는 어휘를 찾는 문제 등이 출제되고 있다.

학습전략

어휘력

- 어휘가 가진 다양한 의미를 정확하게 알고 있어야 한다.
- 다의어의 경우 문장 속에서 어떤 의미로 활용되는지 파악하는 것이 중요하므로 예문과 함께 학습하도록 한다.

CHAPTER 01 언어논리력 핵심이론

01 어휘의 의미

1. 의미 관계

(1) 유의 관계

유의어는 두 개 이상의 어휘가 서로 소리는 다르나 의미가 비슷한 경우로, 유의 관계의 대부분은 개념적 의미의 동일성을 전제로 한다.

(2) 반의 관계

반의어는 둘 이상의 단어에서 의미가 서로 짝을 이루어 대립하는 경우로, 어휘의 의미가 서로 대립되는 단어를 말하며, 이러한 어휘들의 관계를 반의 관계라고 한다. 한 쌍의 단어가 반의어가 되려면, 두 어휘 사이에 공통적인 의미 요소가 있으면서도 동시에 하나의 의미 요소만 달라야 한다.

(3) 상하 관계

상하 관계는 단어의 의미적 계층 구조에서 한쪽이 의미상 다른 쪽을 포함하거나 다른 쪽에 포섭되는 관계를 말한다. 상하 관계를 형성하는 단어들은 상위어일수록 일반적이고 포괄적인 의미를 지니며, 하위어일수록 개별적이고 한정적인 의미를 지니므로 하위어는 상위어를 의미적으로 함의하게 된다. 즉, 상위어가 가지고 있는 의미 특성을 하위어가 자동적으로 가지게 된다.

(4) 부분 관계

부분 관계는 한 단어가 다른 단어의 부분이 되는 관계를 말하며, 전체 – 부분 관계라고도 한다. 부분 관계에서 부분을 가리키는 단어를 부분어, 전체를 가리키는 단어를 전체어라고 한다. 예를 들면, '머리, 팔, 몸통, 다리'는 '몸'의 부분어이며, 이러한 부분어들에 의해 이루어진 '몸'은 전체어이다.

2. 다의어와 동음이의어

다의어(多義語)는 뜻이 여러 개인 낱말을 뜻하고, 동음이의어(同音異義語)는 소리는 같으나 뜻이 다른 낱말을 뜻한다. 중심의미(본래의 의미)와 주변의미(변형된 의미)로 나누어지면 다의어이고, 중심의미와 주변의미로 나누어지지 않고 전혀 다른 의미를 지니면 동음이의어라 한다.

02 알맞은 어휘

1. 나이와 관련된 어휘

충년(沖年)	10세 안팎의 어린 나이
지학(志學)	15세가 되어 학문에 뜻을 둠
약관(弱冠)	남자 나이 20세. 스무 살 전후의 여자 나이는 묘령(妙齡), 묘년(妙年), 방년(芳年), 방령(芳齡) 등이라 칭함
이립(而立)	30세. 『논어』에서 공자가 서른 살에 자립했다고 한 데서 나온 말로 인생관이 섰다는 뜻
불혹(不惑)	40세. 세상의 유혹에 빠지지 않음을 뜻함
지천명(知天命)	50세. 하늘의 뜻을 깨달음
이순(耳順)	60세. 경륜이 쌓이고 사려와 판단이 성숙하여 남의 어떤 말도 거슬리지 않음
화갑(華甲)	61세. 회갑(回甲), 환갑(還甲)
진갑(進甲)	62세. 환갑의 이듬해
고희(古稀)	70세. 두보의 시에서 유래. 마음대로 한다는 뜻의 종심(從心)이라고도 함
희수(喜壽)	77세. '喜'자의 초서체가 '七十七'을 세로로 써놓은 것과 비슷한 데서 유래
산수(傘壽)	80세. '傘'자를 풀면 '八十'이 되는 데서 유래
망구(望九)	81세. 90세를 바라봄
미수(米壽)	88세. '米'자를 풀면 '八十八'이 되는 데서 유래
졸수(卒壽)	90세. '卒'의 초서체가 '九十'이 되는 데서 유래
망백(望百)	91세. 100세를 바라봄
백수(白壽)	99세. '百'에서 '一'을 빼면 '白'
상수(上壽)	100세. 사람의 수명 중 최상의 수명
다수(茶壽)	108세. '茶'를 풀면, '十'이 두 개라서 '二十'이고, 아래 '八十八'이니 합하면 108
천수(天壽)	120세. 병 없이 늙어서 죽음을 맞이하면 하늘이 내려 준 나이를 다 살았다는 뜻

2. 단위와 관련된 어휘

구분	단위	뜻
길이	자	한 치의 열 배로 약 30.3cm
	마장	5리나 10리가 못 되는 거리
	발	두 팔을 양옆으로 펴서 벌렸을 때 한쪽 손끝에서 다른 쪽 손끝까지의 길이
	길	여덟 자 또는 열 자로 약 2.4m 또는 3m. 사람 키 정도의 길이
	치	한 자의 10분의 1 또는 약 3.03cm
	칸	여섯 자로, 1.81818m
	뼘	엄지손가락과 다른 손가락을 완전히 펴서 벌렸을 때에 두 끝 사이의 거리
넓이	길이	논밭 넓이의 단위. 소 한 마리가 하루에 갈 만한 넓이로, 약 2,000평 정도
	단보	땅 넓이의 단위. 1단보는 남한에서는 300평으로 991.74m^2, 북한에서는 30평으로 99.174m^2
	마지기	논밭 넓이의 단위. 볍씨 한 말의 모 또는 씨앗을 심을 만한 넓이로, 논은 약 150~300평, 밭은 약 100평 정도
	되지기	논밭 넓이의 단위. 볍씨 한 되의 모 또는 씨앗을 심을 만한 넓이로 한 마지기의 10분의 1
	섬지기	논밭 넓이의 단위. 볍씨 한 섬의 모 또는 씨앗을 심을 만한 넓이로 한 마지기의 열 배이며 논은 약 2,000평, 밭은 약 1,000평
	간	건물의 칸살의 넓이를 잴 때 사용. 한 간은 보통 여섯 자 제곱의 넓이
부피	홉	곡식, 가루, 액체 따위의 부피를 잴 때 쓰는 단위. 한 되의 10분의 1로 약 180mL
	되	곡식, 가루, 액체 따위의 부피를 잴 때 쓰는 단위. 한 말의 10분의 1, 한 홉의 열 배로 약 1.8L
	말	곡식, 액체, 가루 따위의 부피를 잴 때 쓰는 단위. 한 되의 10배로 약 18L
	섬	곡식, 액체, 가루 따위의 부피를 잴 때 쓰는 단위. 한 말의 10배로 약 180L
	되들이	한 되를 담을 수 있는 분량
	줌	한 손에 쥘 만한 분량
	춤	가늘고 기름한 물건을 한 손으로 쥘 만한 분량
무게	냥	귀금속이나 한약재 따위의 무게를 잴 때 쓰는 단위. 귀금속의 무게를 잴 때는 한 돈의 열 배이고, 한약재의 무게를 잴 때는 한 근의 16분의 1로 37.5g
	돈	귀금속이나 한약재 따위의 무게를 잴 때 쓰는 단위. 한 냥의 10분의 1, 한 푼의 열 배로 3.75g
	푼	귀금속이나 한약재 따위의 무게를 잴 때 쓰는 단위. 한 돈의 10분의 1로, 약 0.375g
	냥쭝	한 냥쯤 되는 무게
	돈쭝	한 돈쯤 되는 무게

묶음	갓	굴비 · 비웃 따위 10마리, 또는 고비 · 고사리 따위 10모숨을 한 줄로 엮은 것
	강다리	쪼갠 장작을 묶어 세는 단위. 쪼갠 장작 100개비
	거리	오이나 가지 50개
	고리	소주를 사발에 담은 것을 묶어 세는 단위로, 한 고리는 소주 10사발
	꾸러미	꾸리어 싼 물건을 세는 단위. 달걀 10개를 묶어 세는 단위
	담불	곡식이나 나무를 높이 쌓아 놓은 무더기. 벼 100섬씩 묶어 세는 단위
	동	물건을 묶어 세는 단위. 먹 10정, 붓 10자루, 생강 10접, 피륙 50필, 백지 100권, 곶감 100접, 볏짚 100단, 조기 1,000마리, 비웃 2,000마리
	마투리	곡식의 양을 섬이나 가마로 잴 때, 한 섬이나 한 가마가 되지 못하고 남은 양
	모숨	길고 가느다란 물건의, 한 줌 안에 들어올 만한 분량
	뭇	짚, 장작, 채소 따위의 작은 묶음을 세는 단위, 볏단을 세는 단위. 생선 10마리, 미역 10장
	새	피륙의 날을 세는 단위. 한 새는 날실 여든 올
	쌈	바늘을 묶어 세는 단위. 한 쌈은 바늘 24개
	손	한 손에 잡을 만한 분량을 세는 단위. 고등어 따위의 생선 2마리
	우리	기와를 세는 단위. 한 우리는 기와 2,000장
	접	채소나 과일 따위를 묶어 세는 단위. 한 접은 100개
	제	한약의 분량을 나타내는 단위. 한 제는 탕약 20첩
	죽	옷, 그릇 따위의 열 벌을 묶어 이르는 말
	축	오징어를 묶어 세는 단위. 한 축은 오징어 20마리
	쾌	북어를 묶어 세는 단위. 한 쾌는 북어 20마리
	톳	김을 묶어 세는 단위. 한 톳은 김 100장
	필	명주 40자

3. 절기와 관련된 어휘

봄	입춘	봄의 문턱에 들어섰다는 뜻으로, 봄의 시작을 알리는 절기 [2월 4일경]
	우수	봄비가 내리는 시기라는 뜻 [2월 18일경]
	경칩	개구리가 잠에서 깨어난다는 의미로, 본격적인 봄의 계절이라는 뜻 [3월 5일경]
	춘분	봄의 한가운데로, 낮이 길어지는 시기 [3월 21일경]
	청명	하늘이 맑고 높다는 뜻으로, 전형적인 봄 날씨가 시작되므로 농사 준비를 하는 시기 [4월 5일경]
	곡우	농사에 필요한 비가 내리는 시기라는 뜻 [4월 20일경]
여름	입하	여름의 문턱에 들어섰다는 뜻으로, 여름의 시작을 알리는 절기 [5월 5일경]
	소만	조금씩 차기 시작한다는 뜻으로, 곡식이나 과일의 열매가 생장하여 가득 차기 시작하는 절기 [5월 21일경]
	망종	수염이 있는 곡식, 즉 보리·수수 같은 곡식은 추수를 하고 논에 모를 심는 절기 [6월 6일경]
	하지	여름의 중간으로 낮이 제일 긴 날 [6월 21일경]
	소서	작은 더위가 시작되는 절기로 한여름에 들어선 절기 [7월 7 ~ 8일경]
	대서	큰 더위가 시작되는 절기로 가장 더운 여름철이란 뜻 [7월 24일경]
가을	입추	가을의 문턱에 들어섰다는 뜻으로, 가을의 시작을 알리는 절기 [8월 8 ~ 9일경]
	처서	더위가 식고 일교차가 커지면서 식물들이 성장을 멈추고 겨울 준비를 하는 절기 [8월 23일경]
	백로	흰 이슬이 내리는 시기로 기온은 내려가고 본격적인 가을이 시작되는 시기 [9월 8일경]
	추분	밤이 길어지는 시기이며 가을의 한가운데라는 뜻 [9월 23일경]
	한로	찬 이슬이 내린다는 뜻 [10월 8일경]
	상강	서리가 내린다는 뜻 [10월 23일경]
겨울	입동	겨울의 문턱에 들어섰다는 뜻으로, 겨울의 시작을 알리는 절기 [11월 8일경]
	소설	작은 눈이 내린다는 뜻으로, 눈이 내리고 얼음이 얼기 시작하는 절기 [11월 22 ~ 23일경]
	대설	큰 눈이 내리는 절기 [12월 8일경]
	동지	밤이 가장 긴 날로 겨울의 한가운데라는 뜻 [12월 22 ~ 23일경]
	소한	작은 추위라는 뜻으로, 본격적인 추위가 시작되는 절기 [1월 6 ~ 7일경]
	대한	큰 추위가 시작된다는 뜻으로, 한겨울 [1월 20일경]

4. 지칭과 관련된 어휘

구분		생존	사망
본인	아버지	가친(家親), 엄친(嚴親), 가군(家君)	선친(先親), 선군(先君), 망부(亡父)
	어머니	자친(慈親)	선비(先妣), 선자(先慈), 망모(亡母)
타인	아버지	춘부장(椿府丈)	선대인(先大人)
	어머니	자당(慈堂)	선대부인(先大夫人)

5. 접속어

순접	앞의 내용을 순조롭게 받아 연결시켜 주는 역할 예 그리고, 그리하여, 그래서, 이와 같이, 그러므로 등
역접	앞의 내용과 상반된 내용을 이어주는 역할 예 그러나, 그렇지만, 하지만, 그래도, 반면에 등
인과	앞뒤의 문장을 원인과 결과로, 또는 결과와 원인으로 연결시켜 주는 역할 예 그래서, 따라서, 그러므로, 왜냐하면 등
환언 · 요약	앞 문장을 바꾸어 말하거나 간추려 짧게 말하며 이어주는 역할 예 즉, 요컨대, 바꾸어 말하면, 다시 말하면 등
대등 · 병렬	앞 내용과 뒤의 내용을 대등하게 이어주는 역할 예 또는, 혹은, 및, 한편 등
전환	뒤의 내용이 앞의 내용과는 다른, 새로운 생각이나 사실을 서술하여 화제를 바꾸어 이어주는 역할 예 그런데, 한편, 아무튼, 그러면 등
예시	앞 문장에 대한 구체적인 예를 들어 설명하며 이어주는 역할 예 예컨대, 이를테면, 가령, 예를 들어 등

CHAPTER 01 언어논리력 기출예상문제

정답 및 해설 p.002

대표유형 1 유의어

다음 제시된 단어와 같거나 유사한 의미를 가진 것은?

창출

① 발췌
② 추출
③ 구출
④ 창조

| 해설 | '창출'은 '전에 없던 것을 처음으로 생각하여 지어내거나 만들어냄'을 뜻한다.

오답분석

① 발췌 : 책, 글 따위에서 필요하거나 중요한 부분을 가려 뽑아냄. 또는 그런 내용
② 추출 : 전체 속에서 어떤 물건, 생각, 요소 따위를 뽑아냄
③ 구출 : 위험한 상태에서 구하여 냄

정답 ④

※ 다음 제시된 단어와 같거나 유사한 의미를 가진 것을 고르시오. [1~20]

01

어릿하다

① 쓰리다
② 짜다
③ 흐리다
④ 어리숙하다

02

익다

① 갈다
② 졸다
③ 절다
④ 여물다

03

수월하다

① 쉽다 ② 차갑다
③ 묻다 ④ 견디다

04

촉망

① 사려 ② 기대
③ 환대 ④ 부담

05

지도

① 목도 ② 보도
③ 감독 ④ 정독

06

교육

① 육영 ② 유망
③ 교사 ④ 학구

07

아량

① 양보 ② 관용
③ 수행 ④ 연구

08

예방

① 수입
② 무례
③ 방지
④ 순진

09

공모하다

① 모집하다
② 안녕하다
③ 불안하다
④ 익숙하다

10

폐지

① 유폐
② 처지
③ 연수
④ 혁파

11

곰살궂다

① 다정하다
② 박정하다
③ 야박하다
④ 사절하다

12

우매하다

① 영리하다
② 현명하다
③ 어리석다
④ 지혜롭다

13

막역하다

① 영민하다
② 허물없다
③ 신랄하다
④ 날카롭다

14

사퇴하다

① 그만두다
② 민감하다
③ 영특하다
④ 사소하다

15

비루하다

① 비장하다
② 비대하다
③ 추잡하다
④ 비약하다

16

항거

① 굴복
② 투항
③ 저항
④ 손실

17

지탄

① 비판
② 용기
③ 비굴
④ 감탄

18

조달

① 참관
② 조직
③ 공급
④ 달관

19

실하다

① 평탄하다
② 야무지다
③ 가파르다
④ 자욱하다

20

가동하다

① 상승하다
② 완만하다
③ 퇴영하다
④ 작동하다

대표유형 2 반의어

다음 제시된 단어와 반대되는 의미를 가진 것은?

사임

① 퇴임　　② 퇴진
③ 취임　　④ 사직

| 해설 | • 사임 : 맡아보던 일자리를 스스로 그만두고 물러남
• 취임 : 새로운 직무를 수행하기 위하여 맡은 자리에 처음으로 나아감

오답분석
① 퇴임 : 비교적 높은 직책이나 임무에서 물러남
② 퇴진 : 진용을 갖춘 구성원 전체나 그 책임자가 물러남
④ 사직 : 맡은 직무를 내놓고 물러남

정답 ③

※ 다음 제시된 단어와 반대되는 의미를 가진 것을 고르시오. **[21~40]**

21

가지런하다

① 나란하다　　② 똑바르다
③ 균등하다　　④ 들쭉날쭉하다

22

매몰

① 막연　　② 발굴
③ 복잡　　④ 급격

23

반항

① 거절 ② 치욕
③ 복종 ④ 심야

24

암시

① 산문 ② 명시
③ 성숙 ④ 결합

25

완비

① 불비 ② 우연
③ 필연 ④ 습득

26

산재

① 기밀 ② 비밀
③ 밀렵 ④ 밀집

27

관철

① 개선
② 좌절
③ 해산
④ 표류

28

방전

① 회전
② 직전
③ 충전
④ 선전

29

부절

① 의절
② 굴절
③ 두절
④ 조절

30

팽대

① 비대
② 부대
③ 증세
④ 퇴세

31

응고

① 응결
② 응축
③ 융해
④ 융통

32

서면

① 구두
② 소비
③ 제조
④ 아성

33

성실

① 근면
② 성의
③ 상실
④ 태만

34

취약하다

① 유약하다
② 강인하다
③ 취합하다
④ 촉진하다

35

만성

① 급성
② 형성
③ 항성
④ 고성

36

용이하다

① 무던하다
② 난해하다
③ 분별하다
④ 무난하다

37

진출

① 진압　② 차출
③ 누락　④ 철수

38

엉성하다

① 유별나다　② 뻔뻔하다
③ 면밀하다　④ 서먹서먹하다

39

저열하다

① 졸렬하다　② 야비하다
③ 고매하다　④ 천하다

40

반박하다

① 부정하다　② 수긍하다
③ 거부하다　④ 논박하다

대표유형 3 어휘

다음 제시된 의미를 가진 말로 가장 적절한 것은?

어느 한계에 매우 가까운 정도

① 거의 ② 무조건
③ 일부러 ④ 미리

| 해설 | 제시된 의미를 가진 단어는 '거의'이다.

오답분석
② 무조건 : 이것저것 생각하지 않고
③ 일부러 : 어떤 목적이나 생각을 가지고, 또는 알면서도 마음을 숨기고
④ 미리 : 어떤 일을 하기 전에, 일어나기 전에

정답 ①

※ 다음 제시된 의미를 가진 말로 가장 적절한 것을 고르시오. [41~55]

41

한데에서 밤을 지새움

① 단잠 ② 귀잠
③ 발칫잠 ④ 한둔

42

부부

① 가시버시 ② 가납사니
③ 사시랑이 ④ 미주알고주알

43

천연덕스럽고 구수하다.

① 유지하다 ② 구성지다
③ 간수하다 ④ 건사하다

44

짜거나 엮은 것이 성기고 거칠다.

① 살피다　　② 망보다
③ 돌보다　　④ 설피다

45

해가 거의 넘어갈 무렵

① 일출　　② 해돋이
③ 해거름　　④ 해찰

46

일을 끝마무리하다.

① 굿기다　　② 아퀴짓다
③ 시르죽다　　④ 가리 틀다

47

맨 처음으로 물건을 파는 일

① 마수걸이　　② 대살
③ 잔입　　④ 주접

48

처음 오는 묽은 서리

① 무서리 ② 된서리
③ 푸서리 ④ 눈서리

49

잘될 가망이 있다.

① 다부르다 ② 선부르다
③ 되부르다 ④ 될성부르다

50

안개보다 조금 굵고 이슬비보다 조금 가는 비

① 가랑비 ② 달구비
③ 는개 ④ 먼지잼

51

남쪽 또는 앞쪽에서 불어오는 바람

① 마파람 ② 황소바람
③ 하늬바람 ④ 보라바람

52

눈이 와서 덮인 후에 아직 아무도 지나지 않은 상태의 눈

① 숫눈 ② 살눈
③ 도둑눈 ④ 싸라기눈

53

길고 가느다란 물건의, 한 줌 안에 들어올 만한 분량

① 축 ② 모숨
③ 쌈 ④ 우리

54

15세를 이르는 말로, 학문에 뜻을 둠

① 충년 ② 불혹
③ 지학 ④ 지천명

55

굽거나 비뚤어진 것을 곧게 하다.

① 늦잡다 ② 가로잡다
③ 바로잡다 ④ 안쫑잡다

대표유형 4 관계유추

다음 제시된 단어의 대응 관계로 볼 때, 빈칸에 들어갈 가장 적절한 단어는?

바람 : 방풍막 = 적군 : (　　)

① 요새　　② 기지

③ 전투　　④ 아군

| 해설 | '방풍막'은 '바람'을 막고, '요새'는 '적군'을 막는다.

- 방풍막 : 바람을 막으려고 둘러치는 막
- 요새 : 군사적으로 중요한 곳에 튼튼하게 만들어 놓은 방어 시설. 또는 그런 시설을 한 곳

오답분석

② 기지 : 군대, 탐험대 따위의 활동 기점이 되는 근거지

③ 전투 : 두 편의 군대가 조직적으로 무장하여 싸움

④ 아군 : 우리 편 군대

정답 ①

※ 다음 제시된 단어의 대응 관계로 볼 때, 빈칸에 들어갈 가장 적절한 단어를 고르시오. [56~62]

56

호평 : 악평 = 예사 : (　　)

① 비범　　② 통상

③ 보통　　④ 험구

57

치환 : 대치 = 포고 : (　　)

① 국면　　② 공포

③ 전위　　④ 극명

58

준거 : 표준 = 자취 : ( )

① 척도
② 흔적
③ 주관
④ 반영

59

이단 : 전통 = 모방 : ( )

① 사설
② 창안
③ 모의
④ 답습

60

만족 : 흡족 = 부족 : ( )

① 미미
② 곤궁
③ 궁핍
④ 결핍

61

공시하다 : 반포하다 = 각축하다 : ( )

① 공들이다
② 통고하다
③ 독점하다
④ 경쟁하다

62

침착하다 : 경솔하다 = 섬세하다 : ( )

① 찬찬하다
② 조악하다
③ 감분하다
④ 치밀하다

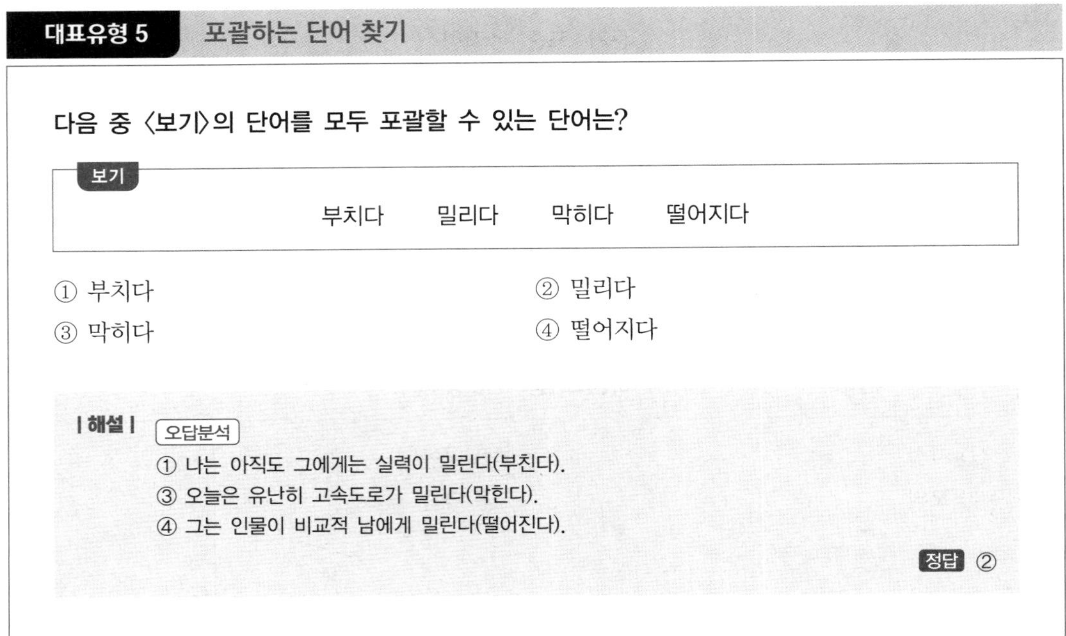

대표유형 5 포괄하는 단어 찾기

다음 중 〈보기〉의 단어를 모두 포괄할 수 있는 단어는?

보기

부치다　　밀리다　　막히다　　떨어지다

① 부치다　　② 밀리다
③ 막히다　　④ 떨어지다

| 해설 | 오답분석
① 나는 아직도 그에게는 실력이 밀린다(부친다).
③ 오늘은 유난히 고속도로가 밀린다(막힌다).
④ 그는 인물이 비교적 남에게 밀린다(떨어진다).

정답 ②

※ 다음 중 〈보기〉의 단어를 모두 포괄할 수 있는 단어를 고르시오. [63~67]

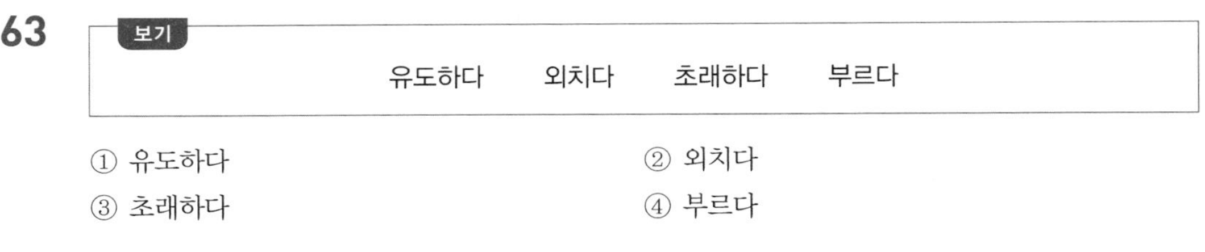

63

보기

유도하다　　외치다　　초래하다　　부르다

① 유도하다　　② 외치다
③ 초래하다　　④ 부르다

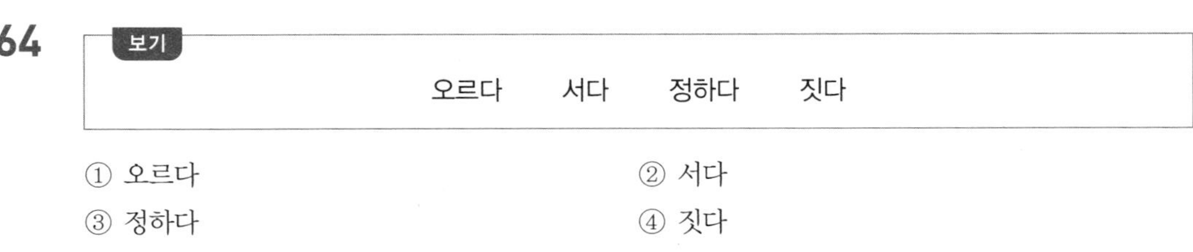

64

보기

오르다　　서다　　정하다　　짓다

① 오르다　　② 서다
③ 정하다　　④ 짓다

65

보기

밑다 준비하다 맞다 보다

① 밑다
② 준비하다
③ 맞다
④ 보다

66

보기

넘어가다 없어지다 얻다 지다

① 넘어가다
② 없어지다
③ 얻다
④ 지다

67

보기

포장하다 저렴하다 싸다 감다

① 포장하다
② 저렴하다
③ 싸다
④ 감다

대표유형 6 접속어

다음 글의 빈칸에 들어갈 접속어로 가장 적절한 것은?

> 표준어는 나라에서 대표로 정한 말이기 때문에 학교의 교과서는 물론이고 신문이나 책에서 이것을 써야 하고, 방송에 서도 바르게 사용해야 한다. 이와 같이 국가나 공공 기관에서 공식적으로 사용해야 하므로 표준어는 공용어이기도 하다. ________ 어느 나라에서나 표준어가 곧 공용어는 아니다. 나라에 따라서는 다른 나라 말이나 여러 개의 언어로 공용어를 삼는 수도 있다.

① 그래서
② 그러나
③ 그리고
④ 그러므로

| 해설 | 두 번째 문장에서 '표준어는 공용어이기도 하다.'라고 했지만 빈칸 뒤 문장에서 '표준어가 곧 공용어는 아니다.'라고 했으므로 앞의 내용과 뒤의 내용이 상반되는 '그러나'가 빈칸에 적절하다.

정답 ②

※ 다음 글의 빈칸에 들어갈 접속어로 가장 적절한 것을 고르시오. [68~71]

68

> 신재생 에너지 가운데 가장 발달한 태양광 발전은 변신을 통해 우리의 일상으로 깊이 파고들고 있다. __________ 스마트폰 배터리 충전에 활용되거나, 자동차 지붕에 탑재되어 자동차주행에 활용되기도 한다.

① 예를 들어 ② 그러나
③ 또한 ④ 게다가

69

> 추운 겨울, 펭귄들은 서로 몸을 최대한 붙여 거대한 무리를 이루는데, 이때 무리의 중앙에 있으면 체지방을 덜 소모할 수 있다. __________ 펭귄들은 조금이라도 중앙으로 들어갈 기회를 잡기 위해 천천히 나선 모양으로 무리의 주변을 걷는다.

① 그러나 ② 그래서
③ 그리고 ④ 즉

70

인도 대륙과 아시아 대륙이 충돌하며 발생한 강력한 압축력에 의해 아시아 대륙의 충돌 부분이 습곡이 되어 히말라야 산맥이 만들어지기 시작하였으며, 해양 지각 일부가 산 위로 밀려 올라갔다. ________ 인도 대륙의 앞부분이 아시아 대륙 밑으로 밀려 들어가면서 히말라야 산맥을 더 높이 밀어 올렸다.

① 그러나
② 왜냐하면
③ 그리고
④ 그러므로

71

이번 달 자동차 수출량은 전년 대비 3% 증가하였지만, 지난 분기와 비교하면 7% 감소하며 부진한 모습을 보여주고 있다. ________ 정부는 내년 경기가 되살아나면서 수출도 반등할 것으로 내다보았다.

① 그리고
② 하지만
③ 그러므로
④ 즉

PART 2

※ 다음 글의 빈칸에 들어갈 접속어를 바르게 나열한 것을 고르시오. [72~74]

72

맥주의 맛을 유지하는 데에는 거품의 역할이 중요하다. 맥주의 거품은 맥아와 홉이 효모 발효 과정에서 발생하는 탄산가스와 결합하면서 만들어진다. 콜라 등 일반 탄산음료 내의 탄산가스는 음료를 잔에 따르는 과정에서 바로 공기 중으로 날아간다. ___㉠___ 맥주 내의 탄산가스는 공기 중으로 바로 날아가지 않는다. ___㉡___ 맥아의 단백질과 홉의 폴리페놀이 거품을 이루어 탄산가스를 둘러싸면서 탄산가스가 공기 중으로 날아가는 것을 막아주기 때문이다. ___㉢___ 맥주의 거품은 맥주와 공기 사이에서 둘의 접촉을 막아 탄산이 지속적으로 올라올 수 있게 돕기도 한다.

	㉠	㉡	㉢
①	그러나	그리고	한편
②	그러나	왜냐하면	또한
③	그러므로	왜냐하면	그러나
④	그러므로	그러나	그래서

73

식품에는 제품을 소비자에게 판매해도 되는 최종시한인 유통기한이 표기되어 있다. ___㉠___ 일상 제품에도 사용기한이 있다. 심지어 어떤 제품은 식품보다 사용기한이 더 짧은 경우도 있다. 베개의 경우 대부분의 사람은 교체를 생각조차 하지 않고 무한정 사용하거나 닳아진 베갯잇을 교체하는 것만으로도 충분하다고 생각한다. ___㉡___ 베개의 사용기한은 2년에서 최대 3년으로, 3년 이상 사용하여 변형된 베개는 숙면을 방해하고, 목 통증 등을 유발할 수 있다. ___㉢___ 얼굴을 닦는 수건도 2년 이상 사용했다면 다른 용도로 활용하는 것이 좋다. 오래 사용하여 뻣뻣하게 변한 수건은 흡수력이 떨어지고, 박테리아가 증식할 수 있기 때문이다.

	㉠	㉡	㉢
①	그러므로	즉	그러나
②	그러므로	그리고	그러나
③	그런데	그리고	또한
④	그런데	그러나	또한

74

아침, 저녁 기온차가 큰 가을에는 감기와 비염 등 환절기 질환을 호소하는 환자들이 늘어난다. 낮과 밤의 기온차가 크게 벌어지면서 신체는 이러한 온도 변화에 적응하기 위해 많은 에너지를 사용한다. ___㉠___ 환절기에는 컨디션이 저하되고, 면역력이 떨어져 병에 걸리기 쉽다. 면역력이 약해진 가을 환절기에는 특히 대상포진을 주의해야 한다. 대상포진은 몸속에 잠복해 있던 바이러스가 면역력 저하로 인해 활성화되면서 염증과 통증을 일으키는 질병이다. 일단 발병하면 심한 통증과 감각 이상 증상이 나타나게 된다. ___㉡___ 특정한 피부 부위에 신경을 따라 붉은 반점이 나타나거나 여러 개의 물집이 무리 지어 나타나는 것이 특징이다. ___㉢___ 쓰리고 따가운 증상과 함께 칼로 베는 듯한 예리한 통증이 나타나고, 갑자기 붉은 반점이 나타난다면 대상포진을 의심해 볼 수 있다.

	㉠	㉡	㉢
①	그리고	그러나	즉
②	따라서	또한	그러므로
③	따라서	그래서	그러므로
④	그러나	그래서	게다가

PART 2

CHAPTER 02
이해력

합격 CHEAT KEY

| 출제유형 |

01 나열하기

문장과 문장 사이의 관계 및 글 전체의 흐름을 읽어낼 수 있는지 평가하는 유형으로, 논리적인 순서에 따라 주어진 글의 문장이나 문단을 나열하는 문제가 출제되고 있다.

02 빈칸추론

앞뒤 문맥과 글의 전체 흐름을 파악하여 주어진 글의 빈칸에 들어갈 적절한 문장을 고르는 문제가 출제되고 있다.

03 독해

주어진 글의 내용과 일치하거나 일치하지 않는 것 고르기, 주제 / 제목 찾기, 글을 통해 추론할 수 있는 것이나 없는 것 고르기 등 다양한 유형의 독해문제가 출제되고 있다.

학습전략

01 나열하기

• 문장과 문장을 연결하는 접속어의 쓰임에 대해 정확히 알고 있어야 문제를 풀 수 있다.
• 문장 속에 나타나는 지시어는 해당 문장의 앞에 어떤 내용이 오는지에 대한 힌트가 되므로 이에 집중한다.

02 빈칸추론

• 제시문을 처음부터 끝까지 다 읽기보다는 빈칸의 앞뒤 문장만으로 그 사이에 들어갈 내용을 유추하는 연습을 해야 한다.
• 선택지를 읽으며 빈칸에 들어갈 답을 고른 후 해설과 비교한다. 확실하게 정답을 선택한 경우를 제외하고, 왜 틀렸는지 파악하고 놓친 부분을 반드시 체크하는 습관을 들인다.

03 독해

• 다양한 분야의 제시문을 위해 평소에 여러 분야의 도서나 신문의 기사 등을 읽어 둔다.
• 단기간의 공부로 성적을 올릴 없으므로 평소에 독서를 통해 꾸준히 연습해야 한다.
• 무작정 제시문을 읽고 문제를 풀기보다는, 문제와 선택지를 먼저 읽고 제시문에서 찾아야 할 내용이 무엇인지를 먼저 파악한 후 글을 읽는다면 시간을 절약할 수 있다.
• 먼저 선택지의 키워드를 체크한 후, 제시문의 내용과의 일치유무를 신속히 판단한다.
• 제시문 유형별 특징을 파악하고 이를 바탕으로 내용을 확인한다.

CHAPTER 02 이해력 핵심이론

01 논리구조

논리구조에서는 주로 단락과 문장 간의 관계나 글 전체의 논리적 구조를 정확히 파악했는지를 묻는다. 글의 순서를 바르게 배열하는 유형이 출제되고 있다. 제시문의 전체적인 흐름을 바탕으로 각 문단의 특징, 단락 간의 역할 등을 논리적으로 구조화할 수 있는 능력을 길러야 한다.

(1) 문장의 관계와 원리

① 문장과 문장 간의 관계

㉠ 상세화 관계 : 주지 → 구체적 설명(비교, 대조, 유추, 분류, 분석, 인용, 예시, 비유, 부연, 상술 등)

㉡ 문제(제기)와 해결 관계 : 한 문장이 문제를 제기하고, 다른 문장이 그 해결책을 제시하는 관계(과제 제시 → 해결 방안, 문제 제기 → 해답 제시)

㉢ 선후 관계 : 한 문장이 먼저 발생한 내용을 담고, 다음 문장이 나중에 발생한 내용을 담고 있는 관계

㉣ 원인과 결과 관계 : 한 문장이 원인이 되고, 다른 문장이 그 결과가 되는 관계(원인 제시 → 결과 제시, 결과 제시 → 원인 제시)

㉤ 주장과 근거 관계 : 한 문장이 필자가 말하고자 하는 바(주지)가 되고, 다른 문장이 그 문장의 증거(근거)가 되는 관계(주장 제시 → 근거 제시, 의견 제안 → 의견 설명)

㉥ 전제와 결론 관계 : 앞 문장에서 조건이나 가정을 제시하고, 뒤 문장에서 이에 따른 결론을 제시하는 관계

② 문장의 연결 방식

㉠ 순접 : 원인과 결과, 부연 설명 등의 문장 연결에 쓰임

예 그래서, 그리고, 그러므로 등

㉡ 역접 : 앞글의 내용을 전면적 또는 부분적으로 부정

예 그러나, 그렇지만, 그래도, 하지만 등

㉢ 대등·병렬 : 앞뒤 문장의 대비와 반복에 의한 접속

예 및, 혹은, 또는, 이에 반하여 등

㉣ 보충·첨가 : 앞글의 내용을 보다 강조하거나 부족한 부분을 보충하기 위해 다른 말을 덧붙이는 문맥

예 단, 곧, 즉, 더욱이, 게다가, 왜냐하면 등

㉤ 화제 전환 : 앞글과는 다른 새로운 내용을 이야기하기 위한 문맥

㉥ 비유·예시 : 앞글에 대해 비유적으로 다시 말하거나 구체적인 예를 보임

예 예를 들면, 예컨대, 마치 등

③ 원리 접근법

앞뒤 문장의 중심 의미 파악	→	앞뒤 문장의 중심 내용이 어떤 관계인지 파악	→	문장 간의 접속어, 지시어의 의미와 기능	→	문장의 의미와 관계성 파악
각 문장의 의미를 어떤 관계로 연결해서 글을 전개하는지 파악해야 한다.		지문 안의 모든 문장은 서로 논리적 관계성이 있다.		접속어와 지시어를 음미하는 것은 독해의 길잡이 역할을 한다.		문단의 중심 내용을 알기 위한 기본 분석 과정이다.

PART 2

02 논리적 이해

(1) 전제의 추론

전제의 추론은 원칙적으로 주어진 내용의 이면에 내포되어 있는 이미 옳다고 인정된 사실을 유추하는 유형이다.

① 먼저 주장이 무엇인지 명확하게 파악해야 한다.
② 주장이 성립하기 위해서 논리적으로 필요한 요건이 무엇인지 생각해 본다.
③ 선택지 중 주장과 논리적으로 인과 관계를 형성할 수 있는 조건을 찾아낸다.

(2) 결론의 추론

주어진 내용을 명확히 이해한 다음, 이를 근거로 이끌어 낼 수 있는 올바른 결론이나 관련 사항을 논리적인 관점에서 찾는 문제 유형이다. 이와 같은 문제는 평상시 비판적이고 논리적인 관점으로 글을 읽는 연습을 충분히 해두어야 유리하다고 볼 수 있다.

(3) 주제의 추론

주제와 관련된 추론 문제는 적성검사에서 자주 출제되는 유형으로서, 글의 표제, 부제, 주제, 주장, 의도를 파악하는 형태의 문제와 같은 유형이다. 이러한 유형의 문제는 주제를 글의 첫 문단이나 마지막 문단을 통해서 찾을 수 있으며, 그렇지 않으면 문단의 병렬·대등 관계를 파악하면 쉽게 찾을 수 있다. 여러 문단에서 공통된 주제를 추론할 때는, 각각의 제시문을 먼저 요약한 뒤, 핵심 키워드를 찾은 다음, 이를 토대로 주제문을 가려내어 하나의 주제를 유추하면 된다. 평소에 제시문을 읽고, 핵심 키워드를 찾아 문장을 구성하는 연습을 많이 해두어야 한다. 또한, 겉으로 드러난 주제나 정보를 찾는 데 그치지 않고 글 속에 숨겨진 의도나 정보를 찾기 위해 꼼꼼히 관찰하는 태도가 필요하다.

CHAPTER 02 이해력 기출예상문제

정답 및 해설 p.011

01 나열하기

대표유형 1 문장나열

다음 문장을 논리적 순서대로 바르게 나열한 것은?

(가) 인간이 타고난 그대로의 자연스러운 본능이 성품이며, 인간이 후천적인 노력을 통하여 만들어 놓은 것이 인위이다.
(나) 따라서 인간의 성품은 악하나, 인위로 인해 선하게 된다.
(다) 즉, 배고프면 먹고 싶고 피곤하면 쉬고 싶은 것이 성품이라면, 배고파도 어른에게 양보하고 피곤해도 어른을 대신해 일하는 것은 인위이다.
(라) 그러므로 자연스러운 본능을 따르게 되면 반드시 다투고 빼앗는 결과를 초래하게 되지만, 스승의 교화를 받아 예의 법도를 따르게 되면 질서가 유지된다.

① (가) – (나) – (라) – (다)
② (가) – (다) – (나) – (라)
③ (가) – (다) – (라) – (나)
④ (나) – (라) – (다) – (가)

| 해설 | 제시문은 성품과 인위를 정의하고 이것에 대한 구체적인 예를 통해 인간의 원래 성품과 선하게 되는 원리를 설명하는 글이다. 따라서 (가) 성품과 인위의 정의 → (다) 성품과 인위의 예 → (라) 성품과 인위의 결과 → (나) 이를 통해 알 수 있는 인간의 성질 순으로 연결되어야 한다.

③

※ 다음 문장을 논리적인 순서대로 바르게 나열한 것을 고르시오. [1~5]

01

(가) 르네상스와 종교개혁을 거치면서 성립된 근대 계몽주의는 중세를 지배했던 신(神) 중심의 사고에서 벗어나 합리적 사유에 근거한 인간 해방을 추구하였다.

(나) 하지만 이 같은 문명의 이면에는 환경 파괴와 물질만능주의, 인간소외와 같은 근대화의 병폐가 숨어 있었다.

(다) 또한 계몽주의의 합리적 사고는 자연과학의 성립으로 이어졌으며, 우주와 자연에서 신비로운 요소를 걷어낸 과학 기술의 발전은 인류에게 그 어느 때보다 풍요로운 물질적 부를 가져왔다.

(라) 인간의 무지로부터 비롯된 자연에 대한 공포가 종교적 세계관을 낳았지만, 계몽주의는 이성과 합리성을 통해 이를 극복하였다.

① (가) – (다) – (나) – (라)
② (가) – (나) – (다) – (라)
③ (라) – (다) – (가) – (나)
④ (라) – (가) – (다) – (나)

PART 2

02

(가) 그렇기 때문에 남녀 고용 평등의 확대를 위해 채용 목표제를 강화할 필요가 있다.

(나) 우리나라 대졸 이상 여성의 고용 비율은 OECD 국가 중 최하위인데 이는 채용 과정에서 여성이 부당한 차별을 받는 경우가 많다는 것을 보여준다.

(다) 우리나라 남녀 전체의 평균 고용 비율 격차는 31.8%p로 남성에 비해 여성의 고용 비율이 현저히 낮다.

(라) 강화된 법규가 준수될 수 있도록 정부의 계도와 감독 기능을 강화해야 할 것이다.

(마) 고용 시 여성에게 일정 비율을 할애하는 것은 남성에 대한 역차별이라는 주장이 있기는 하지만 남녀 고용 평등이 어느 정도 실현될 때까지 여성에 대한 배려는 불가피하다.

① (라) – (나) – (마) – (다) – (가)
② (다) – (가) – (마) – (나) – (라)
③ (다) – (나) – (라) – (가) – (마)
④ (라) – (다) – (가) – (나) – (마)

03

(가) 이번에 개소한 은퇴연구소는 연구조사팀, 퇴직연금팀 등 5개팀 외에 학계 인사와 전문가로 구성된 10명 내외의 외부 자문위원단도 포함된다.
(나) 은퇴연구소를 통해 일반인들의 안정된 노후준비를 돕는 지식 기반으로서, 은퇴 이후의 건강한 삶에 대한 다양한 정보를 제공하는 쌍방향의 소통 채널로 적극 활용할 계획이다.
(다) A회사는 10일, 우리나라의 급격한 고령화 진전상황에 따라 범사회적으로 바람직한 은퇴준비의 필요성을 부각하고, 선진형 은퇴설계 모델의 개발과 전파를 위한 국내 최대 규모의 '은퇴연구소'를 개소했다.
(라) 마지막으로 은퇴연구소는 은퇴 이후의 생활에 대한 의식과 준비 수준이 아직 선진국에 비해 크게 취약한 우리의 인식 변화를 위해 사회적 관심과 참여를 유도할 계획이다.

① (다) – (가) – (나) – (라)
② (다) – (나) – (라) – (가)
③ (나) – (가) – (라) – (다)
④ (라) – (다) – (가) – (나)

04

(가) 그래서 부모나 교사로부터 영향을 받을 가능성이 큽니다.
(나) 이는 성인이 경험을 통해서 자신의 판단력을 향상시킬 수 있는 데 비해 청소년은 그럴 기회가 별로 없기 때문입니다.
(다) 대다수 청소년은 정치적 판단 능력이 성숙하지 않습니다.
(라) 따라서 청소년에게 정치적 판단에 대한 책임을 지우기 전에 이를 감당할 수 있도록 돕는 것이 우선이라고 봅니다.

① (다) – (나) – (라) – (가)
② (다) – (가) – (라) – (나)
③ (다) – (라) – (가) – (나)
④ (다) – (가) – (나) – (라)

05

(가) 그러나 인권 침해에 관한 문제 제기도 만만치 않아 쉽게 결정할 수 없는 상황이다.
(나) 지난 석 달 동안만 해도 벌써 3건의 잔혹한 살인 사건이 발생하였다.
(다) 반인륜적인 범죄가 갈수록 증가하고 있다.
(라) 이에 따라 반인륜적 범죄에 대한 처벌을 강화해야 한다는 목소리가 날로 높아지고 있다.

① (가) – (나) – (다) – (라)
② (나) – (다) – (가) – (라)
③ (다) – (나) – (라) – (가)
④ (다) – (라) – (나) – (가)

대표유형 2 문단나열

다음 제시된 단락을 읽고, 이어질 단락을 논리적 순서대로 바르게 나열한 것은?

우리는 자본주의 체제에서 살고 있다. '우리는 자본주의라는 체제의 종말보다 세계의 종말을 상상하는 것이 더 쉬운 시대에 살고 있다.'고 할 만큼 현재 세계는 자본주의의 논리 아래에 굴러가고 있다. 이러한 자본주의는 어떻게 발생하였을까?

(가) 그러나 1920년대에 몰아친 세계 대공황은 자본주의가 완벽하지 않은 체제이며 수정이 필요함을 모든 사람에게 각인시켜줬다. 학문적으로 보자면 대표적으로 존 메이너드 케인스의 『고용·이자 및 화폐에 관한 일반이론』 등의 저작을 통해 수정자본주의가 꾀해졌다.

(나) 애덤 스미스로부터 학문화된 자본주의는 데이비드 리카도의 비교우위론 등의 이론을 포섭해 나가며 자신의 영역을 공고히 했다. 자본의 폐해에 대한 마르크스 등의 경고가 있었지만, 자본주의는 그 위세를 계속 떨칠 것 같이 보였다.

(다) 1950년대에는 중산층의 신화가 이루어지면서 수정자본주의 체제는 영원할 것 같이 보였지만, 오일 쇼크 등으로 인해서 수정자본주의 또한 그 한계를 보이게 되었고, 빈 학파로부터 파생된 신자유주의 이론이 가미되기 시작하였다.

(라) 자본주의의 시작이라 하면 대부분 애덤 스미스의 『국부론』을 떠올리겠지만, 역사학자인 페르낭 브로델에 의하면 자본주의는 16세기 이탈리아에서부터 시작된 것이라고 한다. 이를 학문적으로 정립한 최초의 저작이 『국부론』이다.

① (나) – (라) – (다) – (가)
② (나) – (라) – (가) – (다)
③ (라) – (나) – (다) – (가)
④ (라) – (나) – (가) – (다)

| 해설 | 제시문은 자본주의의 발생과 한계, 그로 인한 수정자본주의의 탄생과 수정자본주의의 한계로 인한 신자유주의의 탄생에 대해 다루고 있다. 주어진 단락의 마지막 문장인 '이러한 자본주의는 어떻게 발생하였을까?'를 통해, 이어질 내용이 자본주의의 역사임을 유추할 수 있으므로, (라) 자본주의의 태동 → (나) 자본주의의 학문화를 통한 영역의 공고화 → (가) 고전적 자본주의의 문제점을 통한 수정자본주의의 탄생 → (다) 수정자본주의의 문제점을 통한 신자유주의의 탄생의 순서로 연결되어야 한다.

정답 ④

※ 다음 제시된 단락을 읽고, 이어질 단락을 논리적 순서대로 바르게 나열한 것을 고르시오. [6~8]

06

AIDS(Acquired Immune Deficiency Syndrome)는 HIV(Human Immunodeficiency Virus)의 감염으로 인해 일어나는 증후군으로서, HIV에 의해 면역세포가 파괴되어 정상적인 면역력을 갖지 못하게 되는 상태를 말한다. HIV 감염 몇 년 후에 면역세포가 일정량 이상 파괴된 상태를 AIDS라 부르며, 따라서 대부분의 감염자는 AIDS라기보다는 HIV 감염으로 부르는 것이 정확하다.

(가) HIV에 감염되면 몇 주 내에 감염 초기증상이 발생할 수 있으나, 이는 HIV 감염에서만 일어나는 특이한 증상이 아니므로 증상을 가지고 HIV 감염을 논하기는 어렵다. 많은 의사들의 의견 또한 이러하며, 검사만이 HIV 감염여부에 대해 알 수 있는 통로라고 한다.

(나) 그럼에도 불구하고 HIV는 현재 완치될 수 없는 병이며 감염자에게 심대한 정신적 고통을 주게 되므로, HIV를 예방하기 위해서 불건전한 성행위를 하지 않는 것이 가장 중요하다 할 것이다.

(다) HIV의 감염은 일반적으로 체액과 체액의 교환으로 이루어지는데, 일반적으로 생각하는 성행위에 의한 감염은 이러한 경로로 일어난다. 대부분의 체액에는 HIV가 충분히 있지 않아, 실제로는 성행위 중 상처가 나는 경우의 감염확률이 높다고 한다.

(라) 이와 같은 경로를 거쳐 HIV에 감염되었음이 확인돼도 모든 사람이 AIDS로 진행하는 것은 아니다. 현재 HIV는 완치는 불가능하나 당뇨병과 같이 악화를 최대한 늦출 수 있는 질병으로서, 의학 기술의 발전으로 약을 잘 복용한다면 일반인과 같이 생활할 수 있다고 한다.

① (나) – (가) – (라) – (다)　　② (다) – (가) – (나) – (라)
③ (다) – (가) – (라) – (나)　　④ (다) – (라) – (나) – (가)

07

과거에는 종종 언어의 표현과 기능 면에서 은유가 연구되었지만, 사실 은유는 말의 본질적 상태 중 하나이다.

(가) '토대'와 '상부 구조'는 마르크스주의의 기본 개념들이다. 자크 데리다(Jacques Derrida)가 보여 주었듯이, 심지어 철학에도 은유가 스며들어 있는데 단지 인식하지 못할 뿐이다.

(나) 어떤 이들은 기술과학 언어에는 은유가 없어야 한다고 역설하지만, 은유적 표현들은 언어 그 자체에 깊이 뿌리박고 있다.

(다) 언어는 한 종류의 현실에서 또 다른 현실로 이동함으로써 그 효력을 발휘하며, 따라서 본질적으로 은유적이다.

(라) 예컨대 우리는 조직에 대해 생각할 때 습관적으로 위니 아랫니 하며 공간적으로 생각하게 된다. 이처럼 우리는 이론을 마치 건물인 양 생각하는 경향이 있어서 토대나 상부 구조 등으로 이론을 설명하기도 한다.

① (가) – (라) – (다) – (나)　　② (나) – (가) – (라) – (다)
③ (다) – (가) – (나) – (라)　　④ (다) – (나) – (라) – (가)

08

> 오늘날과 달리 과거에는 마을에서 일어난 일들을 '원님'이 조사하고 그에 따라서 자의적으로 판단하여 형벌을 내렸다. 현대에서 법에 의하지 않고 재판행위자의 입장에서 이루어진다고 생각되는 재판을 비판하는 '원님재판'이라는 용어의 원류이다.

(가) 죄형법정주의는 앞서 말한 '원님재판'을 법적으로 일컫는 죄형전단주의와 대립되는데, 범죄와 형벌을 미리 규정하여야 한다는 것으로서, 서구에서 권력자의 가혹하고 자의적인 법 해석에 따른 반발로 등장한 것이다.

(나) 앞서 살펴본 죄형법정주의가 정립되면서 파생원칙 또한 등장하였는데, 관습형법금지의 원칙, 명확성의 원칙, 유추해석금지의 원칙, 소급효금지의 원칙, 적정성의 원칙 등이 있다. 이러한 파생원칙들은 모두 죄와 형벌은 미리 설정된 법에 근거하여 정확하게 내려져야 한다는 죄형법정주의의 원칙과 연관하여 쉽게 이해될 수 있다.

(다) 그러나 현대에서 '원님재판'은 이루어질 수 없다. 형사법의 영역에 논의를 한정하여 보자면, 형사법을 전반적으로 지배하고 있는 대원칙은 형법 제1조에 규정되어있는 소위 '죄형법정주의'이다.

(라) 그 반발은 프랑스 혁명의 결과물인 '인간 및 시민의 권리선언' 제8조에서 '누구든지 범죄 이전에 제정·공포되고 또한 적법하게 적용된 법률에 의하지 아니하고는 처벌되지 아니한다.'라고 하여 실질화되었다.

① (가) – (다) – (라) – (나)
② (다) – (가) – (나) – (라)
③ (다) – (라) – (가) – (나)
④ (다) – (가) – (라) – (나)

02 빈칸추론

대표유형 빈칸추론

다음 글의 (가) ~ (라)에 들어갈 내용으로 적절하지 않은 것은?

"언론의 잘못된 보도나 마음에 들지 않는 논조조차도 그것이 토론되는 과정에서 옳은 방향으로 흘러가게끔 하는 것이 옳은 방향이다." 문재인 대통령이 야당 정치인이었던 2014년, 서울외신기자클럽(SFCC) 토론회에 나와 마이크에 대고 밝힌 공개 입장이다. 언론은 ____(가)____해야 한다. 이것이 지역 신문이라 할지라도 언론이 표준어를 사용하는 이유이다.
2021년 8월 25일, 언론중재법 개정안이 국회 본회의를 통과할 것이 확실시된다. 정부는 침묵으로 일관해 왔다. 청와대 핵심 관계자들은 이 개정안에 대한 입장을 묻는 국내 일부 매체에 영어 표현인 "None of My Business"라는 답을 내놨다고 한다.
그사이 이 개정안에 대한 국제 사회의 ____(나)____은/는 높아지고 있다. 이 개정안이 시대착오적이며 대권의 오남용이고 더 나아가 아이들에게 좋지 않은 영향을 줄 수 있다는 것이 논란의 요지이다. SFCC는 지난 20일 이사회 전체 명의로 성명을 냈다. 그 내용을 그대로 옮기자면 다음과 같다. "____(다)____ 내용을 담은 언론중재법 개정안을 국회에서 강행 처리하려는 움직임에 깊은 우려를 표한다."며 "이 법안이 국회에서 전광석화로 처리되기보다 '돌다리도 두들겨 보고 건너라.'는 한국 속담처럼 심사숙고하며 ____(라)____을/를 기대한다."고 밝혔다.
다만, 언론이 우리 사회에서 발생하는 다양한 전투만을 중계하는 것으로 기능하는 건 바람직하지 않다. 우리나라뿐만 아니라 일본 헌법, 독일 헌법 등에서 공통적으로 말하는 것처럼 언론이 자유를 가지고 대중에게 생각할 거리를 끊임없이 던져주어야 한다. 이러한 언론의 기능을 잘 수행하기 위해서는 언론의 힘과 언론에 가해지는 규제의 정도가 항상 적절하도록 절제하는 법칙이 필요하다.

① (가) – 모두가 읽기 쉽고 편향된 어조를 사용하는 것을 지양
② (나) – 규탄의 목소리
③ (다) – 언론의 자유를 심각하게 위축시킬 수 있는
④ (라) – 보편화된 언어 사용

| 해설 | (라)의 빈칸에는 글의 내용상 보편화된 언어 사용은 적절하지 않다.

오답분석

① 표준어를 사용하는 이유에 대한 상세한 설명이 들어가야 하므로 적절하다.
②·③ 제시문에서 개정안에 대한 부정적인 입장을 취하고 있으므로 적절하다.

정답 ④

※ 다음 빈칸에 들어갈 문장을 〈보기〉에서 찾아 순서대로 바르게 나열한 것을 고르시오. **[1~3]**

01

한 조사 기관에 따르면, 해마다 척추 질환으로 병원을 찾는 청소년들이 연평균 5만 명에 이르며 그 수가 지속적으로 증가하고 있다. 청소년의 척추 질환은 성장을 저해하고 학업의 효율성을 저하시킬 수 있다. ____(가)____ 따라서 청소년 척추 질환의 원인을 알고 예방하기 위한 노력이 필요하다. 전문가들은 앉은 자세에서 척추에 가해지는 하중이 서 있는 자세에 비해 1.4배 정도 크기 때문에 책상 앞에 오래 앉아 있는 청소년들의 경우, 척추 건강에 적신호가 켜질 가능성이 매우 높다고 말한다. 또한 전문가들은 청소년들의 운동 부족도 청소년 척추 질환의 원인이라고 강조한다. 척추 건강을 위해서는 기립근과 장요근 등을 강화하는 근력 운동이 필요하다. 그런데 실제로 질병관리본부의 조사에 따르면, 청소년들 가운데 주 3일 이상 근력 운동을 하고 있다고 응답한 비율은 남성이 약 33%, 여성이 약 9% 정도밖에 되지 않았다.

청소년들이 생활 속에서 비교적 쉽게 척추 질환을 예방할 수 있는 방법은 무엇일까? 첫째, 바른 자세로 책상 앞에 앉아 있는 습관을 들여야 한다. ____(나)____ 또한 책을 보기 위해 고개를 아래로 많이 숙이는 행동은 목뼈가 받는 부담을 크게 늘려 척추 질환을 유발하므로 책상 높이를 조절하여 목과 허리를 펴고 반듯하게 앉아 책을 보는 것이 좋다. 둘째, 틈틈이 척추 근육을 강화하는 운동을 해 준다. ____(다)____

그리고 발을 어깨보다 약간 넓게 벌리고 서서 양손을 허리에 대고 상체를 서서히 뒤로 젖혀 준다. 이러한 동작들은 척추를 지지하는 근육과 인대를 강화시켜 척추가 휘어지거나 구부러지는 것을 막아 준다. 따라서 이런 운동은 척추 건강을 위해 반드시 필요하다.

보기

㉠ 허리를 곧게 펴고 앉아 어깨를 뒤로 젖히고 고개를 들어 하늘을 본다.
㉡ 그렇기 때문에 적절한 대응 방안이 마련되지 않으면 문제가 더욱 심각해질 것이다.
㉢ 의자에 앉아 있을 때는 엉덩이를 의자 끝까지 밀어 넣고 등받이에 반듯하게 상체를 기대 척추를 꼿꼿하게 유지해야 한다.

	(가)	(나)	(다)
①	㉡	㉠	㉢
②	㉡	㉢	㉠
③	㉢	㉠	㉡
④	㉢	㉡	㉠

02

____(가)____ 다시 말해서 현상학적 측면에서 볼 때 철학도 지식의 내용이 존재하는 어떤 것이라는 점에서는 과학적 지식의 구조와 다를 바가 없다. 존재하는 것과 그 존재하는 무엇으로 의식되는 것과의 사이에는 근본적인 구별이 선다. 백두산의 금덩어리는 누가 그것을 의식하든 말든 그대로 있고, 화성에서 일어나는 여러 가지 물리적 현상도 누가 의식하든 말든 그대로 존재한다. 존재와 의식과의 위와 같은 관계를 우리는 존재차원과 의미차원이란 말로 구별할 수 있을 것이다. 여기서 차원이란 말을 붙인 까닭은 의식 이전의 백두산과 의식 이후의 백두산은 순전히 관점의 문제, 즉 백두산을 생각할 수 있는 차원의 문제이기 때문이다.

현상학적 사고를 존재차원에서 이루어지는 것이라고 말할 수 있다면 분석철학에서 주장하는 사고는 의미차원에서 이루어진다. 바꿔 말하자면 현상학적 측면에서 볼 때 철학은 아무래도 어떤 존재를 인식하는 데 그 근본적인 기능이 있다고 보아야 하는 데 반해서, 분석철학의 측면에서 볼 때 철학은 존재와는 아무런 직접적인 관계가 없이 존재에 대한 이야기, 서술을 대상으로 한다. 구체적으로 말해서 철학은 그것이 서술할 존재의 대상을 갖고 있지 않고, 오직 어떤 존재를 서술한 언어만을 갖고 있다. 그러나 철학이 언어를 사고의 대상으로 삼는다고 말하지만, 철학은 언어학과 다르다.

____(나)____ 그래서 언어학은 한 언어의 기원이라든지, 한 언어가 왜 그러한 특정한 기호, 발음 혹은 문법을 갖게 되었는가, 또는 그것들이 각기 어떻게 체계화되는가 등을 알려고 한다. 이에 반해서 분석철학은 언어를 대상으로 하되, 그 언어의 구체적인 면에는 근본적인 관심을 두지 않고 그와 같은 구체적인 언어가 가진 의미를 밝히고자 한다. 여기서 철학의 기능은 한 언어가 가진 개념을 해명하고 이해하는 데 있다. 바꿔 말해서, 철학의 기능은 언어가 서술하는 어떤 존재를 인식하는 데 있지 않고, 그와는 관계없이 한 언어가 무엇인가를 서술하는 경우, 무엇인가의 느낌을 표현하는 경우 또는 그 밖의 경우에 그 언어가 정확히 어떻게 의미가 있는가를 이해하는 데 있다.

____(다)____ 개념은 어떤 존재하는 대상을 표상(表象)하는 경우도 많으므로 존재와 그것을 의미하는 개념과는 언뜻 보아서 어떤 인과적 관계가 있는 듯하다.

보기

㉠ 과학에서 말하는 현상과 현상학에서 말하는 현상은 다른 내용을 가지고 있지만, 그러나 그것들은 다 같이 어떤 존재, 즉 우주 안에서 일어나는 사건을 가리킨다.
㉡ 언어학은 과학의 한 분야로서 그 연구의 대상을 하나의 구체적 사물로 취급한다.
㉢ 따라서 분석철학자들은 흔히 말하기를, 철학은 개념의 분석에 지나지 않는다는 주장을 하게 되는 것이다.

	(가)	(나)	(다)
①	㉠	㉡	㉢
②	㉠	㉢	㉡
③	㉡	㉢	㉠
④	㉡	㉠	㉢

03

해프닝(Happening)이란 장르는 글자 그대로 지금 여기에서 일어나고 있는 것을 보여 준다. 이것은 즉흥적으로 이루어지며, 말보다는 시각적이고 청각적인 소재들을 중요한 표현의 도구로 삼는다. 공연은 폐쇄된 극장이 아니라 화랑이나 길거리, 공원, 시장, 부엌 등과 같은 일상적인 공간에서 이루어지기 때문에 이동성이 뛰어나다. 또한, 논리적으로 연결되지 않는 사건과 행동들이 파편적으로 이어져 있어 기이하고 추상적이기도 하다. 대화는 생략되거나 아예 없으며, 때로 불쑥불쑥 튀어나오는 말도 특별한 의미를 지니지 않는 경우가 많다. ______(가)______ 이러한 해프닝의 발상은 미술의 콜라주, 영화의 몽타주와 비슷하고, 삶의 부조리를 드러내는 현대 연극, 랩과 같은 대중음악과도 통한다. 우리의 삶 자체가 일회적이고, 일관된 논리에 의해 통제되지 않는다는 사실이야말로 해프닝과 삶 자체의 밀접한 관계를 보여주는 것이 아닐까. 이렇듯 다양한 예술 사이의 벽을 무너뜨리는 해프닝은 기존 예술에서의 관객의 역할까지도 변화시켰다. ______(나)______ 공연은 정해진 어느 한 곳이 아니라 이곳저곳에서 혹은 동시 다발적으로 이루어지기도 하며, 관객들은 볼거리를 따라 옮겨 다니면서 각기 다른 관점을 지닌 장면들을 보기도 한다. 이것은 관객들을 공연에 참여하게 하려는 의도라고 할 수 있다. 그렇게 함으로써 해프닝은 삶과 예술이 분리되지 않게 하고, 궁극적으로는 일상적 삶에 개입하는 의식(儀式)이 되고자 한다. 나아가 예술 시장에서 상징적 재화로 소수 사람들 사이에서 거래되는 것을 거부한다. 또 해프닝은 박물관에 완성된 작품으로 전시되고 보존되는 기존 예술의 관습에도 저항한다. 이와 같은 예술적 현상은 단순한 운동이 아니라 예술가들의 정신적 모험의 실천이라고 할 수 있다. ______(다)______ 그럼에도 불구하고 현대 사회에서 안락한 감정에 마비되어 있는 우리들을 휘저어 놓으면서 삶과 예술의 관계를 새롭게 모색하는 이러한 예술적 모험은 좀 더 다양한 모습으로 예술의 지평을 넓혀갈 것이다.

보기

㉠ 이를 통해 해프닝은 우리 삶의 고통이나 희망 등을 논리적인 말로는 더 이상 전달할 수 없다는 것을 내세운다.

㉡ 인습적인 사회 제도에 순응하는 것을 비판하고 고정된 예술의 개념을 변혁하려고 했던 해프닝은 우연적 사건, 개인의 자의식 등을 강조해서 뭐가 뭔지 알 수 없는 것이라는 비판을 듣기도 했다.

㉢ 행위자들은 관객에게 봉사하는 것이 아니라 고함을 지르거나 물을 끼얹으면서 관객들을 자극하고 희롱하기도 한다.

	(가)	(나)	(다)
①	㉠	㉡	㉢
②	㉠	㉢	㉡
③	㉡	㉢	㉠
④	㉢	㉠	㉡

※ 다음 글의 빈칸에 들어갈 문장으로 가장 적절한 것을 고르시오. [4~5]

04

MZ세대 직장인을 중심으로 '조용한 사직'이 유행하고 있다. '조용한 사직'이라는 신조어는 2022년 7월 한 미국인이 SNS에 소개하면서 큰 호응을 얻은 것으로 실제로 퇴사하진 않지만 최소한의 일만 하는 업무 태도를 말한다. 실제로 MZ세대 직장인은 적당히 하자라는 생각으로 주어진 업무는 하되 더 찾아서 하거나 스트레스 받을 수준으로 많은 일을 맡지 않고, 사내 행사도 꼭 필요할 때만 참여해 일과 삶을 철저히 분리하고 있다.

한 채용플랫폼의 설문조사 결과에 따르면 직장인 10명 중 7명이 '월급 받는 만큼만 일하면 끝'이라고 답했고, 20대 응답자 중 78.5%, 30대 응답자 중 77.1%가 '받은 만큼만 일한다.'라고 답했다. 설문조사 결과 연령대가 높아질수록 그 비율은 감소해 젊은 층을 중심으로 이 같은 인식이 확산하고 있음을 짐작할 수 있다.

이러한 인식이 확산하는 데는 인플레이션으로 인한 임금 감소, '돈을 많이 모아도 집 한 채를 살 수 있을까?' 등 전반적인 경제적 불만이 기저에 있다고 전문가들은 말했다. 또 MZ세대가 '노력에 상응하는 보상을 받고 있는지'에 민감하게 반응하는 특성을 가지고 있는 것도 한 몫 하고 있다.

문제점은 이러한 '조용한 사직' 분위기가 기업의 전반적인 생산성 저하로 이어지고 있는 것이다. 이에 맞서 기업도 '조용한 사직'으로 대응해 게으른 직원에게 업무를 주지 않는 '조용한 해고'를 하는 상황이 발생하고 있다. 이에 전문가들은 MZ세대 직장인을 나태하다고 구분 짓는 사고방식은 잘못되었다고 지적하며, 기업 차원에서는 "______________________________"이, 개인 차원에서는 "스스로 일과 삶을 잘 조율하는 현명함을 만드는 것"이 필요하다고 언급했다.

① 직원이 일한 만큼 급여를 올려주는 것
② 직원이 스트레스를 받지 않게 적당량의 업무를 배당하는 것
③ 젊은 세대의 채용을 신중히 하는 것
④ 젊은 세대가 함께할 수 있도록 분위기를 만드는 것

05

얼음의 녹는점이 0℃라는 사실은 누구나 알고 있는 보편적인 상식이다. 그런데 얼음이 녹아내리는 과정은 어떠할까? 아마도 대부분의 사람들은 주위의 온도가 0℃보다 높아야 얼음이 녹기 시작하며 물이 될 때까지 지속적으로 녹아내린다고 생각할 것이다. 하지만 실제로 얼음이 녹는 과정의 양상은 이러한 생각과는 조금 다르다.

약 150년 전, 영국의 과학자 마이클 패러데이(Michael Faraday)는 0℃ 이하의 온도에서 얼음의 표면에 액체와 비슷한 얇은 층이 존재한다는 것을 처음 밝혀냈다. 이후 얼음이 미끄러지고 빙하가 움직이는 데 이 층이 중요한 역할을 한다는 사실과, 0℃에서는 이 층의 두께가 약 45nm까지 두꺼워지는 것이 밝혀졌다. 하지만 최근까지도 이 층이 몇 ℃에서 생기는지, 온도에 따라 두께가 어떻게 달라지는지에 대해서는 알 수 없었다.

그런데 2016년 12월 독일의 막스플랑크 고분자연구소 엘렌 바쿠스 그룹 리더팀이 이 문제에 대한 중요한 연구결과를 발표하였다. 연구팀은 단결정 얼음의 표면에서 분자들의 상호작용을 관찰하기 위해, 고체일 때보다 액체일 때 물 분자의 수소결합이 약하다는 점을 이용해 얼음 표면에 적외선을 쏜 뒤 온도에 따라 어떻게 달라지는지를 분석하였다.

그 결과 연구팀은 −38℃에서 이미 얼음 표면의 분자 층 하나가 준 액체로 변해 있는 것을 발견했다. 온도를 더 높이자 −16℃에서 두 번째 분자 층이 준 액체로 변했다. 우리가 흔히 생각하는 것과는 달리 영하의 온도에서 이미 얼음의 표면은 녹아내리기 시작하며 그것이 지속적으로 녹는 것이 아니라 ______________________________

① 특정 온도에 도달할 때마다 한 층씩 녹아내린다는 것이다.
② −38℃와 −16℃, 그리고 0℃에서 각각 녹는다는 것이다.
③ −38℃와 −16℃ 사이에서만 지속적으로 녹지 않는다는 것이다.
④ 준 액체 상태로 유지된다는 것이다.

PART 2

03 독해

대표유형 1 단문독해

다음 글의 중심 내용으로 가장 적절한 것은?

> 신문이 진실을 보도해야 한다는 것은 새삼스러운 설명이 필요 없는 당연한 이야기이다. 정확한 보도를 하기 위해서는 문제를 전체적으로 보아야 하고, 역사적으로 새로운 가치의 편에서 봐야 하며, 무엇이 근거이고, 무엇이 조건인가를 명확히 해야 한다. 그런데 이러한 준칙을 강조하는 것은 기자들의 기사 작성 기술이 미숙하기 때문이 아니라, 이해관계에 따라 특정 보도의 내용이 달라지기 때문이다. 자신들에게 유리하도록 기사가 보도되게 하려는 외부 세력이 있으므로 진실 보도는 일반적으로 수난의 길을 걷게 마련이다. 신문은 스스로 자신들의 임무가 '사실 보도'라고 말한다. 그 임무를 다하기 위해 신문은 자신들의 이해관계에 따라 진실을 왜곡하려는 권력과 이익 집단, 그 구속과 억압의 논리로부터 자유로워야 한다.

① 진실 보도를 위하여 구속과 억압의 논리로부터 자유로워야 한다.
② 자신들에게 유리하도록 기사가 보도되게 하는 외부 세력이 있다.
③ 신문의 임무는 '사실 보도'이나, 진실 보도는 수난의 길을 걷는다.
④ 정확한 보도를 하기 위하여 전체적 시각을 가져야 한다.

| 해설 | 오답분석
②・③・④ ①의 주장을 드러내기 위해 현재의 상황을 서술한 내용이다.

정답 ①

※ 다음 글의 제목으로 가장 적절한 것을 고르시오. [1~3]

01

청소년기에 신체 변화를 겪으면서 외모에 대해 관심을 가지게 된다. 지금까지 자기의 외모에 무관심했던 아이도 옷차림이나 머리모양, 신발, 가방 등에 부쩍 관심을 가지고 거울 앞에서 오랜 시간을 보낸다. 그런가 하면, 또래 집단의 친구들과 비슷한 외모와 의상을 갖추려고 신경을 쓴다. 비슷한 청바지나 신발은 모두 이들에게 집단과 의사소통을 할 때에 중요한 수단이 되기 때문이다. 의복에 대한 만족감은 청소년의 정서와 행동에 큰 영향을 끼치며, 이에 대한 자신감은 자신의 외모평가에 영향을 준다. 한 조사에 의하면, 남녀 학생 모두 자신의 외모와 의복에 대한 만족도가 높을수록 일에 적극적으로 참여하려는 동기도 높은 것으로 나타났다.

① 청소년의 사회성　　② 청소년의 옷차림
③ 청소년기의 또래 집단　　④ 청소년의 사춘기

PART 2

02

높은 유류세는 자동차를 사용함으로써 발생하는 다음과 같은 문제들을 줄이는 교정적 역할을 수행한다. 첫째, 유류세는 사람들의 대중교통수단 이용을 유도하고, 자가용 사용을 억제함으로써 교통 혼잡을 줄여 준다. 둘째, 교통사고 발생 시 대형 차량이나 승합차가 중소형 차량에 비해 보다 치명적인 피해를 줄 가능성이 높다. 이와 관련해서 유류세는 유류를 많이 소비하는 대형 차량을 운행하는 사람에게 보다 높은 비용을 치르게 함으로써 교통사고 위험에 대한 간접적인 비용을 징수하는 효과를 가진다. 셋째, 유류세는 유류 소비를 억제함으로써 대기오염을 줄이는 데 기여한다.

① 유류세의 용도　　② 높은 유류세의 정당성
③ 유류세의 지속적 인상　　④ 에너지 소비 절약

03

구비문학에서는 기록문학과 같은 의미의 단일한 작품 또는 원본이라는 개념이 성립하기 어렵다. 윤선도의 '어부사시사'와 채만식의 『태평천하』는 엄밀하게 검증된 텍스트를 놓고 이것이 바로 그 작품이라 할 수 있지만, '오누이 장사 힘내기' 전설이라든가 '진주 낭군'과 같은 민요는 서로 조금씩 다른 구연물이 다 그 나름의 개별적 작품이면서 동일 작품의 변이형으로 인정되기도 하는 것이다. 이야기꾼은 그의 개인적 취향이나 형편에 따라 설화의 어떤 내용을 좀 더 실감 나게 손질하여 구연할 수 있으며, 때로는 그 일부를 생략 혹은 변경할 수 있다. 모내기할 때 부르는 '모노래'는 전승적 가사를 많이 이용하지만, 선창자의 재간과 그때그때의 분위기에 따라 새로운 노래 토막을 끼워 넣거나 일부를 즉흥적으로 개작 또는 창작하는 일도 흔하다.

① 구비문학의 현장성　　② 구비문학의 유동성
③ 구비문학의 전승성　　④ 구비문학의 구연성

대표유형 2 사실적 독해

다음 글의 내용으로 적절하지 않은 것은?

우리 은하에서 가장 가까이 위치한 은하인 안드로메다은하까지의 거리는 220만 광년이다. 이처럼 엄청난 거리로 떨어져 있는 천체까지의 거리는 어떻게 측정한 것일까?
첫 번째 측정 방법은 삼각 측량법이다. 그러나 피사체가 매우 멀리 있는 경우라면 삼각형의 밑변이 충분히 길 필요가 있다. 지구는 1년에 한 바퀴씩 태양 주변을 공전하는데 우리는 이 공전 궤도 반경을 알고 있기 때문에 이를 밑변으로 삼아 별까지의 거리를 측정할 수 있다. 그러나 가까이 있는 별까지의 거리도 지구 궤도 반지름에 비하면 엄청나게 길어서 연주 시차는 아주 작은 값이 되므로 측정하기가 쉽지 않다. 두 번째 측정 방법은 주기적으로 별의 밝기가 변하는 변광성의 주기와 밝기를 연구하는 과정에서 얻어졌다. 보통 별의 밝기는 거리의 제곱에 반비례해서 어두워지는데, 1등급과 6등급의 별은 100배의 밝기 차이가 있다. 그러나 밝은 별이 반드시 어두운 별보다 가까이 있는 것은 아니다. 별의 거리는 밝기의 절대등급과 겉보기 등급의 비교를 통해 확정되기 때문이다. 즉, 모든 별이 같은 거리에 놓여 있다고 가정하고, 밝기 등급을 매긴 것을 절대등급이라 하는데, 만약 이 등급이 낮은(밝은) 별이 겉보기에 어둡다면 이 별은 매우 멀리 있는 것으로 볼 수 있다.

① 절대등급과 겉보기등급은 다를 수 있다.
② 별은 항상 같은 밝기를 가지고 있지 않다.
③ 삼각 측량법은 지구의 궤도 반경을 알아야 측정이 가능하다.
④ 어두운 별은 밝은 별보다 항상 멀리 있기 때문에 밝기에 의한 거리의 차가 있다.

| 해설 | 제시문에 따르면 '밝은 별이 반드시 어두운 별보다 가까이 있는 것은 아니다.'라고 했으므로 적절하지 않다.

오답분석

① 별의 거리는 밝기의 절대등급과 겉보기등급의 비교를 통해 확정된다고 하였으므로 절대등급과 겉보기등급은 다를 수 있다.
② 보통 별의 밝기는 거리의 제곱에 반비례해서 어두워진다고 하였으므로 별은 항상 같은 밝기를 가지고 있지 않다.
③ 삼각 측량법은 공전 궤도 반경을 알고 있기 때문에 거리를 측정할 수 있다고 했다.

정답 ④

※ 다음 글의 내용으로 가장 적절한 것을 고르시오. [4~5]

04

지금까지 보았듯이 체계라는 개념은 많은 현실주의자들에게 있어서 중요한 개념이다. 무질서 상태라는 비록 단순한 개념이건 현대의 현실주의자가 고안한 정교한 이론이건 간에 체계라는 것은 국제적인 행위체에 영향을 주기 때문에 중요시되는 것이다. 그런데 최근의 현실주의자들은 체계를 하나의 유기체로 보고 얼핏 국가의 의지나 행동으로부터 독립한 듯이 기술하고 있다. 정치가는 거의 자율성이 없으며 또 획책할 여지도 없어서, 정책결정과정에서는 인간의 의지가 별 효과가 없는 것으로 본다. 행위자로서 인간은 눈앞에 버티고 선 냉혹한 체계의 앞잡이에 불과하며 그러한 체계는 이해할 수 없는 기능을 갖는 하나의 구조이며 그러한 메커니즘에 대하여 막연하게 밖에는 인지할 수 없다. 정치가들은 무수한 제약에 직면하지만 호기는 거의 오지 않는다. 정치가들은 권력정치라고 불리는 세계규모의 게임에 열중할 뿐이며 자발적으로 규칙을 변화시키고 싶어도 그렇게 하지 못한다. 결국 비판의 초점은 현실주의적 연구의 대부분은 숙명론적이며 결정론적이거나 혹은 비관론적인 저류가 흐르고 있다고 지적한다. 그 결과 이러한 비판 중에는 행위자로서 인간과 구조는 상호 간에 영향을 주고 있다는 것을 강조하면서 구조를 보다 동적으로 파악하는 사회학에 눈을 돌리는 학자도 있다.

① 이상주의자들에게 있어서 체계라는 개념은 그리 중요하지 않다.
② 무질서 상태는 국제적 행위체로서 작용하는 체계가 없는 혼란스러운 상태를 의미한다.
③ 현실주의자들은 숙명론 혹은 결정론을 신랄하게 비판한다.
④ 현실주의적 관점에서 정치인들은 체계 앞에서 무기력하다.

05

우리 속담에도 '울다가도 웃을 일이다.'라는 말이 있듯이 슬픔의 아름다움과 해학의 아름다움이 함께 존재한다면 이것은 우리네의 곡절 많은 역사 속에서 밴 미덕의 하나라고 할 만하다. 울다가도 웃을 일이라는 말은 물론 어처구니가 없을 때 하는 말이기도 하지만 애수가 아름다울 수 있고 또 익살이 세련되어 아름다울 수 있다면 그 사회의 서정과 조형미에 나타나는 표현에도 의당 이러한 것이 반영되어 있어야 한다.

이러한 고요의 아름다움과 슬픔의 아름다움이 조형 작품 위에 옮겨질 수 있다면 이것은 바로 예술에서 말하는 적조미의 세계이며 익살의 아름다움이 조형 위에 구현된다면 물론 이것은 해학미의 세계일 것이다.

① 익살은 우리 민족만이 지닌 특성이다.
② 익살은 풍속화에서 가장 잘 표현된다.
③ 익살이 조형 위에 구현된다면 적조미다.
④ 익살은 우리 민족의 삶의 정서를 반영한다.

※ 다음 글의 내용으로 적절하지 않은 것을 고르시오. [6~8]

06

마이클 포터(Michael Porter)는 특정 산업의 경쟁 강도, 수익성 및 매력도가 산업의 구조적 특성에 의하여 영향을 받으며, 이는 5가지 힘에 의하여 결정된다고 보았다. 마이클 포터가 제시한 5가지 힘에는 기존 경쟁자, 구매자, 공급자, 신규참가자, 대체품의 힘이 있으며, 이 중에서 가장 강한 힘이 경쟁전략을 책정하는 결정 요소가 된다. 이러한 5가지 힘의 분석을 통해 조직이 속한 시장이 이익을 낼 수 있는 시장인지 아닌지를 판단하는데, 이것을 산업의 매력도 측정이라 부른다.

먼저 기존 경쟁자 간의 경쟁은 해당 산업의 경쟁이 얼마나 치열한지를 보여준다. 통상적으로 같은 산업에 종사하는 기업이 많을수록 경쟁이 치열할 수밖에 없다. 따라서 특허 등이 필요한 독과점 형태의 산업은 매력적이지만, 누구나 할 수 있는 완전경쟁시장 형태의 산업은 매력이 떨어지게 된다.

한편, 대형마트가 물건을 대량으로 구매하면서 공급 가격을 내리라고 한다면 제조업체는 이를 거절할 수 있을까? 최근 대형마트 등의 유통업체들이 제조업체에 상당한 가격 협상력을 갖게 되면서 구매자의 힘이 업계의 힘보다 강해지고 있다. 이처럼 구매량과 비중이 클수록, 제품 차별성이 낮을수록, 구매자가 가격에 민감할수록 구매자의 힘은 커지게 된다. 산업의 매력도는 이러한 구매자의 힘이 셀수록 떨어지고, 반대로 구매자의 힘이 약할수록 높아진다.

공급자가 소수 기업에 의해 지배되는 경우, 즉 독과점에 해당하는 경우나 공급자가 공급하는 상품이 업계에서 중요한 부품인 경우 공급자의 힘이 강해져 산업의 매력도는 떨어지게 된다. 반대로 공급자가 다수 기업에 의해 지배되는 경우, 즉 완전경쟁에 해당하는 경우나 공급자가 공급하는 상품이 업계에서 그다지 중요하지 않은 부품인 경우에는 공급자의 힘이 적어지고 산업의 매력도는 올라가게 된다.

현재의 산업에 신규참가자가 진입할 가능성이 높으면 그 산업의 매력도는 떨어진다. 신규 진입의 정도는 해당 업계의 진입 장벽이 얼마나 높은가에 따라 결정된다. 예를 들어 반도체나 조선업 등은 대규모의 투자가 필요하므로 신규 진입이 쉽지 않다. 진입 장벽이 높을수록 산업의 매력도는 높아지며, 반대로 진입 장벽이 낮을수록 산업의 매력도는 떨어지게 된다.

마이클 포터가 제시한 5가지 힘 중 가장 무서운 것은 대체품의 힘이다. 현재의 상품보다 가격이나 성능에 있어 훨씬 뛰어난 대체품이 나올 경우 해당 산업이 사라져버릴 수도 있기 때문이다. 따라서 대체품의 위협이 낮을수록 산업의 매력도는 높아진다.

① 기존 경쟁자의 힘이 커지면 산업 매력도가 높아진다.
② 구매자의 힘이 약하면 산업 매력도가 높아진다.
③ 공급자의 힘이 커지면 산업 매력도가 높아진다.
④ 신규참가자의 힘이 커지면 산업 매력도가 낮아진다.

07

> 인간 사유의 결정적이고도 독창적인 비약은 시각적인 표시의 코드 체계의 발명에 의해서 이루어졌다. 시각적인 표시의 코드 체계에 의해 인간은 정확한 말을 결정하여 텍스트를 마련하고, 또 이해할 수 있게 된 것이다. 이것이 바로 진정한 의미에서의 '쓰기(Writing)'이다.
> 이러한 '쓰기'에 의해 코드화된 시각적인 표시는 말을 사로잡게 되고, 그 결과 그때까지 소리 속에서 발전해 온 정밀하고 복잡한 구조나 지시 체계의 특수한 복잡성이 그대로 시각적으로 기록될 수 있게 되고, 나아가서는 그러한 시각적인 기록으로 인해 그보다 훨씬 정교한 구조나 지시 체계가 산출될 수 있게 된다. 그러한 정교함은 구술적인 발화가 지니는 잠재력으로써는 도저히 이룩할 수 없는 정도의 것이다. 이렇듯 '쓰기'는 인간의 모든 기술적 발명 속에서도 가장 영향력이 큰 것이었으며, 지금도 그러하다. 쓰기는 말하기에 단순히 첨가된 것이 아니다. 왜냐하면 쓰기는 말하기를 구술 – 청각의 세계에서 새로운 감각의 세계, 즉 시각의 세계로 이동시킴으로써 말하기와 사고를 함께 변화시키기 때문이다.

① 인간은 시각적 코드 체계를 사용함으로써 말하기를 한층 정교한 구조로 만들었다.
② 인간은 쓰기를 통해서 정확한 말을 사용한 텍스트의 생산과 소통이 가능하게 되었다.
③ 인간은 쓰기를 통해 지시 체계의 복잡성을 기록함으로써 말하기와 사고의 변화를 일으킨다.
④ 인간이 쓰기를 발명하기 전에는 정밀하고 복잡한 구조나 지시 체계가 형성되어 있지 않았다.

PART 2

08

> 경제학자인 사이먼 뉴컴이 소개한 화폐와 실물 교환의 관계식인 '교환방정식'을 경제학자인 어빙 피셔가 발전시켜 재소개한 것이 바로 '화폐수량설'이다. 사이먼 뉴컴의 교환방정식은 'MV=PQ'로 나타나는데, M(Money)은 화폐의 공급, V(Velocity)는 화폐유통속도, P(Price)는 상품 및 서비스의 가격, Q(Quantity)는 상품 및 서비스의 수량이다. 즉 화폐 공급과 화폐유통속도의 곱은 상품의 가격과 거래된 상품 수의 곱과 같다는 항등식이다.
> 어빙 피셔는 이러한 교환방정식을 인플레이션율과 화폐공급의 증가율 간 관계를 나타내는 이론인 화폐수량설로 재탄생시켰다. 이중 기본 모형이 되는 피셔의 거래모형에 따르면 교환방정식은 'MV=PT'로 나타나는데, M은 명목화폐수량, V는 화폐유통속도, P는 상품 및 서비스의 평균가격, T(Trade)는 거래를 나타낸다. 다만 거래의 수를 측정하기 어렵기 때문에 최근에는 총거래 수인 T를 총생산량인 Y로 대체하여 소득모형인 'MV=PY'로 사용되고 있다.

① 사이먼 뉴컴의 교환방정식 'MV=PQ'에서 Q는 상품 및 서비스의 수량을 의미한다.
② 어빙 피셔의 화폐수량설은 최근 총거래 수를 총생산량으로 대체하여 사용되고 있다.
③ 교환방정식 'MV=PT'는 화폐수량설의 기본 모형이 된다.
④ 어빙 피셔의 교환방정식 'MV=PT'의 V는 교환방정식 'MV=PY'에서 Y와 함께 대체되어 사용되고 있다.

대표유형 3 비판적 독해

다음 글의 주장에 대한 반박으로 가장 적절한 것은?

> 현재 우리나라는 드론의 개인 정보 수집과 활용에 대해 '사전 규제' 방식을 적용하고 있다. 이는 개인 정보 수집과 활용을 원칙적으로 금지하면서 예외적인 경우에만 허용하는 방식으로 정보 주체의 동의 없이 개인 정보를 수집·활용하기 어려운 것이다. 이와 관련하여 개인 정보를 대부분의 경우 개인 동의 없이 활용하는 것을 허용하고, 예외적인 경우에 제한적으로 금지하는 '사후 규제' 방식을 도입해야 한다는 의견이 대두하고 있다. 그러나 나는 사전 규제 방식의 유지에 찬성한다. 드론은 고성능 카메라나 통신 장비 등이 장착되어 있는 경우가 많아 사전 동의 없이 개인의 초상, 성명, 주민등록 번호 등의 정보뿐만 아니라 개인의 위치 정보까지 저장할 수 있다. 또한 드론에서 수집한 정보를 검색하거나 전송하는 중에 사생활이 노출될 가능성이 높다. 더욱이 드론의 소형화, 경량화 기술이 발달하고 있어 사생활 침해의 우려가 커지고 있다. 드론은 인명 구조, 시설물 점검 등의 공공 분야뿐만 아니라 제조업, 물류 서비스 등의 민간 분야까지 활용 범위가 확대되고 있는데, 동시에 개인 정보를 수집하는 일이 많아지면서 사생활 침해 사례도 증가하고 있다.
> 헌법에서는 주거의 자유, 사생활의 비밀과 자유 등을 명시하여 개인의 사생활이 보호받도록 하고 있고, 개인 정보를 자신이 통제할 수 있는 정보의 자기 결정권을 부여하고 있다. 이와 같은 기본권이 안정적으로 보호될 때 드론 기술과 산업의 발전으로 얻게 되는 사회적 이익은 더욱 커질 것이다.

① 드론을 이용하여 개인 정보를 자유롭게 수집하게 되면 사생활 침해는 더욱 심해지고, 개인 정보의 복제, 유포, 훼손, 가공 등 의도적으로 악용하는 사례까지 증가할 것이다.

② 사전 규제를 통해 개인 정보의 수집과 활용에 제약이 생기면 개인의 기본권이 보장되어 오히려 드론을 다양한 분야에 활용할 수 있고, 드론 기술과 산업은 더욱더 빠르게 발전할 수 있다.

③ 산업적 이익을 우선시하면 개인 정보 보호에 관한 개인의 기본권을 등한시하는 결과를 초래할 수 있다.

④ 개인 정보의 복제, 유포, 위조 등으로 정보 주체에게 중대한 손실을 입힐 경우 손해액을 배상하도록 하여 엄격하게 책임을 묻는다면 사전 규제 없이도 개인 정보를 효과적으로 보호할 수 있다.

| 해설 | 제시문에서는 드론이 개인의 정보 수집과 활용에 대한 사전 동의 없이도 개인 정보를 저장할 수 있어 사생활 침해 위험이 높으므로 '사전 규제' 방식을 적용해야 한다고 주장한다. 따라서 이러한 주장에 대한 반박으로는 '개인 정보의 복제, 유포, 위조에 대해 엄격한 책임을 묻는다면 사전 규제 없이도 개인 정보를 보호할 수 있다.'는 ④가 가장 적절하다.

정답 ④

09 다음 중 A의 주장에 대해 반박할 수 있는 내용으로 가장 적절한 것은?

A : 우리나라의 장기 기증률은 선진국에 비해 너무 낮아. 이게 다 부모로부터 받은 신체를 함부로 훼손해서는 안 된다는 전통적 유교 사상 때문이야.
B : 맞아. 그런데 장기기증 희망자로 등록이 돼 있어도 유족들이 장기 기증을 반대하여 기증이 이뤄지지 않는 경우도 많아.
A : 유족들도 결국 유교 사상으로 인해 신체 일부를 다른 사람에게 준다는 방식을 잘 이해하지 못하는 거야.
B : 글쎄, 유족들이 동의해서 기증이 이뤄지더라도 보상금을 받고 '장기를 팔았다.'는 죄책감을 느끼는 유족들도 있다고 들었어. 또 아직은 장기 기증에 대한 생소함 때문일 수도 있어.

① 캠페인을 통해 장기 기증에 대한 사람들의 인식을 변화시켜야 한다.
② 유족에게 지급하는 보상금 액수가 증가하면 장기 기증률도 높아질 것이다.
③ 장기기증 희망자는 반드시 가족들의 동의를 미리 받아야 한다.
④ 장기 기증률이 낮은 이유에는 유교 사상 외에도 여러 가지 원인이 있을 수 있다.

10 다음 글에서 도킨스의 논리에 대한 필자의 문제 제기로 가장 적절한 것은?

도킨스는 인간의 모든 행동이 유전자의 자기 보존 본능에 따라 일어난다고 주장했다. 사실 도킨스는 플라톤에서 쇼펜하우어에 이르기까지 통용되던 철학적 생각을 유전자라는 과학적 발견을 이용하여 반복하고 있을 뿐이다. 이에 따르면 인간 개체는 유전자라는 진정한 주체의 매체에 지나지 않게 된다. 그런데 이 같은 도킨스의 논리에 근거하면 우리 인간은 이제 자신의 몸과 관련된 모든 행동에 대해 면죄부를 받게 된다. 모든 것이 이미 유전자가 가진 이기적 욕망에서 나왔다고 볼 수 있기 때문이다. 그래서 도킨스의 생각에는 살아가고 있는 구체적 생명체를 경시하게 되는 논리가 잠재되어 있다.

① 고대의 철학은 현대의 과학과 양립할 수 있는가?
② 유전자의 자기 보존 본능이 초래하게 되는 결과는 무엇인가?
③ 인간을 포함한 생명체는 진정한 주체가 될 수 없는가?
④ 생명 경시 풍조의 근원이 되는 사상은 무엇인가?

11 다음 글의 주장에 대해 반박하는 내용으로 적절하지 않은 것은?

프랑크푸르트학파는 대중문화의 정치적 기능을 중요하게 본다. 20세기 들어 서구 자본주의 사회에서 혁명이 불가능하게 된 이유 가운데 하나는 바로 대중문화가 대중들을 사회의 권위에 순응하게 함으로써 사회를 유지하는 기능을 하고 있기 때문이라는 것이다. 이 순응의 기능은 두 방향으로 진행된다. 한편으로 대중문화는 대중들에게 자극적인 오락거리를 제공함으로써 정신적인 도피를 유도하여 정치에 무관심하도록 만든다는 것이다. 유명한 3S(Sex, Screen, Sports)는 바로 현실도피와 마취를 일으키는 대표적인 도구들이다. 다른 한편으로 대중문화는 자본주의적 가치관과 이데올로기를 은연중에 대중들이 받아들이게 하는 적극적인 세뇌 작용을 한다. 영화나 드라마, 광고나 대중음악의 내용이 규격화되어 현재의 지배적인 가치관을 지속해서 주입함으로써, 대중은 현재의 문제를 인식하고 더 나은 상태로 생각할 수 있는 부정의 능력을 상실한 일차원적 인간으로 살아가게 된다는 것이다. 프랑크푸르트학파의 대표자 가운데 한 사람인 아도르노(Adorno)는 특별히 『대중음악에 대하여』라는 글에서 대중음악이 어떻게 이러한 기능을 수행하는지 분석했다. 그의 분석에 따르면, 대중음악은 우선 규격화되어 누구나 쉽고 익숙하게 들을 수 있는 특징을 가진다. 그리고 이런 익숙함은 어려움 없는 수동적인 청취를 조장하여, 자본주의 안에서의 지루한 노동의 피난처 구실을 한다. 그리고 나아가 대중음악의 소비자들이 기존 질서에 심리적으로 적응하게 함으로써 사회적 접착제의 역할을 한다.

① 대중문화의 영역은 지배계급이 헤게모니를 얻고자 하는 시도와 이에 대한 반대 움직임이 서로 얽혀 있는 곳으로 보아야 한다.

② 대중문화 속에는 정권이나 기득권층, 현 체제에 대한 비판과 풍자를 담은 내용들도 많으며, 실제로 큰 성공을 거두기도 한다.

③ 발표되는 음악의 80%가 인기를 얻는 데 실패하고, 80% 이상의 영화가 엄청난 광고에도 불구하고 흥행에 실패한다는 사실은 대중이 단순히 수동적인 존재가 아니라는 것을 단적으로 드러내 보여주는 예이다.

④ 대중의 평균적 취향에 맞추어 높은 질을 유지하는 것이 어렵다 하더라도 19세기까지의 대중이 즐겼던 문화에 비하면 현대의 대중문화는 훨씬 수준 높고 진보된 것으로 평가할 수 있다.

12 다음 글에서 도출한 결론을 반박하는 주장으로 가장 적절한 것은?

인터넷은 국경 없이 누구나 자유롭게 정보를 주고받을 수 있는 훌륭한 매체이다. 하지만 최근 급속히 늘고 있는 성인 인터넷 방송처럼 오히려 청소년에게 해로운 매체가 될 수 있다는 사실은 선진국에서도 동감하고 있다. 그러므로 인터넷 등급제를 만들어 유해한 환경으로부터 청소년들을 보호하고, 이를 어긴 사업자는 엄격한 처벌로 다스려야만 한다.

① 인터넷 등급제를 만들어 규제를 하는 것도 완전한 방법은 아니기 때문에 유해한 인터넷 내용에는 원천적으로 접속할 수 없는 조치를 취해야 한다.

② 인터넷 등급제는 정보에 대한 책임을 일방적으로 사업자에게만 지우는 조치로, 잘못하면 국민의 표현의 자유와 알 권리를 침해할 수 있다.

③ 인터넷 등급제는 미니스커트나 장발 규제와 같은 구태의연한 조치이다.

④ 인터넷 등급제의 시행은 IT강국인 대한민국의 입지를 위축시킬 수 있다.

13 다음 글이 비판의 대상으로 삼는 주장으로 가장 적절한 것은?

경제 문제는 대개 해결이 가능하다. 대부분의 경제 문제에는 몇 개의 해결책이 있다. 그러나 모든 해결책은 누군가가 상당한 손실을 반드시 감수해야 한다는 특징을 갖고 있다. 하지만 누구도 이 손실을 자발적으로 감수하고자 하지 않으며, 우리의 정치제도는 누구에게도 이 짐을 짊어지라고 강요할 수 없다. 즉, 우리의 정치적・경제적 구조로는 실질적으로 제로섬(Zero-sum)적인 요소를 지니는 경제 문제에 전혀 대처할 수 없다.
대개의 경제적 해결책은 대규모의 제로섬적인 요소를 갖기 때문에 큰 손실을 수반한다. 모든 제로섬 게임에는 승자가 있다면 반드시 패자가 있으며, 패자가 존재해야만 승자가 존재할 수 있다. 경제적 이득이 경제적 손실을 초과할 수도 있지만, 손실의 주체에게 손실의 의미란 상당한 크기의 경제적 이득을 부정할 수 있을 만큼 매우 중요하다. 어떤 해결책으로 인해 평균적으로 사회는 더 잘 살게 될 수도 있지만, 이 평균이 훨씬 더 잘 살게 된 수많은 사람들과 훨씬 더 못살게 된 수많은 사람들을 감춘다. 만약 당신이 더 못살게 된 사람 중 하나라면 내 수입이 줄어든 것보다 다른 누군가의 수입이 더 많이 늘었다고 해서 위안을 얻지는 않을 것이다. 결국 우리는 우리 자신의 수입을 보호하기 위해 경제적 변화가 일어나는 것을 막거나 혹은 사회가 우리에게 손해를 입히는 공공정책을 강제로 시행하는 것을 막기 위해 싸울 것이다.

① 빈부격차를 해소하는 것만큼 중요한 정책은 없다.

② 사회의 총생산량이 많아지게 하는 정책이 좋은 정책이다.

③ 경제문제에서 모두가 만족하는 해결책은 존재하지 않는다.

④ 경제적 변화에 대응하는 정치제도의 기능에는 한계가 존재한다.

대표유형 4 추론적 독해

다음 글의 내용을 지지한다고 추론할 수 없는 것은?

지구와 태양 사이의 거리와 지구가 태양 주위를 도는 방식은 인간의 생존에 유리한 여러 특징을 지니고 있다. 인간을 비롯한 생명이 생존하려면 행성을 액체 상태의 물을 포함하면서 너무 뜨겁거나 차갑지 않아야 한다. 이를 위해 행성은 태양과 같은 별에서 적당히 떨어져 있어야 한다. 이 적당한 영역을 '골디락스 영역'이라고 한다. 또한, 지구가 태양의 중력장 주위를 도는 타원 궤도는 충분히 원에 가깝다. 따라서 연중 태양에서 오는 열에너지가 비교적 일정하게 유지될 수 있다. 만약 태양과의 거리가 일정하지 않았다면 지구는 여름에는 바다가 모두 끓어 넘치고 겨울에는 거대한 얼음덩어리가 되는 불모의 행성이었을 것이다.
우리 우주에 작용하는 근본적인 힘의 세기나 물리법칙도 인간을 비롯한 생명의 탄생에 유리하도록 미세하게 조정되어 있다. 예를 들어 근본적인 힘인 강한 핵력이나 전기력의 크기가 현재 값에서 조금만 달랐다면, 별의 내부에서 탄소처럼 무거운 원소는 만들어질 수 없었고 행성도 만들어질 수 없었을 것이다. 최근 들어 물리학자들은 이들 힘을 지배하는 법칙이 현재와 다르다면 우주는 구체적으로 어떤 모습이 될지 컴퓨터 모형으로 계산했다. 그 결과를 보면 강한 핵력의 강도가 겨우 0.5% 다르거나 전기력의 강도가 겨우 4% 다를 경우에도 탄소나 산소는 우주에서 합성되지 않는다. 따라서 생명 탄생의 가능성도 사라진다. 결국, 강한 핵력이나 전기력을 지배하는 법칙들을 조금이라도 건드리면 우리가 존재할 가능성은 사라지는 것이다.
결론적으로 지구 주위 환경뿐만 아니라 보편적 자연법칙까지도 인류와 같은 생명이 진화해 살아가기에 알맞은 범위 안에 제한되어 있다고 할 수 있다. 만일 그러한 제한이 없었다면 태양계나 지구가 탄생할 수 없었을 뿐만 아니라 생명 또한 진화할 수 없었을 것이다. 우리가 아는 행성이나 생명이 탄생할 가능성을 열어두면서 물리법칙을 변경할 수 있는 폭은 매우 좁다.

① 탄소가 없는 상황에서도 생명은 자연적으로 진화할 수 있다.
② 중력법칙이 현재와 조금만 달라도 지구는 태양으로 빨려 들어간다.
③ 원자핵의 질량이 현재보다 조금 더 크다면 우리 몸을 이루는 원소는 합성되지 않는다.
④ 별 주위의 '골디락스 영역'에 행성이 위치할 확률은 매우 낮지만, 지구는 그 영역에 위치한다.

| 해설 | 두 번째 문단에서 '강한 핵력의 강도가 겨우 0.5% 다르거나 전기력의 강도가 4% 다를 경우에도 탄소나 산소는 우주에서 합성되지 않는다. 따라서 생명 탄생의 가능성도 사라진다.'라고 했으므로 탄소가 없어도 생명은 자연적으로 진화할 수 있다고 한 ①은 제시문을 지지하는 내용이 아니다.

정답 ①

14 다음 글의 밑줄 친 ㉠의 사례로 가장 적절한 것은?

보통 '관용'은 도덕적으로 바람직한 것으로 간주된다. 관용은 특정 믿음이나 행동, 관습 등을 잘못된 것이라고 여김에도 불구하고 용인하거나 불간섭하는 태도를 의미한다. 여기서 관용이란 개념의 본질적인 두 요소를 발견할 수 있다. 첫째 요소는 관용을 실천하는 사람이 관용의 대상이 되는 믿음이나 관습을 거짓이거나 잘못된 것으로 여긴다는 점이다. 이런 요소가 없다면, 우리는 '관용'을 말하고 있는 것이 아니라 '무관심'이나 '승인'을 말하는 셈이다. 둘째 요소는 관용을 실천하는 사람이 관용의 대상을 용인하거나 최소한 불간섭해야 한다는 점이다. 하지만 관용을 이렇게 이해하면 역설이 발생할 수 있다.

자국 문화를 제외한 다른 문화는 모두 미개하다고 생각하는 사람을 고려해보자. 그는 모든 문화가 우열 없이 동등하다는 생각이 틀렸다고 확신하고 있다. 하지만 그는 그런 자신의 믿음에도 불구하고 전략적인 이유로, 예를 들어 동료들의 비난을 피하기 위해 자신이 열등하다고 판단하는 문화를 폄하하려는 욕구를 억누르고 있다고 하자. 다른 문화를 폄하하고 싶은 그의 욕구가 크면 클수록, 그리고 그가 자신의 이런 욕구를 성공적으로 자제하면 할수록, 우리는 그가 더 관용적이라고 말해야 할 것 같다. 하지만 이는 받아들이기 어려운 역설적 결론이다.

이번에는 자신이 잘못이라고 믿는 수많은 믿음을 모두 용인하는 사람을 생각해보자. 이 경우 이 사람이 용인하는 믿음이 많으면 많을수록 우리는 그가 더 관용적이라고 말해야 할 것 같다. 그런데 그럴 경우 우리는 인종차별주의처럼 우리가 일반적으로 잘못인 것으로 판단하는 믿음까지 용인하는 경우에도 그 사람이 더 관용적이라고 말해야 한다. 하지만 도덕적으로 잘못된 것을 용인하는 것은 그 자체가 도덕적으로 잘못이라고 보는 것이 마땅하다. 결국 우리는 관용적일수록 도덕적으로 잘못을 저지르게 될 가능성이 높아지게 되는데 이는 역설적이다.

이상의 논의를 고려하면 종교에 대한 관용처럼 비교적 단순해 보이는 사안에 대해서조차 ㉠ 역설이 발생한다. 이로부터 우리는 관용의 맥락에서, 용인하는 믿음이나 관습의 내용에 일정한 한계가 있어야 함을 알 수 있다.

① 종교적 문제에 대해 별다른 의견이 없는 사람을 관용적이라고 평가하게 된다.

② 모든 종교적 믿음은 거짓이라고 생각하고 배척하는 사람을 관용적이라고 평가하게 된다.

③ 자신의 종교가 주는 가르침만이 유일한 진리라고 믿는 사람일수록 덜 관용적이라고 평가하게 된다.

④ 보편적 도덕 원칙에 어긋나는 가르침을 주장하는 종교까지 용인하는 사람을 더 관용적이라고 평가하게 된다.

PART 2

15 다음 글의 내용을 참고할 때, 사회변동에 가장 큰 영향력을 발휘할 수 있는 매체는 무엇인가?

> 현재의 수신자가 미래의 발신자가 될 수 있는지 여부는 사회변동의 밑바탕이다. 사회혁명은 수신자였던 피지배계급이 발신자로 전면에 나서는 순간 발발한다. 사회혁명을 거치면 과거의 발신자와 수신자의 위치가 바뀐다. 부르주아 혁명을 거치면서 발신을 독점했던 왕과 성직자는 독점적 지위를 더 이상 유지하지 못하게 되었다. 과거의 수신자였던 부르주아는 혁명을 통해 새로운 발신자로 등장했다. 이처럼 발신과 수신의 관계가 뒤바뀔 가능성이 남아 있느냐의 여부는 사회변동의 가능성과 밀접한 관련을 맺고 있다. 그래서 지배하는 계급은 지배받는 사람들이 발신자가 될 수 있는 가능성을 최대한 차단한다. 발신과 수신 구조의 고착화는 지배를 연장할 수 있는 매우 중요한 수단이다. 지배를 영속화하려면 수신의 충실도를 높이되, 수신 과정에서 학습 효과가 발휘되는 장치를 차단하면 된다.
> 레이먼드 윌리엄스는 그러한 사례를 읽고 쓰는 능력의 보급에 개입된 정치학에서 찾는다. 산업혁명 초기의 영국에서 교육 조직이 개편될 때, 지배 계층은 노동자 계층에게 읽는 능력은 가르쳐주되 쓰는 능력은 가르쳐주지 않으려 했다. 노동자 계층이 글을 읽을 줄 알게 되면 새로운 지시사항을 보다 쉽게 이해할 수 있고, 성서를 읽음으로써 도덕적 계발의 효과까지 얻을 수 있다. 노동자 계급이 읽는 능력을 획득하면, 수신의 충실도가 높아지는 것이다. 그러나 노동자 계급이 쓸 수 있는 능력을 획득하게 되면 정치적 지배에 균열이 생길 수 있다. 지배 계급의 입장에서 노동자들이 반드시 글을 쓸 줄 알아야 할 필요는 없었다. 일반적으로 노동자 계층이 학습을 하거나 명령을 할 일은 없었기 때문이다. 기껏해야 이따금씩 공적인 목적으로 사인을 하는 일 정도가 전부였을 것이다.
> 텔레비전은 읽고 쓰는 능력의 불균등한 배치와 보급을 통해 노렸던 정치적 효과를 완성한 미디어이다. 대중미디어란 민주적이지 않다는 뜻이다. 텔레비전만큼 발신과 수신의 비대칭성을 당연하게 여기는 미디어가 또 있는가? 수백만 명이 텔레비전을 시청할 수 있지만, 텔레비전에 출연하는 사람은 소수에 국한된다. 텔레비전은 발신과 수신의 비대칭을 영구화하면서, 동시에 수신의 반복을 통한 학습 효과조차 차단한 미디어이다.

① 책　　② 신문
③ 라디오　　④ SNS

※ 다음 글을 읽고 추론할 수 있는 내용으로 가장 적절한 것을 고르시오. [16~17]

16

2009년 미국의 설탕, 옥수수 시럽, 기타 천연당의 1인당 연평균 소비량은 140파운드로 독일, 프랑스보다 50%가 많았고, 중국보다는 9배가 많았다. 그런데 설탕이 비만을 야기하고 당뇨병 환자의 건강에 해롭다는 인식이 확산되면서 사카린과 같은 인공감미료의 수요가 증가하였다.
세계 최초의 인공감미료인 사카린은 1879년 미국 존스홉킨스대학에서 화학물질의 산화반응을 연구하다가 우연히 발견됐다. 당도가 설탕보다 약 500배 정도 높은 사카린은 대표적인 인공감미료로 체내에서 대사되지 않고 그대로 배출된다는 특징이 있다. 그런데 1977년 캐나다에서 쥐를 대상으로 한 사카린 실험 이후 유해성 논란이 촉발되었다. 사카린을 섭취한 쥐가 방광암에 걸렸기 때문이다. 그러나 사카린의 무해성을 입증한 다양한 연구결과로 인해 2001년 미국 FDA는 사카린을 다시 안전한 식품첨가물로 공식 인정하였고, 현재도 설탕의 대체재로 사용되고 있다.
아스파탐은 1965년 위궤양 치료제를 개발하던 중 우연히 발견된 인공감미료로 당도가 설탕보다 약 200배 높다. 그러나 아스파탐도 발암성 논란이 끊이지 않았다. 미국암협회가 안전하다고 발표했지만 이탈리아의 한 과학자가 쥐를 대상으로 한 실험에서 아스파탐이 암을 유발한다고 결론 내렸기 때문이다.

① 사카린과 아스파탐은 설탕보다 당도가 높고, 사카린은 아스파탐보다 당도가 높다.
② 사카린과 아스파탐은 모두 설탕을 대체하기 위해 거액을 투자해 개발한 인공감미료이다.
③ 사카린은 유해성 논란으로 현재 미국에서는 더 이상 식품첨가물로 사용되지 않고 있다.
④ 2009년 기준 중국의 설탕, 옥수수 시럽, 기타 천연당의 1인당 연평균 소비량은 20파운드 이상이었을 것이다.

PART 2

17

> 바다 속에 서식했던 척추동물의 조상형 동물들은 체와 같은 구조를 이용하여 물속의 미생물을 걸러 먹었다. 이들은 몸집이 아주 작아서 물속에 녹아 있는 산소가 몸 깊숙한 곳까지 자유로이 넘나들 수 있었기 때문에 별도의 호흡계가 필요하지 않았다. 그런데 몸집이 커지면서 먹이를 거르던 체와 같은 구조가 호흡 기능까지 갖게 되어 마침내 아가미 형태로 변형되었다. 즉, 소화계의 일부가 호흡 기능을 담당하게 된 것이다. 그 후 호흡계의 일부가 변형되어 허파로 발달하고, 그 허파는 위장으로 이어지는 식도 아래쪽으로 뻗어 나갔다. 한편, 공기가 드나드는 통로는 콧구멍에서 입천장을 뚫고 들어가 입과 아가미 사이에 자리 잡게 되었다. 이러한 진화 과정을 보여 주는 것이 폐어(肺魚) 단계의 호흡계 구조이다.
> 이후 진화 과정이 거듭되면서 호흡계와 소화계가 접하는 지점이 콧구멍 바로 아래로부터 목 깊숙한 곳으로 이동하였다. 그 결과 머리와 목구멍의 구조가 변형되지 않는 범위 내에서 호흡계와 소화계가 점차 분리되었다. 즉, 처음에는 길게 이어져 있던 호흡계와 소화계의 겹친 부위가 점차 짧아졌고, 마침내 하나의 교차점으로만 남게 된 것이다. 이것이 인간을 포함한 고등 척추동물에서 볼 수 있는 호흡계의 기본 구조이다. 따라서 음식물로 인한 인간의 질식 현상은 척추동물 조상형 단계를 지나 자리 잡게 된 허파의 위치 – 당시에는 최선의 선택이었을 – 때문에 생겨난 진화의 결과라 할 수 있다.

① 지금의 척추동물과는 달리 조상형 동물들은 산소를 필요로 하지 않았다.

② 조상형 동물은 몸집이 커지면서 호흡기능의 중요성이 줄어드는 대신 소화기능이 중요해졌다.

③ 폐어 단계의 호흡계 구조에서 갖고 있던 아가미는 척추동물의 허파로 진화하였다.

④ 진화는 순간순간에 필요한 대응일 뿐 최상의 결과를 내는 과정이 아니다.

18 다음 글의 내용을 바탕으로 추론할 수 없는 것은?

'정보 파놉티콘(Panopticon)'은 사람에 대한 직접적 통제와 규율에 정보 수집이 합쳐진 것이다. 정보 파놉티콘에서의 '정보'는 벤담의 파놉티콘에서의 시선(視線)을 대신하여 규율과 통제의 메커니즘으로 작동한다. 작업장에서 노동자들을 통제하고 이들에게 규율을 강제한 메커니즘은 시선에서 정보로 진화했다. 19세기에는 사진 기술을 이용하여 범죄자 프로파일링을 했는데, 이 기술이 20세기의 폐쇄회로 텔레비전이나 비디오카메라와 결합한 통계학으로 이어진 것도 그러한 맥락에서 이해할 수 있다. 더 극단적인 예를 들자면, 미국은 발목에 채우는 전자기기를 이용하여 죄수를 자신의 집안과 같은 제한된 공간에 가두어 감시하면서 교화하는 프로그램을 운용하고 있다. 이 경우 개인의 집이 교도소로 변하고, 국가가 관장하던 감시가 기업이 판매하는 전자기기로 대체됨으로써 전자기술이 파놉티콘에서의 간수의 시선을 대신한다.

컴퓨터나 전자기기를 통해 얻은 정보가 간수의 시선을 대체했지만, 벤담의 파놉티콘에 갇힌 죄수가 자신이 감시를 당하는지 아닌지를 모르듯이, 정보 파놉티콘에 노출된 사람들 또한 자신의 행동이 국가나 직장의 상관에게 열람될지를 확신할 수 없다. "그들이 감시당하는지 모를 때에도 우리가 그들을 감시하고 있다고 생각하도록 한다."라고 한 관료가 논평했는데, 이는 파놉티콘과 전자 감시의 유사성을 뚜렷하게 보여준다.

전자 감시는 파놉티콘의 감시 능력을 전 사회로 확장했다. 무엇보다 시선에는 한계가 있지만 컴퓨터를 통한 정보 수집은 국가적이고 전 지구적이기 때문이다. "컴퓨터화된 정보 시스템이 작은 지역 단위에서만 효과적으로 작동했을 파놉티콘을 근대 국가에 의한 일상적인 대규모 검열로 바꾸었는가."라고 한 정보사회학자 롭 클링은, 시선의 국소성과 정보의 보편성 사이의 차이를 염두에 두고 있었다. 철학자 들뢰즈는 이러한 인식을 한 단계 더 높은 차원으로 일반화하여, 지금 우리가 살고 있는 사회는 푸코의 규율 사회를 벗어난 새로운 통제 사회라고 주장했다. 그에 의하면 규율 사회는 증기 기관과 공장이 지배하고 요란한 구호에 의해 통제되는 사회이지만, 통제 사회는 컴퓨터와 기업이 지배하고 숫자와 코드에 의해 통제되는 사회이다.

① 정보 파놉티콘은 범죄자만 감시 대상에 해당하는 것이 아니다.

② 정보 파놉티콘이 종국에는 감시 체계 자체를 소멸시킬 것이다.

③ 정보 파놉티콘은 교정 시설의 체계를 효율적으로 바꿀 수 있다.

④ 정보 파놉티콘이 발달할수록 개인의 사생활은 보장될 수 없을 것이다.

※ 다음 글을 읽고 이어지는 질문에 답하시오. [1~2]

동양 사상이라 해서 언어와 개념을 무조건 무시하는 것은 결코 아니다. 만약 그렇다면 동양 사상은 경전이나 저술을 통해 언어화되지 않고 순전히 침묵 속에서 전수되어 왔을 것이다. 물론 이것은 사실이 아니다. 동양 사상도 끊임없이 언어적으로 다듬어져 왔으며 논리적으로 전개되어 왔다. 흔히 동양 사상은 신비적이라고 말하지만, 이것은 동양 사상의 한 면만을 특정짓는 것이지 결코 동양의 철인(哲人)들이 사상을 전개함에 있어 논리를 무시했다거나 항시 어떤 신비적인 체험에 호소해서 자신의 주장들을 폈다는 것을 뜻하지는 않는다.

그러나 역시 동양 사상은 신비주의적임에 틀림없다. 거기서는 지고(至高)의 진리란 언제나 언어화될 수 없는 어떤 신비한 체험의 경지임이 늘 강조되어 왔기 때문이다. ㉠ 최고의 진리는 언어 이전, 혹은 언어 이후의 무언(無言)의 진리이다. 엉뚱하게 들리겠지만, 동양 사상의 정수(精髓)는 말로써 말이 필요 없는 경지를 가리키려는 데에 있다고 해도 과언이 아니다. 말이 스스로를 부정하고 초월하는 경지를 나타내도록 사용된 것이다. 언어로써 언어를 초월하는 경지를 나타내고자 하는 것이야말로 동양 철학이 지닌 가장 특징적인 정신이다.

동양에서는 인식의 주체를 심(心)이라는 매우 애매하면서도 포괄적인 말로 이해해 왔다. 심(心)은 물(物)과 항시 자연스러운 교류를 하고 있으며, 이성은 단지 심(心)의 일면일 뿐인 것이다. 동양은 이성의 오만이라는 것을 모른다. 지고의 진리, 인간을 살리고 자유롭게 하는 생동적 진리는 언어적 지성을 넘어선다는 의식이 있었기 때문일 것이다. 언어는 언제나 마음을 못 따르며 둘 사이에는 항시 괴리가 있다는 생각이 동양인들의 의식의 저변에 깔려 있는 것이다.

01 윗글에 나타난 동양 사상의 언어관(言語觀)이 가장 잘 반영된 것은?

① 말 많은 집은 장맛도 쓰다.
② 말 한 마디에 천 냥 빚 갚는다.
③ 말을 적게 하는 사람이 일은 많이 하는 법이다.
④ 아는 사람은 말 안하고, 말하는 사람은 알지 못한다.

| 해설 | 동양 사상에서 진리 또는 앎은 언어로써 표현하기 어렵고 언어적 지성을 뛰어넘는 것으로 간주해 왔다고 했다. 따라서 앎에 있어서 언어의 효용은 크지 않다고 말한 ④가 동양 사상의 언어관이 반영된 것이라 할 수 있다.

정답 ④

02 다음 중 ㉠과 같이 말한 이유로 가장 적절한 것은?

① 진리는 언어를 초월하는 경지이기 때문에

② 언어는 언제나 추상성에 중심을 두기 때문에

③ 언어는 신빙성이 부족하므로

④ 인식의 주체는 언제나 물(物)에 있으므로

| 해설 | ㉠ 뒤에 나오는 '동양 사상의 정수(精髓)는 말로써 말이 필요 없는 경지를 가리키는 데에 있다.'는 표현은 진리가 언어를 벗어나는 초월적 경지임을 뜻하므로, 이를 통해 ㉠처럼 말한 이유를 유추할 수 있다.

정답 ①

※ 다음 글을 읽고 이어지는 질문에 답하시오. [19~21]

(가) 사람은 태어나면서 저절로 권리 능력을 갖게 되고 생존하는 내내 보유한다. 그리하여 사람은 재산에 대한 소유권의 주체가 되며, 다른 사람에 대하여 채권을 누리기도 하고 채무를 지기도 한다. 사람들의 결합체인 단체도 일정한 요건을 갖추면 법으로써 부여되는 권리 능력인 법인격을 취득할 수 있다. 단체 중에는 사람들이 일정한 목적을 갖고 결합한 조직체로서 구성원과 구별되어 독자적 실체로서 존재하며, 운영 기구를 두어 구성원의 가입과 탈퇴에 관계없이 존속하는 단체가 있다. 이를 사단(社團)이라 하며, 사단이 갖춘 이러한 성질을 사단성이라 한다. 사단의 구성원은 사원이라 한다. 사단은 법인(法人)으로 등기되어야 법인격이 생기는데, 법인격을 갖춘 사단을 사단 법인이라 부른다. 반면에 사단성을 갖추고도 법인으로 등기하지 않은 사단은 '법인이 아닌 사단'이라 한다. 사람과 법인만이 권리 능력이 있으며, 사람의 권리 능력과 법인격은 엄격히 구별된다. 그리하여 사단 법인이 자기 이름으로 진 빚은 사단이 가진 재산으로 갚아야 하는 것이지 사원 개인에게까지 책임이 미치지 않는다.

(나) 회사도 사단의 성격을 갖는 법인이다. 회사의 대표적인 유형이라 할 수 있는 주식회사는 주주들로 구성되며, 주주들은 보유한 주식의 비율만큼 회사에 대한 지분을 갖는다. 그런데 2001년에 개정된 상법은 한 사람이 전액을 출자하여 1인 주주로 회사를 설립할 수 있도록 하였다. 사단성을 갖추지 못했다고 할 만한 형태의 법인을 인정한 것이다. 또 여러 주주가 있던 회사가 주식의 상속, 매매, 양도 등으로 말미암아 모든 주식이 한 사람의 소유로 되는 경우가 있다. 이런 '1인 주식회사'에서는 1인 주주가 회사의 대표 이사가 되는 사례가 많다. 이처럼 1인 주주가 회사를 대표하는 기관이 되면 경영의 주체가 개인인지 회사인지 모호해진다. 법인인 회사의 운영이 독립된 주체로서의 경영이 아니라 마치 개인 사업자의 영업처럼 보이는 것이다.

(다) 구성원인 사람의 인격과 법인으로서의 법인격이 잘 분간되지 않는 듯이 보이는 경우에는 간혹 문제가 일어난다. 상법상 회사는 이사들로 이루어진 이사회만을 업무 집행의 의결 기관으로 둔다. 또한 대표 이사는 이사 중 한 명으로, 이사회에서 선출되는 기관이다. 그리고 이사의 선임과 이사의 보수는 주주 총회에서 결정하도록 되어 있다. 그런데 주주가 한 사람뿐이면 사실상 그의 뜻대로 될 뿐, 이사회나 주주 총회의 기능은 퇴색하기 쉽다. 심한 경우에는 회사에서 발생한 이익이 대표 이사인 주주에게 귀속되고 회사 자체는 허울만 남는 일도 일어난다. 이처럼 회사의 운영이 주주 한 사람의 개인 사업과 다름없이 이루어지고, 회사라는 이름과 형식은 장식에 지나지 않는 경우에는, 회사와 거래 관계에 있는 사람들이 재산상 피해를 입는 문제가 발생하기도 한다. 이때 그 특정한 거래 관계에 관련하여서만 예외적으로 회사의 법인격을 일시적으로 부인하고 회사와 주주를 동일시해야 한다는 '㉠ <u>법인격 부인론</u>'이 제기된다. 법률은 이에 대하여 명시적으로 규정하고 있지 않지만, 법원은 권리 남용의 조항을 끌어들여 이를 받아들인다. 회사가 1인 주주에게 완전히 지배되어 회사의 회계, 주주 총회나 이사회 운영이 적법하게 작동하지 못하는데도 회사에만 책임을 묻는 것은 법인 제도가 남용되는 사례라고 보는 것이다.

19 윗글을 통해 알 수 있는 내용으로 적절하지 않은 것은?

① 사단성을 갖춘 단체는 그 단체를 운영하기 위한 기구를 둔다.
② 주주가 여러 명인 주식회사의 주주는 사단의 사원에 해당한다.
③ 법인격을 얻은 사단은 재산에 대한 소유권의 주체가 될 수 있다.
④ 사람들이 결합한 단체에 권리와 의무를 누릴 수 있는 자격을 주는 제도가 사단이다.

PART 2

20 윗글에서 설명한 주식회사에 대한 이해로 가장 적절한 것은?

① 대표 이사는 주식회사를 대표하는 기관이다.
② 1인 주식회사는 대표 이사가 법인격을 갖는다.
③ 주식회사의 이사회에서 이사의 보수를 결정한다.
④ 주식회사에서는 주주 총회가 업무 집행의 의결 기관이다.

21 윗글에서 밑줄 친 ㉠에 대한 설명으로 가장 적절한 것은?

① 회사의 경영이 이사회에 장악되어 있는 경우에만 예외적으로 법인격 부인론을 적용할 수 있다.
② 법인격 부인론은 주식회사 제도의 허점을 악용하지 못하도록 법률의 개정을 통해 도입된 제도이다.
③ 회사가 채권자에게 손해를 입혔다는 것이 확정되면 법원은 법인격 부인론을 받아들여 그 회사의 법인격을 영구히 박탈한다.
④ 특정한 거래 관계에 법인격 부인론을 적용하여 회사의 법인격을 부인하려는 목적은 그 거래와 관련하여 회사가 진 책임을 주주에게 부담시키기 위함이다.

※ 다음 글을 읽고 이어지는 질문에 답하시오. [22~23]

딸기에는 비타민 C가 귤의 1.6배, 레몬의 2배, 키위의 2.6배, 사과의 10배 정도 함유되어 있어 딸기 5～6개를 먹으면 하루에 필요한 비타민 C를 전부 섭취할 수 있다. 비타민 C는 신진대사 활성화에 도움을 줘 원기를 회복하고 체력을 증진시키며, 멜라닌 색소가 축적되는 것을 막아 기미, 주근깨를 예방해준다. 멜라닌 색소가 많을수록 피부색이 검어지므로 미백 효과도 있는 셈이다. 또한 비타민 C는 피부 저항력을 높여줘 알레르기성 피부나 홍조가 짙은 피부에도 좋다. 비타민 C가 내는 신맛은 식욕 증진 효과와 스트레스 해소 효과가 있다.
한편, 딸기에 비타민 C만큼 풍부하게 함유된 성분이 항산화 물질인데, 이는 암세포 증식을 억제하는 동시에 콜레스테롤 수치를 낮춰주는 기능을 한다. 그래서 심혈관계 질환, 동맥경화 등의 예방에 좋고 눈의 피로를 덜어주며 시각 기능을 개선해주는 효과도 있다.
딸기는 식물성 섬유질 함량도 높은 과일이다. 섬유질 성분은 콜레스테롤을 낮추고, 혈액을 깨끗하게 만들어 준다. 그뿐만 아니라 소화 기능을 촉진하고 장운동을 활발히 해 변비를 예방한다. 딸기 속 철분은 빈혈 예방 효과가 있어 혈색이 좋아지게 한다. 더불어 모공을 축소시켜 피부 탄력도 증진시킨다. 딸기와 같은 붉은 과일에는 라이코펜이라는 성분이 들어 있는데, 이 성분은 면역력을 높이고 혈관을 튼튼하게 해 노화 방지 효과를 낸다. 이처럼 건강에 무척 좋지만 당도가 높으므로 하루에 5～10개 정도만 먹는 것이 적당하다. 물론 달달한 맛에 비해 칼로리는 100g당 27kcal로 높지 않아 다이어트 식품으로 선호도가 높다.

22 윗글의 제목으로 가장 적절한 것은?

① 딸기 속 비타민 C를 찾아라
② 비타민 C의 신맛의 비밀
③ 제철 과일, 딸기 맛있게 먹는 법
④ 다양한 효능을 가진 딸기

23 윗글을 마케팅에 이용할 때, 마케팅 대상으로 적절하지 않은 사람은?

① 잦은 야외 활동으로 주근깨가 걱정인 사람
② 스트레스로 입맛이 사라진 사람
③ 콜레스테롤 수치 조절이 필요한 사람
④ 당뇨병으로 혈당 조절을 해야 하는 사람

아이들이 답이 있는 질문을 하기 시작하면 그들이 성장하고 있음을 알 수 있다.

– 존 J. 플롬프 –

CHAPTER 03

공간지각력

합격 CHEAT KEY

| 출제유형 |

01 평면도형

종이를 접어 구멍을 뚫은 후 다시 펼쳤을 때의 모습을 찾는 펀칭 문제와, 일정 규칙에 따른 도형의 변화를 보고 빈칸에 들어갈 도형을 찾는 패턴 찾기 문제, 전개도를 접었을 때 나올 수 없는 도형을 찾는 전개도 문제가 출제되고 있다.

02 입체도형

단면도를 보고 입체도형을 찾는 단면도 문제, 모양이 다른 하나를 찾는 투상도 문제, 블록을 결합했을 때 모습 또는 빈칸에 들어갈 블록을 찾는 블록결합 문제, 블록의 개수를 찾는 문제가 출제되고 있다.

학습전략

01 평면도형

- 공부를 하다가 잘 이해가 되지 않는 경우에는 머릿속으로 상상하는 것에 그치지 말고 실제로 종이를 접어 구멍을 뚫어 보거나 잘라 보는 것이 좋다.

02 입체도형

- 여러 시점에서 바라본 도형의 모습을 연상하며, 보이지 않는 부분까지도 유추할 수 있는 능력을 키워야 한다.
- 입체도형은 큰 덩어리보다 작고 세밀한 부분에서 답이 나올 확률이 높다. 따라서 눈대중으로 훑어보아서는 안 되며, 작은 부분까지 꼼꼼하게 체크하면서 답을 찾아야 한다.

CHAPTER 03 공간지각력 핵심이론

01 평면도형

1. 펀칭

주어진 종이를 조건에 맞게 접은 후 구멍을 뚫고 펼쳤을 때 나타나는 모양을 고르는 유형이 출제된다.

• 펀칭 유형은 종이에 구멍을 낸 후 다시 종이를 펼쳐가며 구멍의 위치와 모양을 추적하는 방법으로 해결할 수 있다.

• 종이를 펼쳤을 때 구멍의 개수와 위치를 판별하는 것이 핵심이다. 이를 위해서는 '대칭'에 대한 이해가 필요하다. 구멍은 종이를 접은 선을 기준으로 대칭되어 나타난다는 것에 유의한다.

  – 개수 : 면에 구멍을 뚫으면 종이를 펼쳤을 때 구멍이 2개 나타나고, 접은 선 위에 구멍을 뚫으면 종이를 펼쳤을 때 구멍이 1개 나타난다.

  – 위치 : 종이를 접는 방향을 주의 깊게 살펴야 한다. 종이를 왼쪽에서 오른쪽으로 접은 경우, 구멍의 위치는 오른쪽에서 왼쪽으로 표시하며 단계를 거슬러 올라간다.

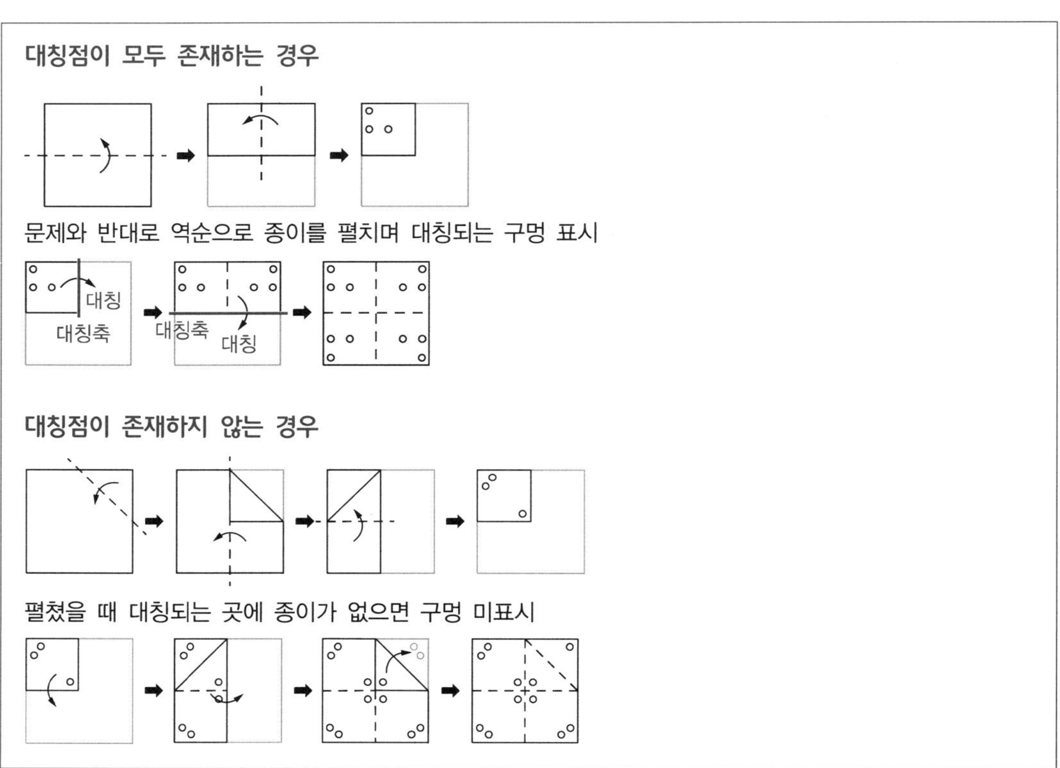

2. 도형추리

(1) 180° 회전한 도형은 좌우와 상하가 모두 대칭이 된 모양이 된다.

예

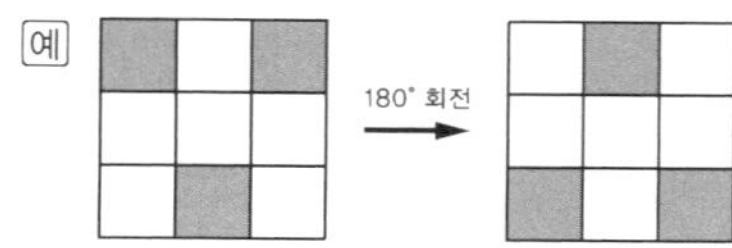

(2) 시계 방향으로 90° 회전한 도형은 시계 반대 방향 270° 회전한 도형과 같다.

예

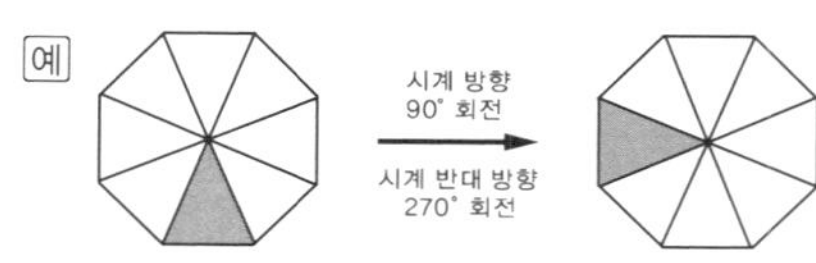

(3) 좌우 반전 → 좌우 반전, 상하 반전 → 상하 반전은 같은 도형이 된다.

예

(4) 도형을 거울에 비친 모습은 방향에 따라 좌우 또는 상하로 대칭된 모습이 나타난다.

예

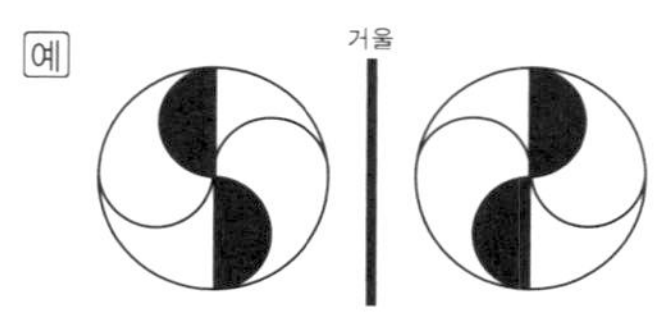

PART 2

02 입체도형

1. 전개도

제시된 전개도를 이용하여 만들 수 있는 입체도형을 찾는 문제와 제시된 입체도형의 전개도로 알맞은 것을 고르는 유형이 출제된다.

- 전개도상에서는 떨어져 있지만 입체도형으로 만들었을 때 서로 연결되는 면을 주의 깊게 살핀다.
- 마주보는 면과 인접하는 면을 구분하여 학습한다.
- 평면이었던 전개도가 입체도형이 되면서 면의 그림이 회전되는 모양을 확인한다.
- 많이 출제되는 전개도는 미리 마주보는 면과 인접하는 면, 만나는 꼭짓점을 학습한다.
  - ①~⑥은 접었을 때 마주보는 면을 의미한다. 즉, 두 수의 합이 7이 되는 면끼리 마주 보는 면이다. 또한 각 전개도에서 ①에 위치하는 면이 같다고 할 때, 전개도마다 면이 어떻게 배열되는지도 나타낸다.
  - 1~8은 접었을 때 만나는 점을 의미한다. 즉 접었을 때 같은 숫자가 적힌 점끼리 만난다.

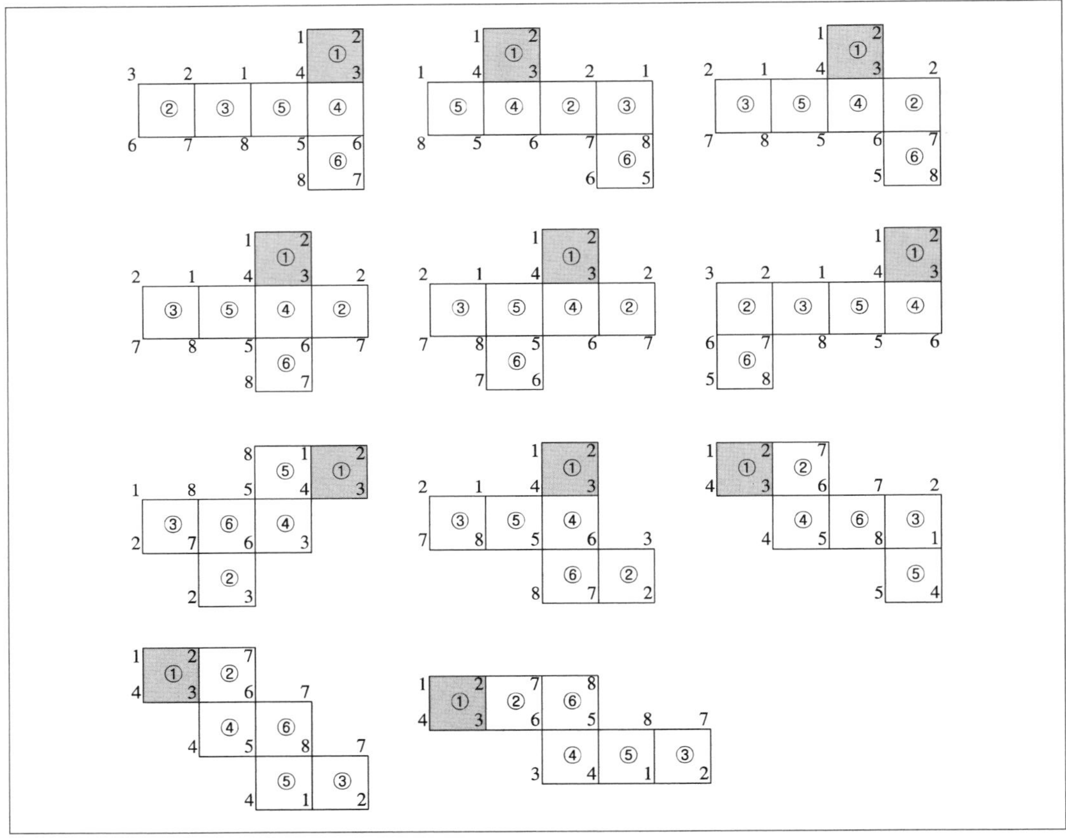

2. 단면도

입체도형을 세 방향에서 봤을 때 나타나는 단면과 일치하는 것을 고르는 유형이 출제된다.

- 제시된 세 단면이 입체도형을 어느 방향에서 바라본 단면인지 파악한다.
- 보기에 제시된 입체도형에서 서로 다른 부분을 표시한다.
- 입체도형에 표시된 부분을 기준으로 제시된 단면과 일치하지 않는 입체도형을 지워나간다.

3. 투상도

여러 방향으로 회전된 입체도형 중에 일치하지 않는 것을 고르는 유형이 출제된다.

- 주로 밖으로 나와 있는 모양이나 안으로 들어가 있는 모양이 반대로 되어 있거나 입체도형을 회전하였을 때 모양이 왼쪽, 오른쪽이 반대로 되어 있는 경우가 많으므로 이 부분을 중점으로 확인한다.

PART 2

4. 블록결합

직육면체로 쌓아진 블록을 세 개의 블록으로 분리했을 때 제시되지 않은 하나의 블록을 고르는 유형이 출제된다.

- 쉽게 파악되지 않는 블록의 경우 블록을 한 층씩 나누어 생각한다.
- 블록은 다양한 방향과 각도로 회전하여 결합할 수 있으므로 결합되는 여러 가지 경우의 수를 판단한다.

직육면체의 입체도형을 세 개의 블록으로 분리했을 때, 들어갈 블록의 모양으로 옳은 것을 고르는 유형

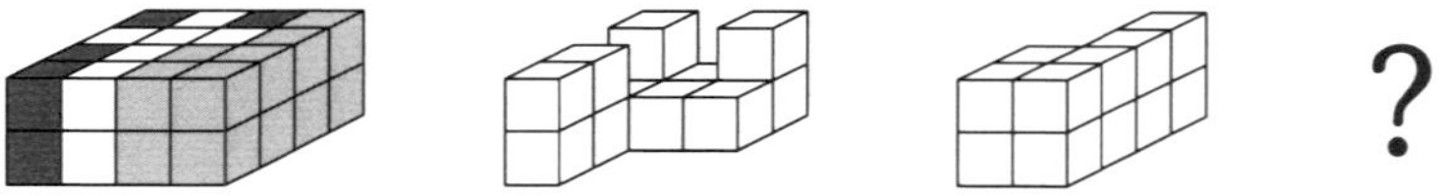

?

〈전체〉 〈A〉 〈B〉 〈C〉

- 개별 블록과 완성된 입체도형을 비교하여 공통된 부분을 찾는다.
- 완성된 입체도형에서 각각의 블록에 해당되는 부분을 소거한다. 전체 블록은 16개의 정육면체가 2단으로 쌓인 것으로, 〈A〉와 〈B〉를 제하면 윗단은 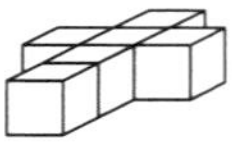 이 되고, 아랫단은 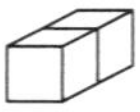 이 되어 〈C〉에는 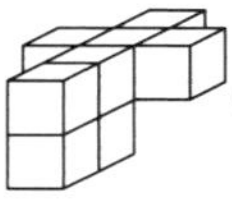 이 들어가야 함을 알 수 있다.

CHAPTER 03 공간지각력 기출예상문제

정답 및 해설 p.017

01 평면도형

대표유형 1 펀칭

다음 그림과 같이 화살표 방향으로 종이를 접은 후, 펀치로 구멍을 뚫어 다시 펼쳤을 때의 그림으로 옳은 것은?

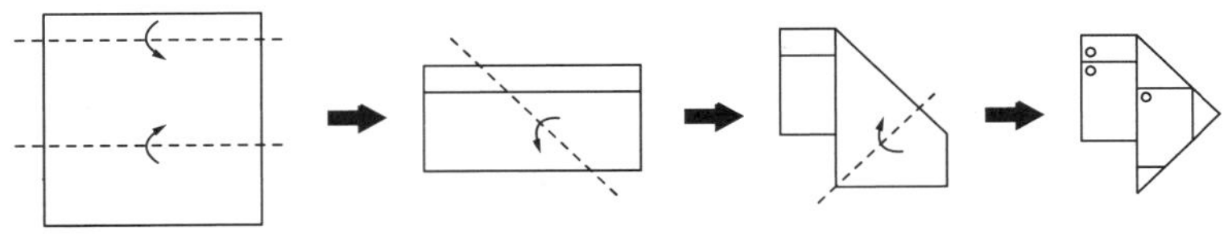

①

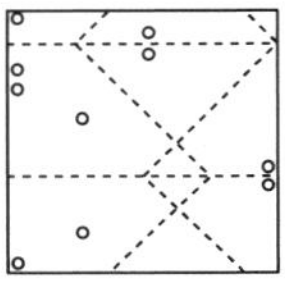

②

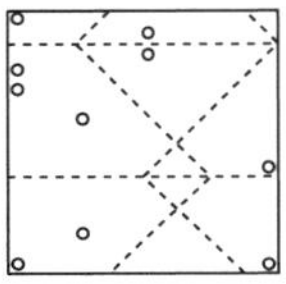

③

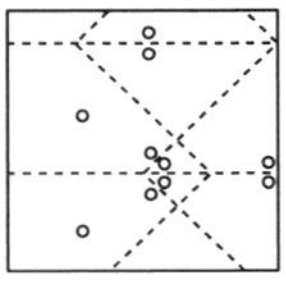

④

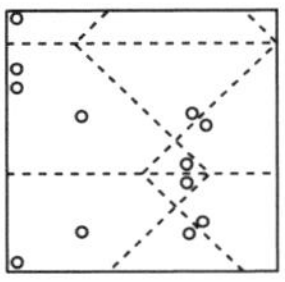

| 해설 |

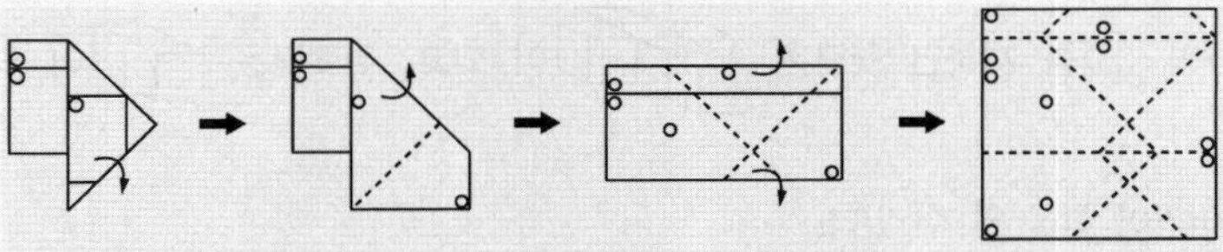

정답 ①

※ 다음 그림과 같이 화살표 방향으로 종이를 접은 후, 펀치로 구멍을 뚫어 다시 펼쳤을 때의 그림으로 옳은 것을 고르시오. [1~4]

01

①

②

③

④

02

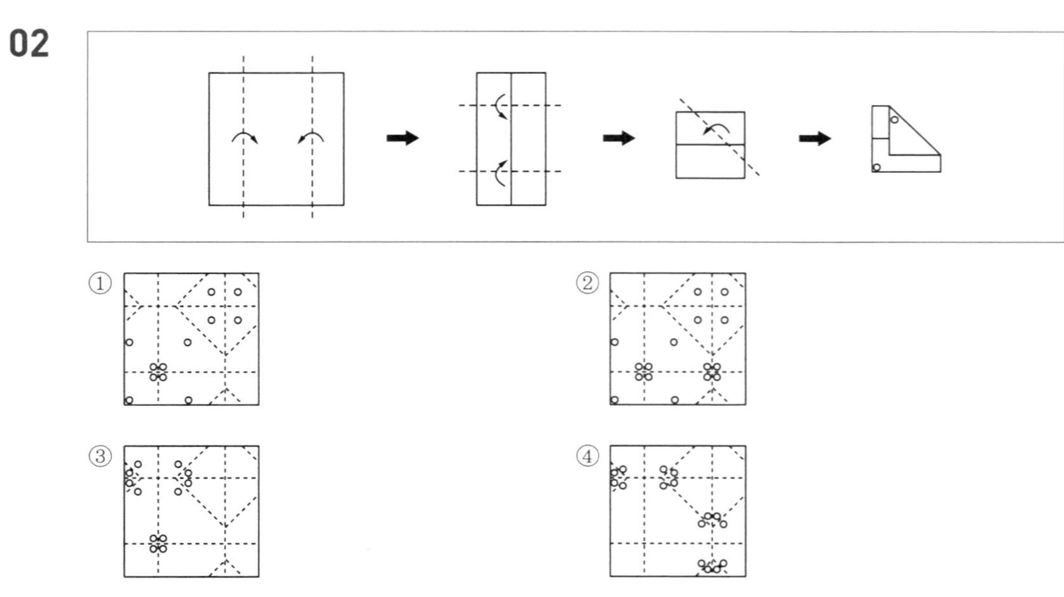

03

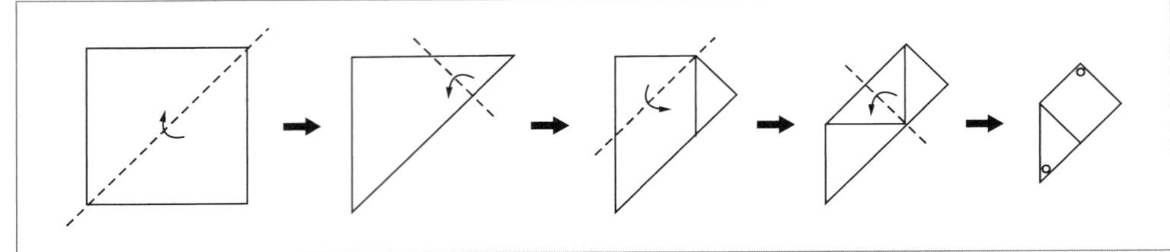

①

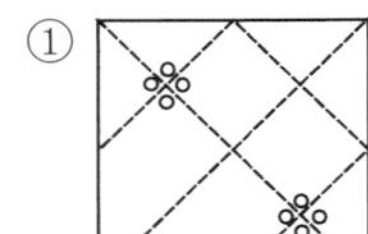

②

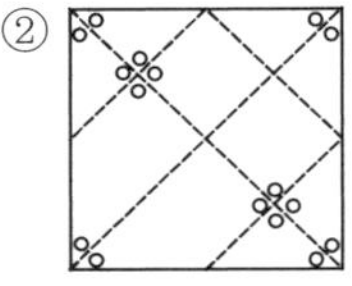

③

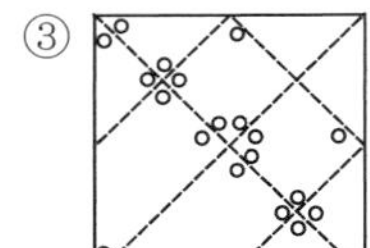

④

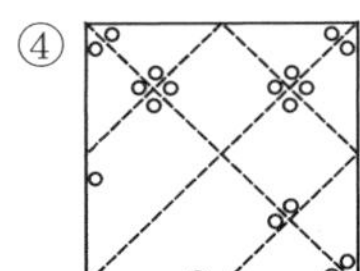

04

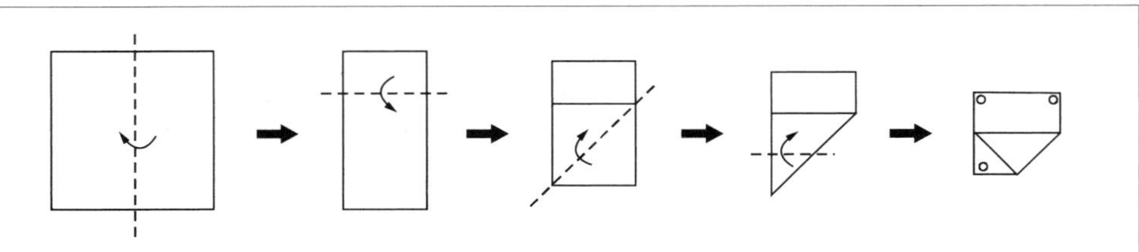

①

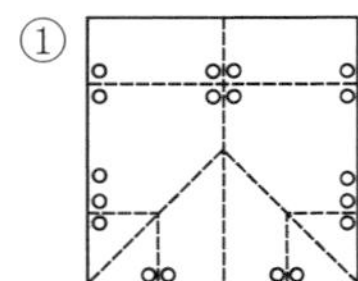

②

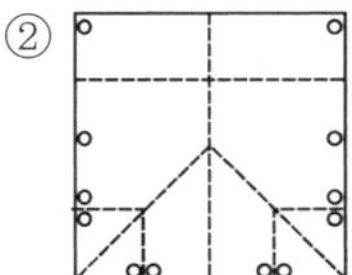

③

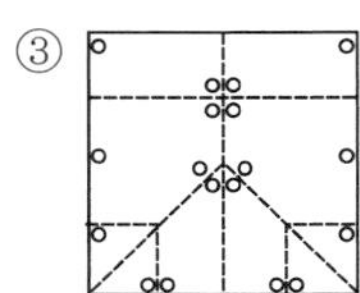

④

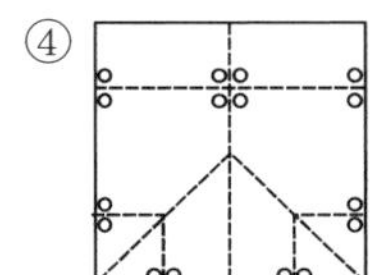

※ 다음과 같은 정사각형의 종이를 화살표 방향으로 접고 〈보기〉의 좌표가 가리키는 위치에 구멍을 뚫었다. 다시 펼쳤을 때 뚫린 구멍의 위치를 좌표로 나타낸 것으로 옳은 것을 고르시오(단, 좌표가 그려진 사각형의 크기와 종이의 크기는 일치하며, 종이가 접힐 때 종이의 위치는 바뀌지 않는다). **[5~6]**

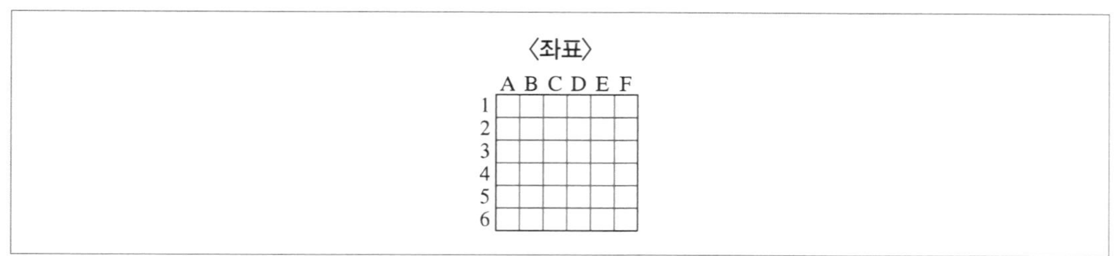

PART 2

05

보기

E3

① D2, E3, E4, E6, F1, F5
② E2, E3, E6, F1, F3, F5
③ E1, E3, E6, F1, F4, F5
④ E2, E3, E6, F1, F4, F5

06

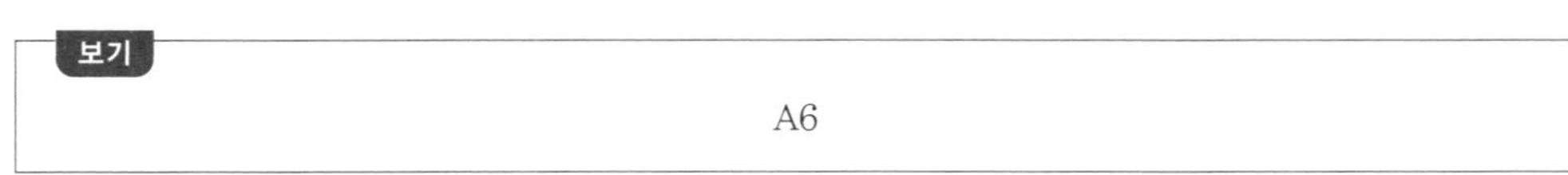

보기

A6

① A6, D6, E6, F1, F4, F5
② B6, D6, E6, F1, F4, F5
③ A6, D5, E6, F1, F4, F5
④ A6, D6, E1, E4, E6, E5

대표유형 2 패턴찾기

다음 도형 내부의 기호들은 일정한 패턴을 가지고 변화한다. 다음 중 ?에 들어갈 도형으로 가장 적절한 것은?

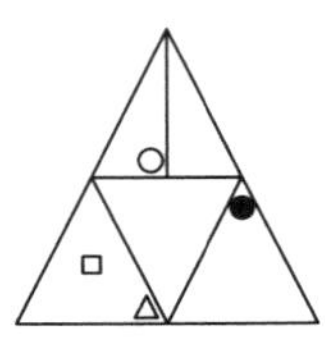 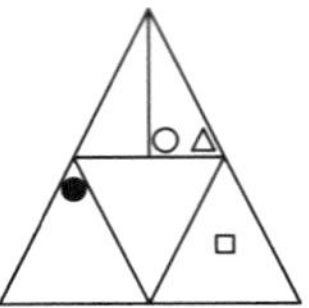 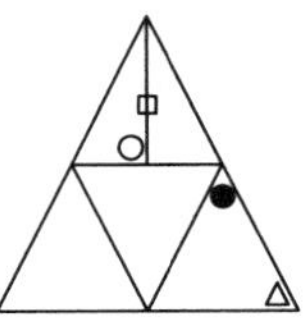 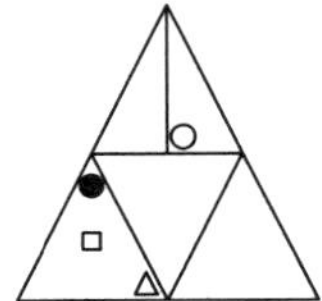 

①
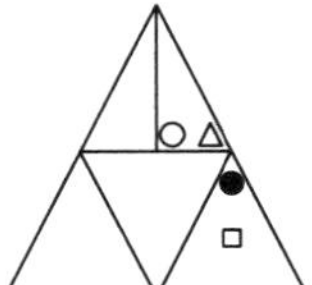

②
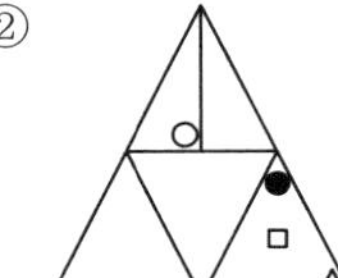

③
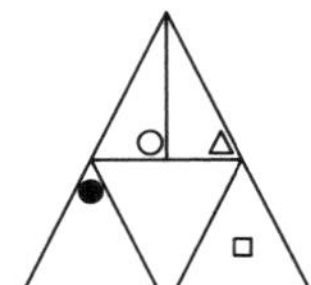

④
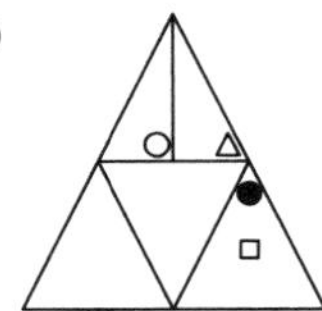

| 해설 | ○와 ●는 좌우대칭, △는 가장자리에 위치한 삼각형 내부의 우측 하단을 기준으로 시계 방향으로 이동, □는 가장자리에 위치한 삼각형 내부의 중앙을 기준으로 시계 반대 방향으로 이동한다.

정답 ④

※ 다음 도형 또는 도형 내부의 기호들은 일정한 패턴을 가지고 변화한다. 다음 중 ?에 들어갈 도형으로 가장 적절한 것을 고르시오. [7~10]

PART 2

07

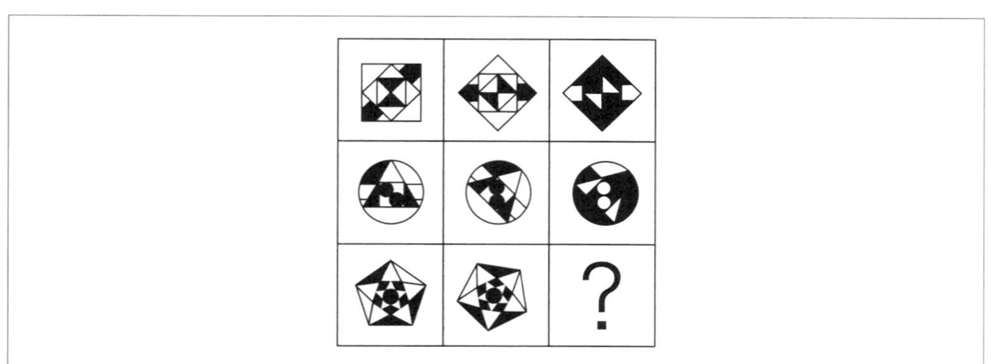

① 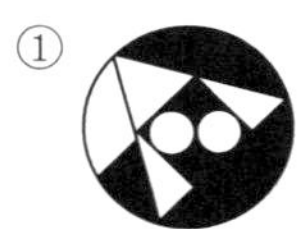

② 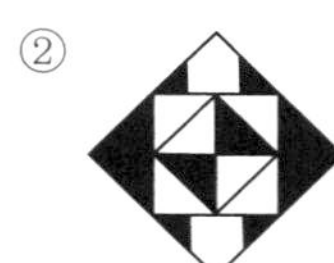

③ 

④ 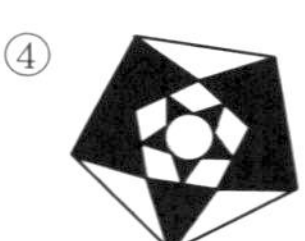

08

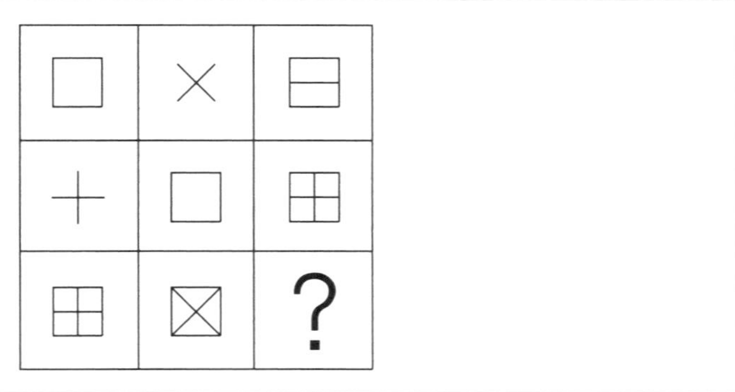

① 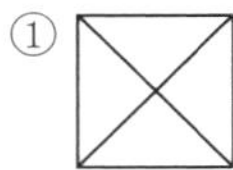

② 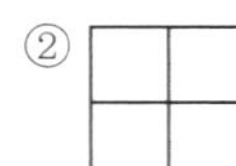

③ 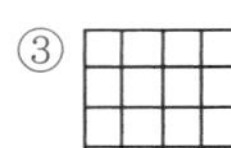

④ 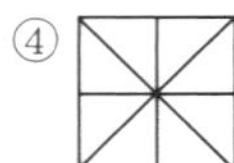

09

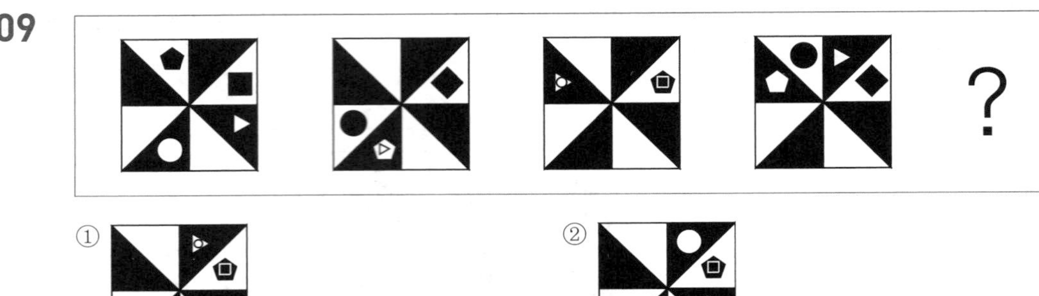

①

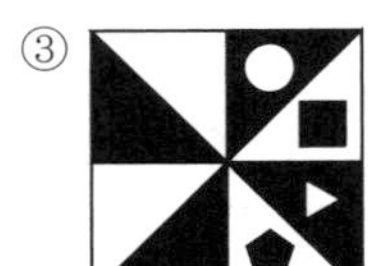

②

③

④

10

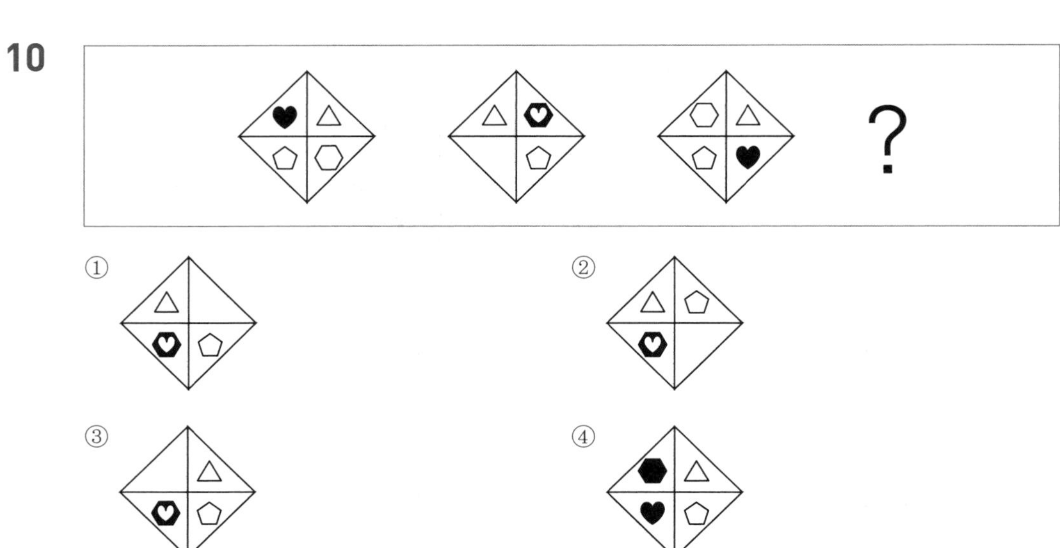

02 입체도형

대표유형 1 전개도

주어진 전개도로 입체도형을 만들었을 때, 만들어질 수 없는 것은?

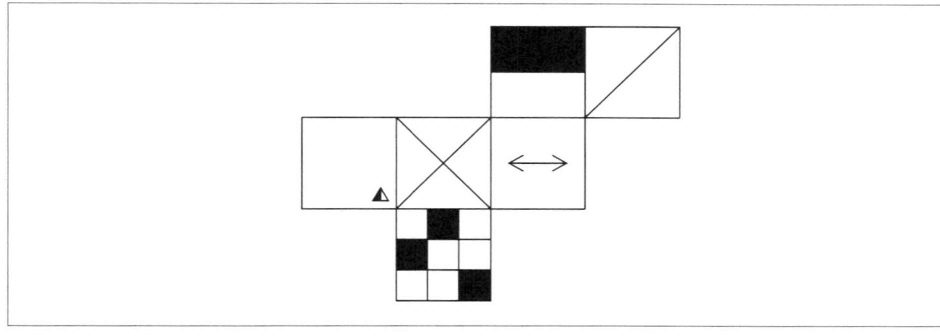

①
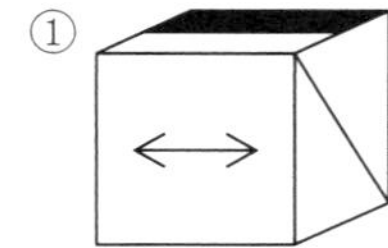

②

③
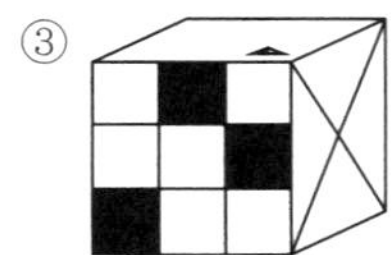

④
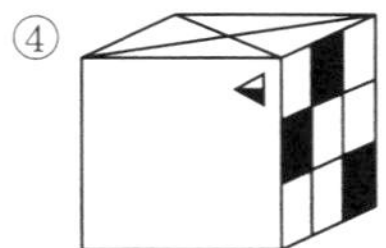

| 해설 |

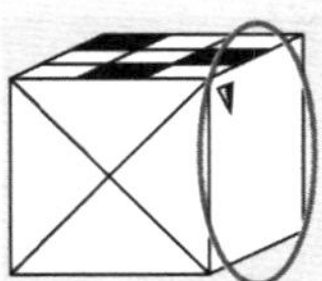

정답 ②

PART 2

01 주어진 전개도로 입체도형을 만들었을 때, 만들어질 수 없는 것은?

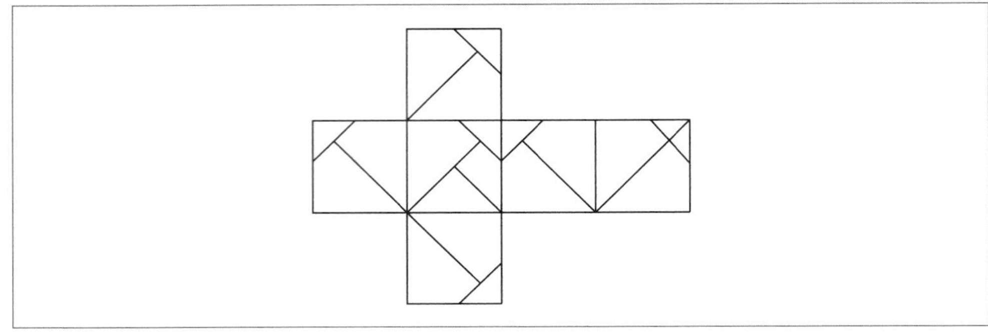

① 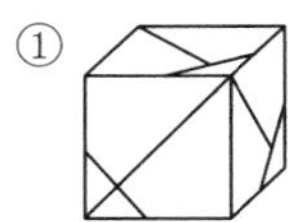

② 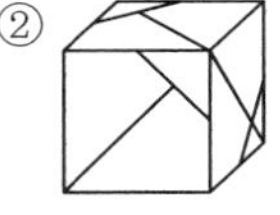

③

④ 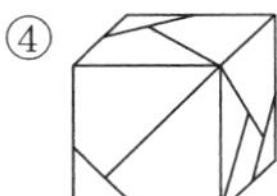

02 주어진 전개도로 입체도형을 만들었을 때, 만들어질 수 있는 것은?

① 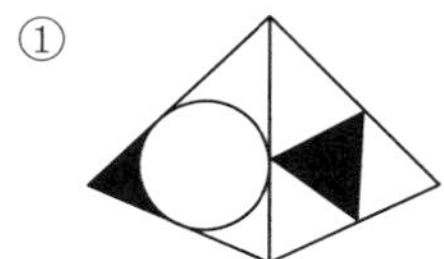

② 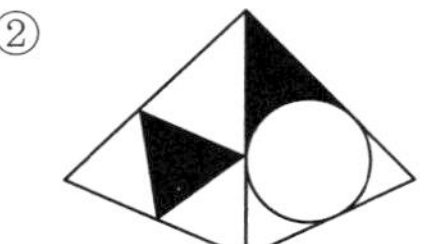

③ 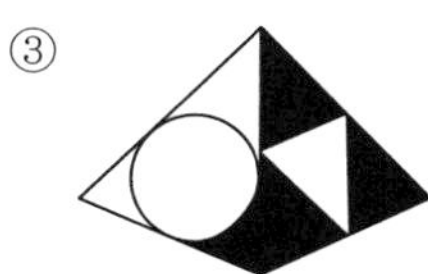

④ 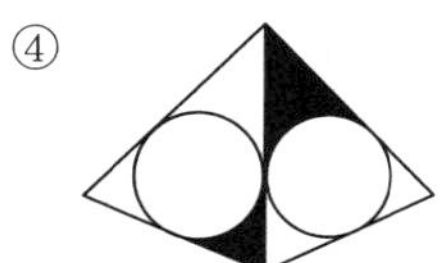

03 다음 중 입체도형을 만들었을 때, 다른 도형이 나오는 것은?

①
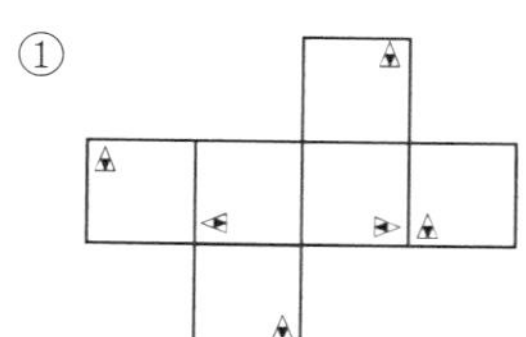

②
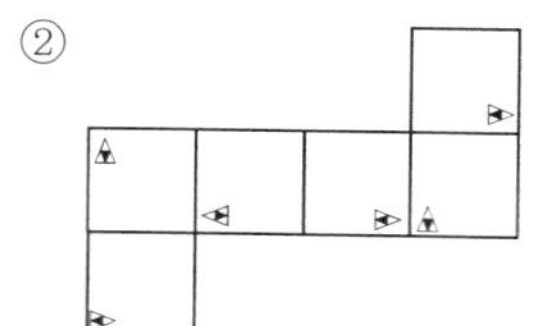

③
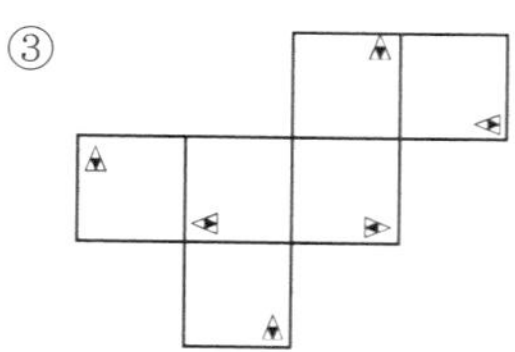

④
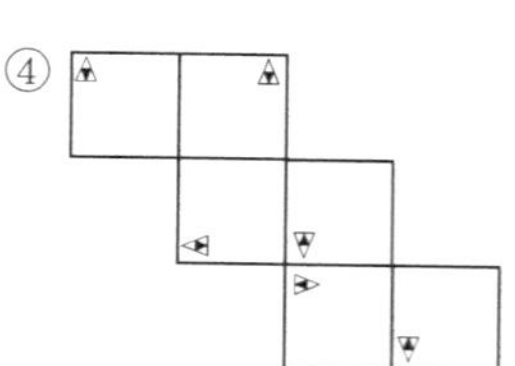

04 주어진 전개도로 입체도형을 만들 때, 만들어질 수 없는 것은?

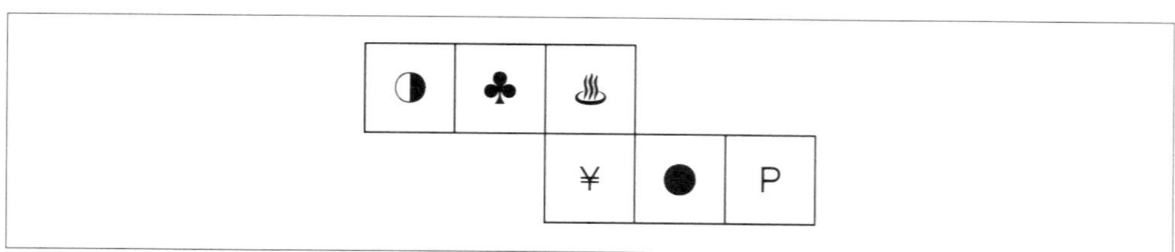

①
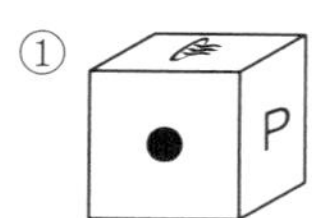

②
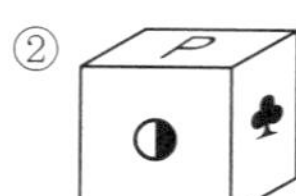

③

④
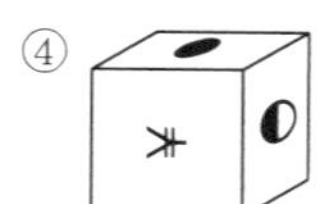

05 주어진 전개도로 입체도형을 만들 때, 만들어질 수 있는 것은?

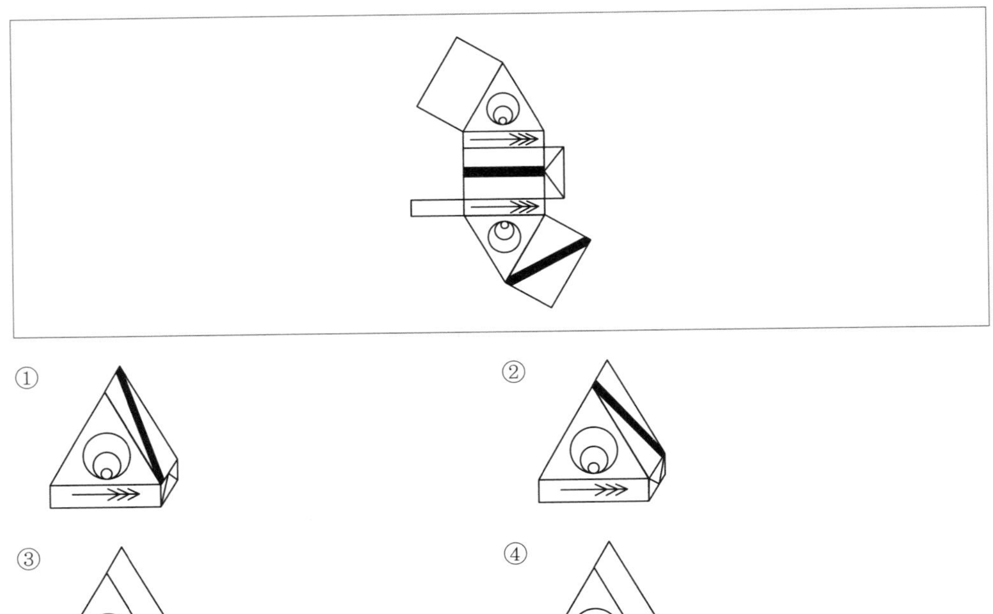

①

②

③

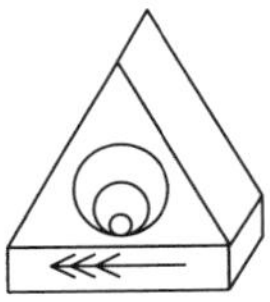

④

대표유형 2 단면도

다음 제시된 단면과 일치하는 입체도형은?

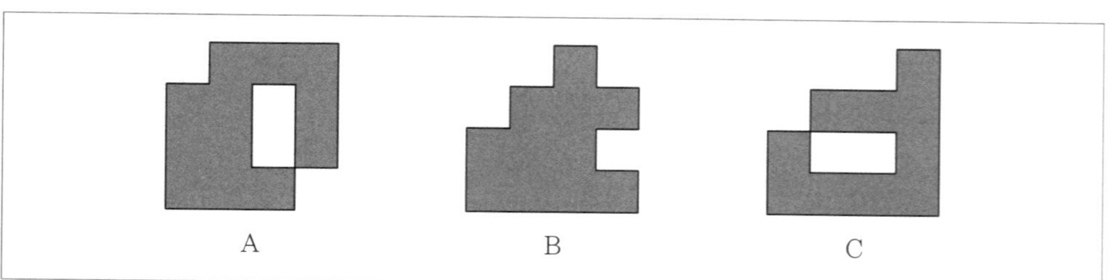

①

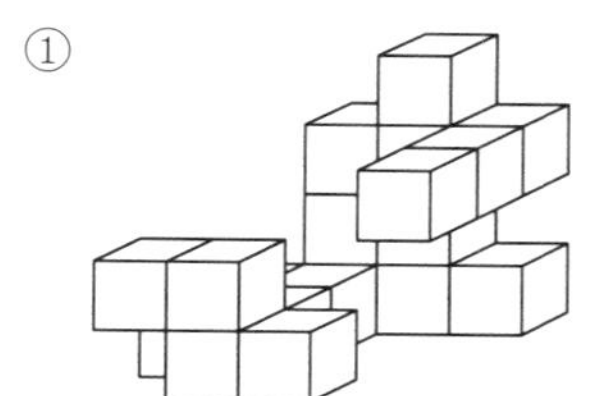

②

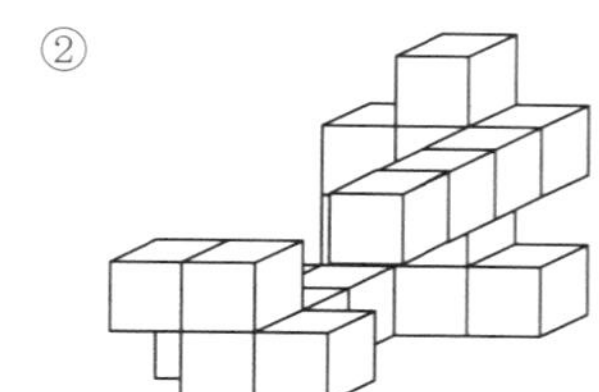

③

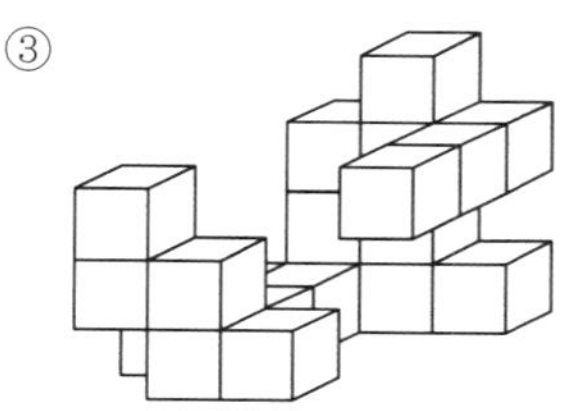

④

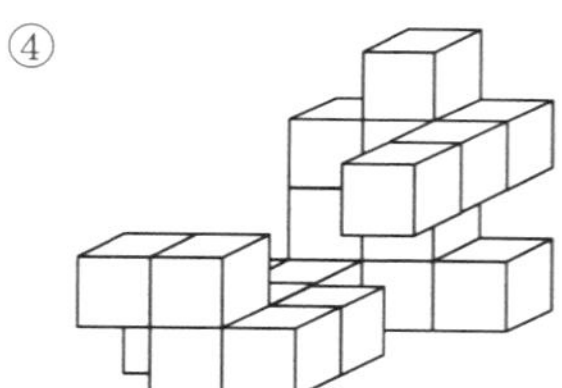

| 해설 | 선택지 도형의 아래에서 맨 위층의 볼록 튀어나온 블록을 통해 첫 번째 그림(A)이 윗면도, 두 번째 그림(B)이 정면도, 세 번째 그림(C)이 우측면도라는 것을 알 수 있다.

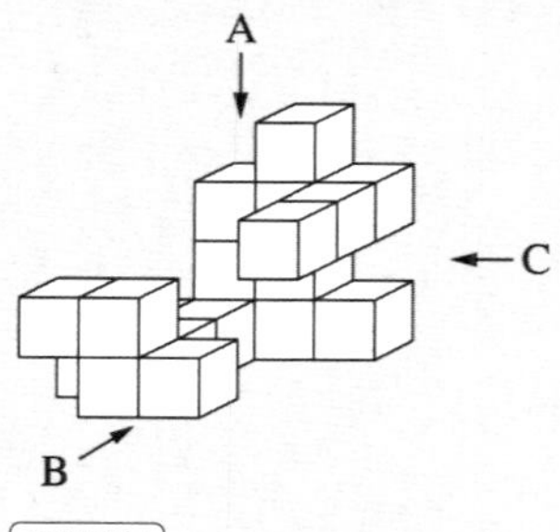

오답분석

②

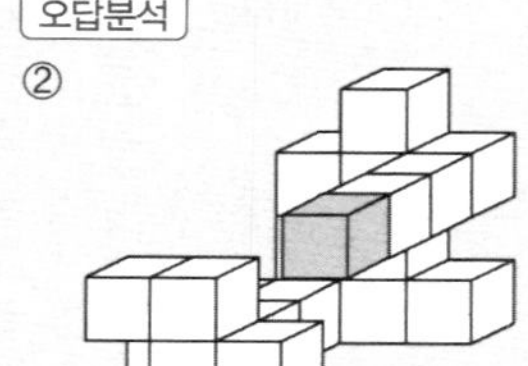

③

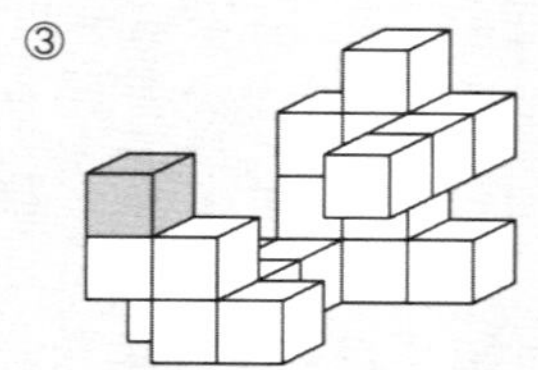

④

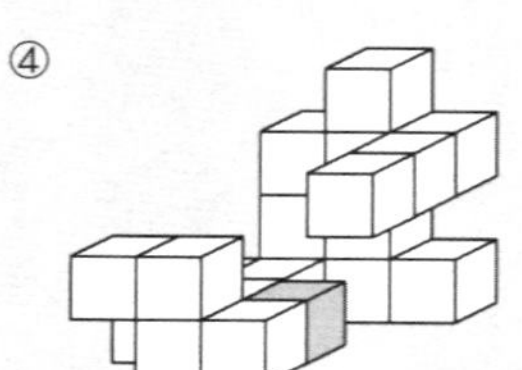

정답 ①

※ 다음 제시된 단면과 일치하는 입체도형을 고르시오. [6~10]

06

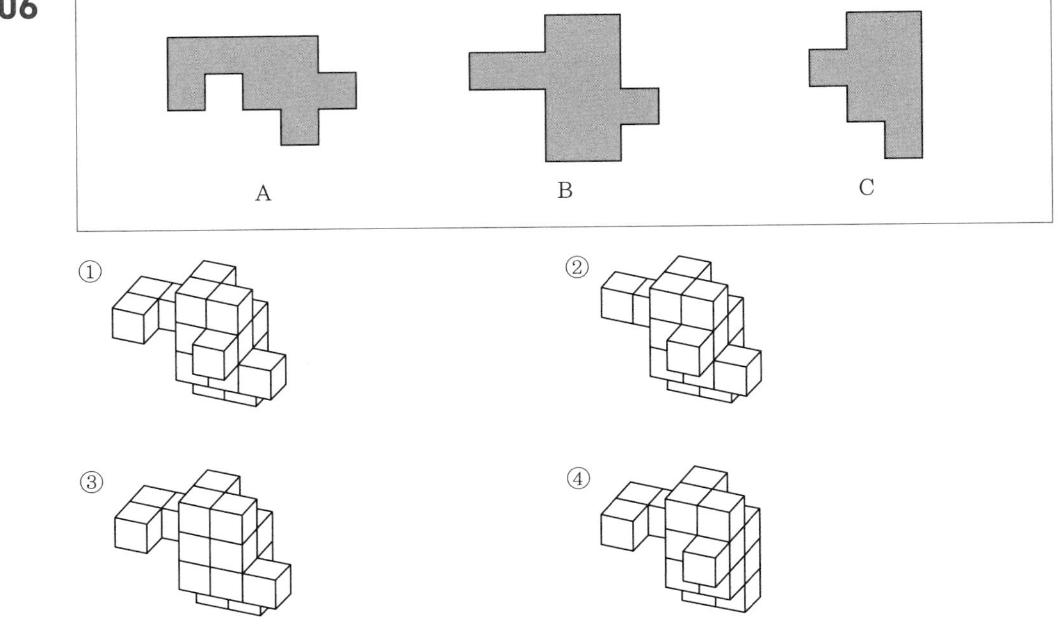

07

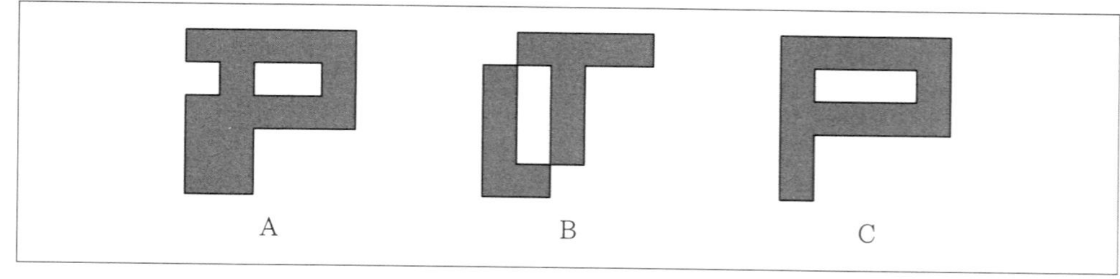

①
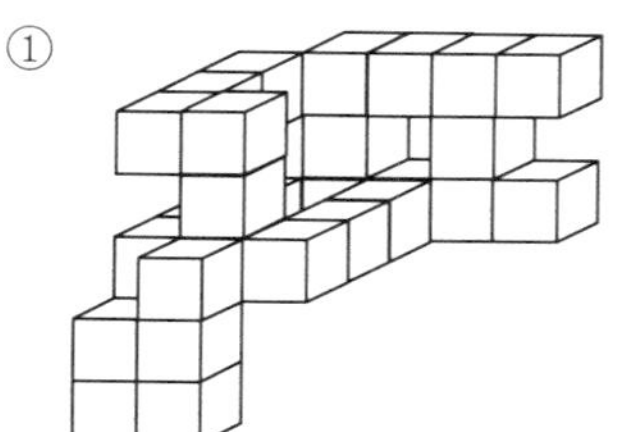

②
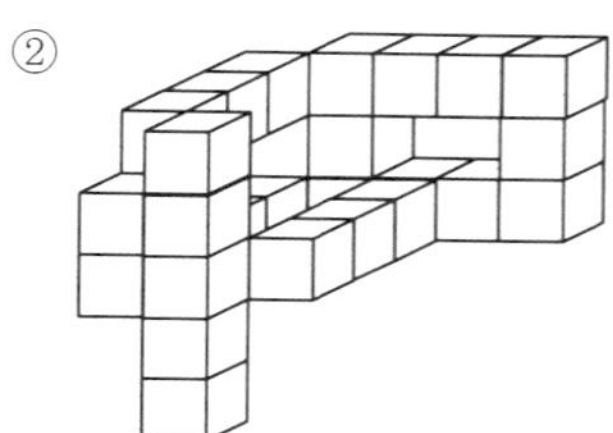

③
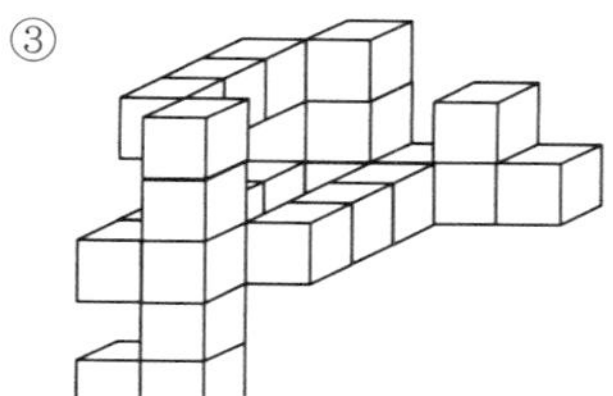

④
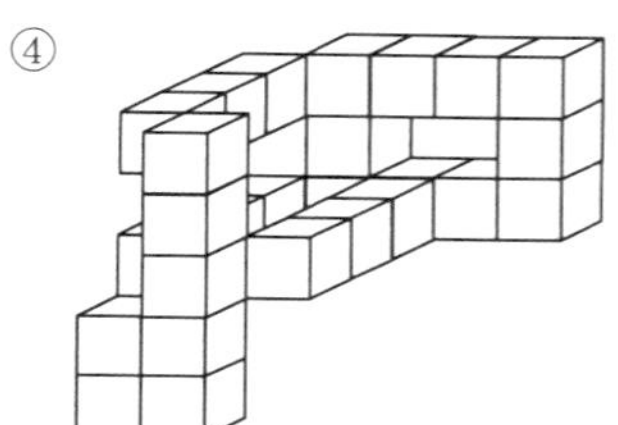

08

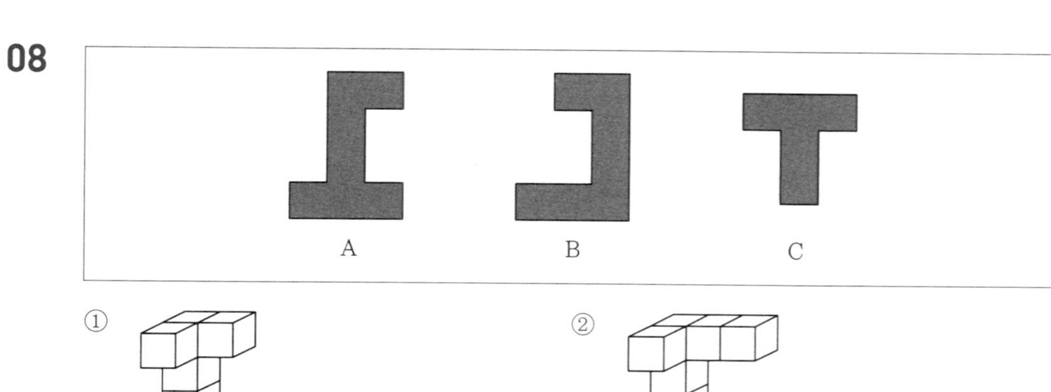

①
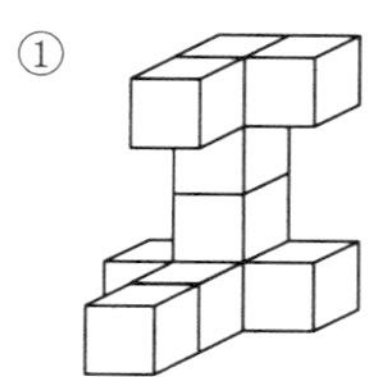

②
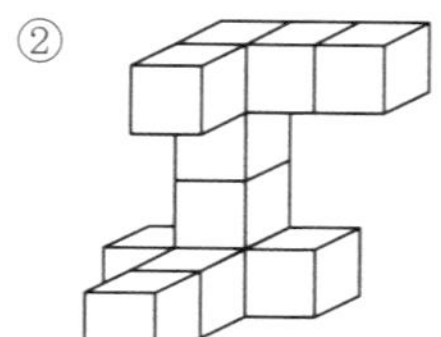

③
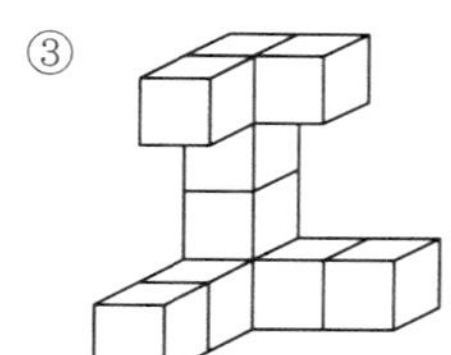

④
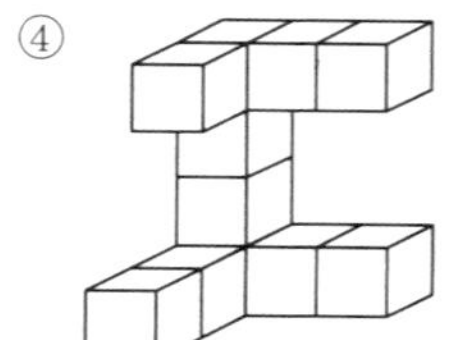

PART 2

09

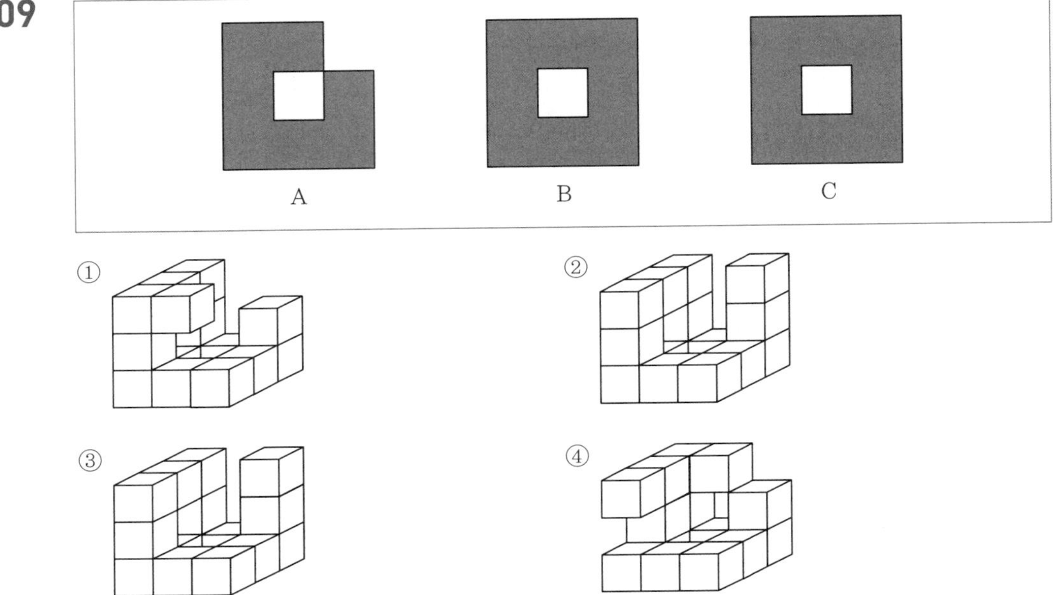

10

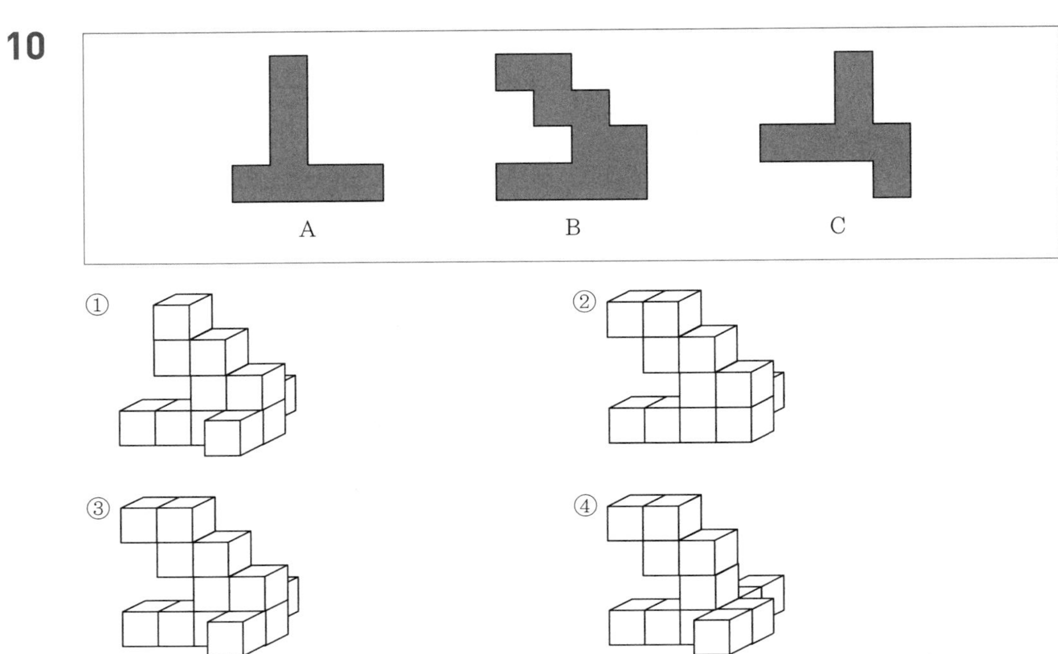

대표유형 3 투상도

다음 제시된 입체도형 중 일치하지 않는 것은?

①

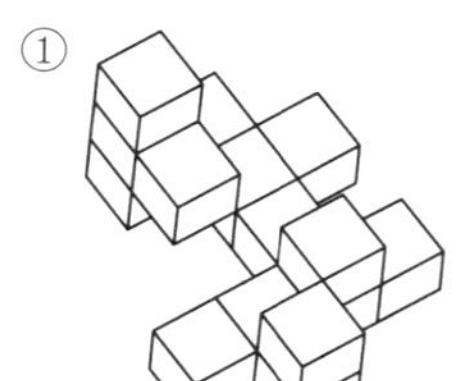

②

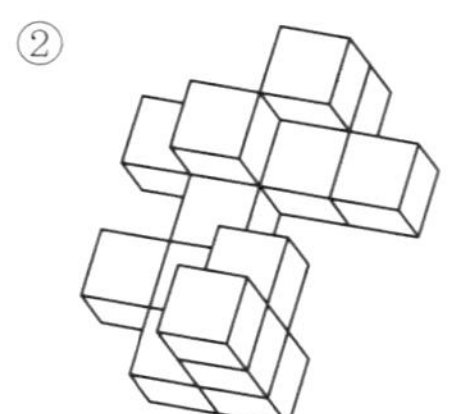

③

④

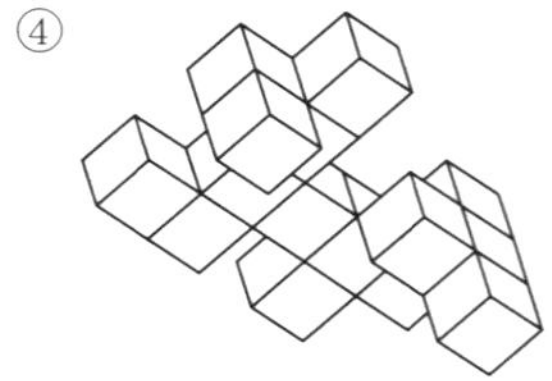

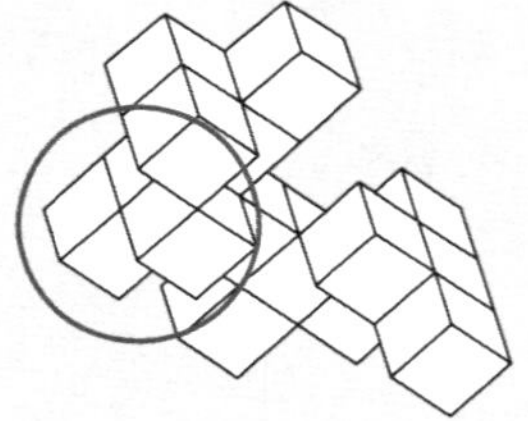

④

※ 다음 제시된 입체도형 중 일치하지 않는 것을 고르시오. [11~15]

11

① 

② 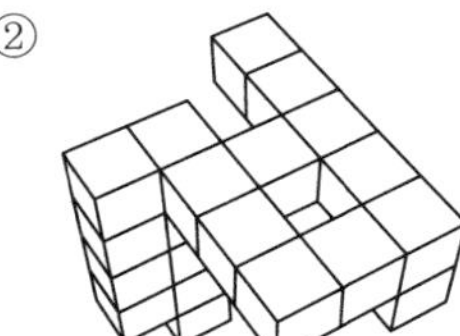

③ 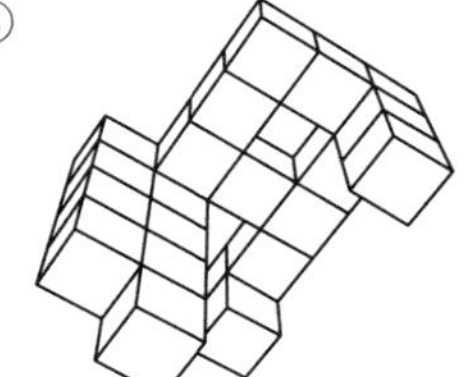

④ 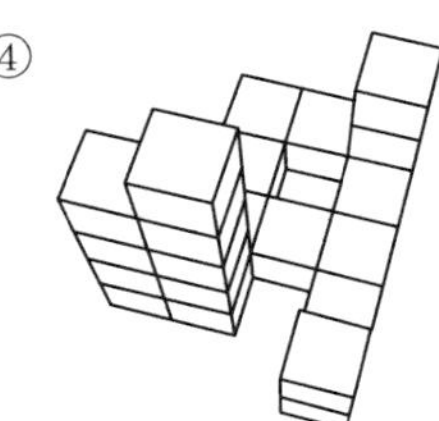

12

① 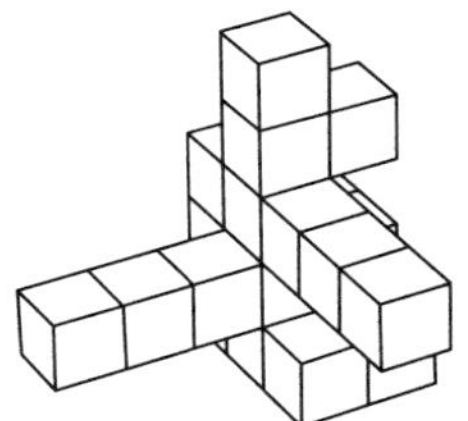

② 

③ 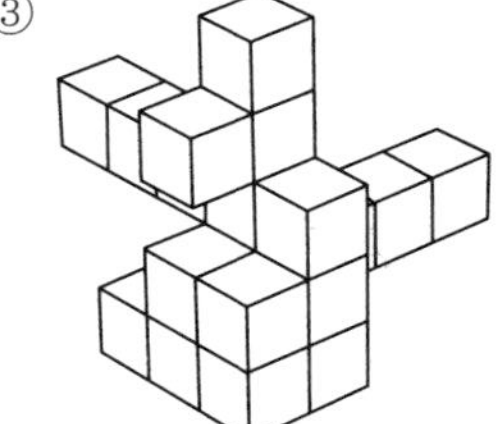

④ 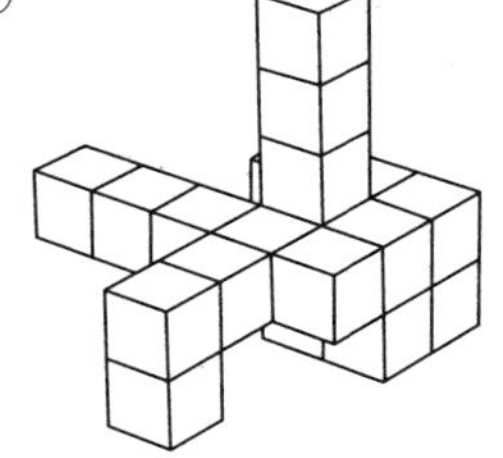

13 ①
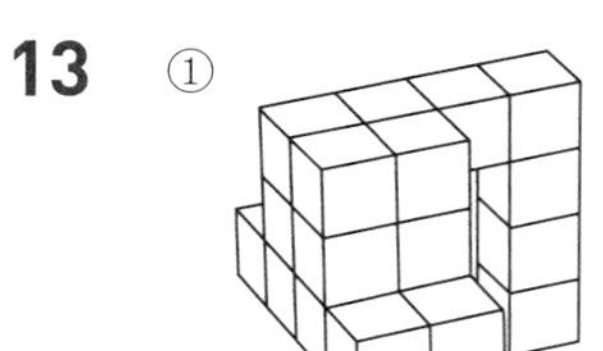
②
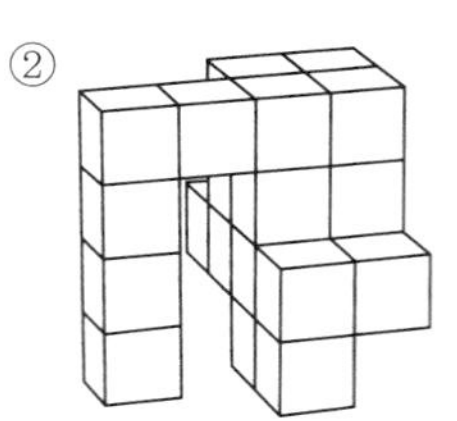
③
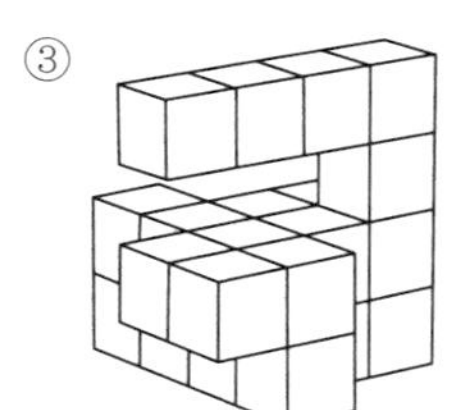
④
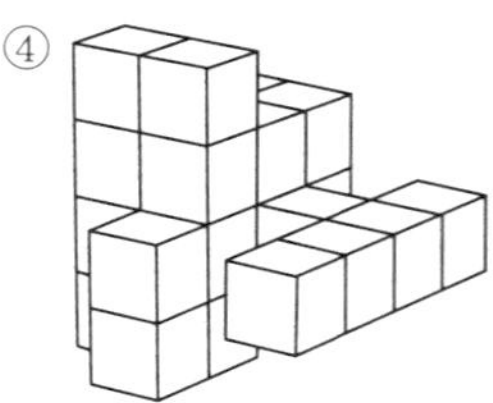

14 ①
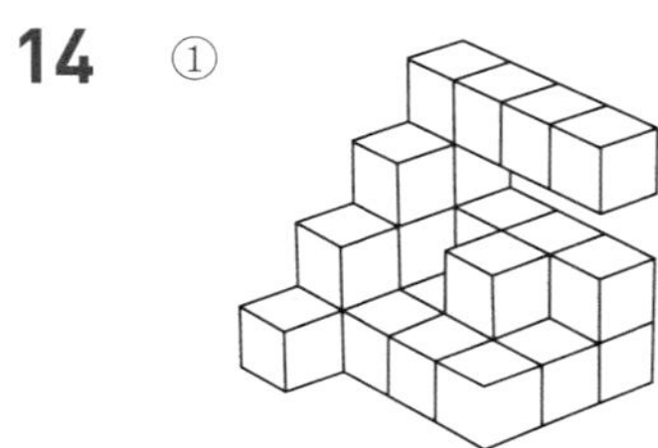
②
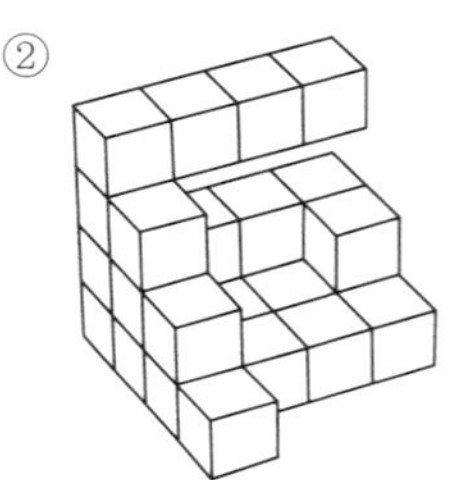
③
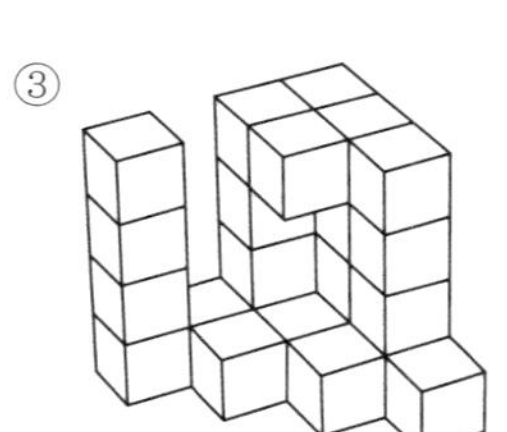
④
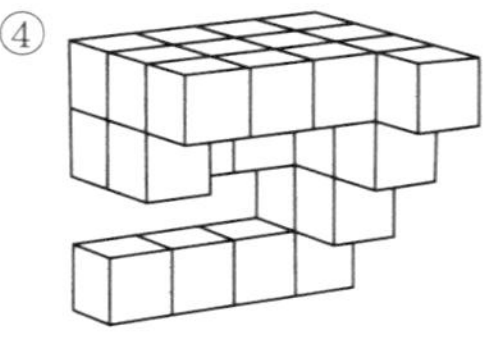

15 ①
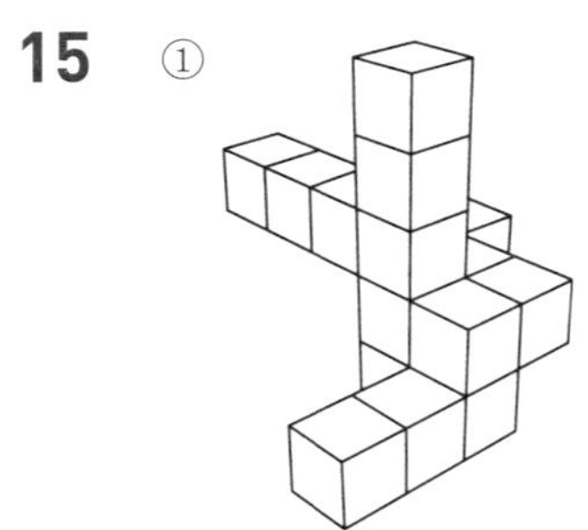
②
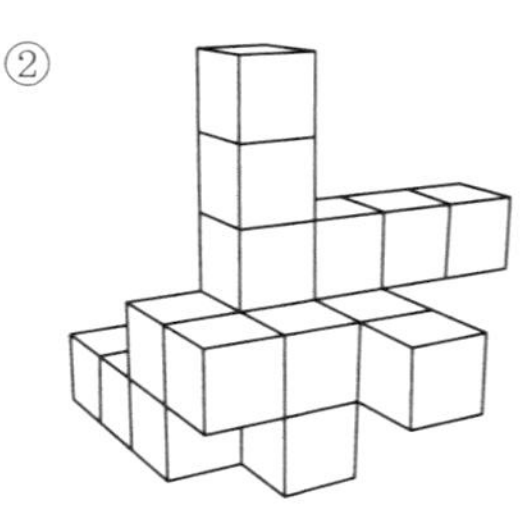
③
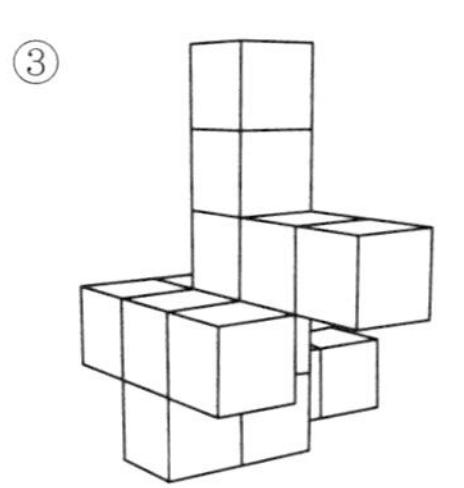
④
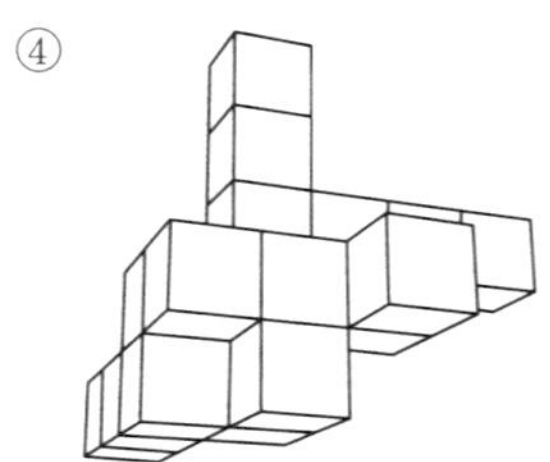

01 왼쪽의 직육면체 모양의 입체도형은 두 번째, 세 번째 입체도형과 ?를 조합하여 만들 수 있다. 다음 중 ?에 들어갈 도형으로 가장 적절한 것은?

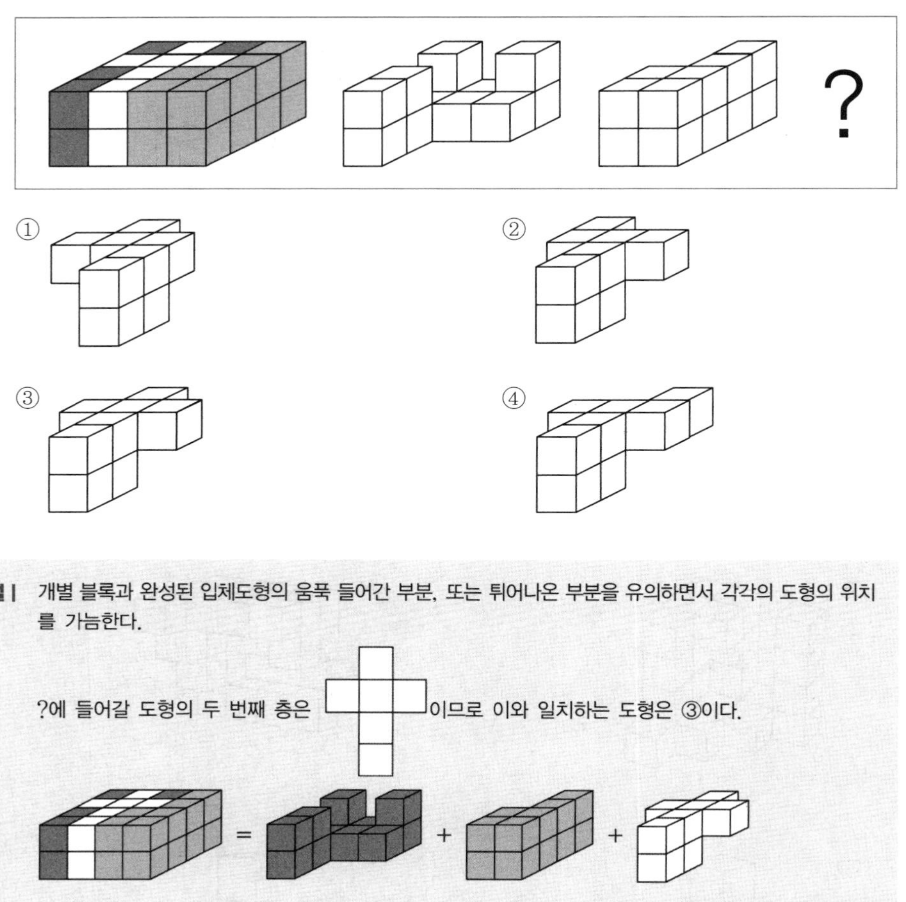

| 해설 | 개별 블록과 완성된 입체도형의 움푹 들어간 부분, 또는 튀어나온 부분을 유의하면서 각각의 도형의 위치를 가늠한다.

?에 들어갈 도형의 두 번째 층은 [그림]이므로 이와 일치하는 도형은 ③이다.

정답 ③

02 왼쪽의 두 입체도형을 합치면 오른쪽의 $3\times3\times3$ 정육면체가 완성된다. ?에 들어갈 도형을 회전한 모양으로 옳은 것은?

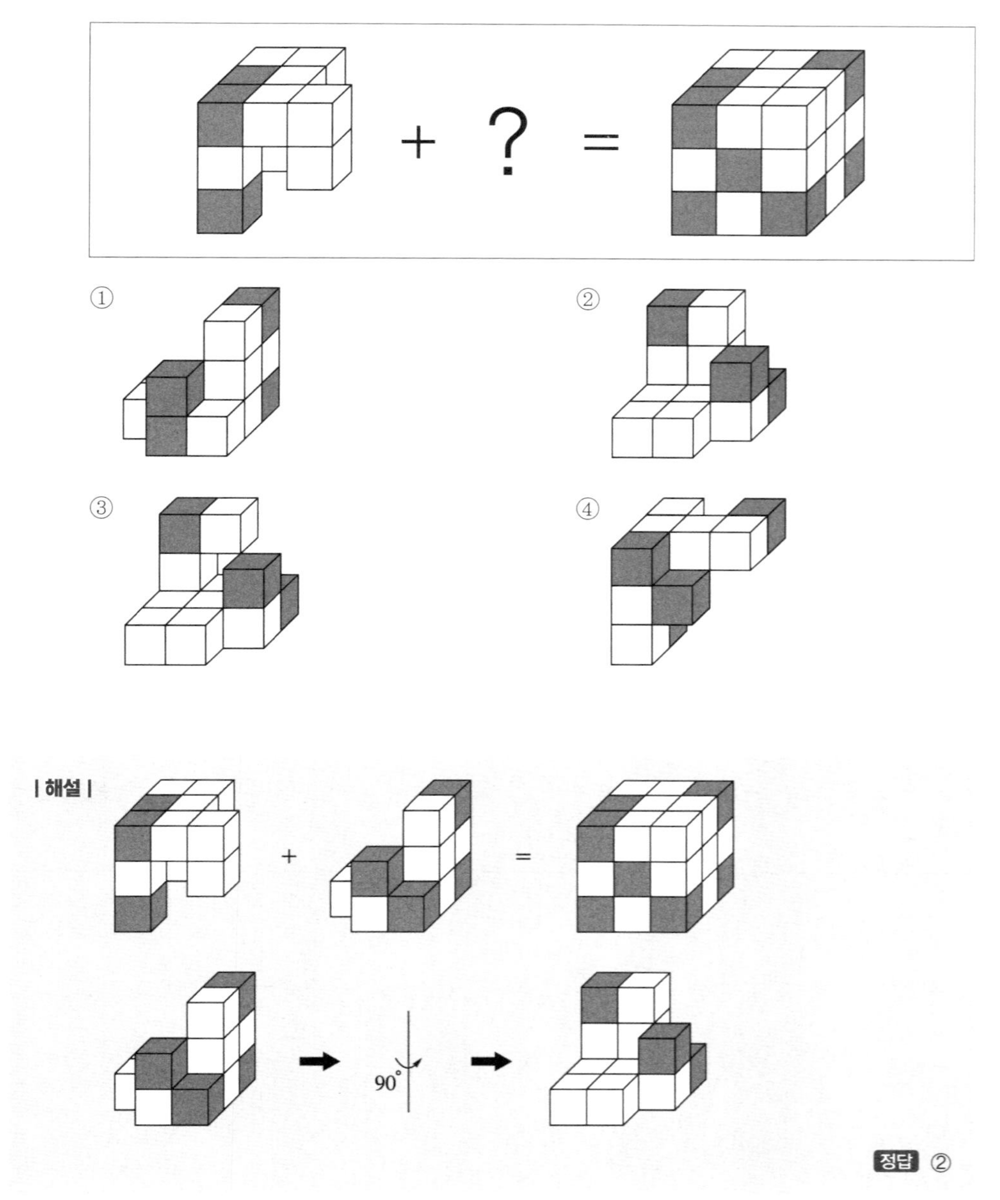

정답 ②

03 다음 두 블록을 합쳤을 때, 나올 수 있는 형태는?

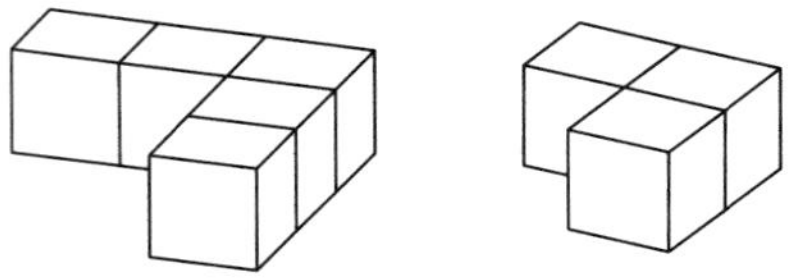

①

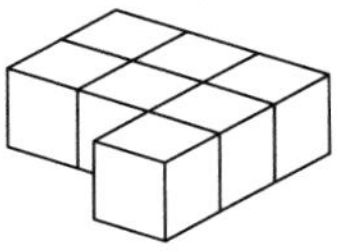

②

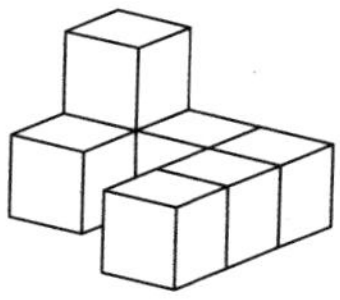

③

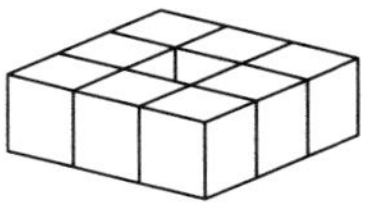

④

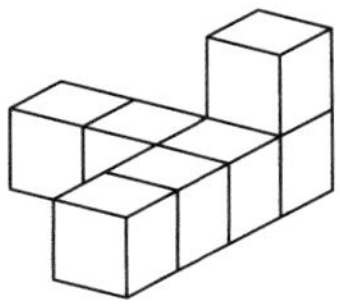

| 해설 |

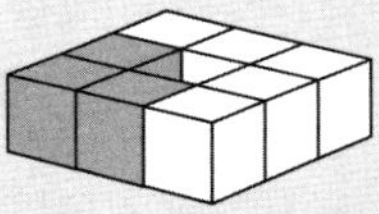

정답 ③

16 왼쪽의 직육면체 모양의 입체도형은 두 번째, 세 번째 입체도형과 ?를 조합하여 만들 수 있다. 다음 중 ?에 들어갈 도형으로 가장 적절한 것은?

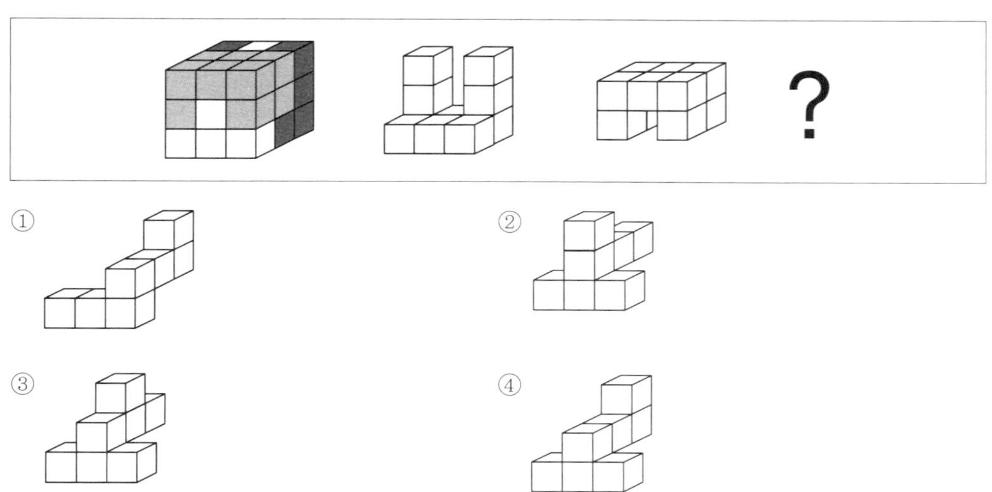

17 왼쪽의 두 입체도형을 합치면 오른쪽의 $3\times3\times3$ 정육면체가 완성된다. ?에 들어갈 도형을 회전한 모양으로 옳은 것은?

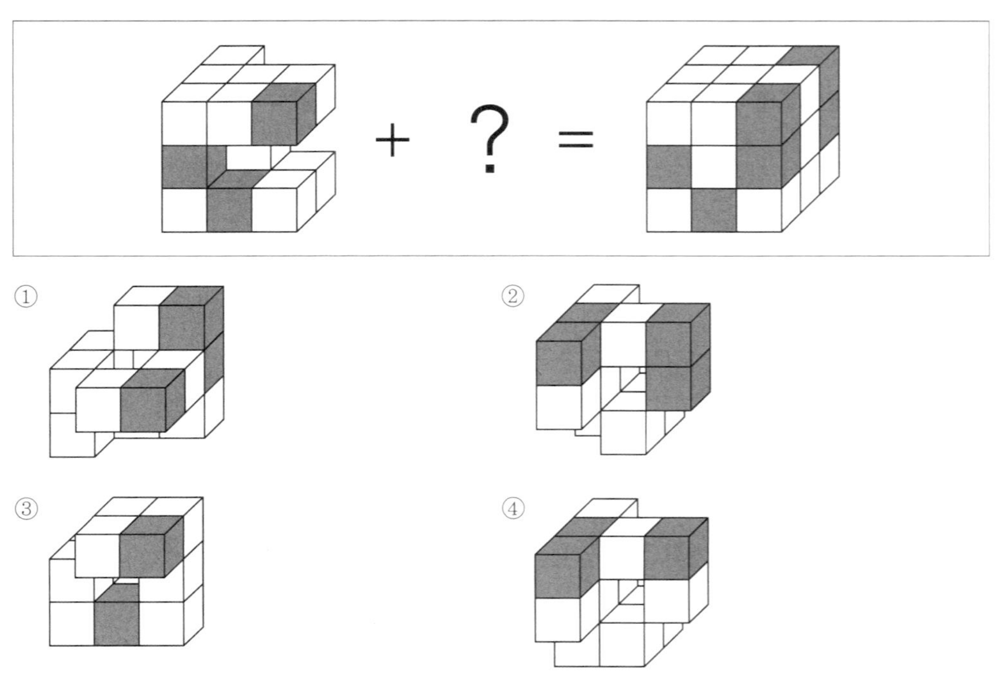

18 다음 두 블록을 합쳤을 때, 나올 수 있는 형태로 옳은 것은?

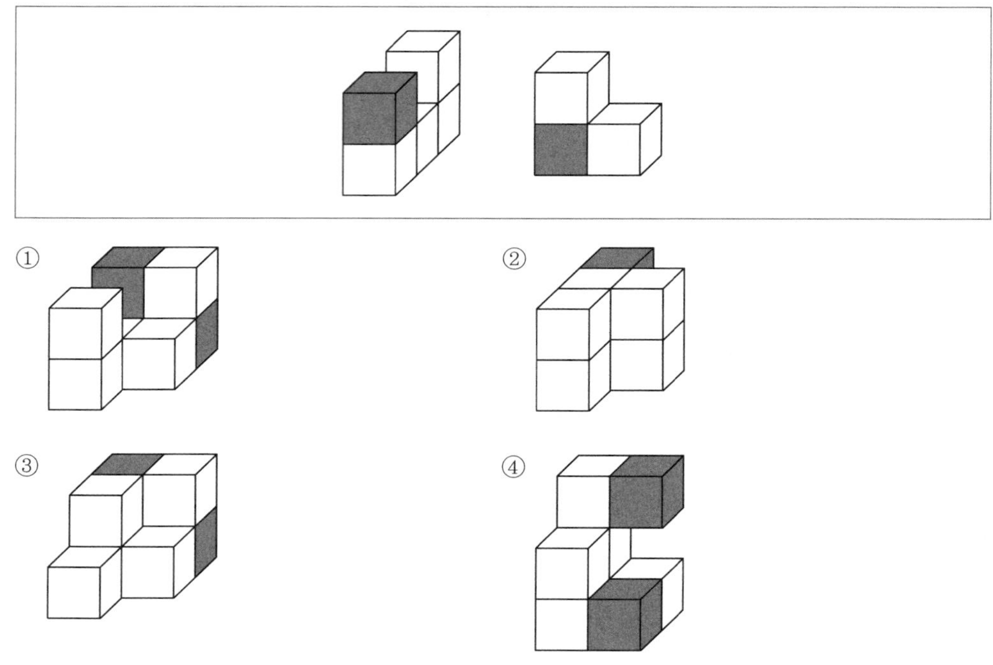

19 다음 세 블록을 합쳤을 때, 나올 수 있는 형태로 옳은 것은?

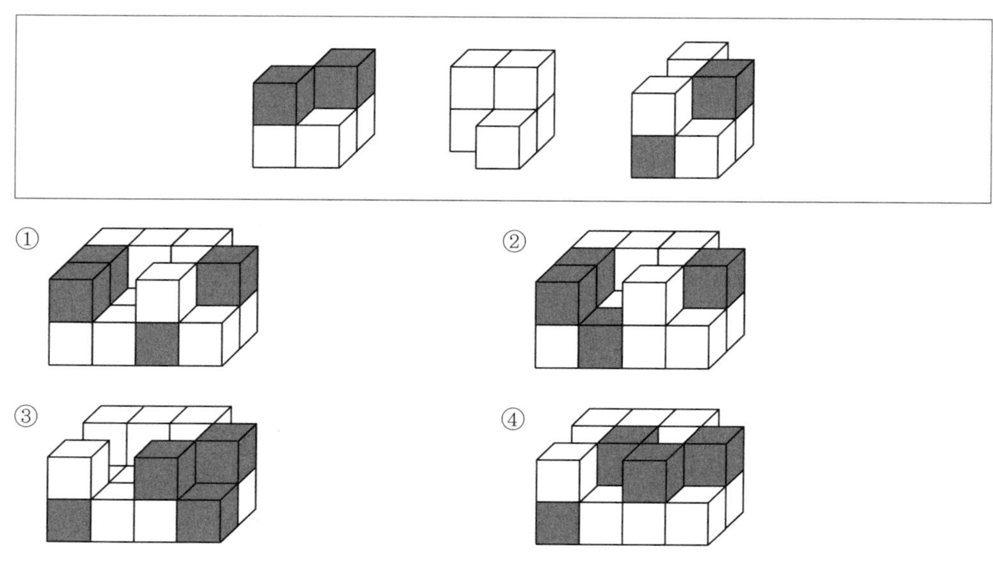

20 다음 두 블록을 합쳤을 때, 나올 수 없는 형태는?

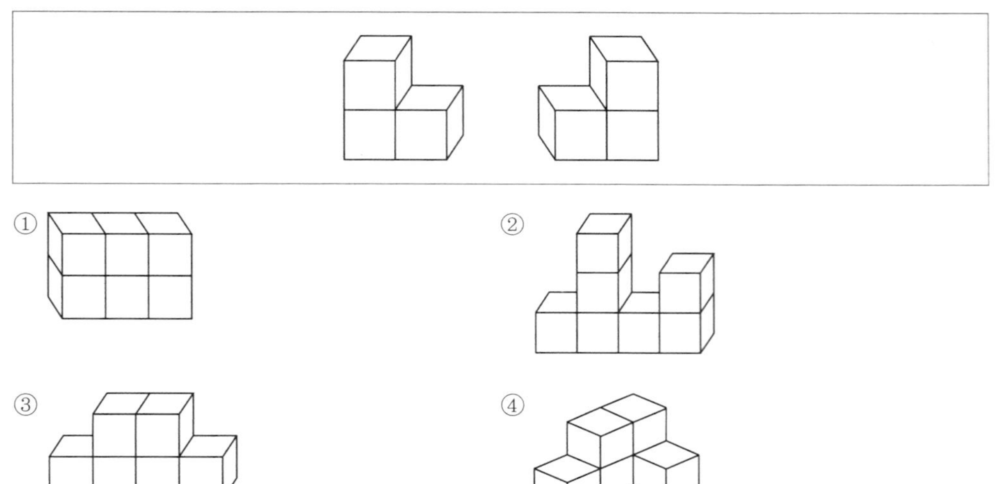

CHAPTER 04

문제해결력

합격 CHEAT KEY

출제유형

01 수추리

대부분의 기업 적성검사에서 흔히 볼 수 있는 수열추리 유형이다. 나열된 수열을 보고 규칙을 찾아서 빈칸에 들어갈 알맞은 숫자를 고르는 유형으로, 기본적인 수열뿐 아니라 복잡한 형태의 종잡을 수 없는 규칙도 나오는데다가 제한시간도 매우 짧다.

02 언어추리

3 ~ 4개의 주어진 명제나 조건으로부터 결론을 도출하거나, 이를 바탕으로 옳거나 옳지 않은 보기를 고르는 문제가 출제되고 있다.

학습전략

01 수추리

- 눈으로만 규칙을 찾고자 할 경우 변화된 값을 모두 외우기 어려우므로 나열된 수의 변화된 값을 적어두면 규칙을 발견하기 용이하다.
- 규칙이 발견되지 않는 경우에는 홀수 항과 짝수 항을 분리해서 파악하거나 군수열을 생각해 본다.

02 언어추리

- 세 개 이상의 비교대상이 등장하며, '~보다', '가장' 등의 표현에 유의해 풀어야 한다.
- '어떤'과 '모든'이 나오는 명제는 벤다이어그램을 활용한다.
- 주어진 규칙과 조건을 파악한 후 이를 도식화(표, 기호 등으로 정리)하여 문제에 접근한다.
- 〈조건〉에 사용된 조사의 의미와 제한사항 등을 제대로 이해해야 정답을 찾을 수 있으므로 문제와 제시된 문장을 꼼꼼히 읽는 습관을 기른다.

CHAPTER 04 문제해결력 핵심이론

01 수추리

(1) 등차수열 : 앞의 항에 일정한 수를 더해 이루어지는 수열

예 1 3 5 7 9 11 13 15
(+2 +2 +2 +2 +2 +2 +2)

(2) 등비수열 : 앞의 항에 일정한 수를 곱해 이루어지는 수열

예 1 2 4 8 16 32 64 128
(×2 ×2 ×2 ×2 ×2 ×2 ×2)

(3) 계차수열 : 앞의 항과의 차가 일정하게 증가하는 수열

예 1 2 4 7 11 16 22 29
(+1 +2 +3 +4 +5 +6 +7)
(+1 +1 +1 +1 +1 +1)

(4) 피보나치 수열 : 앞의 두 항의 합이 그 다음 항의 수가 되는 수열

$a_n = a_{n-1} + a_{n-2}$ $(n \geq 3,\ a_n = 1,\ a_2 = 1)$

예 1 1 2 3 5 8 13 21
(2 = 1+1, 3 = 1+2, 5 = 2+3, 8 = 3+5, 13 = 5+8, 21 = 8+13)

(5) 건너뛰기 수열 : 두 개 이상의 수열이 일정한 간격을 두고 번갈아가며 나타나는 수열

예 1 1 3 7 5 13 7 19
- 홀수 항 : 1 3 5 7 (+2 +2 +2)
- 짝수 항 : 1 7 13 19 (+6 +6 +6)

(6) 군수열 : 일정한 규칙성으로 몇 항씩 묶어 나눈 수열

예
- 1 1 2 1 2 3 1 2 3 4
  ⇒ 1 1 2 / 1 2 3 / 1 2 3 4
  (1+1=2, 1+2=3, 1+2+3=4)
- 1 3 4 6 5 11 2 6 8 9 3 12
  ⇒ 1 3 4 / 6 5 11 / 2 6 8 / 9 3 12
  (1+3=4, 6+5=11, 2+6=8, 9+3=12)
- 1 3 3 2 4 8 5 6 30 7 2 14
  ⇒ 1 3 3 / 2 4 8 / 5 6 30 / 7 2 14
  (1×3=3, 2×4=8, 5×6=30, 7×2=14)

02 언어추리

1. 연역 추론

이미 알고 있는 판단(전제)을 근거로 새로운 판단(결론)을 유도하는 추론이다. 연역 추론은 진리일 가능성을 따지는 귀납 추론과는 달리, 명제 간의 관계와 논리적 타당성을 따진다. 즉 연역 추론은 전제들로부터 절대적인 필연성을 가진 결론을 이끌어내는 추론이다.

(1) 직접 추론

한 개의 전제로부터 중간적 매개 없이 새로운 결론을 이끌어내는 추론이며, 대우 명제가 그 대표적인 예이다.

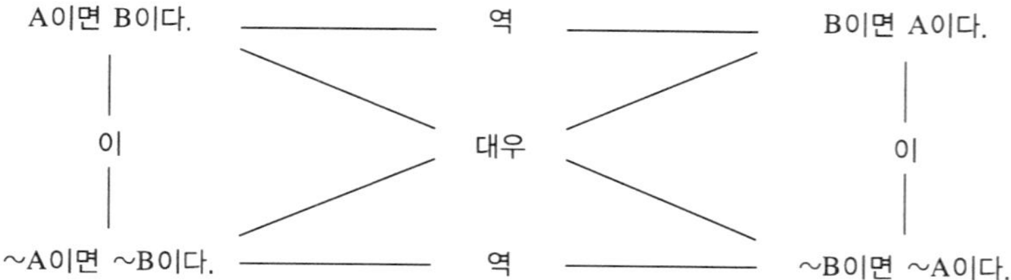

- 한국인은 모두 황인종이다. (전제)
- 그러므로 황인종이 아닌 사람이 모두 한국인은 아니다. (결론 1)
- 그러므로 황인종 중에는 한국인이 아닌 사람도 있다. (결론 2)

(2) 간접 추론

둘 이상의 전제로부터 새로운 결론을 이끌어내는 추론이다. 삼단논법이 가장 대표적인 예이다.

① **정언 삼단논법** : 세 개의 정언명제로 구성된 간접추론 방식이다. 세 개의 명제 가운데 두 개의 명제는 전제이고, 나머지 한 개의 명제는 결론이다. 세 명제의 주어와 술어는 세 개의 서로 다른 개념을 표현한다.

② **가언 삼단논법** : 가언명제로 이루어진 삼단논법을 말한다. 가언명제란 두 개의 정언명제가 '만일 ~이라면'이라는 접속사에 의해 결합된 복합명제이다. 여기서 '만일'에 의해 이끌리는 명제를 전건이라고 하고, 그 뒤의 명제를 후건이라고 한다. 가언 삼단논법의 종류로는 혼합가언 삼단논법과 순수가언 삼단논법이 있다.

㉠ **혼합가언 삼단논법** : 대전제만 가언명제로 구성된 삼단논법이다. 긍정식과 부정식 두 가지가 있으며, 긍정식은 'A면 B이다. A이다. 그러므로 B이다.'이고, 부정식은 'A면 B이다. B가 아니다. 그러므로 A가 아니다.'이다.

- 만약 A라면 B이다.
- B가 아니다.
- 그러므로 A가 아니다.

PART 2

㉡ **순수가언 삼단논법** : 대전제와 소전제 및 결론까지 모두 가언명제들로 구성된 삼단논법이다.

- 만약 A라면 B이다.
- 만약 B라면 C이다.
- 그러므로 만약 A라면 C이다.

③ **선언 삼단논법** : '~이거나 ~이다.'의 형식으로 표현되며 전제 속에 선언 명제를 포함하고 있는 삼단논법이다.

- 내일은 비가 오거나 눈이 온다(A 또는 B이다).
- 내일은 비가 오지 않는다(A가 아니다).
- 그러므로 내일은 눈이 온다(그러므로 B이다).

④ **딜레마 논법** : 대전제는 두 개의 가언명제로, 소전제는 하나의 선언명제로 이루어진 삼단논법으로, 양도추론이라고도 한다.

- 만일 네가 거짓말을 하면, 신이 미워할 것이다. (대전제)
- 만일 네가 거짓말을 하지 않으면, 사람들이 미워할 것이다. (대전제)
- 너는 거짓말을 하거나, 거짓말을 하지 않을 것이다. (소전제)
- 그러므로 너는 미움을 받게 될 것이다. (결론)

2. 귀납 추론

특수한 또는 개별적인 사실로부터 일반적인 결론을 이끌어 내는 추론을 말한다. 귀납 추론은 구체적 사실들을 기반으로 하여 결론을 이끌어 내기 때문에 필연성을 따지기보다는 개연성과 유관성, 표본성 등을 중시하게 된다. 여기서 개연성이란, 관찰된 어떤 사실이 같은 조건하에서 앞으로도 관찰될 수 있는가 하는 가능성을 말하고, 유관성은 추론에 사용된 자료가 관찰하려는 사실과 관련되어야 하는 것을 일컬으며, 표본성은 추론을 위한 자료의 표본 추출이 공정하게 이루어져야 하는 것을 가리킨다. 이러한 귀납 추론은 일상생활 속에서 많이 사용하고, 우리가 알고 있는 과학적 사실도 이와 같은 방법으로 밝혀졌다.

그러나 전제들이 참이어도 결론이 항상 참인 것은 아니다. 단 하나의 예외로 인하여 결론이 거짓이 될 수 있다.

- 성냥불은 뜨겁다.
- 연탄불도 뜨겁다.
- 그러므로 모든 불은 뜨겁다.

위 예문에서 '성냥불이나 연탄불이 뜨거우므로 모든 불은 뜨겁다.'라는 결론이 나왔는데, 반딧불은 뜨겁지 않으므로 '모든 불이 뜨겁다.'라는 결론은 거짓이 된다.

(1) 완전 귀납 추론

관찰하고자 하는 집합의 전체를 다 검증함으로써 대상의 공통 특질을 밝혀내는 방법이다. 이는 예외 없는 진실을 발견할 수 있다는 장점은 있으나, 집합의 규모가 크고 속성의 변화가 다양할 경우에는 적용하기 어려운 단점이 있다.

예 1부터 10까지의 수를 다 더하여 그 합이 55임을 밝혀내는 방법

(2) 통계적 귀납 추론

통계적 귀납 추론은 관찰하고자 하는 집합의 일부에서 발견한 몇 가지 사실을 열거함으로써 그 공통점을 결론으로 이끌어 내려는 방식을 가리킨다. 관찰하려는 집합의 규모가 클 때 그 일부를 표본으로 추출하여 조사하는 방식이 이에 해당하며, 표본 추출의 기준이 얼마나 적합하고 공정한가에 따라 그 결과에 대한 신뢰도가 달라진다는 단점이 있다.

예 여론조사에서 일부의 국민에 대한 설문 내용을 바탕으로, 이를 전체 국민의 여론으로 제시하는 것

PART 2

(3) 인과적 귀납 추론

관찰하고자 하는 집합의 일부 원소들이 지닌 인과 관계를 인식하여 그 원인이나 결과를 이끌어 내려는 방식을 말한다.

① **일치법** : 공통적인 현상을 지닌 몇 가지 사실 중에서 각기 지닌 요소 중 어느 한 가지만 일치한다면 이 요소가 공통 현상의 원인이라고 판단

예 마을 잔칫집에서 돼지고기를 먹은 사람들이 집단 식중독을 일으켰다. 따라서 식중독의 원인은 상한 돼지고기가 아닌가 생각한다.

② **차이법** : 어떤 현상이 나타나는 경우와 나타나지 않은 경우를 놓고 보았을 때, 각 경우의 여러 조건 중 단 하나만이 차이를 보인다면 그 차이를 보이는 조건이 원인이 된다고 판단

예 현수와 승재는 둘 다 지능이나 학습 시간, 학습 환경 등이 비슷한데 공부하는 태도에는 약간의 차이가 있다. 따라서 두 사람이 성적이 차이를 보이는 것은 학습 태도의 차이 때문으로 생각된다.

③ **일치 · 차이 병용법** : 몇 개의 공통 현상이 나타나는 경우와 몇 개의 그렇지 않은 경우를 놓고 일치법과 차이법을 병용하여 적용함으로써 그 원인을 판단

예 학업 능력 정도가 비슷한 두 아동 집단에 대해 처음에는 같은 분량의 과제를 부여하고 나중에는 각기 다른 분량의 과제를 부여한 결과, 많이 부여한 집단의 성적이 훨씬 높게 나타났다. 이로 보아, 과제를 많이 부여하는 것이 적게 부여하는 것보다 학생의 학업 성적 향상에 도움이 된다고 판단할 수 있다.

④ **공변법** : 관찰하는 어떤 사실의 변화에 따라 현상의 변화가 일어날 때 그 변화의 원인이 무엇인지 판단

예 담배를 피우는 양이 각기 다른 사람들의 집단을 조사한 결과, 담배를 많이 피울수록 폐암에 걸릴 확률이 높다는 사실이 발견되었다.

⑤ **잉여법** : 앞의 몇 가지 현상이 뒤의 몇 가지 현상의 원인이며, 선행 현상의 일부분이 후행 현상의 일부분이라면, 선행 현상의 나머지 부분이 후행 현상의 나머지 부분의 원인임을 판단

예 어젯밤 일어난 사건의 혐의자는 정은이와 규민이 두 사람인데, 정은이는 알리바이가 성립되어 혐의 사실이 없는 것으로 밝혀졌다. 따라서 그 사건의 범인은 규민이일 가능성이 높다.

3. 유비 추론

두 개의 대상 사이에 일련의 속성이 동일하다는 사실에 근거하여 그것들의 나머지 속성도 동일하리라는 결론을 이끌어내는 추론, 즉 이미 알고 있는 것에서 다른 유사한 점을 찾아내는 추론을 말한다. 그렇기 때문에 유비 추론은 잣대(기준)가 되는 사물이나 현상이 있어야 한다. 유비 추론은 가설을 세우는 데 유용하다. 이미 알고 있는 사례로부터 아직 알지 못하는 것을 생각해 봄으로써 쉽게 가설을 세울 수 있다. 이때 유의할 점은 이미 알고 있는 사례와 이제 알고자 하는 사례가 매우 유사하다는 확신과 증거가 있어야 한다. 그렇지 않은 상태에서 유비 추론에 의해 결론을 이끌어 내면, 그것은 개연성이 거의 없고 잘못된 결론이 될 수도 있다.

- 지구에는 공기, 물, 흙, 햇빛이 있다(A는 a, b, c, d의 속성을 가지고 있다).
- 화성에는 공기, 물, 흙, 햇빛이 있다(B는 a, b, c, d의 속성을 가지고 있다).
- 지구에 생물이 살고 있다(A는 e의 속성을 가지고 있다).
- 그러므로 화성에도 생물이 살고 있을 것이다(그러므로 B도 e의 속성을 가지고 있을 것이다).

CHAPTER 04 문제해결력 기출예상문제

정답 및 해설 p.024

PART 2

01 수추리

대표유형 수열

※ 일정한 규칙으로 수를 나열할 때, 빈칸에 들어갈 수로 옳은 것을 고르시오. [1~2]

01

1	2	5	12	27	58	121	( )

① 209 ② 213
③ 225 ④ 248

| 해설 | 이 수열의 다음 항은 그 전항에 2^n-1(n=1, 2, 3)…을 더한 값이다(n은 전항의 순서).
따라서 ( )=$121+2^7-1=248$이다.

정답 ④

02

2	−1	10	−20	−3	−16	−336	−63	36	34	( )	144

① 67 ② 78
③ 112 ④ 136

| 해설 | $\underline{A\ B\ C\ D} \rightarrow A\times C=B\times D$
따라서 ( )=$34\times144\div36=136$이다.

정답 ④

※ 일정한 규칙으로 수를 나열할 때, 빈칸에 들어갈 수로 옳은 것을 고르시오. [1~20]

01

−6　　50　　18　　10　　−54　　(　　)　　162

① 2　　② −1
③ 32　　④ −18

02

7　　2　　9　　11　　20　　(　　)

① 29　　② 31
③ 33　　④ 24

03

2　　5　　14　　41　　122　　(　　)

① 364　　② 365
③ 366　　④ 367

04

<u>6　4　4</u>　　<u>21　5　32</u>　　<u>19　(　　)　10</u>

① 18　　② 16
③ 14　　④ 12

05

<u>2　1　3　6</u>　　<u>4　5　2　11</u>　　<u>5　6　2　(　　)</u>

① 10　　② 11
③ 12　　④ 13

06

10	8	16	13	39	35	( )

① 90　　② 100
③ 120　　④ 140

07

88	132	176	264	352	528	( )

① 649　　② 704
③ 715　　④ 722

08

1	4	13	40	121	( )	1,093

① 351　　② 363
③ 364　　④ 370

09

1	3	7	15	31	( )	127

① 42　　② 48
③ 56　　④ 63

10

2	3	7	16	32	57	( )

① 88　　② 90
③ 93　　④ 95

11

−3	−1	−5	3	−13	(　)

① 12
② −15
③ 19
④ −21

12

1	2	3	5	8	13	(　)

① 15
② 17
③ 19
④ 21

13

12.3	15	7.5	10.2	(　)	7.8	3.9

① 4.2
② 5.1
③ 6.3
④ 7.2

14

1	5	5	9	(　)	21

① 10
② 11
③ 13
④ 15

15

(　)	3	6	18	108	1,944

① 0
② 1
③ 2
④ 3

16

5	9	21	57	165	489	( )

① 1,355 ② 1,402
③ 1,438 ④ 1,461

17

0	3	8	( )	24	35	48

① 12 ② 13
③ 14 ④ 15

18

1	6	−4	( )	−9	16

① 5 ② 9
③ 11 ④ 13

19

2	−4	8	−16	32	−64	128	( )

① −192 ② 192
③ −256 ④ 256

20

7	20	59	176	527	( )

① 1,482 ② 1,580
③ 1,582 ④ 1,680

PART 2

02 언어추리

대표유형 . 언어추리

다음 빈칸에 들어갈 문장으로 가장 적절한 것은?

- 강아지를 좋아하는 사람은 자연을 좋아한다.
- 나무를 좋아하는 사람은 자연을 좋아한다.

그러므로 ____________________

① 자연을 좋아하지 않는 사람은 강아지도 나무도 좋아하지 않는다.
② 자연을 좋아하는 사람은 강아지도 나무도 좋아한다.
③ 강아지를 좋아하는 사람은 나무를 좋아하지 않는다.
④ 나무를 좋아하지만 강아지를 좋아하지 않는 사람이 있다.

| 해설 | 첫 번째 명제의 대우는 '자연을 좋아하지 않는 사람은 강아지를 좋아하지 않는다.'이다. 또한 두 번째 명제의 대우는 '자연을 좋아하지 않는 사람은 나무를 좋아하지 않는다.'이다. 따라서 두 대우 명제를 연결하면 ①이 결론으로 가장 적절하다.

정답 ①

01 **다음 빈칸에 들어갈 문장으로 가장 적절한 것은?**

- 음악을 좋아하는 사람은 미술을 잘한다.
- 미술을 잘하는 사람은 노래를 잘한다.
- 나는 음악을 좋아한다.

그러므로 ____________________

① 나는 음악을 잘한다.
② 나는 미술을 좋아한다.
③ 나는 노래를 좋아한다.
④ 나는 노래를 잘한다.

02 다음 제시문을 바탕으로 추론할 수 있는 것은?

- 바둑이는 점박이보다 먼저 태어났다.
- 얼룩이는 바둑이보다 늦게 태어났다.
- 깜둥이는 네 형제 중 가장 먼저 태어났다.

① 점박이는 네 형제 중 막내다.
② 얼룩이는 네 형제 중 막내다.
③ 바둑이는 네 형제 중 둘째다.
④ 점박이는 얼룩이보다 먼저 태어났다.

PART 2

03 A ~ D는 S아파트 10층에 살고 있다. 다음 〈조건〉을 고려하였을 때, 항상 거짓인 것은?

조건

- 아파트 10층의 구조는 다음과 같다.

계단	1001호	1002호	1003호	1004호	엘리베이터

- A는 엘리베이터보다 계단이 더 가까운 곳에 살고 있다.
- C와 D는 계단보다 엘리베이터에 더 가까운 곳에 살고 있다.
- D는 A 바로 옆에 살고 있다.

① A보다 계단이 가까운 곳에 살고 있는 사람은 B이다.
② D는 1003호에 살고 있다.
③ 본인이 살고 있는 곳과 가장 가까운 이동 수단을 이용한다면 C는 엘리베이터를 이용할 것이다.
④ B가 살고 있는 곳에서 엘리베이터 쪽으로는 2명이 살고 있다.

04 어느 도시에 있는 병원의 공휴일 진료 현황은 다음과 같다. 공휴일에 진료하는 병원의 수는?

- 만약 B병원이 진료를 하지 않으면, A병원은 진료를 한다.
- 만약 B병원이 진료를 하면, D병원은 진료를 하지 않는다.
- 만약 A병원이 진료를 하면, C병원은 진료를 하지 않는다.
- 만약 C병원이 진료를 하지 않으면, E병원이 진료를 한다.
- E병원은 공휴일에 진료를 하지 않는다.

① 1곳 ② 2곳
③ 3곳 ④ 4곳

※ 다음 명제를 통해 얻을 수 있는 결론으로 적절한 것을 고르시오. [5~6]

05

- 사탕을 좋아하는 사람은 밥을 좋아한다.
- 초밥을 좋아하는 사람은 짬뽕을 좋아한다.
- 밥을 좋아하지 않는 사람은 짬뽕을 좋아하지 않는다.

① 사탕을 좋아하지 않는 사람은 짬뽕을 좋아한다.
② 밥을 좋아하는 사람은 짬뽕을 좋아하지 않는다.
③ 짬뽕을 좋아하는 사람은 사탕을 좋아하지 않는다.
④ 초밥을 좋아하는 사람은 밥을 좋아한다.

06

- 클래식을 좋아하는 사람은 고전을 좋아한다.
- 사진을 좋아하는 사람은 운동을 좋아한다.
- 고전을 좋아하지 않는 사람은 운동을 좋아하지 않는다.

① 클래식을 좋아하지 않는 사람은 운동을 좋아한다.
② 고전을 좋아하는 사람은 운동을 좋아하지 않는다.
③ 운동을 좋아하는 사람은 클래식을 좋아하지 않는다.
④ 사진을 좋아하는 사람은 고전을 좋아한다.

07 제시된 명제가 참일 때, 다음 빈칸에 들어갈 명제로 가장 적절한 것은?

- 보상을 받는다면 노력했다는 것이다.
- ____________________

그러므로 민아는 보상을 받지 못했다.

① 민아는 노력하지 않았다.
② 보상을 받았다는 것은 곧 노력했다는 의미다.
③ 민아는 보상을 받았다.
④ 민아는 노력하고 있다.

08 A, B, C 세 사람 중 한 사람은 수녀이고, 한 사람은 왕이고, 한 사람은 농민이다. 수녀는 언제나 참을, 왕은 언제나 거짓을, 농민은 참을 말하기도 하고 거짓을 말하기도 한다. 세 사람이 다음과 같은 대화를 할 때, A, B, C는 각각 누구인가?

> A : 나는 농민이다.
> B : A의 말은 진실이다.
> C : 나는 농민이 아니다.

	A	B	C
①	농민	왕	수녀
②	농민	수녀	왕
③	수녀	왕	농민
④	왕	농민	수녀

PART 2

※ S회사의 건물은 5층이며, 각 층마다 화분이 놓여 있다. 다음을 참고하여 이어지는 질문에 답하시오. [9~10]

> • 1층에는 2층보다 많은 화분이 놓여 있다.
> • 3층에는 4층보다 적은 화분이 놓여 있다.
> • 3층에는 2층보다 적은 화분이 놓여 있다.
> • 5층에는 4층보다 적은 화분이 놓여 있지만 화분이 가장 적은 것은 아니다.

09 다음 중 반드시 참인 것은?

① 3층의 화분 수가 가장 적다.
② 2층과 5층의 화분 수는 같다.
③ 2층의 화분 수는 4층의 화분 수보다 적다.
④ 4층의 화분 수는 2층의 화분 수보다 많다.

10 2층의 화분 수가 4층의 화분 수보다 많다고 할 때, 다음 중 참이 아닌 것은?

① 1층의 화분 수가 가장 많다.
② 2층의 화분 수가 두 번째로 많다.
③ 5층의 화분 수는 3층의 화분 수보다 많다.
④ 4층의 화분 수가 S회사 건물 내 모든 화분의 평균 개수이다.

CHAPTER 05

관찰탐구력

합격 CHEAT KEY

출제유형

과학추리

힘과 운동, 일과 에너지 등 물리 · 화학 · 생활과학 문제가 출제된다. 내용을 깊이 학습해야 풀 수 있는 문제는 출제되지 않지만, 범위가 넓은 편이다.

학습전략

과학추리

- 과학 관련 기초 지식을 정리해야 한다.
- 문제를 풀면서 모르는 부분은 추가로 정리를 하는 것이 좋다.

CHAPTER 05 관찰탐구력 핵심이론

1. 힘

(1) 여러 가지 힘

① 힘 : 물체의 모양이나 운동 상태를 변화시키는 원인이 되는 것

② 탄성력 : 탄성체가 변형되었을 때 원래의 상태로 되돌아가려는 힘

㉠ 탄성체 : 용수철, 고무줄, 강철판 등

㉡ 방향 : 변형된 방향과 반대로 작용한다.

③ 마찰력 : 두 물체의 접촉면 사이에서 물체의 운동을 방해하는 힘

㉠ 방향 : 물체의 운동 방향과 반대

㉡ 크기 : 접촉면이 거칠수록, 누르는 힘이 클수록 커진다(접촉면의 넓이와는 무관).

④ 자기력 : 자석과 자석, 자석과 금속 사이에 작용하는 힘

⑤ 전기력 : 전기를 띤 물체 사이에 작용하는 힘

⑥ 중력 : 지구와 지구상의 물체 사이에 작용하는 힘

㉠ 방향 : 지구 중심 방향

㉡ 크기 : 물체의 질량에 비례

(2) 힘의 작용과 크기

① 힘의 작용

㉠ 접촉하여 작용하는 힘 : 탄성력, 마찰력, 사람의 힘

㉡ 떨어져서 작용하는 힘 : 자기력, 중력, 전기력

㉢ 쌍으로 작용하는 힘 : 물체에 힘이 작용하면 반드시 반대 방향으로 반작용의 힘이 작용한다.

② 힘의 크기

㉠ 크기 측정 : 용수철의 늘어나는 길이는 힘의 크기에 비례하므로 이를 이용하여 힘의 크기를 측정

㉡ 힘의 단위 : N, kgf(1kgf=9.8N)

〈힘의 화살표〉

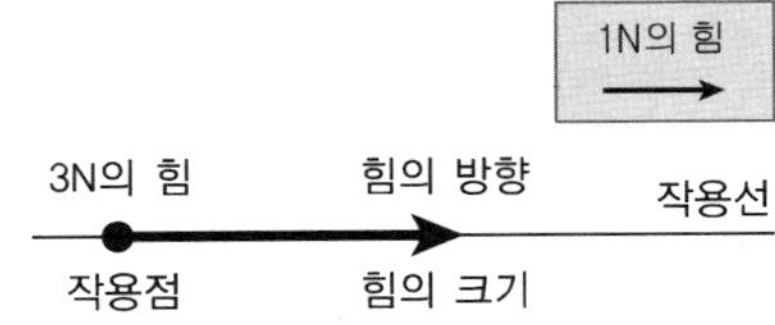

(3) 힘의 합성과 평형

① **힘의 합성** : 두 개 이상의 힘이 작용하여 나타나는 효과를 하나의 힘으로 표현

㉠ 방향이 같은 두 힘의 합력 : $F = F_1 + F_2$

㉡ 방향이 반대인 두 힘의 합력 : $F = F_1 - F_2 (F_1 > F_2)$

㉢ 나란하지 않은 두 힘의 합력 : 평행사변형법

② **힘의 평형** : 한 물체에 여러 힘이 동시에 작용하여도 움직이지 않을 때이며, 합력은 0이다.

㉠ 두 힘의 평형 조건 : 크기가 같고 방향이 반대이며, 같은 작용선상에 있어야 한다.

㉡ 평형의 예 : 실에 매달린 추, 물체를 당겨도 움직이지 않을 때

PART 2

2. 힘과 운동의 관계

(1) 물체의 운동

① 물체의 위치 변화

㉠ 위치 표시 : 기준점에서 방향과 거리로 표시

㉡ (이동 거리)=(나중 위치)−(처음 위치)

② 속력 : 단위 시간 동안 이동한 거리

㉠ $(\text{속력}) = \dfrac{(\text{이동거리})}{(\text{걸린시간})} = \dfrac{(\text{나중위치}) - (\text{처음위치})}{(\text{걸린시간})}$

㉡ 단위 : m/s, km/h 등

(2) 여러 가지 운동

① **속력이 변하지 않는 운동** : 등속(직선)운동

② **속력이 일정하게 변하는 운동** : 낙하 운동

$(\text{속력}) = \dfrac{(\text{처음 속력}) + (\text{나중 속력})}{2}$

③ **방향만 변하는 운동** : 등속 원운동

④ **속력과 방향이 모두 변하는 운동** : 진자의 운동, 포물선 운동

(3) 힘과 운동의 관계

① 힘과 속력의 변화

㉠ 힘이 가해지면 물체의 속력이 변한다.

㉡ 힘이 클수록, 물체의 질량이 작을수록 속력의 변화가 크다.

② 힘과 운동 방향의 변화

㉠ 힘이 가해지면 힘의 방향과 운동 방향에 따라 방향이 변할 수도 있고 속력만 변할 수도 있다.

㉡ 힘이 클수록, 물체의 질량이 작을수록 물체의 운동 방향 변화가 크다.

③ 뉴턴의 운동 법칙

㉠ 운동의 제1법칙(관성의 법칙) : 물체는 외부로부터 힘이 작용하지 않는 한 현재의 운동상태를 계속 유지하려 한다.

㉡ 운동의 제2법칙(가속도의 법칙) : 속력의 변화는 힘의 크기(F)에 비례하고 질량(m)에 반비례한다.

〈운동의 제2법칙〉

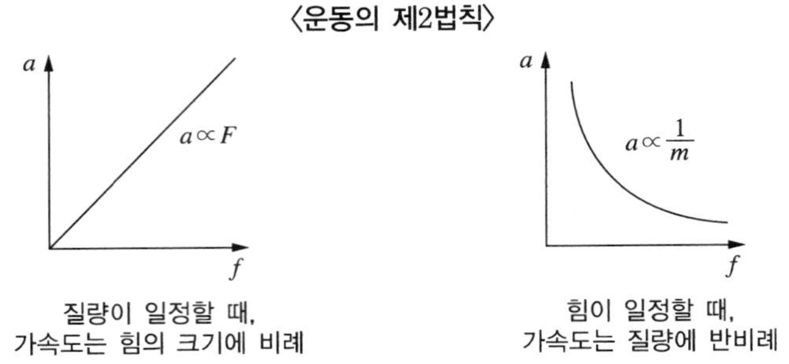

㉢ 운동의 제3법칙(작용·반작용의 법칙) : 한 물체가 다른 물체에 힘을 가할 때, 힘을 받는 물체도 상대 물체에 같은 크기의 힘이 반대 방향으로 작용한다.

3. 일과 에너지

(1) 일

① 일의 크기와 단위

㉠ 일의 크기 : 힘의 크기(F)와 물체가 이동한 거리(S)의 곱으로 나타낸다.

$W = F \times S$

㉡ 단위 : 1N의 힘으로 물체를 1m만큼 이동시킨 경우의 크기를 1J이라 한다.

$1J = 1N \times 1m = 1N \cdot m$

② 들어 올리는 힘과 미는 힘

㉠ 물체를 들어 올리는 일 : 물체의 무게만큼 힘이 필요하다.

드는 일(중력에 대한 일)=(물체의 무게)×(높이)

㉡ 물체를 수평면상에서 밀거나 끄는 일 : 마찰력만큼의 힘이 필요하다.

미는 일(마찰력에 대한 일)=(마찰력)×(거리)

㉢ 무게와 질량

- 무게 : 지구가 잡아당기는 중력의 크기
- 무게의 단위 : 힘의 단위(N)와 같다.
- 무게는 질량에 비례한다.

(2) 일의 원리

① 도르래를 사용할 때

㉠ 고정 도르래 : 도르래축이 벽에 고정되어 있다.

- 힘과 일의 이득이 없고, 방향만 바꾼다.
- 힘=물체의 무게($F = w = m \times g$)
- 물체의 이동 거리(h)=줄을 잡아당긴 거리(s)
- 힘이 한 일=도르래가 물체에 한 일

㉡ 움직 도르래 : 힘에는 이득이 있으나 일에는 이득이 없다.

- 힘의 이득 : 물체 무게의 절반$\left(F = \dfrac{w}{2}\right)$
- (물체의 이동 거리)=(줄을 잡아당긴 거리)$\times \dfrac{1}{2}$

② 지레를 사용할 때 : 힘의 이득은 있으나, 일에는 이득이 없다.

㉠ 원리 : 그림에서 물체의 무게를 W, 누르는 힘을 F라 하면 식은 다음과 같다.
$W \times b = F \times a$, r=반지름, R=지름

㉡ 거리 관계
물체가 움직인 거리(h)<사람이 지레를 움직인 거리(s)

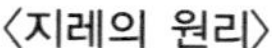
〈지레의 원리〉

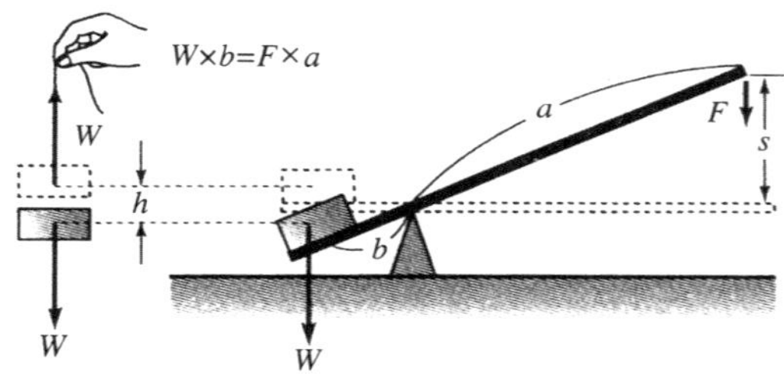

③ 축바퀴를 사용할 때

㉠ 축바퀴의 원리 : 지레의 원리를 응용한 도구

㉡ 줄을 당기는 힘

$$F = \frac{w \times r}{R}$$ (r=반지름, R=지름)

㉢ 물체가 움직인 거리<당긴 줄의 길이

㉣ 일의 이득 : 일의 이득은 없다.

④ 빗면을 이용할 때

㉠ 힘의 이득 : 빗면의 경사가 완만할수록 힘의 이득이 커진다.

(힘)=(물체의 무게)$\times \dfrac{(\text{수직높이})}{(\text{빗면의 길이})}$$\left(F = w \times \dfrac{h}{s}\right)$

㉡ 일의 이득 : 일의 이득은 없다.

㉢ 빗면을 이용한 도구 : 나사, 쐐기, 볼트와 너트

⑤ 일의 원리 : 도르래나 지레, 빗면 등의 도구를 사용하여도 일의 이득이 없지만, 작은 힘으로 물체를 이동시킬 수 있다.

(3) 역학적 에너지

① 위치 에너지 : 어떤 높이에 있는 물체가 가지는 에너지

㉠ (위치 에너지)$=9.8\times$(질량)$\times$(높이) $\rightarrow 9.8mh$

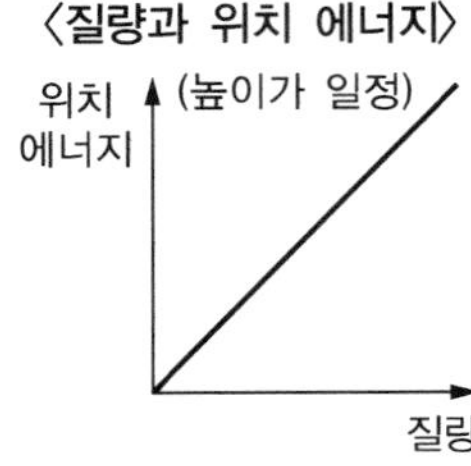

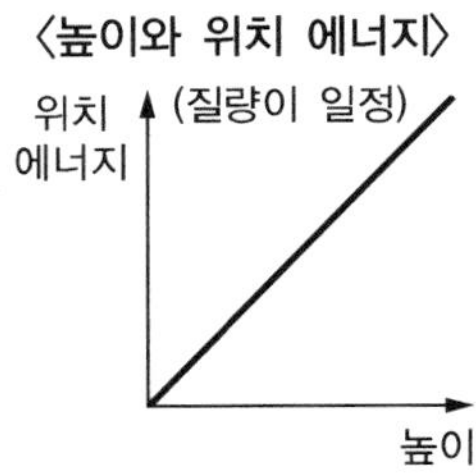

㉡ 위치 에너지와 일

- 물체를 끌어올릴 때 : 물체를 끌어올리면서 한 일은 위치 에너지로 전환된다.
- 물체가 낙하할 때 : 물체의 위치 에너지는 지면에 대하여 한 일로 전환된다.

㉢ 위치 에너지의 기준면

- 기준면에 따라 위치 에너지의 크기가 다르다.
- 기준면은 편리하게 정할 수 있으나, 보통 지면을 기준으로 한다.
- 기준면에서의 위치 에너지는 0이다.

② 운동 에너지 : 운동하고 있는 물체가 갖는 에너지(단위 : J)

㉠ 운동 에너지의 크기 : 물체의 질량과 (속력)^{2}에 비례한다.

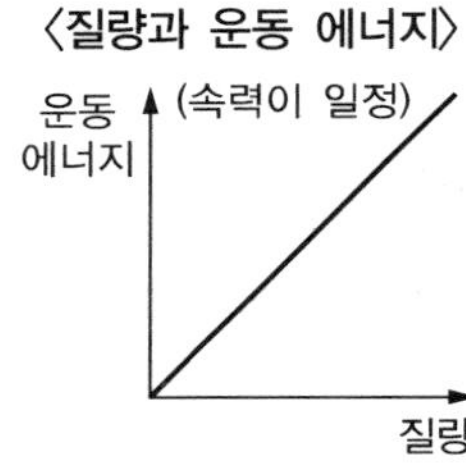

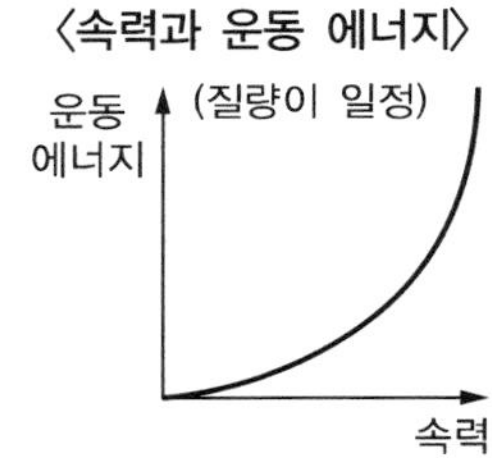

㉡ (운동 에너지)$=\frac{1}{2}\times$(질량)$\times$(속력)^2 $\rightarrow \frac{1}{2}mv^2$

③ 역학적 에너지

㉠ 역학적

에너지의 전환 : 높이가 변하는 모든 운동에서는 위치 에너지와 운동 에너지가 서로 전환된다.

- 높이가 낮아지면 : 위치 에너지 → 운동 에너지
- 높이가 높아지면 : 운동 에너지 → 위치 에너지

㉡ 역학적 에너지의 보존

- 운동하는 물체의 역학적 에너지
  - 물체가 올라갈 때 : (감소한 운동 에너지)=(증가한 위치 에너지)
  - 물체가 내려갈 때 : (감소한 위치 에너지)=(증가한 운동 에너지)

• 역학적

에너지의 보존 법칙 : 물체가 운동하고 있는 동안 마찰이 없다면 역학적 에너지는 일정하게 보존된다[(위치 에너지)+(운동 에너지)=(일정)].

• 낙하하는 물체의 역학적 에너지 보존

– (감소한 위치 에너지)$=9.8mh_1-9.8mh_2=9.8m(h_1-h_2)$

– (증가한 운동 에너지)$=\frac{1}{2}mv_2^2-\frac{1}{2}mv_1^2=\frac{1}{2}m(v_2^2-v_1^2)$

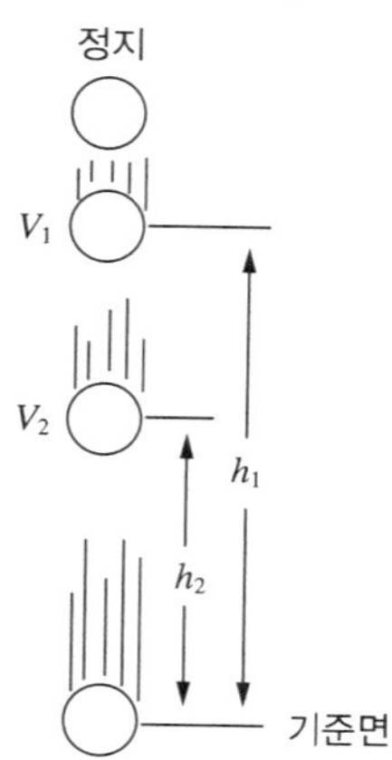

4. 전압 · 전류 · 저항

(1) 전류의 방향과 세기

① 전류의 방향 : (+)극 → (−)극

② 전자의 이동 방향 : (−)극 → (+)극

③ 전류의 세기(A) : 1초 동안에 도선에 흐르는 전하의 양

④ 전하량(C)= 전류의 세기(A)×시간(s)

(2) 전압과 전류의 관계

① 전류의 세기는 전압에 비례한다.

② 전기 저항(R) : 전류의 흐름을 방해하는 정도

③ 옴의 법칙 : 전류의 세기(A)는 전압(V)에 비례하고, 전기 저항(R)에 반비례한다.

〈저항이 일정할 때〉

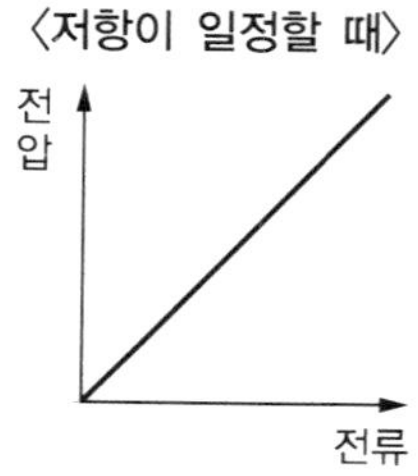

〈전류가 일정할 때〉

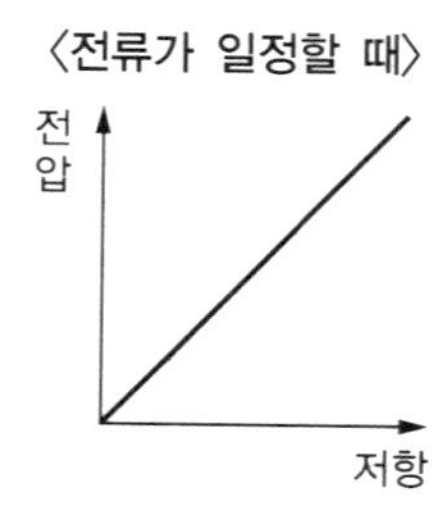

〈전압이 일정할 때〉

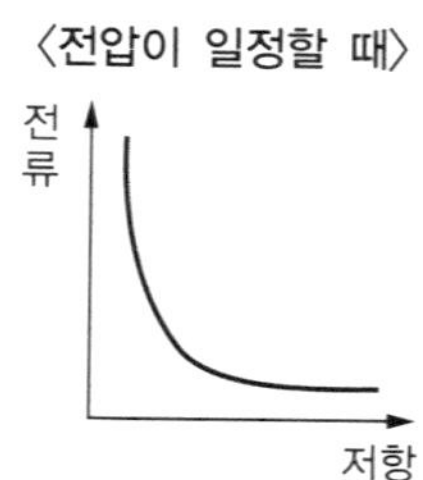

(3) 저항의 연결

① **직렬 연결** : 저항을 한 줄로 연결

㉠ 전류 : $I = I_1 = I_2$

㉡ 각 저항의 전합 : $V_1 : V_2 = R_1 : R_2$

㉢ 전체 전압 : $V = V_1 + V_2$

㉣ 전체 저항 : $R = R_1 + R_2$

② **병렬 연결** : 저항의 양끝을 묶어서 연결

㉠ 전체 전류 : $I = I_1 + I_2$

㉡ 전체 전압 : $V = V_1 = V_2$

㉢ 전체 저항 : $\frac{1}{R} = \frac{1}{R_1} + \frac{1}{R_2}$

③ **혼합 연결** : 직렬 연결과 병렬 연결을 혼합

④ $V = IR$

CHAPTER 05 관찰탐구력 기출예상문제

정답 및 해설 p.027

대표유형 과학추리

다음과 같이 원자들이 서로 전자를 내놓고 전자쌍을 만들어 공유하면서 형성되는 결합은?

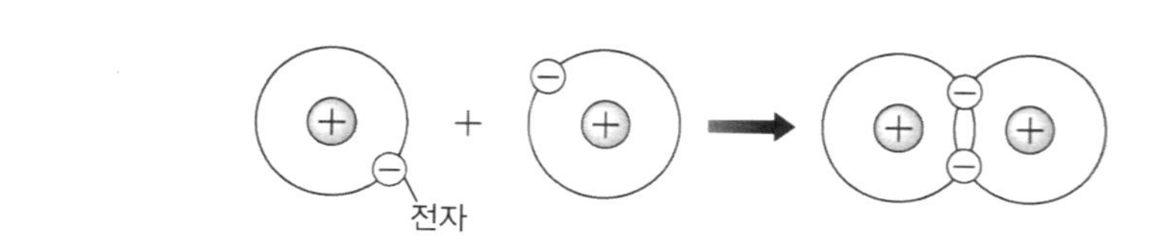

① 핵융합
② 금속 결합
③ 공유 결합
④ 이온 결합

| 해설 | 비금속 원자들이 서로 전자를 내놓아 전자쌍을 이루고 공유하는 결합을 '공유 결합'이라 한다. 두 원자 사이의 공유 전자쌍 수에 따라 단일 결합, 2중 결합, 3중 결합 등으로 나누며 결합의 수가 많을수록 결합의 세기가 강해진다.

정답 ③

01 질량 2kg인 물체를 마찰이 없는 수평면 위에 놓고, 수평 방향으로 일정한 힘을 작용하였다. 이 물체의 가속도가 $2m/s^2$일 때, 작용한 힘의 크기는?

① 3N
② 4N
③ 5N
④ 6N

02 다음 그림에 대한 설명으로 적절하지 않은 것은?(단, 중력가속도는 $10m/s^2$ 이고, 모든 마찰 및 공기 저항은 무시한다)

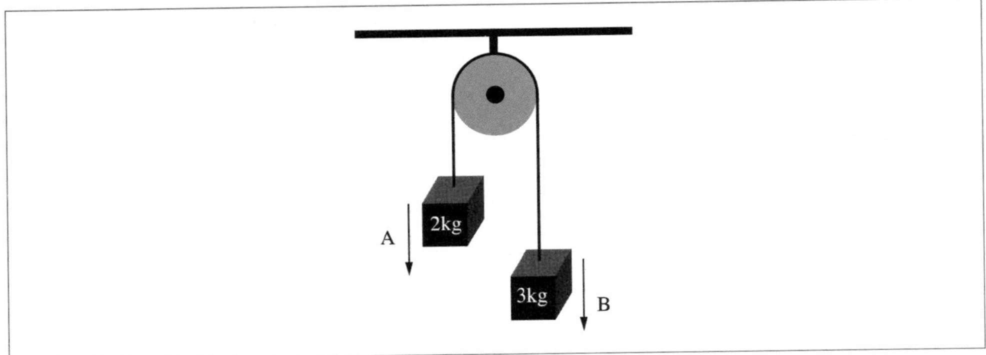

① 두 물체는 중력을 받는다.
② 2kg 물체는 A방향으로 운동한다.
③ 3kg 물체는 B방향으로 운동한다.
④ 두 물체의 가속도는 $2m/s^2$ 이다.

03 고체인 물체를 가열할 때 다음 온도 – 시간 그래프에서 녹는점과 끓는점의 구간으로 바르게 짝지어진 것은?

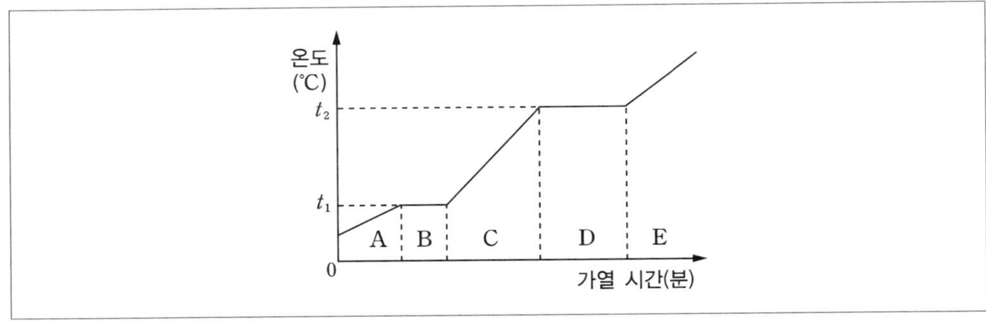

	녹는점	끓는점
①	A	D
②	B	D
③	D	B
④	C	A

04 다음 설명에 해당하는 물질은?

- 세포막을 구성하는 물질 중 하나이다.
- 이 물질을 구성하는 기본 단위는 아미노산이다.

① 녹말 ② 단백질
③ 비타민 ④ 무기 염류

05 수평면 위에 놓인 물체에 수평 방향으로 8N의 힘을 가하였을 때, 가속도의 크기가 $2m/s^2$ 이었다. 이 물체의 질량은?(단, 마찰과 공기 저항은 무시한다)

① 1kg ② 2kg
③ 4kg ④ 8kg

06 오늘날 사용되는 주기율표에서 원소들의 배열 순서를 결정하는 것은?

① 원자 번호 ② 원자량
③ 질량수 ④ 중성자 수

07 다음 설명에 해당하는 것은?

> • 세균을 죽이거나 생장을 억제시키는 물질이다.
> • 페니실린이 이에 속한다.

① 소화제
② 항생제
③ 해열제
④ 신경 안정제

08 다음 액체 혼합물 분리 실험에서 물질의 특성 중 무엇을 이용했는가?

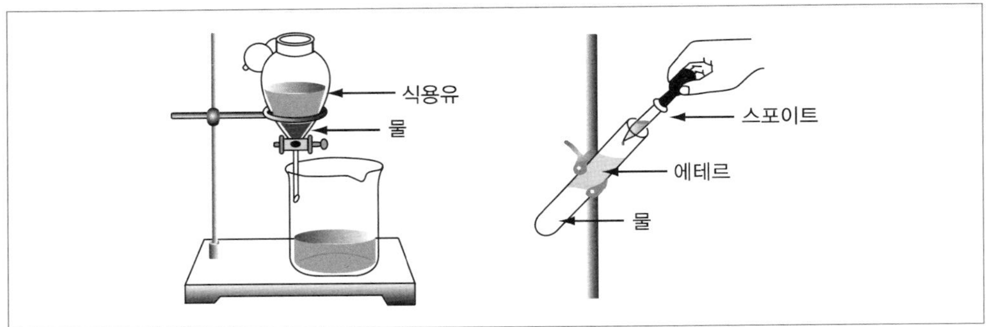

① 밀도
② 온도
③ 용해도
④ 농도

09 다음 설명에 해당하는 것은?

> • 물질이 산소와 결합하는 것이다.
> • 나무가 타는 것, 철이 녹스는 것이 이에 해당한다.

① 산화
② 환원
③ 핵분열
④ 핵융합

10 다음 중 화학 반응 속도에 영향을 미치는 요인이 아닌 것은?

① 반응 온도
② 반응 물질의 색
③ 촉매 사용 유무
④ 반응 물질의 농도

11 벽에 용수철을 매달고 손으로 잡아당겨 보았다. 4N의 힘으로 용수철을 당겼을 때, 5cm만큼 늘어났다고 한다. 용수철이 8cm가 늘어났다고 한다면 용수철에 가해진 힘은 얼마인가?

① 1.6N
② 3.2N
③ 4.8N
④ 6.4N

12 그림과 같이 수평면 위에 정지해 있는 1kg의 물체에 수평 방향으로 4N과 8N의 힘이 서로 반대 방향으로 작용한다면, 이 물체의 가속도 크기는?(단, 모든 마찰과 저항은 무시한다)

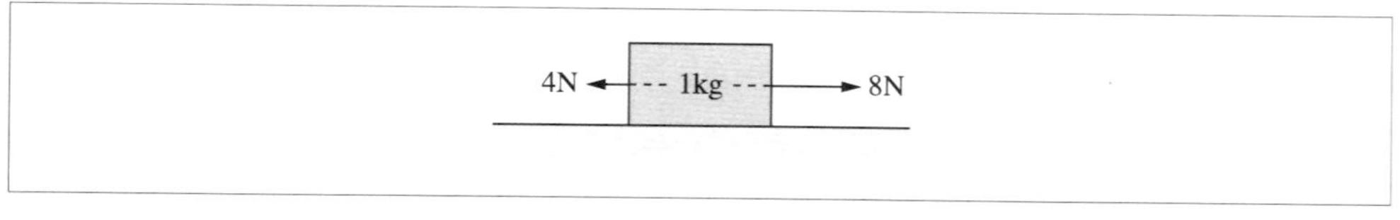

① $4m/s^2$
② $5m/s^2$
③ $6m/s^2$
④ $7m/s^2$

13 다음 〈보기〉 중 작용 · 반작용과 관련 있는 것을 모두 고르면?

보기

㉠ 두 사람이 얼음판 위에서 서로 밀면, 함께 밀려난다.
㉡ 배가 나무에서 떨어졌다.
㉢ 로켓이 연료를 뒤로 분사하면, 로켓은 앞으로 날아간다.
㉣ 버스가 갑자기 출발하면, 승객들은 뒤로 넘어진다.

① ㉠, ㉢
② ㉠, ㉡
③ ㉡, ㉢
④ ㉡, ㉣

CHAPTER 06
수리력

합격 CHEAT KEY

※ 채용공고문 상 필기시험 영역에 언급되지는 않았지만 실제 시험 시 수리와 관련된 능력을 확인하는 문제가 출제됨에 따라 수리력을 추가적으로 수록하여 학습에 도움이 될 수 있도록 하였습니다.

출제유형

01 응용수리

수의 관계에 대해 알고 그것을 응용하여 계산할 수 있는지, 그리고 미지수를 구하기 위해 필요한 계산식을 세울 수 있는지를 평가하는 유형이다. 기초적인 유형을 정확하게 알고, 이를 활용하는 난이도 있는 문제도 연습을 해야 한다.

02 자료해석

표나 그래프 등 주어진 자료를 보고 필요한 정보를 빠르게 찾아 해석할 수 있는지를 평가하는 유형이다. 자료계산, 자료해석은 그래프 해석이나 변환, 묶음 문제 추리 등 다양한 유형으로 출제하고 있으므로 여러 문제풀이를 통해 익숙해질 수 있도록 한다.

학습전략

01 응용수리

- 정확하게 답을 구하지 못하면 답을 맞출 수 없게 출제되고 있으므로 정확하게 계산하는 연습을 해야 한다.
- 정형화된 유형을 풀어보고 숙지하여 기본을 튼튼히 해야 한다.
- 경우의 수나 확률과 같은 유형은 고등학교 수준의 문제를 풀어 보는 것이 도움이 될 수 있다.

02 자료해석

- 표, 꺾은선 그래프, 막대그래프, 원 그래프 등 다양한 형태의 자료를 눈에 익힌다. 그래야 실제 시험에서 자료가 제시되었을 때 중점을 두고 파악해야 할 부분이 더욱 선명하게 보일 것이다.
- 자료해석 유형의 문제는 제시되는 정보의 양이 매우 많으므로 시간을 절약하기 위해서는 문제를 읽은 후 바로 자료 분석에 들어가는 것보다는, 선택지를 먼저 읽고 필요한 정보만 추출하여 답을 찾는 것이 좋다.

CHAPTER 06 수리력 핵심이론

01 응용수리

1. 수의 관계

(1) 약수와 배수

a가 b로 나누어떨어질 때, a는 b의 배수, b는 a의 약수

(2) 소수

1과 자기 자신만을 약수로 갖는 수. 즉, 약수의 개수가 2개인 수

(3) 합성수

1과 자신 이외의 수를 약수로 갖는 수. 즉, 소수가 아닌 수 또는 약수의 개수가 3개 이상인 수

(4) 최대공약수

2개 이상의 자연수의 공통된 약수 중에서 가장 큰 수

(5) 최소공배수

2개 이상의 자연수의 공통된 배수 중에서 가장 작은 수

(6) 서로소

1 이외에 공약수를 갖지 않는 두 자연수. 즉, 최대공약수가 1인 두 자연수

(7) 소인수분해

주어진 합성수를 소수의 거듭제곱의 형태로 나타내는 것

(8) 약수의 개수

자연수 $N=a^m \times b^n$에 대하여, N의 약수의 개수는 $(m+1)\times(n+1)$개

(9) 최대공약수와 최소공배수의 관계

두 자연수 A, B에 대하여, 최소공배수와 최대공약수를 각각 L, G라고 하면 $A\times B=L\times G$가 성립한다.

2. 방정식의 활용

(1) 날짜 · 요일 · 시계

① 날짜 · 요일

㉠ 1일=24시간=1,440분=86,400초

㉡ 날짜 · 요일 관련 문제는 대부분 나머지를 이용해 계산한다.

② 시계

㉠ 시침이 1시간 동안 이동하는 각도 : 30°

㉡ 시침이 1분 동안 이동하는 각도 : 0.5°

㉢ 분침이 1분 동안 이동하는 각도 : 6°

PART 2

(2) 시간 · 거리 · 속력

① $(\text{시간})=\frac{(\text{거리})}{(\text{속력})}$

② (거리)=(속력)×(시간)

㉠ 기차가 터널을 통과하거나 다리를 지나가는 경우

: (기차가 움직인 거리)=(기차의 길이)+(터널 또는 다리의 길이)

㉡ 두 사람이 반대 방향 또는 같은 방향으로 움직이는 경우

: (두 사람 사이의 거리)=(두 사람이 움직인 거리의 합 또는 차)

③ $(\text{속력})=\frac{(\text{거리})}{(\text{시간})}$

㉠ 흐르는 물에서 배를 타는 경우

: (하류로 내려갈 때의 속력)=(배 자체의 속력)+(물의 속력)

(상류로 올라갈 때의 속력)=(배 자체의 속력)−(물의 속력)

(3) 나이 · 인원 · 개수

구하고자 하는 것을 미지수로 놓고 식을 세운다. 동물의 경우 다리의 개수에 유의해야 한다.

(4) 원가 · 정가

① (정가)=(원가)+(이익), (이익)=(정가)−(원가)

② a원에서 b% 할인한 가격$=a\times\left(1-\frac{b}{100}\right)$

(5) 일률 · 톱니바퀴

① 일률

전체 일의 양을 1로 놓고, 시간 동안 한 일의 양을 미지수로 놓고 식을 세운다.

- $(\text{일률})=\dfrac{(\text{작업량})}{(\text{작업기간})}$
- $(\text{작업기간})=\dfrac{(\text{작업량})}{(\text{일률})}$
- $(\text{작업량})=(\text{일률})\times(\text{작업기간})$

② 톱니바퀴

(톱니 수)×(회전수)=(총 맞물린 톱니 수)

즉, A, B 두 톱니에 대하여, (A의 톱니 수)×(A의 회전수)=(B의 톱니 수)×(B의 회전수)가 성립한다.

(6) 농도

① $(\text{농도})=\dfrac{(\text{용질의 양})}{(\text{용액의 양})}$

② $(\text{용질의 양})=\dfrac{(\text{농도})}{100}\times(\text{용액의 양})$

(7) 수 Ⅰ

① 연속하는 세 자연수 : $x-1$, x, $x+1$

② 연속하는 세 짝수(홀수) : $x-2$, x, $x+2$

(8) 수 Ⅱ

① 십의 자릿수가 x, 일의 자릿수가 y인 두 자리 자연수 : $10x+y$

이 수에 대해, 십의 자리와 일의 자리를 바꾼 수 : $10y+x$

② 백의 자릿수가 x, 십의 자릿수가 y, 일의 자릿수가 z인 세 자리 자연수 : $100x+10y+z$

(9) 증가 · 감소에 관한 문제

① x가 $a\%$ 증가 : $\left(1+\dfrac{a}{100}\right)x$

② y가 $b\%$ 감소 : $\left(1-\dfrac{b}{100}\right)y$

3. 경우의 수 · 확률

(1) 경우의 수

① 경우의 수 : 어떤 사건이 일어날 수 있는 모든 가짓수

② 합의 법칙

㉠ 두 사건 A, B가 동시에 일어나지 않을 때, A가 일어나는 경우의 수를 m, B가 일어나는 경우의 수를 n이라고 하면, 사건 A 또는 B가 일어나는 경우의 수는 $m+n$이다.

㉡ '또는', '~이거나'라는 말이 나오면 합의 법칙을 사용한다.

③ 곱의 법칙

㉠ A가 일어나는 경우의 수를 m, B가 일어나는 경우의 수를 n이라고 하면, 사건 A와 B가 동시에 일어나는 경우의 수는 $m\times n$이다.

㉡ '그리고', '동시에'라는 말이 나오면 곱의 법칙을 사용한다.

④ 여러 가지 경우의 수

㉠ 동전 n개를 던졌을 때, 경우의 수 : 2^n

㉡ 주사위 m개를 던졌을 때, 경우의 수 : 6^m

㉢ 동전 n개와 주사위 m개를 던졌을 때, 경우의 수 : $2^n\times 6^m$

㉣ n명을 한 줄로 세우는 경우의 수 : $n!=n\times(n-1)\times(n-2)\times\cdots\times 2\times 1$

㉤ n명 중, m명을 뽑아 한 줄로 세우는 경우의 수 : ${}_n\mathrm{P}_m=n\times(n-1)\times\cdots\times(n-m+1)$

㉥ n명을 한 줄로 세울 때, m명을 이웃하여 세우는 경우의 수 : $(n-m+1)!\times m!$

㉦ 0이 아닌 서로 다른 한 자리 숫자가 적힌 n장의 카드에서, m장을 뽑아 만들 수 있는 m자리 정수의 개수 : ${}_n\mathrm{P}_m$

㉧ 0을 포함한 서로 다른 한 자리 숫자가 적힌 n장의 카드에서, m장을 뽑아 만들 수 있는 m자리 정수의 개수 : $(n-1)\times{}_{n-1}\mathrm{P}_{m-1}$

㉨ n명 중, 자격이 다른 m명을 뽑는 경우의 수 : ${}_n\mathrm{P}_m$

㉩ n명 중, 자격이 같은 m명을 뽑는 경우의 수 : ${}_n\mathrm{C}_m=\dfrac{{}_n\mathrm{P}_m}{m!}$

㉪ 원형 모양의 탁자에 n명을 앉히는 경우의 수 : $(n-1)!$

⑤ 최단거리 문제 : A에서 B 사이에 P가 주어져 있다면, A와 P의 최단거리, B와 P의 최단거리를 각각 구하여 곱한다.

(2) 확률

① $(\text{사건 A가 일어날 확률})=\dfrac{(\text{사건 A가 일어나는 경우의 수})}{(\text{모든 경우의 수})}$

② 여사건의 확률

㉠ 사건 A가 일어날 확률이 p일 때, 사건 A가 일어나지 않을 확률은 $(1-p)$이다.

㉡ '적어도'라는 말이 나오면 주로 사용한다.

③ 확률의 계산

㉠ 확률의 덧셈

두 사건 A, B가 동시에 일어나지 않을 때, A가 일어날 확률을 p, B가 일어날 확률을 q라고 하면, 사건 A 또는 B가 일어날 확률은 $(p+q)$이다.

㉡ 확률의 곱셈

A가 일어날 확률을 p, B가 일어날 확률을 q라고 하면, 사건 A와 B가 동시에 일어날 확률은 $(p \times q)$이다.

④ 여러 가지 확률

㉠ 연속하여 뽑을 때, 꺼낸 것을 다시 넣고 뽑는 경우 : 처음과 나중의 모든 경우의 수는 같다.

㉡ 연속하여 뽑을 때, 꺼낸 것을 다시 넣지 않고 뽑는 경우 : 나중의 모든 경우의 수는 처음의 모든 경우의 수보다 1만큼 작다.

㉢ $(\text{도형에서의 확률}) = \dfrac{(\text{해당하는 부분의 넓이})}{(\text{전체 넓이})}$

02 자료해석

(1) 꺾은선(절선)그래프

① 시간적 추이(시계열 변화)를 표시하는 데 적합하다.

예 연도별 매출액 추이 변화 등

② 경과·비교·분포를 비롯하여 상관관계 등을 나타낼 때 사용한다.

〈중학교 장학금, 학비감면 수혜현황〉

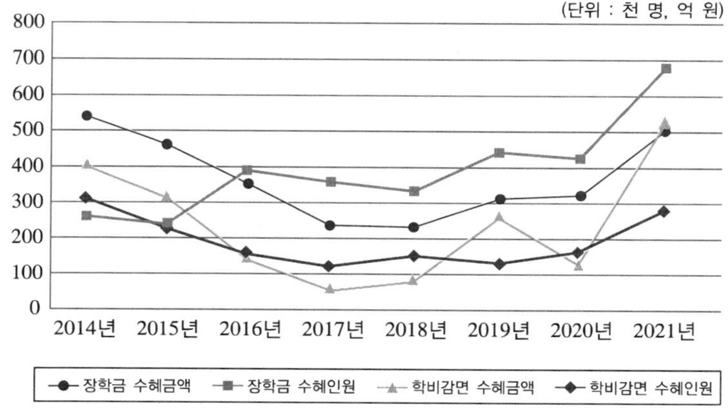

(2) 막대그래프

① 비교하고자 하는 수량을 막대 길이로 표시하고, 그 길이를 비교하여 각 수량 간의 대소 관계를 나타내는 데 적합하다.

　예 영업소별 매출액, 성적별 인원분포 등

② 가장 간단한 형태로 내역 · 비교 · 경과 · 도수 등을 표시하는 용도로 사용한다.

〈연도별 암 발생 추이〉

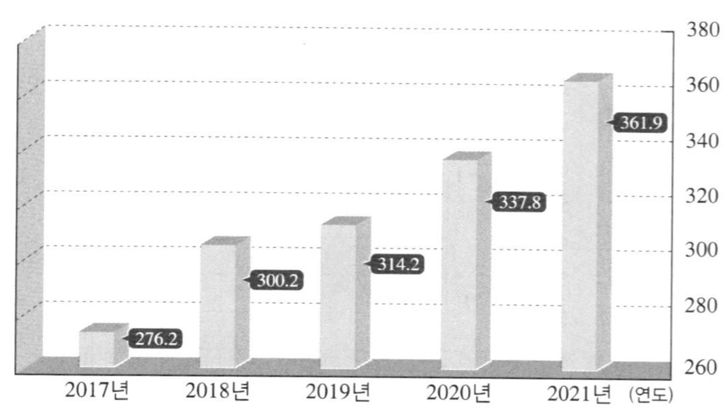

(3) 원그래프

① 내역이나 내용의 구성비를 분할하여 나타내는 데 적합하다.

　예 제품별 매출액 구성비 등

② 원그래프를 정교하게 작성할 때는 수치를 각도로 환산해야 한다.

〈C국의 가계 금융자산 구성비〉

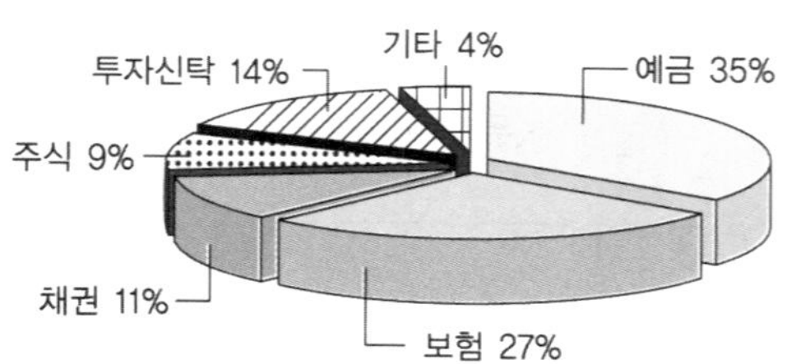

(4) 점그래프

① 지역분포를 비롯하여 도시, 지방, 기업, 상품 등의 평가나 위치, 성격을 표시하는 데 적합하다.

예 광고비율과 이익률의 관계 등

② 종축과 횡축에 두 요소를 두고, 보고자 하는 것이 어떤 위치에 있는가를 알고자 할 때 사용한다.

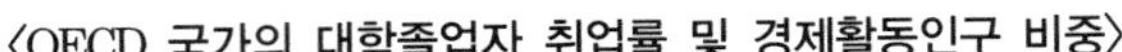

〈OECD 국가의 대학졸업자 취업률 및 경제활동인구 비중〉

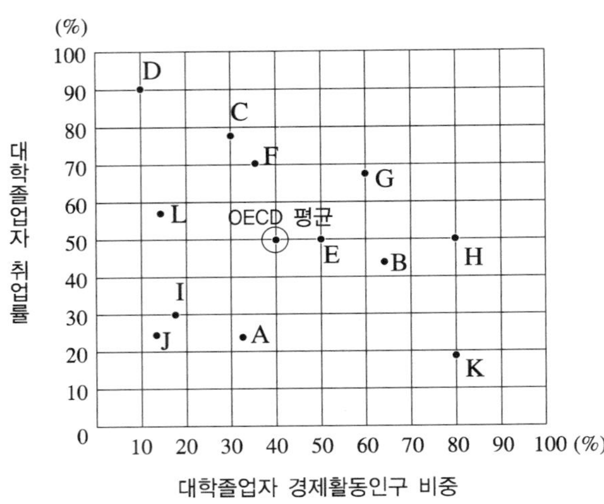

(5) 층별그래프

① 합계와 각 부분의 크기를 백분율로 나타내고 시간적 변화를 보는 데 적합하다.

② 합계와 각 부분의 크기를 실수로 나타내고 시간적 변화를 보는 데 적합하다.

예 상품별 매출액 추이 등

③ 선의 움직임보다는 선과 선 사이의 크기로써 데이터 변화를 나타내는 그래프이다.

〈우리나라 세계유산 현황〉

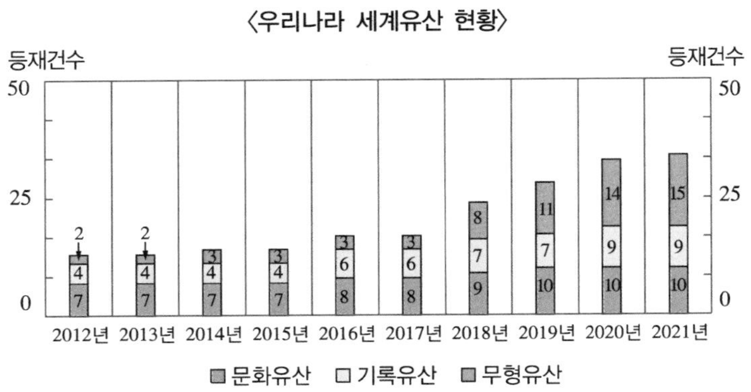

(6) 레이더 차트(거미줄그래프)

① 다양한 요소를 비교할 때, 경과를 나타내는 데 적합하다.
  [예] 매출액의 계절변동 등

② 비교하는 수량을 직경, 또는 반경으로 나누어 원의 중심에서의 거리에 따라 각 수량의 관계를 나타내는 그래프이다.

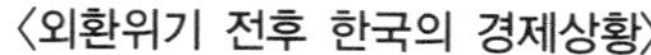

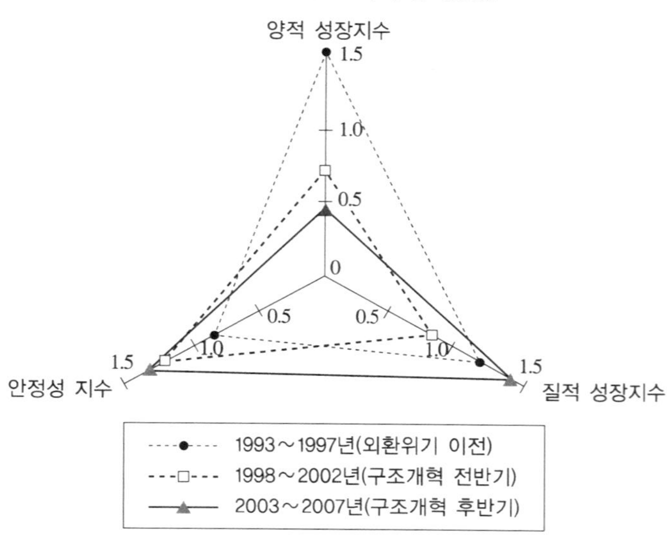

CHAPTER 06 수리력 기출예상문제

정답 및 해설 p.029

01 응용수리

대표유형 1 시간 · 거리 · 속력

A가 시속 40km/h로 30km 가는 데 45분 걸렸고, B가 시속 30km/h로 $x$km만큼 갔을 때, B는 A보다 5분 덜 걸렸다. B가 이동한 거리는?

① 15km ② 20km
③ 25km ④ 30km

| 해설 | B는 시속 30km/h로 $x$km의 거리를 45−5=40분 만에 갔으므로 B가 이동한 거리는 $30\times\frac{40}{60}=20$km이다.

 ②

01 집에서 학교까지 가는 데 동생은 뛰어서 매분 50m의 속력으로, 형은 걸어서 매분 30m의 속력으로 동시에 출발하였더니 동생이 5분 먼저 도착하였다. 집에서 학교까지의 거리는 몇 m인가?

① 360m ② 365m
③ 370m ④ 375m

02 집에서 약수터까지 가는 데 형은 $\frac{1}{2}$m/s로 걸어서 10분 걸리고, 동생은 15분이 걸린다. 두 사람이 동시에 집에서 출발하여 약수터를 왕복하는 데 형이 집에 도착했을 때, 동생은 집에서 몇 m 떨어진 곳에 있는가?(단, 약수터에서 머문 시간은 생각하지 않는다)

① 150m
② 200m
③ 250m
④ 300m

PART 2

03 서울에 사는 K씨는 휴가를 맞아 가족들과 자동차를 타고 휴가를 떠났다. 휴가지에 갈 때는 시속 80km로 운전하고, 휴가지에서 집으로 돌아올 때는 시속 120km로 운전했다. 갈 때와 돌아올 때의 시간 차이가 1시간 20분이라고 할 때, K씨의 집과 휴가지 사이의 거리는?

① 300km
② 320km
③ 340km
④ 360km

04 길이가 40m인 열차가 200m의 터널을 통과하는 데 10초가 걸렸다. 이 열차가 320m인 터널을 통과하는 데 걸리는 시간은 몇 초인가?

① 15초
② 16초
③ 18초
④ 20초

대표유형 2 나이 · 수

딸의 나이를 8로 나누면 나머지가 없고, 5로 나누면 나머지가 3이다. 아버지는 딸의 나이 십의 자릿수와 일의 자릿수를 바꾼 나이와 같을 때 아버지와 딸의 나이 차는 몇 살인가?(단, 딸은 30살 이상 50살 미만이다)

① 30살　　② 33살
③ 36살　　④ 39살

| 해설 | 딸의 나이 범위에서 8의 배수를 찾아보면 32, 40, 48살이 가능하다. 이 중 5로 나누어 3이 남는 나이는 48살이다. 따라서 딸의 나이는 48살, 아버지의 나이는 84살이 되므로 두 사람의 나이 차는 $84-48=36$살이다.

 정답 ③

05 다정이네 집에는 화분 2개가 있다. 두 화분에 있는 식물 나이의 합은 8세이고, 각 나이 제곱의 합은 34세가 된다. 이때 두 식물의 나이 차는 얼마인가?(단, 식물의 나이는 자연수이다)

① 2세　　② 3세
③ 4세　　④ 5세

06 어떤 가게에서 사과 10개들이 한 상자를 9,500원에 판매하고 있다. 이 가게에서 사과를 낱개로 구매하려면 개당 1,000원을 지불해야 한다. 50,000원으로 이 가게에서 살 수 있는 사과의 최대 개수는?

① 48개　　② 50개
③ 52개　　④ 54개

07 작년 C고등학교의 학생 수는 재작년에 비해 10% 증가하였고, 올해는 55명이 전학을 와서 작년보다 10% 증가하였다. 그렇다면 재작년 C고등학교의 학생 수는 몇 명인가?

① 400명　　② 455명
③ 500명　　④ 555명

08 S회사는 야유회 준비를 위해 물과 음료수를 합쳐 총 330개를 구입하였다. 야유회에 참가한 직원을 대상으로 물은 1인당 1개, 음료수는 5인당 1개씩 나눠 주었더니 남거나 모자라지 않았다. S회사의 야유회에 참가한 직원은 모두 몇 명인가?

① 260명 ② 265명
③ 270명 ④ 275명

09 감자가 A가게에서는 한 박스 10,000원에 무료 배송이며, B가게에서는 한 박스 8,000원에 배송비가 3,000원이라고 할 때, 최소한 몇 박스를 사야 B가게에서 사는 것이 A가게에서 사는 것보다 저렴한가?(단, 배송비는 한 번만 부과된다)

① 2박스 ② 3박스
③ 4박스 ④ 5박스

10 철수는 영희에게 꽃 선물을 하기 위해 꽃을 키우고 있다. 꽃이 피기 시작한 날부터 매일 핀 꽃의 개수가 다음과 같을 때, 열흘 째 되는 날 철수가 영희에게 줄 수 있는 꽃은 총 몇 송이인가?

〈날짜별 핀 꽃송이 수〉

(단위 : 송이)

날짜	1일	2일	3일	4일	5일
개수	1	2	3	5	8

① 159송이 ② 197송이
③ 203송이 ④ 231송이

대표유형 3 금액

M영화관 C지점이 설립됐다. C지점에서는 개업 이벤트로 10명이 모여 예매하면 1인당 20%를 할인해준다. G고등학교 1학년 2반 학생들은 C지점에서 단체 영화 관람을 하기로 했다. 2반 학생 수가 총 46명일 때, 이벤트 이전에 내야 하는 금액보다 얼마나 할인을 받을 수 있는가?(단, 청소년 한 명의 요금은 8,000원이다)

① 61,000원
② 64,000원
③ 67,000원
④ 71,000원

| 해설 | • 이벤트 이전 가격 : 8,000×46=368,000원

• 이벤트 가격 : $8{,}000\times\left(1-\frac{20}{100}\right)\times40+8{,}000\times6=304{,}000$원

따라서 할인받을 수 있는 금액은 368,000−304,000=64,000원이다.

정답 ②

11 원우는 자신을 포함한 8명의 친구와 부산에 놀러 가기 위해 일정한 금액을 걷었다. 원우가 경비를 계산해보니, 총금액의 30%는 숙박비에 사용하고, 숙박비 사용 금액의 40%는 외식비로 사용한다. 그리고 남은 경비가 92,800원이라면, 각자 얼마씩 돈을 냈는가?

① 15,000원
② 18,000원
③ 20,000원
④ 22,000원

12 어떤 백화점에서 20% 할인해서 팔던 옷을 할인된 가격의 30%를 추가로 할인하여 28만 원에 구매하였다면 할인받은 금액은?

① 14만 원
② 18만 원
③ 22만 원
④ 28만 원

13 어린이 6명과 어른 8명이 뷔페에 가는데 어른의 식권은 어린이의 식권보다 1.5배 더 비싸다. 14명의 식권 값이 72,000원이라면 어른 1명의 식권 가격은 얼마인가?

① 4,000원
② 5,000원
③ 6,000원
④ 7,000원

14 조각 케이크 1조각을 정가로 팔면 3,000원의 이익을 얻는다. 만일, 장사가 되지 않아 정가에 20%를 할인하여 5개 팔았을 때 순이익과 조각 케이크 1개당 정가에서 2,000원씩 할인하여 4개를 팔았을 때의 매출액이 같다면 조각 케이크 1개의 정가는 얼마인가?

① 4,200원
② 4,400원
③ 4,600원
④ 4,800원

대표유형 4 일의 양

교육청에 재직 중인 A사원이 혼자 방과후 학습 안내 자료를 정리하면 15일이 걸리고 B사원과 같이 하면 6일 만에 끝낼 수 있다. 이때 B사원 혼자 자료를 정리한다면 며칠이 걸리겠는가?

① 8일 ② 9일
③ 10일 ④ 11일

| 해설 | 전체 일의 양을 1이라고 하면 A사원이 혼자 일을 끝내는 데 걸리는 기간은 15일, A, B사원이 같이 할 때는 6일이 걸린다. B사원이 혼자 일하는 데 걸리는 기간을 b일이라고 하자.

$\frac{1}{15}+\frac{1}{b}=\frac{1}{6} \rightarrow 6b+6\times15=15b \rightarrow 9b=6\times15 \rightarrow b=10$

따라서 B사원 혼자 자료를 정리하는 데 걸리는 기간은 10일이다.

정답 ③

15 갑은 곰 인형 100개를 만드는 데 4시간, 을은 25개를 만드는 데 10시간이 걸린다. 이들이 함께 일을 하면 각각 원래 능력보다 20% 효율이 떨어진다. 이들이 함께 곰 인형 132개를 만드는 데 걸리는 시간은?

① 5시간 ② 6시간
③ 7시간 ④ 8시간

16 1시간에 책을 60페이지 읽는 사람이 있다. 40분씩 읽고 난 후 5분씩 휴식하면서 4시간 동안 책을 읽으면 총 몇 페이지를 읽겠는가?

① 215페이지 ② 220페이지
③ 230페이지 ④ 235페이지

17 S공장에서 제품을 A기계로 제작하면 14일이 소요되고, B기계로 제작하면 24일이 소요된다. 두 기계를 동시에 이용하였을 때 하루 생산량은 전체의 몇 %인가?

① 약 7% ② 약 9%
③ 약 11% ④ 약 13%

대표유형 5 농도

농도가 8%인 600g의 소금물에서 일정량의 소금물을 퍼내고, 80g의 물을 붓고 소금을 20g 넣었다. 소금물의 농도가 10%가 되었다면 처음 퍼낸 소금물의 양은 얼마인가?

① 50g ② 100g
③ 150g ④ 200g

| 해설 | 처음 퍼낸 소금물의 양을 xg이라고 하자.
소금 20g과 물 80g을 섞은 소금물의 농도를 구하면 다음과 같다.

$$\frac{(600-x)\times\frac{8}{100}+20}{600-x+80+20}\times100=10$$

$\rightarrow \{(600-x)\times0.08+20\}\times100=10\times(600-x+80+20)$

$\rightarrow (600-x)\times8+2{,}000=7{,}000-10x \rightarrow 6{,}800-8x=7{,}000-10x \rightarrow 2x=200$

$\therefore x=100$

정답 ②

18 농도 8%의 소금물 24g에 4% 소금물 몇 g을 넣으면 5% 소금물이 되겠는가?

① 12g ② 24g
③ 36g ④ 72g

19 농도가 3%로 오염된 물 30L가 있다. 깨끗한 물을 채워서 오염물질의 농도를 0.5%p 줄이려고 한다. 깨끗한 물은 얼마나 더 넣어야 할까?

① 3L ② 4L
③ 5L ④ 6L

20 화창한 어느 날 낮에 3%의 설탕물 400g이 들어 있는 컵을 창가에 놓아 두었다. 저녁에 살펴보니 물이 증발하여 농도가 5%가 되었다. 남아 있는 설탕물은 몇 g인가?

① 220g ② 230g
③ 240g ④ 250g

대표유형 6 최대공약수 · 최소공배수

A와 B는 각각 20,000원, 41,000원을 가지고 있다. 매달 A는 5,000원씩, B는 1,000원씩 예금한다고 할 때, A가 B보다 통장의 예금액이 많아지는 것은 최소 몇 개월 후인가?

① 5개월
② 6개월
③ 7개월
④ 8개월

| 해설 | A가 B보다 통장의 예금액이 많아지는 것을 x개월 후라고 하면 다음과 같다.

$20,000+5,000x>41,000+1,000x$

$\rightarrow 4,000x>21,000$

$\therefore x>5.25$

따라서 최소 6개월 후에 A의 예금액이 B보다 많아진다.

정답 ②

21 상우는 사과와 감을 사려고 한다. 사과는 하나에 700원, 감은 400원일 때 10,000원을 가지고 과일을 총 20개 사려면 감은 최소 몇 개를 사야 하는가?

① 10개
② 12개
③ 14개
④ 16개

22 볼펜 29자루, 지우개 38개, 샤프 26개를 가지고 가능한 한 많은 학생들에게 똑같이 나누어 주면 볼펜은 1개가 부족하고, 샤프와 지우개는 2개가 남는다. 이때 학생 수는 몇 명인가?

① 5명
② 6명
③ 7명
④ 8명

대표유형 7 경우의 수

A, B 주사위 2개를 동시에 던졌을 때, A에서는 짝수의 눈이 나오고, B에서는 3 또는 5의 눈이 나오는 경우의 수는?

① 2가지
② 3가지
③ 5가지
④ 6가지

| 해설 |
- A에서 짝수의 눈이 나오는 경우의 수 : 2, 4, 6 → 3가지
- B에서 3 또는 5의 눈이 나오는 경우의 수 : 3, 5 → 2가지

∴ A, B 주사위는 동시에 던지므로 곱의 법칙에 의해 $3\times2=6$가지이다.

정답 ④

23 6장의 서로 다른 쿠폰이 있는데 처음 오는 손님에게 1장, 두 번째 오는 손님에게 2장, 세 번째 오는 손님에게 3장을 주는 경우의 수는 몇 가지인가?

① 32가지
② 60가지
③ 84가지
④ 110가지

24 민석이의 지갑에는 1,000원, 5,000원, 10,000원짜리 지폐가 각각 8장씩 있다. 거스름돈 없이 물건 값 23,000원을 내려고 할 때 돈을 낼 수 있는 방법의 가짓수는?

① 2가지
② 3가지
③ 4가지
④ 5가지

대표유형 8 확률

주머니에 1부터 10까지의 숫자가 적힌 카드 10장이 들어있다. 주머니에서 카드를 세 번 뽑는다고 할 때, 1, 2, 3이 적힌 카드 중 하나 이상을 뽑을 확률은?(단, 꺼낸 카드는 다시 넣지 않는다)

① $\frac{5}{8}$　　② $\frac{17}{24}$

③ $\frac{7}{24}$　　④ $\frac{7}{8}$

| 해설 | (1, 2, 3이 적힌 카드 중 하나 이상을 뽑을 확률)=1−(세 번 모두 4～10이 적힌 카드를 뽑을 확률)

- 세 번 모두 4～10이 적힌 카드를 뽑을 확률 : $\frac{7}{10}\times\frac{6}{9}\times\frac{5}{8}=\frac{7}{24}$

∴ 1, 2, 3이 적힌 카드 중 하나 이상을 뽑을 확률 : $1-\frac{7}{24}=\frac{17}{24}$

정답 ②

25 A, B, C 세 사람이 동시에 같은 문제를 풀려고 한다. A가 문제를 풀 확률은 $\frac{1}{4}$, B가 문제를 풀 확률은 $\frac{1}{3}$, C가 문제를 풀 확률은 $\frac{1}{2}$일 때, 한 사람만 문제를 풀 확률은?

① $\frac{2}{9}$　　② $\frac{1}{4}$

③ $\frac{5}{12}$　　④ $\frac{11}{24}$

26 상자에 빨간색 수건이 3장, 노란색 수건이 4장, 파란색 수건이 3장 들어 있는데 두 번에 걸쳐 한 장씩 뽑는 시행을 하려고 한다. 이때 처음에 빨간색 수건을, 다음에 파란색 수건을 뽑을 확률은? (단, 한 번 꺼낸 수건은 다시 넣지 않는다)

① $\frac{1}{10}$　　② $\frac{2}{10}$

③ $\frac{1}{15}$　　④ $\frac{2}{15}$

02 자료해석

대표유형 자료해석

다음은 S사의 제품 한 개당 들어가는 재료비를 연도별로 나타낸 그래프이다. 다음 중 전년도에 비해 비용 감소액이 가장 큰 해는?

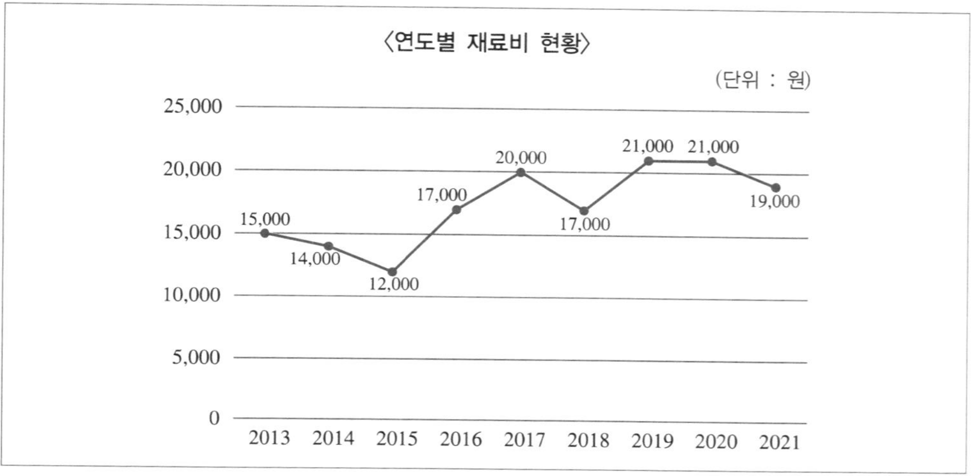

① 2014년
② 2015년
③ 2018년
④ 2021년

| 해설 | 전년도에 비해 재료비가 감소한 해는 2014년, 2015년, 2018년, 2021년이다. 4개 연도 중 비용 감소액이 가장 큰 해는 2018년이며, 전년도보다 20,000−17,000=3,000원 감소했다.

 ③

※ 다음은 2012 ~ 2021년 기초생활보장 수급자 현황에 관한 그래프이다. 다음 자료를 읽고 이어지는 질문에 답하시오. **[1~2]**

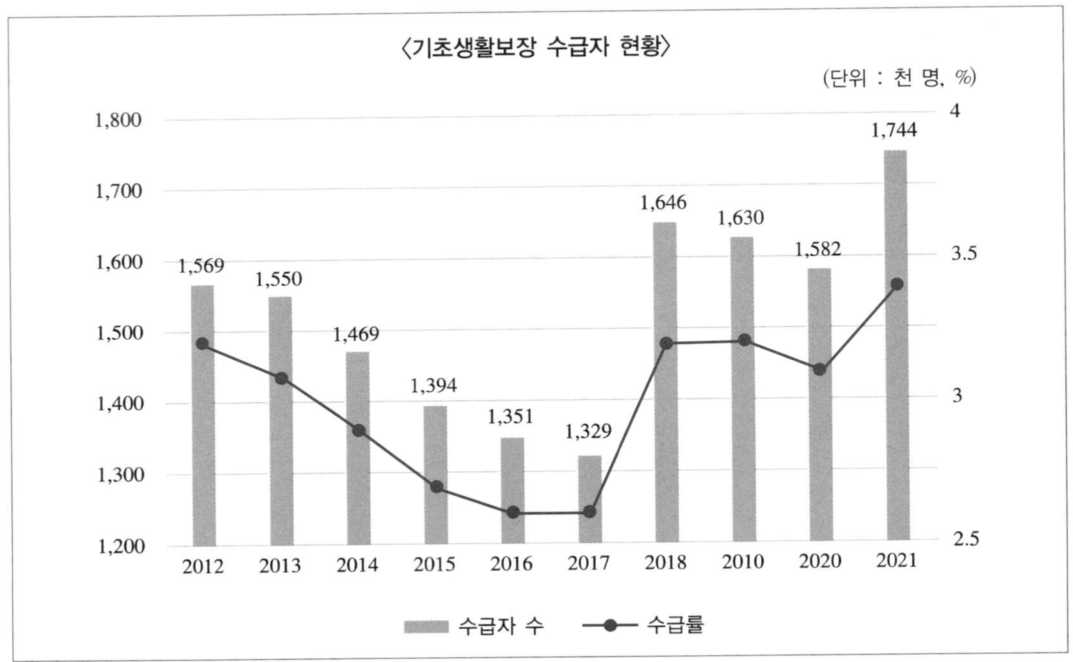

01 다음 중 2014년 대비 2018년 수급자 수의 증가율로 옳은 것은?(단, 증가율은 소수점 둘째 자리에서 반올림한다)

① 4.5%
② 9.0%
③ 12.0%
④ 15.4%

02 다음 중 수급률 대비 수급자 수의 값이 가장 큰 연도는?

① 2013년
② 2015년
③ 2017년
④ 2018년

※ 다음은 국가별 평균교육기간을 나타낸 그래프이다. 이어지는 질문에 답하시오. [3~4]

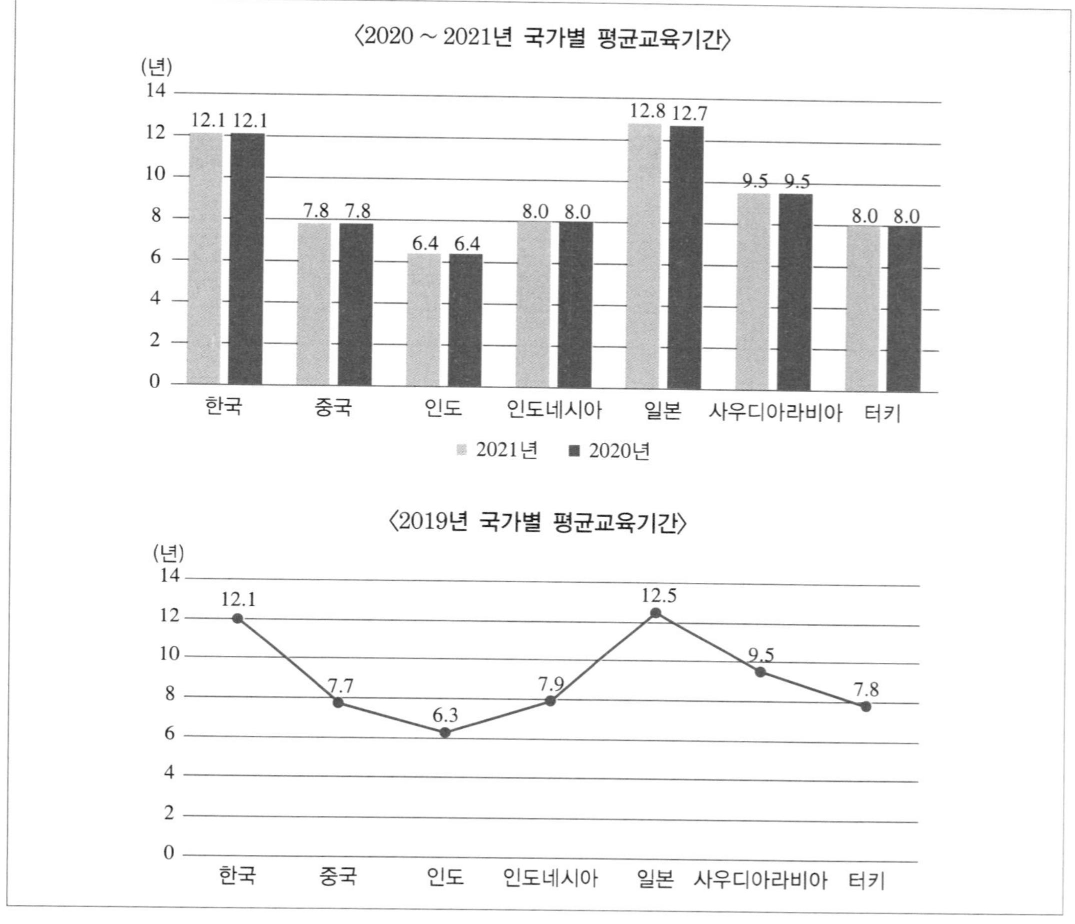

03 다음 자료에 대한 설명으로 적절하지 않은 것은?

① 한국의 2019 ~ 2021년 평균교육기간은 동일하다.
② 2019년보다 2020년의 평균교육기간이 높아진 국가는 5개국이다.
③ 2020년과 2021년의 각 국가의 평균교육기간은 동일하다.
④ 2019 ~ 2021년 동안 매년 평균교육기간이 8년 이하인 국가는 4개국이다.

04 2019년 평균교육기간이 8년 이하인 국가들의 평균교육기간 평균은 얼마인가?

① 7.105년
② 7.265년
③ 7.425년
④ 7.595년

※ 다음은 20대 이상 성인에게 종이책 독서에 관해 설문조사를 한 자료이다. 이어지는 질문에 답하시오. [5~6]

〈종이책 독서 현황〉

(단위 : %)

구분		사례 수(명)	읽음	읽지 않음
전체		6,000	59.9	40.1
성별	남성	2,988	58.2	41.8
	여성	3,012	61.5	38.5
연령별	20대	1,070	73.5	26.5
	30대	1,071	68.9	31.1
	40대	1,218	61.9	38.1
	50대	1,190	52.2	47.8
	60대 이상	1,451	47.8	52.2

※ '읽음'과 '읽지 않음'의 비율은 소수점 둘째 자리에서 반올림한 값이다.

05 다음 자료에 대한 설명으로 적절하지 않은 것은?(단, 인원은 소수점 첫째 자리에서 반올림한다)

① 모든 연령대에서 '읽음'의 비율이 '읽지 않음'보다 높다.

② 여성이 남성보다 종이책 독서를 하는 비율이 3%p 이상 높다.

③ 사례 수가 가장 적은 연령대의 '읽지 않음'을 선택한 인원은 250명 이상이다.

④ 40대의 '읽음'과 '읽지 않음'을 선택한 인원의 차이는 290명이다.

06 여성과 남성의 사례 수가 각각 3,000명이라면 '읽음'을 선택한 여성과 남성의 인원은 총 몇 명인가?(단, '읽음'과 '읽지 않음'을 선택한 비율은 변하지 않는다)

① 3,150명

② 3,377명

③ 3,591명

④ 3,782명

※ 다음은 S초등학교 남학생과 여학생의 도서 선호 분야를 비율로 나타낸 그래프이다. 이어지는 질문에 답하시오. **[7~9]**

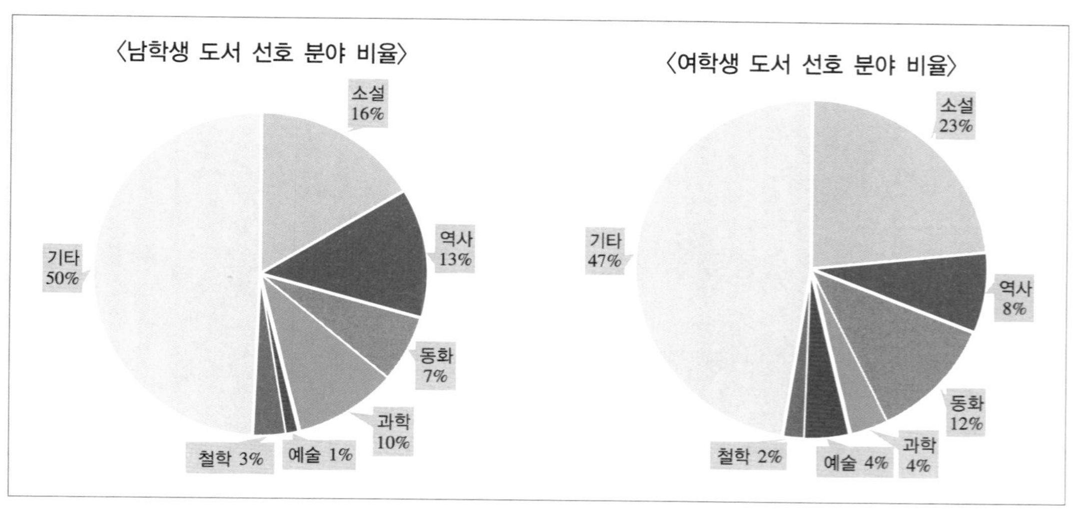

07 그래프가 S초등학교 남학생 470명, 여학생은 450명을 대상으로 조사한 결과일 때, 과학 분야를 선호하는 총 학생 수는 몇 명인가?

① 60명 ② 65명
③ 70명 ④ 75명

08 기타를 제외한 도서 선호 분야에서 남학생과 여학생 각각 가장 낮은 비율을 차지하는 분야의 학생 수를 구하려고 한다. 여기서 구한 학생 수의 10배는 몇 명인가?(단, 조사대상 인원은 남학생 500명, 여학생 450명이다)

① 104명 ② 115명
③ 126명 ④ 140명

09 다음 중 자료에 대한 설명으로 가장 적절한 것은?

① 남학생과 여학생은 예술 분야보다 철학 분야를 더 선호한다.
② 과학 분야에 대한 선호 비율은 여학생이 남학생보다 높다.
③ 역사 분야에 대한 선호 비율은 남학생이 여학생의 2배 미만이다.
④ 동화 분야에 대한 선호 비율은 여학생이 남학생의 2배 이상이다.

교육은 우리 자신의 무지를 점차 발견해 가는 과정이다.

- 윌 듀란트 -

PART

3

최종점검 모의고사

제1회 최종점검 모의고사

☑ 응시시간 : 50분 ☑ 문항 수 : 45문항

정답 및 해설 p.034

※ 다음 중 밑줄 친 부분과 같은 의미로 쓰인 것을 고르시오. [1~2]

01

> 모든 일에는 다 때가 있는 법이다.

① 아무 때나 방문해도 괜찮을까요?
② 반려동물을 위한 병원을 선택할 때 고려해야 할 점은 무엇인가?
③ 때를 자주 거르면 소화 기능이 떨어질 수 있다.
④ 아직은 때가 아니므로 조용히 기다려야 한다.

02

> 구체적인 계획을 세워 빠르게 실행에 옮기도록 하자.

① 책을 읽고 느낀 바를 그대로 글로 옮기는 일은 어려워.
② 말을 함부로 여기저기 옮기는 사람은 경계할 필요가 있다.
③ 여러분, 드디어 우리의 뜻을 행동으로 옮길 때가 됐습니다.
④ 독감 환자는 마스크를 착용하여 주변 사람에게 감기를 옮기지 않도록 유의해야 합니다.

03 다음 중 제시된 문장 안에서 사용되지 않는 단어는?

- 낱말 맞히기 퍼즐은 어린이의 지능을 ______시키는 데에 도움을 준다.
- 국토의 균형적인 ______을 위해 지방 소도시에 대한 지원이 이루어져야 한다.
- 인류는 화석 연료를 대체할 수 있는 새로운 에너지를 ______하는 데에 힘써야 한다.
- 농업 기술이 ______한/된 덕분에 제철이 아닌 과일도 언제든지 먹을 수 있다.
- 대통령은 국정 전반에 걸쳐 ______을 단행했다.

① 개혁
② 개척
③ 개발
④ 발전

04 다음 제시된 단락을 읽고, 이어질 단락을 논리적 순서대로 바르게 나열한 것은?

구체적 행위에 대한 도덕적 판단 문제를 다루는 것이 규범 윤리학이라면, 옳음의 의미 문제, 도덕적 진리의 존재 문제 등과 같이 규범 윤리학에서 사용하는 개념과 원칙에 대해 다루는 것은 메타 윤리학이다. 메타 윤리학에서 도덕 실재론과 정서주의는 '옳음'과 '옳지 않음'의 의미를 이해하는 방식과 도덕적 진리의 존재 여부에 대해 상반된 주장을 펼친다.

(가) 따라서 '옳다' 혹은 '옳지 않다'라는 도덕적 판단을 내리지만, 과학적 진리와 같은 도덕적 진리는 없다는 입장을 보인다.
(나) 도덕 실재론에서는 도덕적 판단과 도덕적 진리를 과학적 판단 및 과학적 진리와 마찬가지라고 본다.
(다) 한편, 정서주의에서는 어떤 도덕적 행위에 대해 도덕적으로 옳음이나 도덕적으로 옳지 않음이라는 성질은 객관적으로 존재하지 않는 것이고 도덕적 판단도 참 또는 거짓으로 판정되는 명제를 나타내지 않는다.
(라) 즉, 과학적 판단이 '참' 또는 '거짓'을 판정할 수 있는 명제를 나타내고 이때 참으로 판정된 명제를 과학적 진리라고 부르는 것처럼, 도덕적 판단도 참 또는 거짓으로 판정할 수 있는 명제를 나타내고 참으로 판정된 명제가 곧 도덕적 진리라고 규정하는 것이다.

① (다) – (라) – (나) – (가)
② (나) – (가) – (다) – (라)
③ (가) – (나) – (다) – (라)
④ (나) – (라) – (다) – (가)

05 다음 글의 빈칸에 들어갈 접속어로 가장 적절한 것은?

> 날이 추우면 통증이 커질 수 있는 질환이 몇 가지 있다. 골관절염이나 류머티즘 관절염 등 관절 관련 질환이 여기에 해당한다. 통증은 신체에 어떤 이상이 있으니 상황이 악화되지 않도록 피할 방법을 준비하라고 스스로에게 알리는 경고이다.
> 골관절염과 류머티즘 관절염은 여러 면에서 차이가 있으나 환절기에 추워지면 증상이 악화될 수 있다는 공통점이 있다. 날씨에 따라 관절염 증상이 악화되는 이유를 의학적으로 명확하게 설명할 수 있는 근거는 다소 부족하지만 추위로 인해 관절염 통증이 심해질 수 있다. 우리는 신체의 신경을 통해 통증을 느끼는데, 날이 추워지면 신체의 열을 빼앗기지 않고자 조직이 수축한다. 이 과정에서 신경이 자극을 받아 통증을 느끼게 되는 것이다. 즉, 관절염의 질환 상태에는 큰 변화가 없을지라도 평소보다 더 심한 통증을 느끼게 된다.
> __________ 날이 추워질수록 외부 온도 변화에 대응할 수 있도록 가벼운 옷을 여러 개 겹쳐 입어 체온을 일정하게 유지해야 한다. 특히 일교차가 큰 환절기에는 아침, 점심, 저녁으로 변화하는 기온에 따라 옷을 적절하게 입고 벗을 필요가 있다. 오전에 첫 활동을 시작할 때는 가벼운 스트레칭을 통해 체온을 올린 후 활동하는 것도 효과적이다. 춥다고 웅크린 상태에서 움직이지 않으면 체온이 유지되지 않을 수 있으므로 적절한 활동을 지속하는 것이 중요하다.

① 그러나　② 따라서
③ 한편　④ 그리고

06 다음 제시된 단어의 대응 관계로 볼 때, 빈칸에 들어갈 가장 적절한 단어는?

> 보유하다 : 갖다 = 조성하다 : (　　)

① 벗어나다　② 내보내다
③ 만들다　④ 받아들이다

07 다음 글의 빈칸에 들어갈 적절한 내용을 〈보기〉에서 골라 순서대로 나열한 것은?

언젠가부터 우리 바다 속에 해파리나 불가사리와 같이 특정한 종들만이 크게 번창하고 있다는 우려의 말이 들린다. 한마디로 다양성이 크게 줄었다는 이야기이다. 척박한 환경에서는 몇몇 특별한 종들만이 득세한다는 점에서 자연 생태계와 우리 사회는 닮은 것 같다. 어떤 특정 집단이나 개인들에게 앞으로 어려워질 경제 상황은 새로운 기회가 될지도 모른다. ___(가)___ 왜냐하면 자원과 에너지 측면에서 보더라도 이들 몇몇 집단들만 존재하는 세계에서는 이들이 쓰다 남은 물자와 이용하지 못한 에너지는 고스란히 버려질 수밖에 없고 따라서 효율성이 극히 낮기 때문이다.
다양성 확보는 사회 집단의 생존과도 무관하지 않다. 조류 독감이 발생할 때마다 해당 양계장은 물론 그 주변 양계장의 닭까지 모조리 폐사시켜야 하는 참혹한 현실을 본다. 단 한 마리의 닭이 조류 독감에 걸려도 그렇게 많은 닭들을 죽여야 하는 이유는 인공적인 교배로 인해 이들 모두가 똑같은 유전자를 가졌기 때문이다. ___(나)___
이처럼 다양성의 확보는 자원의 효율적 사용과 사회 안정에 중요한 역할을 하지만 많은 비용이 들기도 한다. 예를 들어 출산 휴가를 주고, 노약자를 배려하고, 장애인에게 보조 공학 기기와 접근성을 제공하는 것을 비롯해 다문화 가정과 외국인 노동자를 위한 행정 제도 개선 등은 결코 공짜가 아니다. ___(다)___

보기

㉠ 따라서 다양한 유전 형질을 확보하는 길만이 재앙의 확산을 막고 피해를 줄이는 길이다.
㉡ 하지만 이는 사회 전체로 볼 때 그다지 바람직한 현상이 아니다.
㉢ 그럼에도 불구하고 다양성 확보가 중요한 이유는 우리가 미처 깨닫고 있지 못하는 넓은 이해와 사랑에 대한 기회를 사회 구성원 모두에게 제공하기 때문이다.

	(가)	(나)	(다)
①	㉠	㉡	㉢
②	㉠	㉢	㉡
③	㉡	㉢	㉠
④	㉡	㉠	㉢

08 다음 글의 빈칸에 들어갈 한자성어로 가장 적절한 것은?

과거 주나라에서는 '주지육림(酒池肉林)'의 포악무도한 왕을 타도하기 위해 제후와 군사들이 모였다. 하지만 대의명분 아래 모인 이들이 상대하기에 상나라의 힘은 여전히 막강했기에, 맹주인 무왕에게는 군사들이 고향땅에서 천리 길을 달리고도 다시 누런 흙탕물로 소용돌이치는 황하를 건너 진격하게 할 강력한 리더십과 대의명분이 절실했다.
이를 담아낸 혁명선언문이 바로 큰 맹세를 뜻하는 '태서(泰誓)'이다. 태서에서 무왕은 '비록 상나라에 억조에 달하는 백성이 있지만 서로 마음과 덕이 따로 놀기 때문에 비록 수는 적어도 우리가 이길 수 있다'며 군사들을 위무하였고, '목야전투'에서 10만 군대를 무찔러 그 뜻을 이루게 된다. 현대 농업계에도 이처럼 태서편에 묻혀 있던 무왕의 ________이 필요하다.

① 이심전심(以心傳心)
② 동심동덕(同心同德)
③ 동두철신(銅頭鐵身)
④ 동고동락(同苦同樂)

※ 다음 글을 읽고 이어지는 질문에 답하시오. [9~11]

(가) 우리는 처음 만난 사람의 외모를 보고, 그를 어떤 방식으로 대우해야 할지를 결정할 때가 많다. 그가 여자인지 남자인지, 얼굴색이 흰지 검은지, 나이가 많은지 적은지 혹은 그의 스타일이 조금은 상류층의 모습을 띠고 있는지 아니면 너무나 흔해서 별 특징이 드러나 보이지 않는 외모를 하고 있는지 등을 통해 그들과 나의 차이를 재빨리 감지한다. 일단 감지가 되면 우리는 둘 사이의 지위 차이를 인식하고 우리가 알고 있는 방식으로 그를 대하게 된다. 한 개인이 특정 집단에 속한다는 것은 단순히 다른 집단의 사람과 다르다는 것뿐만 아니라, 그 집단이 다른 집단보다는 지위가 높거나 우월하다는 믿음을 갖게 한다. 모든 인간은 평등하다는 우리의 신념에도 불구하고 왜 인간들 사이의 이러한 위계화(位階化)를 당연한 것으로 받아들일까? 위계화란 특정 부류의 사람들은 자원과 권력을 소유하고 다른 부류의 사람들은 낮은 사회적 지위를 갖게 되는 사회적이며 문화적인 체계이다. 다음에서 우리는 이러한 불평등이 어떠한 방식으로 경험되고 조직화되는지를 살펴보기로 하자.

(나) 인간이 불평등을 경험하게 되는 방식은 여러 측면으로 나눌 수 있다. 산업 사회에서의 불평등은 계층과 계급의 차이를 통해서 정당화되는데, 이는 재산, 생산 수단의 소유 여부, 학력, 집안 배경 등등의 요소들의 결합에 의해 사람들 사이의 위계를 만들어 낸다. 또한, 모든 사회에서 인간은 태어날 때부터 얻게 되는 인종, 성, 종족 등의 생득적 특성과 나이를 통해 불평등을 경험한다. 이러한 특성들은 단순히 생물학적인 차이를 지칭하는 것이 아니라, 개인의 열등성과 우등성을 가늠하게 만드는 사회적 개념이 되곤 한다.

(다) 한편 불평등이 재생산되는 다양한 사회적 기제들이 때로는 관습이나 전통이라는 이름하에 특정 사회의 본질적인 문화적 특성으로 간주되고 당연시되는 경우가 많다. 불평등은 체계적으로 조직되고 개인에 의해 경험됨으로써 문화의 주요 부분이 되었고, 그 결과 같은 문화권 내의 구성원들 사이에 권력 차이와 그에 따른 폭력이나 비인간적인 행위들이 자연스럽게 수용될 때가 많다.

(라) 문화 인류학자들은 사회 집단의 차이와 불평등, 사회의 관습 또는 전통이라고 얘기되는 문화 현상에 대해 어떤 입장을 취해야 할지 고민을 한다. 문화 인류학자가 이러한 문화 현상은 고유한 역사적 산물이므로 나름대로 가치를 지닌다는 입장만을 반복하거나 단순히 관찰자로서의 입장에 안주한다면, 이러한 차별의 형태를 제거하는 데 도움을 줄 수 없다. 실제로 문화 인류학 연구는 기존의 권력 관계를 유지시켜주는 다양한 문화적 이데올로기를 분석하고, 인간 간의 차이가 우등성과 열등성을 구분하는 지표가 아니라 동등한 다름일 뿐이라는 것을 일깨우는 데 기여해 왔다.

09 윗글의 제목으로 가장 적절한 것은?

① 차이와 불평등
② 차이의 감지 능력
③ 문화 인류학의 역사
④ 위계화의 개념과 구조

10 다음 중 〈보기〉가 들어갈 위치로 가장 적절한 곳은?

> **보기**
>
> 잘 알려진 나치 치하의 유태인 대학살은 아리안 종족의 우월성에 대한 믿음에서 기인했다. 또한, 한 사회에서 어떠한 가치와 믿음이 중요하다고 여겨지느냐에 따라, '얼굴이 희다.'라는 것은 단순히 개인의 매력을 평가하는 척도로 취급될 수 있으나, 동시에 인종적 우월성을 정당화시키는 문화적 관념으로 기능하기도 한다. '나의 조상이 유럽인이다.'라는 사실은 라틴 아메리카의 다인종 사회에서는 주요한 사회적 의미를 지닌다. 왜냐하면 그 사회에서는 인종적 차이가 보상과 처벌이 분배되는 방식을 결정하기 때문이다.

① (가) 문단 뒤
② (나) 문단 뒤
③ (다) 문단 뒤
④ (라) 문단 뒤

PART 3

11 다음 중 글의 내용을 이해한 것으로 가장 적절한 것은?

① 자원과 권력만 공평하게 소유하게 된다면 인간은 불평등을 경험하지 않을 것이다.
② 문화 인류학자의 임무는 객관적인 입장에서 인간의 문화 현상을 관찰하는 것으로 끝나야 한다.
③ 관습이나 전통은 때로 구성원끼리의 권력 차이나 폭력을 수용하는 사회적 기제로 이용되기도 한다.
④ 두 사람이 싸우다가 당신의 나이가 몇 살이냐고 묻는 것은 단순히 생물학적 차이를 알고자 하는 것이다.

※ 다음 글을 읽고 이어지는 질문에 답하시오. [12~13]

기업은 근로자에게 제공하는 보상에 비해 근로자가 더 많이 노력하기를 바라는 반면, 근로자는 자신이 노력한 것에 비해 기업으로부터 더 많은 보상을 받기를 바란다. 이처럼 기업과 근로자 간의 이해가 상충하는 문제를 완화하기 위해 근로자가 받는 보상에 근로자의 노력이 반영되도록 하는 약속이 인센티브 계약이다. 인센티브 계약에는 명시적 계약과 암묵적 계약을 이용하는 두 가지 방식이 존재한다.

명시적 계약은 법원과 같은 제삼자에 의해 강제되는 약속이므로 객관적으로 확인할 수 있는 조건에 기초해야 한다. 근로자의 노력은 객관적으로 확인할 수 없으므로, 노력 대신에 노력의 결과인 성과에 기초하여 근로자에게 보상하는 약속이 명시적인 인센티브 계약이다. 이 계약은 근로자로 하여금 자신의 노력을 증가시키도록 하는 매우 강력한 동기를 부여한다. 가령, 근로자에 대한 보상 체계가 '고정급$+a\times$성과$(0\leq a\leq 1)$'라고 할 때, 인센티브 강도를 나타내는 a가 커질수록 근로자는 고정급에 따른 기본 노력 외에도 성과급에 따른 추가적인 노력을 더 하게 될 것이다. 왜냐하면 기본 노력과 달리 추가적인 노력에 따른 성과는 a가 커질수록 더 많은 몫을 자신이 갖게 되기 때문이다. 따라서 a를 늘리면 근로자의 노력 수준이 증가함에 따라 추가적인 성과가 더욱 늘어나, 추가적인 성과 가운데 많은 몫을 근로자에게 주더라도 기업의 이윤은 늘어난다.

그러나 명시적인 인센티브 계약이 가진 두 가지 문제점으로 인해 a가 커짐에 따라 기업의 이윤이 감소하기도 한다. 첫째, 명시적인 인센티브 계약은 근로자의 소득을 불확실하게 만든다. 왜냐하면 근로자의 성과는 근로자의 노력뿐만 아니라 작업 상황이나 여건, 운 등과 같은 우연적인 요인들에 의해서도 영향을 받기 때문이다. 그런데 소득이 불확실해지는 것을 근로자가 받아들이게 하려고 기업은 근로자에게 위험 프리미엄* 성격의 추가적인 보상을 지급해야 한다. 따라서 a가 커지면 기업이 근로자에게 지급해야 하는 보상이 늘어나 기업의 이윤이 줄기도 한다. 둘째, 명시적인 인센티브 계약은 근로자들이 보상을 잘 받기 위한 노력에 치중하도록 하는 인센티브 왜곡 문제를 발생시킨다. 성과 가운데에는 측정하기 쉬운 것도 있지만 그렇지 않은 것도 있기 때문이다. 중요하지만 성과 측정이 어려워 충분히 보상받지 못하는 업무를 근로자들이 등한시하게 되면 기업 전체의 성과에 해로운 결과를 초래하게 된다. 따라서 a가 커지면 인센티브를 왜곡하는 문제가 악화되어 기업의 이윤이 줄기도 하는 것이다.

합당한 성과 측정 지표를 찾기 힘들고 인센티브 왜곡의 문제가 중요한 경우에는 암묵적인 인센티브 계약이 더 효과적일 수 있다. 암묵적인 인센티브 계약은 성과와 상관없이 근로자의 노력에 대한 주관적인 평가에 기초하여 보너스, 복지 혜택, 승진 등의 형태로 근로자에게 보상하는 것이다. ㉠ 암묵적 계약은 법이 보호할 수 있는 계약을 실제로 맺는 것이 아니다. 이에 따르면 상대방과 협력 관계를 계속 유지하는 것이 장기적으로 이익일 경우에 자발적으로 상대방의 기대에 부응하도록 행동하는 것을 계약의 이행으로 본다. 물론 어느 한쪽이 상대방의 기대를 저버림으로써 얻게 되는 단기적 이익이 크다고 생각하여 협력 관계를 끊더라도 법적으로 이를 못하도록 강제할 방법은 없다. 하지만 상대방의 신뢰를 잃게 되면 그때부터 상대방의 자발적인 협력을 기대할 수 없게 된다. 따라서 암묵적인 인센티브 계약에 의존할 때에는 기업의 평가와 보상이 공정하다고 근로자가 신뢰하게 하는 것이 중요하다.

※ 위험 프리미엄 : 소득의 불확실성이 커질 때 근로자는 사실상 소득이 줄어든 것으로 느끼게 되는데, 이를 보전하기 위해 기업이 지급해야 하는 보상

12 **다음 글의 내용으로 적절하지 않은 것은?**

① 기업과 근로자 사이의 이해 상충은 근로자의 노력을 반영하는 보상을 통해 완화할 수 있는 문제이다.
② 법이 보호할 수 있는 인센티브 계약으로 근로자의 노력을 늘리려는 것이 오히려 기업에 해가 되는 경우가 있다.
③ 명시적 인센티브 계약에서 노력의 결과인 성과에 기초하는 것은 노력 자체를 객관적으로 확인할 수 없기 때문이다.
④ 성과를 측정하기 어려운 업무에 종사하는 근로자에 대한 보상에서는 명시적인 인센티브의 강도가 높은 것이 효과적이다.

PART 3

13 **다음 글의 ㉠에 대한 설명으로 적절하지 않은 것은?**

① 법원과 같은 제삼자가 강제할 수 없는 약속이다.
② 객관적으로 확인할 수 있는 조건에 기초한 약속이다.
③ 자신에게 이익이 되기 때문에 자발적으로 이행하는 약속이다.
④ 상대방의 신뢰를 잃음으로써 초래되는 장기적 손실이 클수록 더 잘 지켜지는 약속이다.

14 다음 설명에 해당하는 의료 장비는?

> • 빛의 전반사 원리를 이용한 것이다.
> • 광섬유와 렌즈 등으로 이루어진 관을 체내에 삽입하여 위나 대장 등을 검진한다.

① 내시경　　② 청진기
③ 체온계　　④ 혈압계

15 다음 그림은 수평면 위에 정지해 있던 물체 A, B에 같은 크기의 힘(F)을 각각 수평 방향으로 일정하게 작용할 때, 두 물체의 가속도를 나타낸 것이다. A와 B의 질량비는?(단, 공기저항과 마찰은 무시한다)

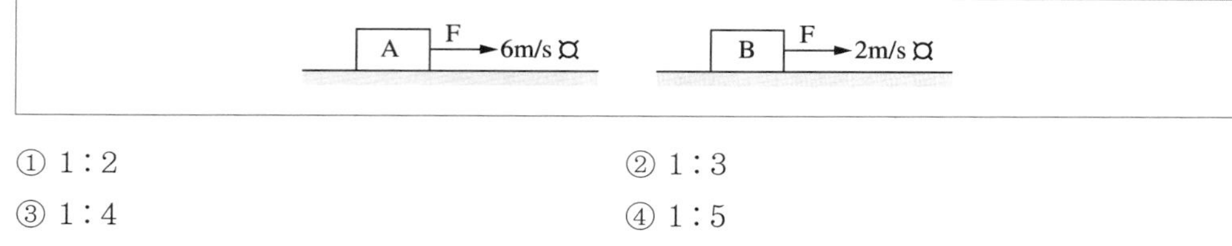

① 1 : 2　　② 1 : 3
③ 1 : 4　　④ 1 : 5

16 바이러스에 대한 설명으로 옳은 것을 〈보기〉에서 모두 고르면?

> **보기**
> ㄱ. 비감염성 병원체이다.
> ㄴ. 대장균, 콜레라균 등이 속한다.
> ㄷ. 숙주 세포 밖에서 스스로 증식할 수 없다.

① ㄱ　　② ㄷ
③ ㄱ, ㄴ　　④ ㄴ, ㄷ

17 암에 대한 설명으로 옳은 것을 〈보기〉에서 모두 고르면?

> **보기**
> ㄱ. 환경적 요인이나 유전적 요인에 의해 발생한다.
> ㄴ. 흡연은 암을 유발하는 환경적 요인으로 볼 수 있다.
> ㄷ. 정상 세포를 암으로 만드는 물질을 발암 물질이라고 한다.

① ㄷ　　② ㄱ, ㄴ
③ ㄴ, ㄷ　　④ ㄱ, ㄴ, ㄷ

PART 3

18 다음 주장의 전제로 가장 적절한 것은?

> 우리말을 가꾸기 위해서 무엇보다 중요한 것은 국어에 대한 우리의 관심과 의식이다. 지도자의 위치에 있는 사람들이 외국어를 함부로 사용하는 모습, 외국어 투성이인 상품 이름이나 거리의 간판, 문법과 규범을 지키지 않은 문장 등을 손쉽게 접할 수 있는 우리의 언어 현실, 이러한 모두는 우리말을 사랑하는 정신이 아직도 제대로 뿌리를 내리지 못하는 데서 비롯된 것이다.

① 언어는 의사소통의 도구이다.
② 언어는 언중들 간의 사회적 약속이다.
③ 언어에는 그 민족의 정신이 담겨 있다.
④ 언어는 내용과 형식을 담고 있는 체계이다.

19 다음 설명에 해당하는 것은?

> • 임계온도 이하에서 전기 저항이 0이 되는 물체이다.
> • 자기 부상 열차를 띄우는 데 이용된다.

① 다이오드　　② 초전도체
③ 고무　　④ 액정

20 다음 글의 중심 내용으로 가장 적절한 것은?

> 발전된 산업 사회는 인간을 단순한 수단으로 지배하기 위해 새로운 수단을 발전시키고 있다. 여러 사회 과학과 심층 심리학이 이를 위해 동원되고 있다. 목적이나 이념의 문제를 배제하고 가치 판단으로부터의 중립을 표방하는 사회 과학들은 인간 조종을 위한 기술적·합리적인 수단을 개발해 대중 지배에 이바지한다. 마르쿠제는 이런 발전된 산업 사회에서의 도구화된 지성을 비판하면서 이것을 '현대인의 일차원적 사유'라고 불렀다. 비판과 초월을 모르는 도구화된 사유라는 것이다.
> 발전된 산업 사회는 이처럼 사회 과학과 도구화된 지성을 동원해 인간을 조종하고 대중을 지배할 뿐만 아니라 향상된 생산력을 통해 인간을 매우 효율적으로 거의 완전하게 지배한다. 즉 발전된 산업 사회는 높은 생산력을 통해 늘 새로운 수요들을 창조하고, 모든 선전 수단을 동원하여 이러한 새로운 수요들을 인간의 삶을 위해 불가결한 것으로 만든다. 그리하여 인간이 새로운 수요들을 지향하지 않을 수 없게 한다. 이렇게 산업 사회는 늘 새로운 수요의 창조와 공급을 통해 인간의 삶을 지배하고 그의 인격을 사로잡아 버리는 것이다.

① 산업 사회에서 도구화된 지성의 문제점
② 산업 사회의 발전과 경제력 향상
③ 산업 사회의 특징과 문제점
④ 산업 사회의 대중 지배 양상

21 다음 글의 빈칸에 들어갈 내용으로 가장 적절한 것은?

> 제주 한라산 천연보호구역에 있는 한 조립식 건물에서 불이 나 3명의 사상자가 발생했다. 이 건물은 무속 신을 모시는 신당으로 수십 년 동안 운영된 곳이나, 실상은 허가 없이 지은 불법 건축물에 해당되었다. 특히 해당 건물은 조립식 샌드위치 패널로 지어져 있어 이번 화재는 자칫 대형 산불로 이어져 한라산까지 타버릴 아찔한 사고였지만, 행정당국은 불이 난 뒤에야 이 건축물의 존재를 파악했다. 해당 건물에서의 화재는 30여 분 만에 빠르게 진화되었지만, 이 불로 건물 안에 있던 40대 남성이 숨지고, 60대 여성 2명이 화상을 입어 병원으로 이송되었다. 이는 해당 건물이 ＿＿＿＿＿＿＿＿ 불이 삽시간에 번져 나갔기 때문이었다.
> 행정당국은 서귀포시는 산림이 울창하고, 인적이 드문 곳이어서 관련 신고가 접수되지 않는 등 단속에 한계가 있다고 밝히며 행정의 손이 미치지 않는 취약한 지역, 산지나 으슥한 지역은 관련 부서와 협의를 거쳐 점검할 필요가 있다고 말했다.

① 화재에 취약한 구조로 지어져 있어
② 산지에 위치해 기후가 건조했기 때문에
③ 안정성을 검증받지 못한 가건물에 해당 되어
④ 소방시설과 거리가 있는 곳에 위치하고 있어

※ 다음과 같은 모양을 만드는 데 사용된 블록의 개수를 고르시오(단, 보이지 않는 곳의 블록은 있다고 가정한다). **[22~23]**

22

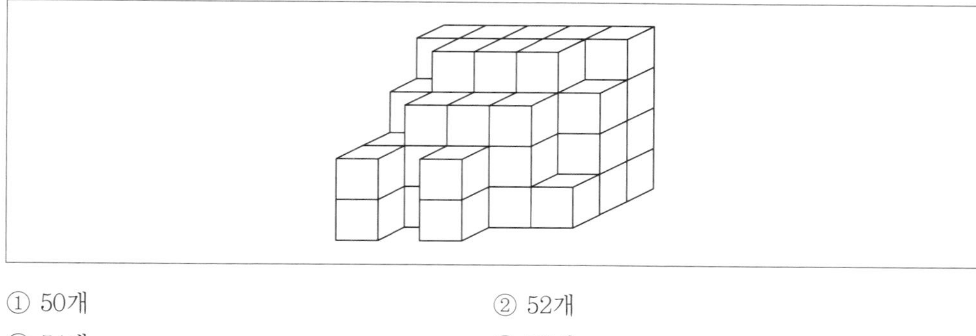

① 50개 ② 52개

③ 54개 ④ 56개

PART 3

23

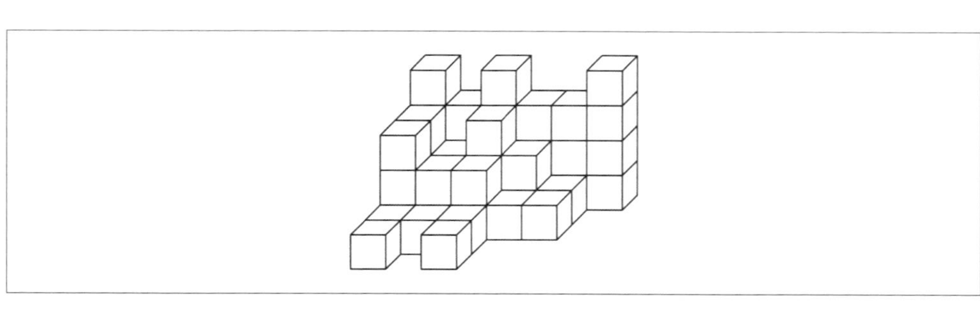

① 44개 ② 45개

③ 46개 ④ 47개

24 다음은 1857 ~ 2021년 금 가격을 나타낸 자료이다. 다음 중 자료를 올바르게 나타낸 그래프는?

〈금 가격 동향〉

연도	금 가격(USD/트로이온스)	연도	금 가격(USD/트로이온스)
2021년	1,295.05	1997년	383.51
2020년	1,412.07	1992년	317.00
2019년	1,667.38	1987년	615.00
2018년	1,571.52	1977년	36.02
2017년	1,224.53	1967년	35.27
2012년	444.74	1957년	34.72
2007년	279.11	1907년	18.96
2002년	383.79	1857년	18.93

①
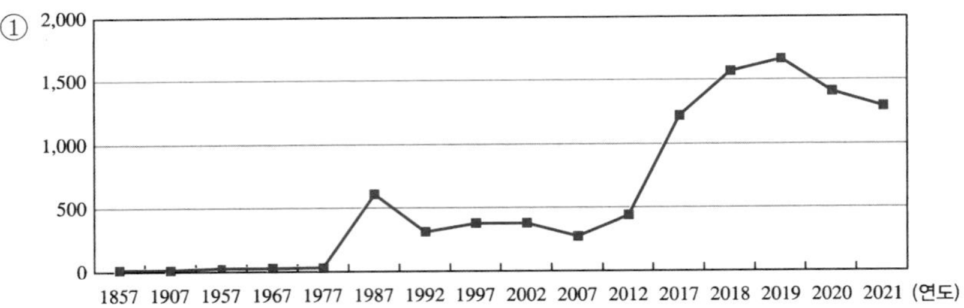

②
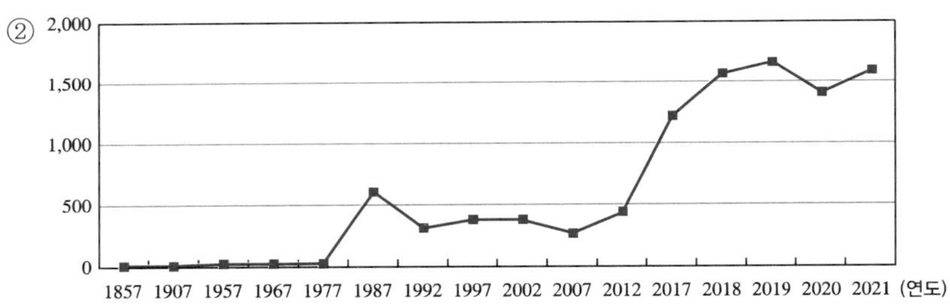

③
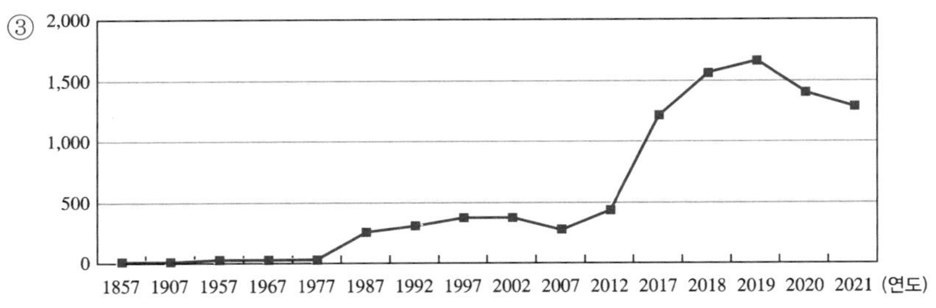

④
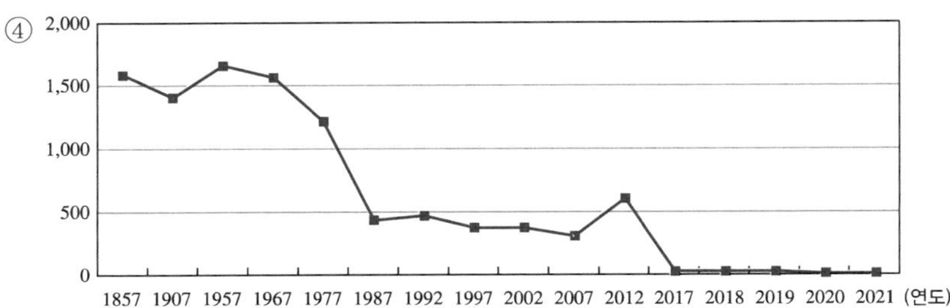

※ 일정한 규칙으로 수를 나열할 때, 빈칸에 들어갈 수로 옳은 것을 고르시오. [25~28]

25

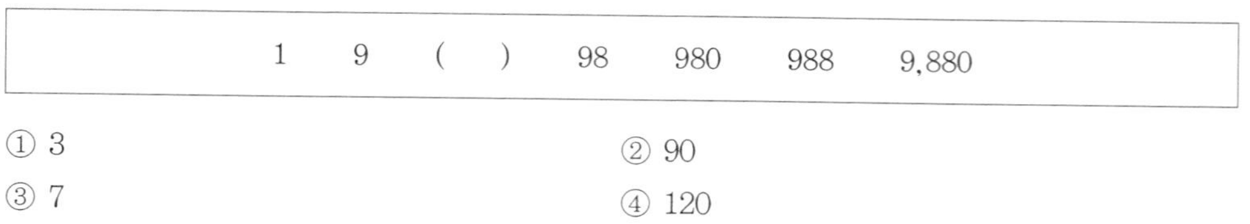

① 3
② 90
③ 7
④ 120

26

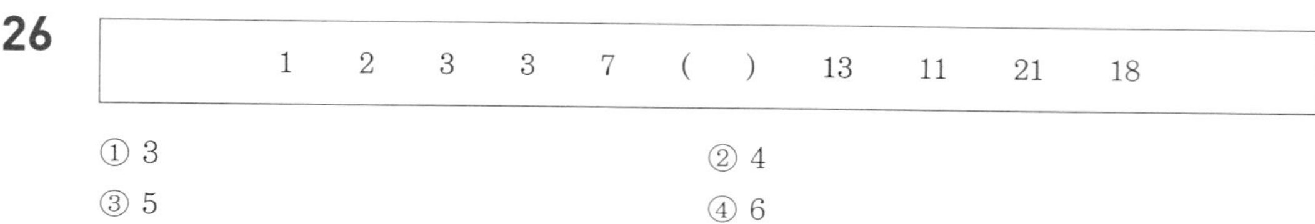

① 3
② 4
③ 5
④ 6

27

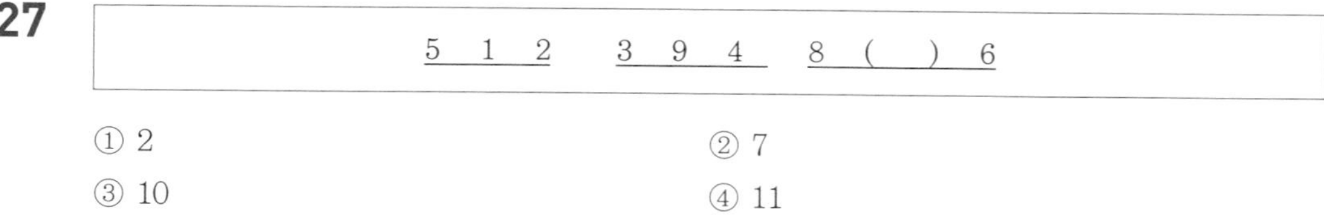

① 2
② 7
③ 10
④ 11

28

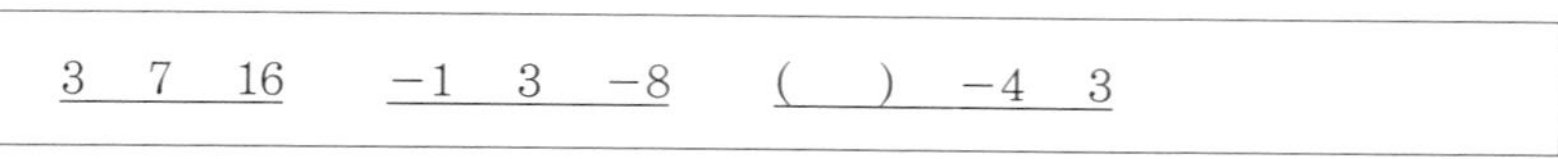

① 5
② 7
③ 0
④ −2

PART 3

29 A ~ G 일곱 사람이 다음과 같이 원탁에 둘러 앉아 있을 때, B와 인접하여 앉은 사람은?

- A로부터 두 사람 건너 F가 앉아 있다.
- F로부터 두 사람 건너 E가 앉아 있다.
- E로부터 두 사람 건너 B가 앉아 있다.
- C와 F는 인접하여 앉아 있지 않다.
- G와 C는 인접하여 앉아 있다.

① A ② C
③ D ④ E

30 여섯 가지 색상의 유리구슬 18개가 있다고 할 때, 구슬의 개수에 대한 설명으로 옳은 것은?

- 적, 흑, 청의 합계는 백, 황, 녹의 합계와 같다.
- 황색의 수는 흑색의 3배이다.
- 백색은 녹색보다 많고, 녹색은 흑색보다 많다.
- 적색은 백색과 녹색의 합계와 같다.

① 적색 유리구슬의 개수는 5개이다.
② 황색 유리구슬의 개수는 2개이다.
③ 녹색 유리구슬의 개수는 4개이다.
④ 흑색 유리구슬의 개수는 1개이다.

31 제시된 명제가 참일 때, 다음 빈칸에 들어갈 명제로 가장 적절한 것은?

- 인기가 하락했다면 호감을 못 얻은 것이다.
- ______________________________

그러므로 인기가 하락했다면 타인에게 잘 대하지 않은 것이다.

① 타인에게 잘 대하면 호감을 얻는다.
② 호감을 얻으면 인기가 상승한다.
③ 타인에게 잘 대하면 인기가 하락한다.
④ 호감을 얻으면 타인에게 잘 대한다.

32 한 경기장에는 네 개의 탈의실이 있는데 이미 예약된 탈의실은 다음과 같다. 다음 〈조건〉을 따라 대여할 때, 금요일의 빈 시간에 탈의실을 대여할 수 있는 단체를 모두 고르면?

구분	월요일	화요일	수요일	목요일	금요일
A	시대	–	한국	–	–
B	우리	–	–	시대	–
C	–	–	나라	–	나라
D	한국	시대	–	우리	–

조건

- 일주일에 최대 세 번, 세 개의 탈의실을 대여할 수 있다.
- 한 단체가 하루에 두 개의 탈의실을 대여하려면, 인접한 탈의실을 대여해야 한다.
- 탈의실은 A－B－C－D 순서로 일렬로 나열되어 있다.
- 탈의실은 하루에 두 개까지 대여할 수 있다.
- 전날 대여한 탈의실을 똑같은 단체가 다시 대여할 수 없다.

① 나라
② 우리, 나라, 한국
③ 한국, 나라
④ 시대, 한국, 나라

PART 3

33 상준이는 건강상의 이유로 운동을 하기로 했다. 상준이가 선택한 운동은 복싱인데, 월요일부터 일요일까지 3일을 선택하여 오전 또는 오후에 운동을 하기로 했다. 다음 중 상준이가 운동을 시작한 첫째 주 월요일부터 일요일까지 운동한 요일은?

- 운동을 하려면 마지막 운동을 한 지 최소 12시간이 지나야 한다.
- 상준이는 주말에 약속이 있어서 운동을 하지 못했다.
- 상준이는 금요일 오후에 운동을 했다.
- 상준이는 금요일을 제외한 나머지 날 오후에 운동을 하지 못했다.
- 두 번은 이틀 연속으로 했는데, 금요일이나 월요일은 아니었다.

① 월요일(오전), 화요일(오후), 금요일(오후)
② 화요일(오전), 화요일(오후), 금요일(오후)
③ 화요일(오전), 수요일(오전), 금요일(오후)
④ 월요일(오전), 화요일(오전), 금요일(오후)

34 질량이 다른 물체 A, B가 수평면 위에 정지해 있다. 두 물체에 힘(F)을 일정하게 작용할 때, A, B의 가속도를 각각 a_A, a_B라 하면 $a_A : a_B$는?(단, 마찰은 무시한다)

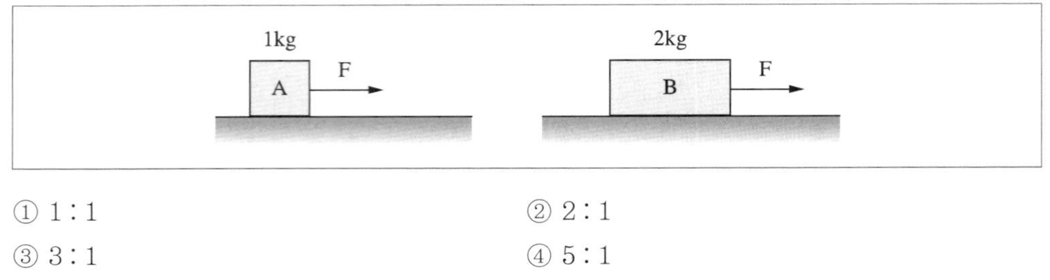

① 1 : 1
② 2 : 1
③ 3 : 1
④ 5 : 1

35 다음과 같은 에너지 전환을 주로 이용하는 장치는?

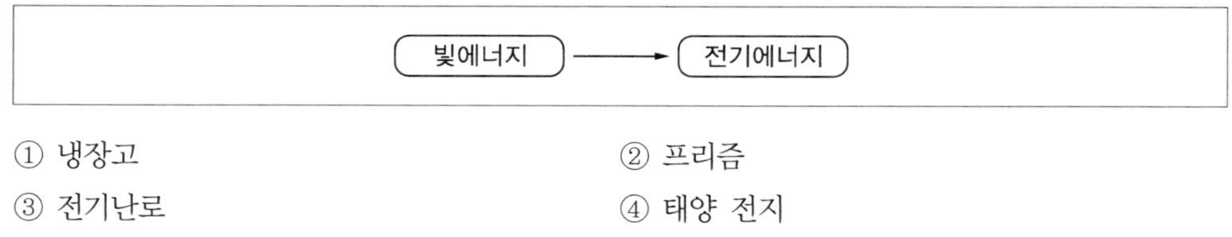

① 냉장고
② 프리즘
③ 전기난로
④ 태양 전지

※ 다음 그림과 같이 화살표 방향으로 종이를 접은 후, 펀치로 구멍을 뚫어 다시 펼쳤을 때의 그림으로 옳은 것을 고르시오. **[36~37]**

36

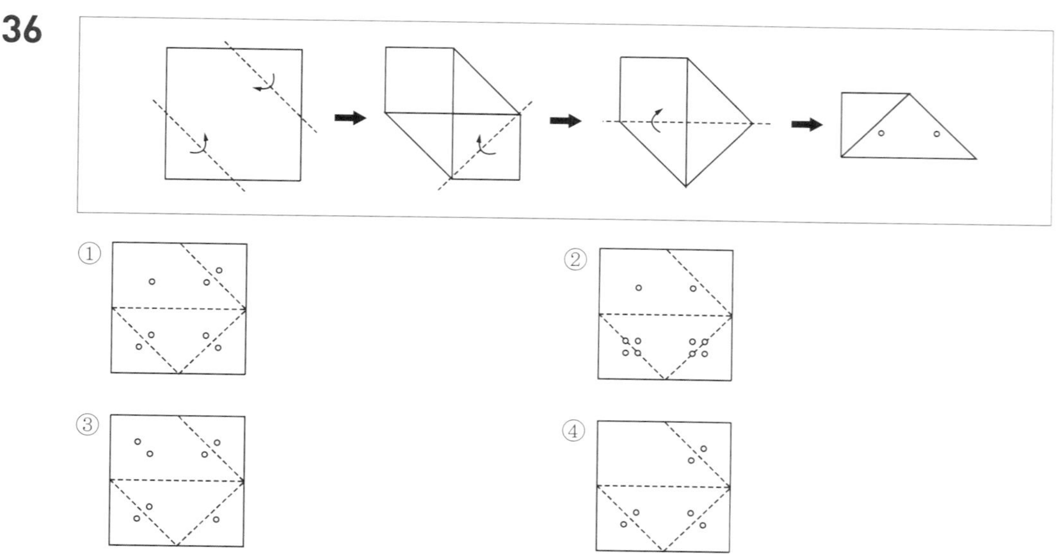

37

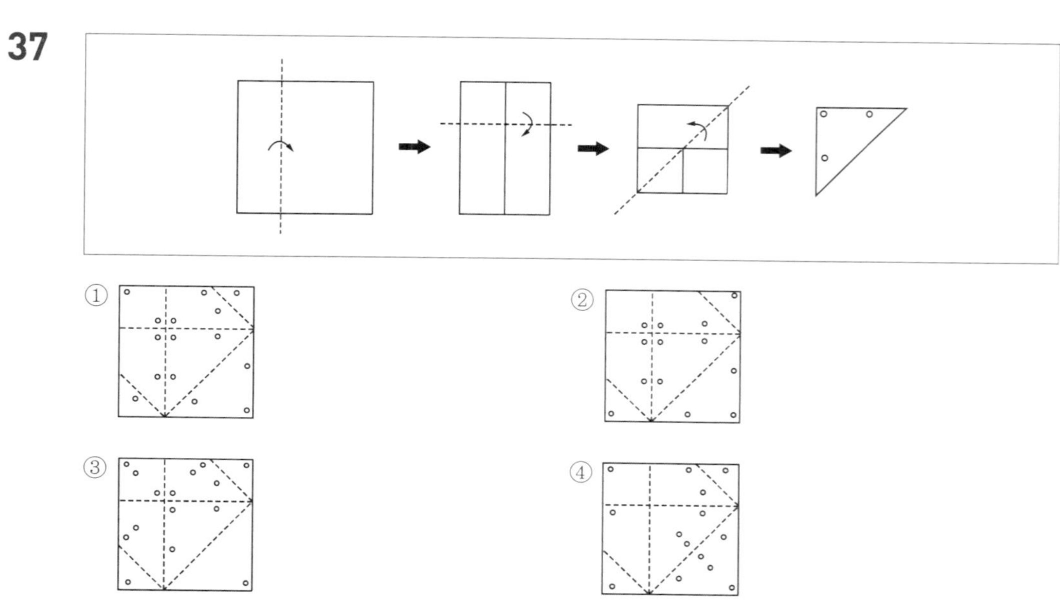

※ 다음과 같은 정사각형의 종이를 화살표 방향으로 접고 〈보기〉의 좌표가 가리키는 위치에 구멍을 뚫었다. 다시 펼쳤을 때 뚫린 구멍의 위치를 좌표로 나타낸 것으로 옳은 것을 고르시오(단, 좌표가 그려진 사각형의 크기와 종이의 크기는 일치하며, 종이가 접힐 때 종이의 위치는 바뀌지 않는다). **[38~39]**

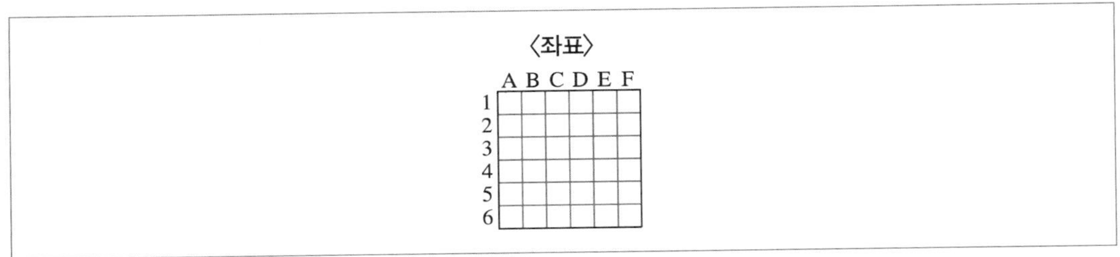

38

보기
A3

① A2, A3, A6, F2, F3, F6
② A6, B2, B3, F2, F3, F6
③ A2, A3, A6, E2, E3, E6
④ A2, A3, A5, F2, F3, F5

39

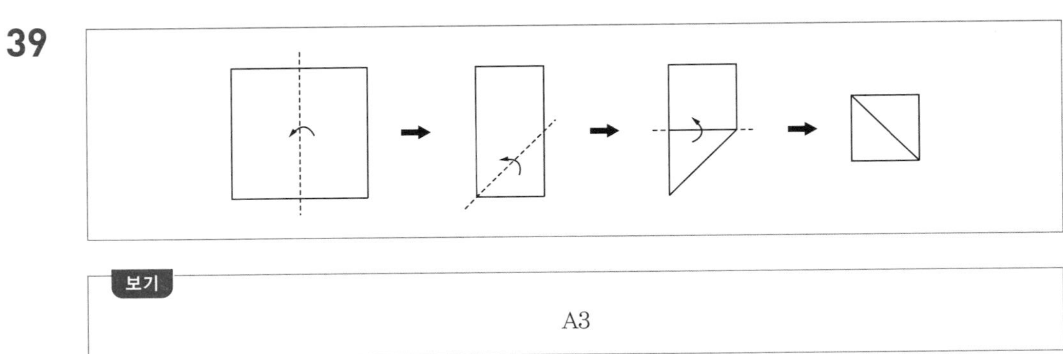

보기
A3

① A2, A5, C6, D6, F2, F5
② A3, A4, C1, D1, F3, F4
③ B3, B4, C6, D6, E3, E4
④ A3, A4, C6, D6, F3, F4

※ 다음 그림을 순서대로 바르게 나열한 것을 고르시오. [40~41]

40

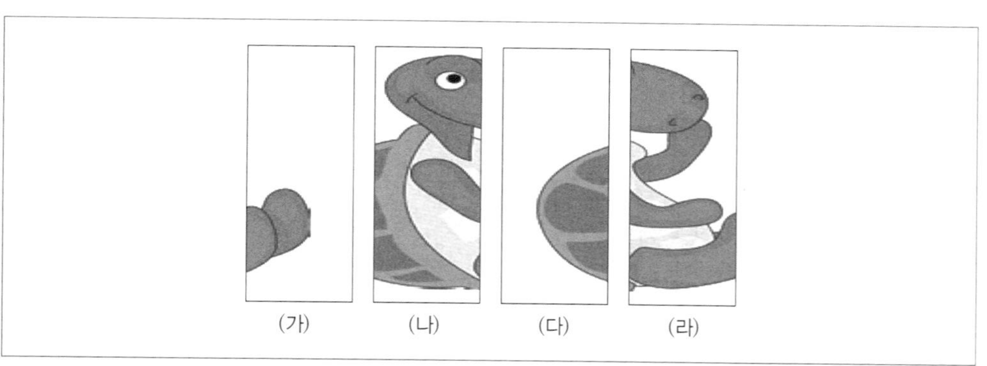

(가) (나) (다) (라)

① (다) – (가) – (라) – (나)
② (라) – (나) – (가) – (다)
③ (나) – (라) – (다) – (가)
④ (다) – (나) – (라) – (가)

41

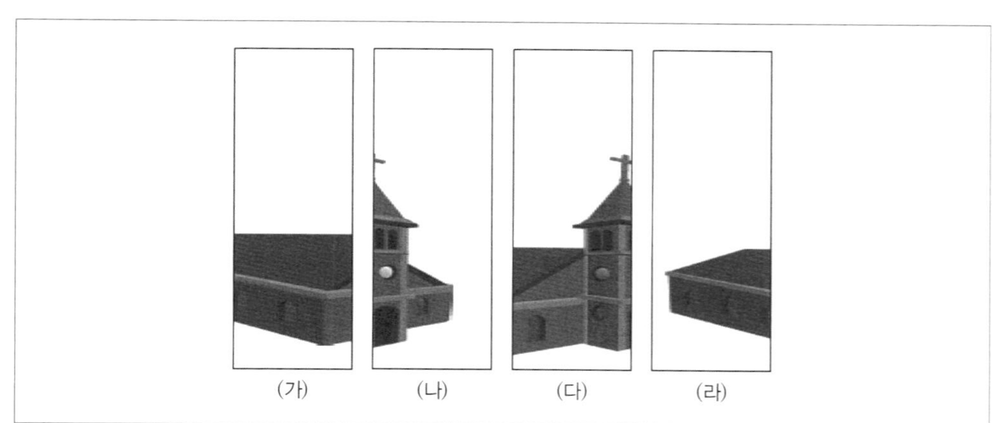

(가) (나) (다) (라)

① (다) – (가) – (라) – (나)
② (라) – (가) – (다) – (나)
③ (나) – (가) – (라) – (다)
④ (나) – (라) – (다) – (가)

42 다음 중 입체도형을 만들었을 때, 다른 모양이 나오는 것은?

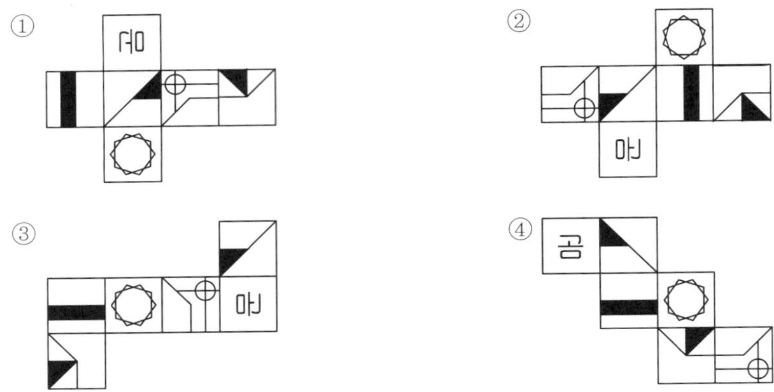

※ 왼쪽의 직육면체 모양의 입체도형은 두 번째, 세 번째 입체도형과 ?를 조합하여 만들 수 있다. ?에 알맞은 도형을 고르시오. **[43~45]**

43

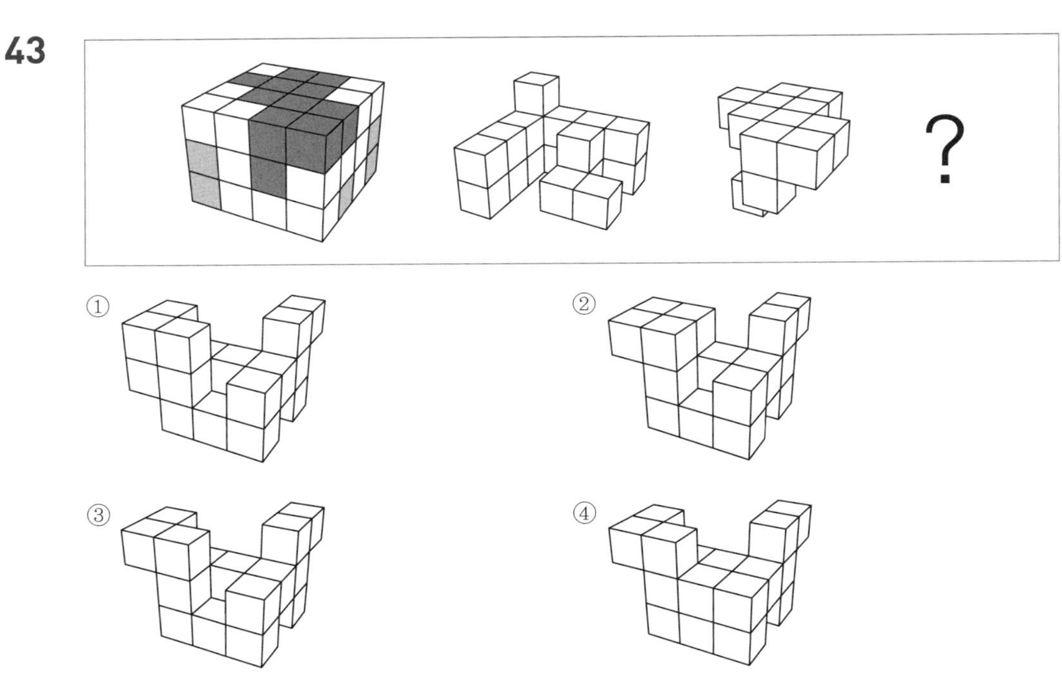

44

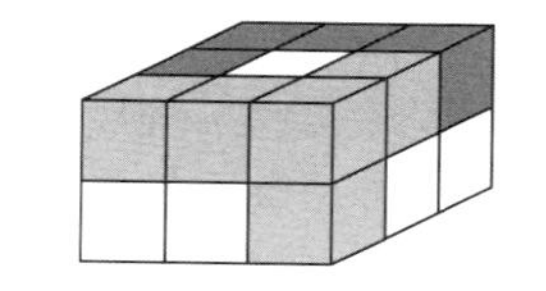 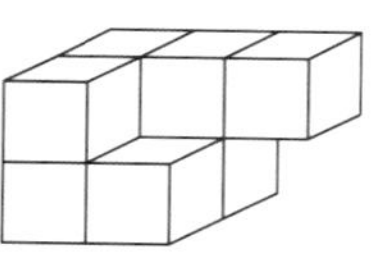 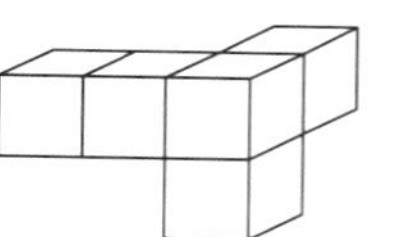 ?

① 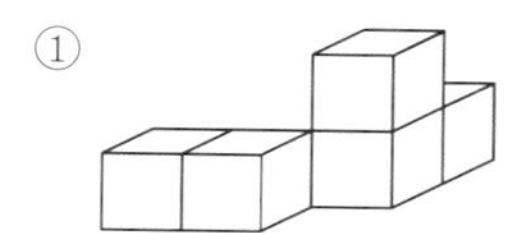

② 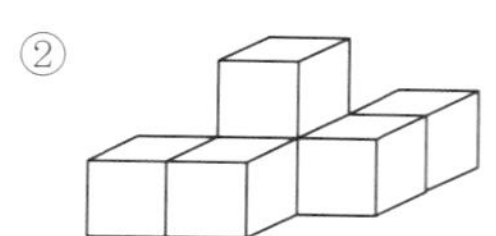

③ 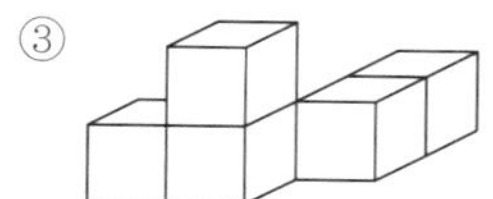

④ 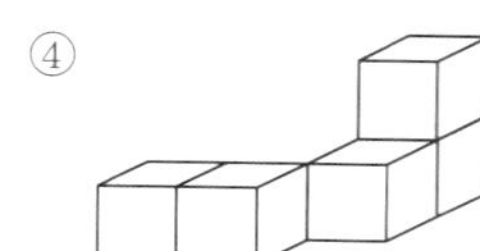

45

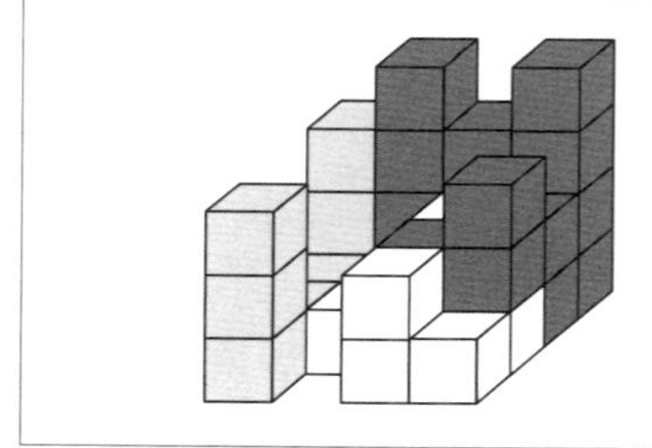 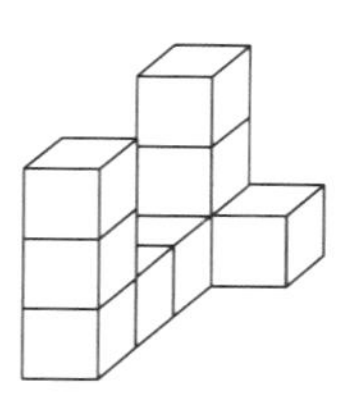 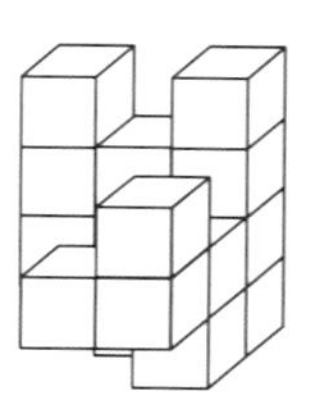 

①  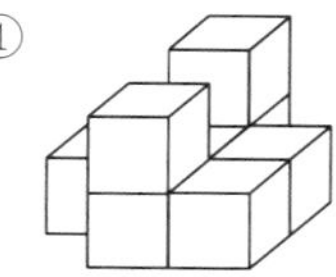

② 

③ 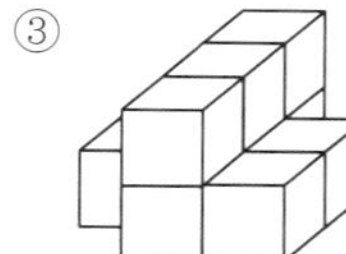

④  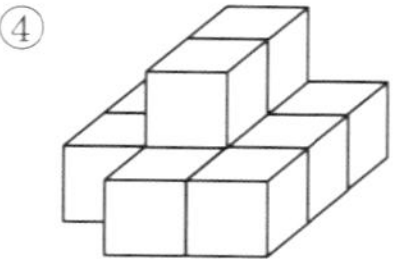

제2회 최종점검 모의고사

모바일 OMR
답안채점 / 성적분석
서비스

☑ 응시시간 : 50분 ☑ 문항 수 : 45문항

정답 및 해설 p.042

※ 다음 중 밑줄 친 부분과 같은 의미로 쓰인 것을 고르시오. [1~2]

01

발길 닿는 대로 걷다 보니 낯선 곳에 와 있었다.

① 일이 잘못되었다는 소식이 그에게 닿기 전에 해결해야 한다.
② 나는 전류에 닿기라도 한 듯한 충격을 느꼈다.
③ 그와 인연이 닿지 않아 애를 태웠다.
④ 너의 주장은 결코 이치에 닿지 않는구나.

02

잡지에서 난생처음 보는 단어를 발견했다.

① 여가 시간에는 책을 보는 습관을 들이는 것이 좋다.
② 보던 신문을 끊고 다른 신문으로 바꾸다.
③ 그는 연극을 보는 재미로 극장에서 일한다.
④ 교차로를 건널 때에는 신호등을 잘 보고 건너야 한다.

03 다음 중 제시된 문장 안에서 사용되지 않는 단어는?

- 그는 약혼녀에게 사랑의 ______(으)로 반지를 선물했다.
- 검찰은 그의 혐의에 대한 모든 ______을/를 포착했다고 밝혔다.
- 교수는 자신의 가설을 ______하기 위해 실험을 계획했다.
- 경찰은 현장 조사를 통해 사건의 실마리를 풀 수 있는 ______을/를 발견했다.

① 증표 ② 증명
③ 증거 ④ 증빙

04 **다음 제시된 단어의 대응 관계를 볼 때, 빈칸에 들어갈 가장 적절한 단어는?**

> 가끔 : 이따금 = (　　) : 죽다

① 숨지다　　② 살다
③ 맞다　　④ 날다

05 **다음 제시된 단락을 읽고, 이어질 단락을 논리적 순서대로 바르게 나열한 것은?**

> 우리는 어떤 범죄를 같이 저지른 사람을 흔히 '공범'이라고 부른다. 우리가 쓰는 공범의 의미는 법학적으로는 '광의의 공범'으로서, 조금 더 개념분화를 철저하게 시키면 공범은 직접정범을 제외한 정범과 협의의 공범으로 나뉜다.

> (가) 앞서 본 정범과 달리 협의의 공범은 정범성의 표지가 결여된 형태로서, 우리의 판례와 학설은 공범의 성립을 위해서는 정범이 있어야 한다는 공범종속성설의 취지에 따르고, 더하여 다수설은 본인이 참여한 범죄의 정범의 행위가 구성요건에 해당하고 위법성이 인정되어야 한다는 제한적 종속형식을 취하고 있다.
> (나) 직접정범을 제외한 정범에는 공동정범과 간접정범이 있다. 공동정범은 2인 이상이 공동으로 범행한 경우이며, 간접정범은 타인을 생명 있는 도구로 이용하여 간접적으로 범죄를 성립한 행위이다.
> (다) 공동정범의 성립을 위해 통설은 공동의사와 기능적 행위지배가 필요하다고 한다. 반면에 간접정범의 성립을 위해서는, 어느 행위로 인하여 처벌되지 않는 자 또는 과실범으로 처벌하는 자를 교사 또는 방조하여 범죄행위의 결과를 발생케 하여야 하는데, 여기서 통설에 따르면 의사지배가 필요하다.
> (라) 따라서 협의의 공범의 유형인 교사범과 종범 혹은 방조범의 경우, 정범이 구성요건에 해당하지 않고 위법성 또한 없다면 처벌될 수 없으며, 이에 대해서 우리 형법은 특별한 예로 실패한 교사·효과 없는 교사 등의 규정을 두고 있다.

① (나) – (다) – (라) – (가)　　② (나) – (다) – (가) – (라)
③ (다) – (라) – (가) – (나)　　④ (다) – (라) – (나) – (가)

06 다음 글의 빈칸에 들어갈 내용으로 가장 적절한 것은?

> 소독이란 물체의 표면 및 그 내부에 있는 병원균을 죽여 전파력 또는 감염력을 없애는 것이다. 이때, 소독의 가장 안전한 형태로는 멸균이 있다. 멸균이란 대상으로 하는 물체의 표면 또는 그 내부에 분포하는 모든 세균을 완전히 죽여 무균의 상태로 만드는 조작으로, 살아있는 세포뿐만 아니라 포자, 박테리아, 바이러스 등을 완전히 파괴하거나 제거하는 것이다.
> 물리적 멸균법은 열, 햇빛, 자외선, 초단파 따위를 이용하여 균을 죽여 없애는 방법이다. 열(Heat)에 의한 멸균에는 건열 방식과 습열 방식이 있는데, 건열 방식은 소각과 건식오븐을 사용하여 멸균하는 방식이다. 건열 방식이 활용되는 예로는 미생물 실험실에서 사용하는 많은 종류의 기구를 물 없이 멸균하는 것이 있다. 이는 습열 방식을 활용했을 때 유리를 포함하는 기구가 파손되거나 금속 재질로 이루어진 기구가 습기에 의해 부식할 가능성을 보완한 방법이다. 그러나 건열 멸균법은 습열 방식에 비해 멸균 속도가 느리고 효율이 떨어지며, 열에 약한 플라스틱이나 고무제품은 대상물의 변성이 이루어져 사용할 수 없다. 예를 들어 많은 세균의 내생포자는 습열 멸균 온도 조건(121℃)에서는 5분 이내에 사멸되나, 건열 멸균법을 활용할 경우 이보다 더 높은 온도(160℃)에서도 약 2시간 정도가 지나야 사멸되는 양상을 나타낸다. 반면, 습열 방식은 바이러스, 세균, 진균 등의 미생물들을 손쉽게 사멸시킨다. 습열은 효소 및 구조단백질 등의 필수 단백질의 변성을 유발하고, 핵산을 분해하며 세포막을 파괴하여 미생물을 사멸시킨다. 끓는 물에 약 10분간 노출하면 대개의 영양세포나 진핵포자를 충분히 죽일 수 있으나, 100℃의 끓는 물에서는 세균의 내생포자를 사멸시키지는 못한다. 따라서 물을 끓여서 하는 열처리는 ____________________ 멸균을 시키기 위해서는 100℃가 넘는 온도(일반적으로 121℃)에서 압력(약 1.1kg/cm^2)을 가해 주는 고압증기멸균기를 이용한다. 고압증기멸균기는 물을 끓여 증기를 발생시키고 발생한 증기와 압력에 의해 멸균을 시키는 장치이다. 고압증기멸균기 내부가 적정 온도와 압력(121℃, 약 1.1kg/cm^2)에 이를 때까지 뜨거운 포화 증기를 계속 유입시킨다. 해당 온도에서 포화 증기는 15분 이내에 모든 영양세포와 내생포자를 사멸시킨다. 고압증기멸균기에 의해 사멸되는 미생물은 고압에 의해서라기보다는 고압 하에서 수증기가 얻을 수 있는 높은 온도에 의해 사멸되는 것이다.

① 더 많은 세균을 사멸시킬 수 있다.
② 멸균 과정에서 더 많은 비용이 소요된다.
③ 멸균 과정에서 더 많은 시간이 소요된다.
④ 소독을 시킬 수는 있으나, 멸균을 시킬 수는 없다.

07 다음 글의 빈칸에 들어갈 내용을 〈보기〉에서 골라 순서대로 나열한 것은?

창은 채광이나 환기를 위해서, 문은 사람들의 출입을 위해서 건물 벽에 설치한 개폐가 가능한 시설이다. 일반적으로 현대적인 건축물에서 창과 문은 각각의 기능이 명확하고 크기와 형태가 달라 구별이 쉽다. 그러나 ___(가)___ 그리하여 창과 문을 합쳐서 창호(窓戶)라고 부른다. 이것은 창호가 창과 문의 기능과 미를 공유하고 있다는 것을 의미한다. 그런데 창과 문을 굳이 구별한다면 머름이라는 건축 구성요소를 통해 가능하다. 머름은 창 아래 설치된 낮은 창턱으로, 팔을 얹고 기대어 앉기에 편안한 높이로 하였다.

공간의 가변성을 특징으로 하는 한옥에서 창호는 핵심적인 역할을 한다. 여러 짝으로 된 큰 창호가 한쪽 벽면 전체를 대체하기도 하는데, 이때 외부에 면한 창호뿐만 아니라 방과 방 사이에 있는 창호를 열면 별개의 공간이 합쳐지면서 넓은 새로운 공간을 형성하게 된다. 창호의 개폐에 의해 안과 밖의 공간이 연결되거나 분리되고 실내공간의 구획이 변화되기도 하는 것이다. 이처럼 ___(나)___

한편, 한옥에서 창호는 건축의 심미성이 잘 드러나는 독특한 요소이다. 창호가 열려있을 때 바깥에 나무나 꽃과 같은 자연물이 있을 경우 방 안에서 창호와 일정 거리 떨어져 밖을 내다보면 창호를 감싸는 바깥둘레 안으로 한 폭의 풍경화를 감상하게 된다. 방 안의 사람이 방 밖의 자연과 완전한 소통을 하여 인공의 미가 아닌 자연의 미를 직접 받아들임으로써 한옥의 실내공간은 자연과 하나 된 심미적인 공간으로 탈바꿈한다. 열린 창호가 안과 밖, 사람과 자연 사이의 경계를 없앤 것이다. 창호가 닫혀 있을 때에는 창살 문양과 창호지가 중요한 심미적 기능을 한다. 한옥에서 창호지는 방쪽의 창살에 바른다. 방 밖에서 보았을 때 대칭적으로 배열된 여러 창살들이 서로 어울려 만들어내는 창살 문양은 단정한 선의미를 창출한다. 창살로 구현된 다양한 문양에 따라 집의 표정을 읽을 수 있고 집주인의 품격도 알 수 있다. 방 안에서 보았을 때 창호지에 어리는 햇빛은 이른 아침에 청회색을 띠고, 대낮의 햇빛이 들어올 때는 뽀얀 우윳빛, 하루 일과가 끝날 때쯤이면 석양의 붉은색으로 변한다. 또한, ___(다)___ 방 안에서 바깥의 바람과 새의 소리를 들을 수 있고, 화창한 날과 흐린 날의 정서와 분위기를 느낄 수 있다. 창호는 이와 같이 사람과 자연간의 지속적인 소통을 가능케 함으로써 양자가 서로 조화롭게 어울리도록 한다.

보기

㉠ 창호는 한옥의 공간구성에서 빠트릴 수 없는 중요한 위치를 차지한다.
㉡ 창호지가 얇기 때문에 창호가 닫혀 있더라도 외부와 소통이 가능하다.
㉢ 한국 전통 건축, 곧 한옥에서 창과 문은 그 크기와 형태가 비슷해서 구별하지 않는 경우가 많다.

	(가)	(나)	(다)
①	㉠	㉡	㉢
②	㉡	㉢	㉠
③	㉡	㉠	㉢
④	㉢	㉠	㉡

PART 3

08 다음 글의 내용으로 가장 적절한 것은?

> 예술과 도덕의 관계, 더 구체적으로는 예술작품의 미적 가치와 도덕적 가치의 관계는 동서양을 막론하고 사상사의 중요한 주제 중 하나이다. 그 관계에 대한 입장으로는 '극단적 도덕주의', '온건한 도덕주의', '자율성주의'가 있다. 이 입장들은 예술작품이 도덕적 가치판단의 대상이 될 수 있느냐는 물음에 각기 다른 대답을 한다.
>
> 극단적 도덕주의 입장은 모든 예술작품을 도덕적 가치판단의 대상으로 본다. 이 입장은 도덕적 가치를 가장 우선적인 가치이자 가장 포괄적인 가치로 본다. 따라서 모든 예술작품은 도덕적 가치에 의해서 긍정적으로 또는 부정적으로 평가된다. 또한 도덕적 가치는 미적 가치를 비롯한 다른 가치보다 우선한다. 이러한 입장을 대표하는 사람이 바로 톨스토이이다. 그는 인간의 형제애에 관한 정서를 전달함으로써 인류의 심정적 통합을 이루는 것이 예술의 핵심적 가치라고 보았다.
>
> 온건한 도덕주의는 오직 일부 예술작품만이 도덕적 판단의 대상이 된다고 보는 입장이다. 따라서 일부 예술작품에 대해서만 긍정적인 또는 부정적인 도덕적 가치판단이 가능하다고 본다. 이 입장에 따르면, 도덕적 판단의 대상이 되는 예술작품의 도덕적 가치와 미적 가치는 서로 독립적으로 성립하는 것이 아니다. 그것들은 서로 내적으로 연결되어 있기 때문에 어떤 예술작품이 가지는 도덕적 장점이 그 예술작품의 미적 강점이 된다. 또한 어떤 예술작품의 도덕적 결함은 그 예술작품의 미적 결함이 된다.
>
> 자율성주의는 어떠한 예술작품도 도덕적 가치판단의 대상이 될 수 없다고 보는 입장이다. 이 입장에 따르면, 도덕적 가치와 미적 가치는 서로 자율성을 유지한다. 즉, 도덕적 가치와 미적 가치는 각각 독립적인 영역에서 구현되고 서로 다른 기준에 의해 평가된다는 것이다. 결국 자율성주의는 예술작품에 대한 도덕적 가치판단을 범주착오에 해당하는 것으로 본다.

① 톨스토이는 극단적 도덕주의를 비판하면서 예술작품은 인류의 심정적 통합 정도에만 기여해야 한다고 주장했다.

② 온건한 도덕주의에서는 미적 가치와 도덕적 가치의 독립적인 지위를 인정해야 한다고 본다.

③ 자율성주의는 도덕적 가치판단은 작품을 감상하는 각자에게 맡겨야 한다고 주장한다.

④ 온건한 도덕주의에서 도덕적 판단의 대상이 되는 예술작품은 극단적 도덕주의에서도 도덕적 판단의 대상이 된다.

09 다음 글을 통해 추론할 수 있는 내용으로 적절하지 않은 것은?

> 퐁피두 미술관의 5층 전시장에서 특히 인기가 많은 작가는 마르셀 뒤샹이다. 뒤샹의 '레디메이드' 작품들은 한데 모여 바닥의 하얀 지지대 위에 놓여 있다. 그중 가장 눈에 익숙한 것은 둥근 나무의자 위에 자전거 바퀴가 거꾸로 얹힌 「자전거 바퀴」라는 작품일 것이다. 이 작품은 뒤샹의 대표작인 남자 소변기 「샘」과 함께 현대미술사에 단골 메뉴로 소개되곤 한다.
>
> 위의 사례처럼 이미 만들어진 기성제품, 즉 레디메이드를 예술가가 선택해서 '이것도 예술이다.'라고 선언한다면 우리는 그것을 예술로 인정할 수 있을까? 역사는 뒤샹에게 손을 들어줬고 그가 선택했던 의자나 자전거 바퀴, 옷걸이, 삽 심지어 테이트 모던에 있는 남자 소변기까지 각종 일상의 오브제들이 20세기 최고의 작품으로 추앙받으면서 미술관에 고이 모셔져 있다. 손으로 잘 만드는 수공예 기술의 예술 시대를 넘어서 예술가가 무엇인가를 선택하는 정신적인 행위와 작업이 예술의 본질이라고 믿었던 뒤샹적 발상의 승리였다.
>
> 또한 20세기 중반의 스타 작가였던 잭슨 폴록의 작품도 눈길을 끈다. 기존의 그림 그리는 방식에 싫증을 냈던 폴록은 캔버스를 바닥에 눕히고 물감을 떨어뜨리거나 뿌려서 전에 보지 못했던 새로운 형상을 이룩했다. 물감을 사용하는 새로운 방식을 터득한 그는 '액션 페인팅'이라는 새로운 장르를 개척했다. 그림의 결과보다 그림을 그리는 행위를 더욱 중요시했다는 점에서 뒤샹의 발상과도 연관된다. 미리 계획하고 구성한 것이 아니라 즉흥적이면서도 매우 빠른 속도로 제작하는 그의 작업방식 또한 완전히 새로운 것이었다.

① 퐁피두 미술관은 현대 미술사에 관심 있는 사람이 방문할 것이다.

② 퐁피두 미술관을 찾는 사람들의 목적은 다양할 것이다.

③ 퐁피두 미술관은 전통적인 예술작품들만 선호할 것이다.

④ 퐁피두 미술관은 파격적인 예술작품들을 배척하지 않을 것이다.

※ 다음 글을 읽고 이어지는 질문에 답하시오. [10~11]

인간은 성장 과정에서 자기 문화에 익숙해지기 때문에 어떤 제도나 관념을 아주 오래 전부터 지속되어 온 것으로 여긴다. 나아가, 그것을 전통이라는 이름 아래 자기 문화의 본질적인 특성으로 믿기도 한다. 그러나 이런 생각은 전통의 시대적 배경 및 사회 문화적 의미를 제대로 파악하지 못하게 하는 결과를 초래한다. 여기에서 과거의 문화를 오늘날과는 또 다른 문화로 보아야 할 필요성이 생긴다.

홉스봄과 레인저는 오래된 것이라고 믿고 있는 전통의 대부분이 그리 멀지 않은 과거에 발명되었다고 주장한다. 예컨대 스코틀랜드 사람들은 킬트(Kilt)를 입고 전통 의식을 치르며, 이를 대표적인 전통문화라고 믿는다. 그러나 킬트는 1707년에 스코틀랜드가 잉글랜드에 합병된 후, 이곳에 온 한 잉글랜드 사업가에 의해 불편한 기존의 의상을 대신하여 작업복으로 만들어진 것이다. 이후 킬트는 하층민을 중심으로 유행하였지만, 1745년의 반란 전까지만 해도 전통 의상으로 여겨지지 않았다. 반란 후, 영국 정부는 킬트를 입지 못하도록 했다. 그런데 일부가 몰래 집에서 킬트를 입기 시작했고, 킬트는 점차 전통 의상으로 여겨지게 되었다. 킬트의 독특한 체크무늬가 각 씨족의 상징으로 자리 잡은 것은, 1822년에 영국 왕이 방문했을 때 성대한 환영 행사를 마련하면서 각 씨족장들에게 다른 무늬의 킬트를 입도록 종용하면서부터이다. 이때 채택된 독특한 체크무늬가 각 씨족을 대표하는 의상으로 자리를 잡게 되었다.

킬트의 사례는 전통이 특정 시기에 정치・사회적 목적을 달성하기 위해 만들어지기도 한다는 것을 보여 준다. 특히 근대국가의 출현 이후 국가에 의한 전통의 발명은 체제를 확립하는 데 큰 역할을 담당하기도 하였다. 이 과정에서 전통은 그 전통이 생성되었던 시기를 넘어 아주 오래 전부터 지속되어 온 것이라는 신화가 형성되었다. 그러나 전통은 특정한 시공간에 위치하는 사람들에 의해 생성되어 공유되는 것으로, 정치・사회・경제 등과 밀접한 관련을 맺으면서 시대마다 다양한 의미를 지니게 된다. 그러므로 전통을 특정한 사회 문화적 맥락으로부터 분리하여 신화화(神話化)하면 당시의 사회 문화를 총체적으로 이해할 수 없게 된다.

낯선 타(他)문화를 통해 자기 문화를 좀 더 객관적으로 바라볼 수 있듯이, 과거의 문화를 또 다른 낯선 문화로 봄으로써 전통의 실체를 올바로 인식할 수 있게 된다. 이러한 관점은 신화화된 전통의 실체를 폭로하려는 데에 궁극적 목적이 있는 것이 아니다. 오히려 과거의 문화를 타문화로 인식함으로써 신화 속에 묻혀 버린 당시의 사람들을 문화와 역사의 주체로 복원하여, 그들의 입장에서 전통의 사회 문화적 맥락과 의미를 새롭게 조명하려는 것이다. 더 나아가 이러한 관점을 통해 우리는 현대 사회에서 전통이 지니는 현재적 의미를 제대로 이해할 수 있을 것이다.

10 윗글의 중심 내용으로 가장 적절한 것은?

① 사회 문화적 맥락이 배제된, 전통 문화 고유의 가치에 대한 인식이 필요하다.
② 신화화된 전통의 실체를 올바르게 인식하여 현대 사회에서의 의미를 재조명해야 한다.
③ 전통은 근대국가가 들어선 이후 정치·사회적 목적하에 철저히 이용되어 왔다.
④ 모든 전통에는 갈등과 투쟁의 과정에서 형성된 민족주의 정신이 깃들어있다.

PART 3

11 윗글의 논지 전개 방식으로 가장 적절한 것은?

① 어떤 개념을 소개한 후 시간의 변화에 따른 개념에 대한 인식 변화를 설명하고 있다.
② 대립하는 두 의견을 제시한 후, 두 의견의 절충안을 제안하고 있다.
③ 다양한 사례들을 제시한 후 이를 일반화하여 하나의 이론을 제시하고 있다.
④ 주장을 제시한 후, 구체적인 사례를 통해 이를 뒷받침하고 있다.

※ 다음 글을 읽고 이어지는 질문에 답하시오. [12~13]

지구 궤도를 도는 인공위성은 지구 중력의 변화, 태양에서 오는 작은 미립자와의 충돌 등으로 궤도도 변하고 자세도 변한다. 힘이 작용하여 운동 방향과 상태가 변하는 것이다. 뉴턴은 이를 작용 반작용 법칙으로 설명하였다.

한 물체가 다른 물체에 힘을 작용하면 그 힘을 작용한 물체에도 크기가 같고 방향은 반대인 힘이 동시에 작용한다는 것이 작용 반작용 법칙이다. 예를 들어, 바퀴가 달린 의자에 앉아 벽을 손으로 밀면 의자가 뒤로 밀리는데, 사람이 벽을 미는 작용과 동시에 벽도 사람을 미는 반작용이 있기 때문이다. 이 법칙은 물체가 정지하고 있을 때나 운동하고 있을 때 모두 성립하며, 두 물체가 접촉하여 힘을 줄 때뿐만 아니라 서로 떨어져 힘이 작용할 때에도 항상 성립한다.

인공위성의 상태가 변하면 본연의 임무를 달성하기 위해 궤도와 자세를 바로잡아야 한다. 지구표면을 관측하는 위성은 탐사 장비를 지구 쪽을 향하도록 자세를 고쳐야 하고, 인공위성에 전력을 제공하는 태양 전지를 태양 방향으로 끊임없이 조절해야 한다. 이때 위성의 궤도와 자세를 조절하는 방법도 모두 작용 반작용을 이용한다.

먼저 가장 간단한 방법은 로켓 엔진과 같은 추력기를 외부에 달아 이용하는 것이다. 추력기는 질량이 있는 물질인 연료를 뿜어내며 발생하는 작용과 반작용을 이용하여 위성을 움직인다. 위성에는 궤도를 수정하기 위한 주 추력기 이외에 ㉠ 소형의 추력기가 각기 다른 세 방향(x, y, z축)으로 여러 개 설치되어 있는데, 이를 이용해 자세를 수정하는 것이다. 문제는 10년이 넘게 사용할 위성에 자세 제어용 추력기가 사용할 연료를 충분히 실을 수 없다는 것이다.

최근에는 ㉡ 반작용 휠을 이용한 방법도 사용되고 있다. 위성에는 추력기처럼 세 방향으로 설치된 3개의 반작용 휠이 있어 회전수를 조절하면 위성의 자세를 원하는 방향으로 맞출 수 있다. 위성 내부에 부착된 반작용 휠은 전기 모터에 휠을 달고, 돌리는 속도를 높여주거나 낮춰주어서 위성을 회전시켜 자세를 바꾼다. 일반적으로 물체가 한 방향으로 돌 때 그 반대 방향으로 똑같은 힘이 발생한다. 반작용 휠이 돌면 위성에는 반대 방향으로 도는 힘이 발생하는데, 이 힘을 이용하는 것이다. 다만 궤도 수정과 같은 위성의 위치 변경은 할 수 없다.

하지만 반작용 휠은 자세 제어용 추력기를 이용하는 것보다 훨씬 유리하다. 추력기를 이용하면 연료가 있어야 하고, 그만큼 쏘아 올려야 할 위성의 무게도 증가한다. 반작용 휠을 이용하면 필요한 것은 전기이며 태양 전지를 이용해 얼마든지 얻을 수 있다. 원리는 유사하지만 보다 경제적인 방식이 인공위성에서 사용되고 있다.

12 윗글의 내용으로 적절하지 않은 것은?

① 정지하고 있는 물체에도 작용이 존재한다.
② 반작용은 위성이 지구와 인접해 있어야 나타난다.
③ 중력의 변화는 위성의 자세나 궤도를 변하게 한다.
④ 위성의 추력기는 방출되는 물질의 반작용을 이용한다.

13 밑줄 친 ㉠과 ㉡에 대한 설명으로 적절하지 않은 것은?

① ㉠은 위성의 외부에, ㉡은 내부에 설치된다.
② ㉠과 달리 ㉡은 물체의 회전 운동을 이용하고 있다.
③ ㉡과 달리 ㉠은 x, y, z축의 세 방향으로 설치되어 있다.
④ ㉡과 달리 ㉠을 작동하면 위성 전체의 질량이 변화한다.

14 다음 글의 제목으로 가장 적절한 것은?

감시용으로만 사용되는 CCTV가 최근에 개발된 신기술과 융합되면서 그 용도가 점차 확대되고 있다. 대표적인 것이 인공지능(AI)과의 융합이다. CCTV가 지능을 가지게 되면 단순 행동 감지에서 벗어나 객체를 추적해 행위를 판단할 수 있게 된다. 단순히 사람의 눈을 대신하던 CCTV가 사람의 두뇌를 대신하는 형태로 진화하고 있는 셈이다.
인공지능을 장착한 CCTV는 범죄현장에서 이상 행동을 하는 사람을 선별하고, 범인을 추적하거나 도주 방향을 예측해 통합관제센터로 통보할 수 있다. 또 수상한 사람의 행동 패턴에 따라 지속적인 추적이나 감시를 수행하고, 차량번호 및 사람 얼굴 등을 인식해 관련 정보를 분석해 제공할 수 있다. 한국전자통신연구원(ETRI)에서는 CCTV 등의 영상 데이터를 활용해 특정 인물이 어떤 행동을 할지를 사전에 예측하는 영상분석 기술을 연구 중인 것으로 알려져 있다. 인공지능 CCTV는 범인 추적뿐만 아니라 자연재해를 예측하는 데 사용할 수도 있다. 장마철이나 국지성 집중호우 때 홍수로 범람하는 하천의 수위를 감지하는 것은 물론 산이나 도로 등의 붕괴 예측 등 다양한 분야에 적용될 수 있기 때문이다.

① AI와 융합한 CCTV의 진화
② 범죄를 예측하는 CCTV
③ 당신을 관찰한다, CCTV의 폐해
④ CCTV와 AI의 현재와 미래

15 다음 글의 내용으로 적절하지 않은 것은?

아파트에서는 부엌, 안방, 화장실, 그리고 거실이 다 같은 높이의 평면 위에 있다. 그것보다 밑에 또는 위에 있는 것은 다른 사람의 아파트이다. 좀 심한 표현을 쓴다면 아파트에서는 모든 것이 평면적이다. 깊이가 없는 것이다. 사물은 아파트에서 그 부피를 잃고 평면 위에 선으로 존재하는 그림과 같이 되어 버린다. 모든 것은 한 평면 위에 나열되어 있다. 그래서 한눈에 들어오게 되어 있다. 아파트에는 사람이나 물건이나 다같이 자신을 숨길 데가 없다.
땅집에서는 사정이 전혀 딴판이다. 땅집에서는 모든 것이 자기 나름의 두께와 깊이를 가지고 있다. 같은 물건이라도 그것이 다락방에 있을 때와 안방에 있을 때와 부엌에 있을 때는 거의 다르다. 아니, 집 자체가 인간과 마찬가지의 두께와 깊이를 가지고 있다. 집이 아름다운 이유는 집 자체가 인간을 닮았기 때문이다. 다락방은 의식이며 지하실은 무의식이다.

① 아파트에서 모든 것은 한 눈에 파악된다.
② 아파트의 공간들은 입체적이다.
③ 집은 그 자체로 인간을 닮았다.
④ 땅집에서는 모든 것이 나름의 두께와 깊이를 가진다.

16 다음은 향의 연소 반응을 이용하여 반응 속도를 알아보기 위한 실험이다. 이 실험에 대한 설명으로 옳은 것을 〈보기〉에서 모두 고르면?

불씨만 남은 향을 산소가 채워진 삼각 플라스크에 넣었더니 향이 환하게 타올랐다.

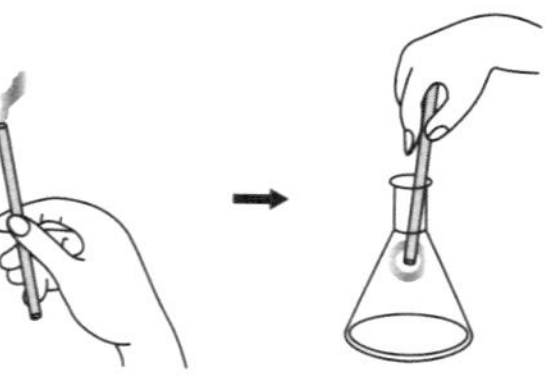

보기

ㄱ. 산소는 촉매로 작용했다.
ㄴ. 향이 환하게 타오른 것은 반응 속도가 빨라졌기 때문이다.
ㄷ. 겨울철보다 여름철에 음식이 더 빨리 상하는 현상을 설명할 수 있다.

① ㄱ
② ㄴ
③ ㄱ, ㄷ
④ ㄴ, ㄷ

17 다음 중 중화반응의 예시가 아닌 경우는?

① 생선 비린내를 없애기 위해 레몬즙을 뿌린다.
② 위산이 많이 분비되어 속 쓰릴 때 제산제를 복용한다.
③ 벌에 쏘였을 때 묽은 암모니아수를 바른다.
④ 통조림 표면의 부식을 막기 위해 도금한다.

18 다음 그림과 같이 2N의 추를 용수철에 매달았더니 용수철이 4cm 늘어났다. 이 용수철을 손으로 잡아당겨 10cm 늘어나게 했을 때, 손이 용수철에 작용한 힘의 크기는 몇 N인가?

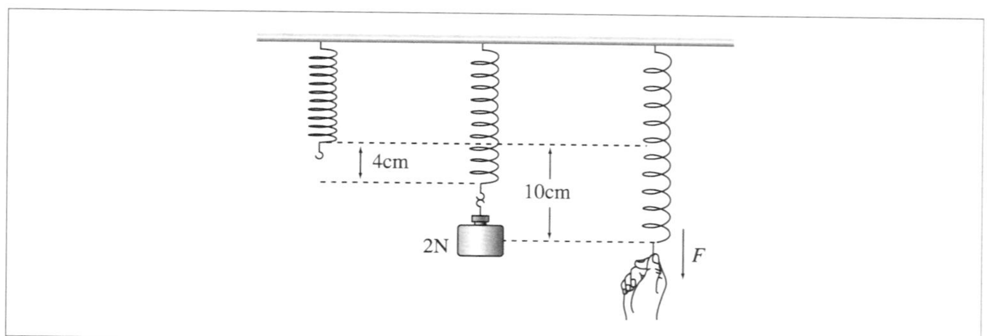

① 2.5N
② 5N
③ 7.5N
④ 9N

19 다음은 우리나라의 시 · 도별 부도업체 수에 대한 자료이다. 다음 〈보기〉 중 자료에 대한 설명으로 옳은 것을 모두 고르면?

〈시 · 도별 부도업체 수〉

(단위 : 개)

구분	2019년	2020년	2021년
전국	720	555	494
서울특별시	234	153	145
부산광역시	58	51	41
대구광역시	37	36	29
인천광역시	39	27	25
광주광역시	18	12	9
대전광역시	15	20	15
울산광역시	9	5	12
경기도	130	116	108
강원도	13	9	3
충청북도	16	11	5
충청남도	19	17	9
전라북도	34	15	26
전라남도	18	10	5
경상북도	31	27	18
경상남도	38	38	37
제주특별자치도	11	8	7

보기

ㄱ. 전라북도 부도업체 수는 2021년에 2019년 대비 30% 이상 감소하였다.
ㄴ. 2020년에 부도업체 수가 20곳을 초과하는 시 · 도는 8곳이다.
ㄷ. 경기도와 광주광역시의 2020년과 2021년 부도업체 수의 전년 대비 증감 추이는 동일하다.
ㄹ. 2021년 부산광역시의 부도업체가 전국 부도업체 중 차지하는 비중은 15% 미만이다.

① ㄱ, ㄴ　　② ㄱ, ㄷ
③ ㄴ, ㄷ　　④ ㄷ, ㄹ

20 우주에서는 우주인이 조금만 서로 떨어져 있어도 소리를 들을 수 없지만, 서로 헬멧을 맞대면 소리를 들을 수 있다. 이를 통해 알 수 있는 사실로 옳은 것을 〈보기〉에서 모두 고르면?

보기

가. 우주 공간에는 대기가 없다.
나. 소리는 고체를 통해서도 전달된다.
다. 소리는 진공 상태에서는 전달되지 않는다.

① 가　　② 가, 나
③ 가, 다　　④ 가, 나, 다

21 다음 설명에 해당하는 것은?

- 2중 나선 구조를 하고 있다.
- 유전 정보를 저장하고 있는 물질이다.

① ATP
② DNA
③ 세포막
④ 세포벽

22 다음 밑줄 친 '정원'에 대한 설명으로 적절하지 않은 것은?

야생의 자연이라는 이상을 고집하는 자연 애호가들은 인류가 자연과 내밀하면서도 창조적인 관계를 맺었던 반(反)야생의 자연, 즉 '정원'을 간과한다. 정원은 울타리를 통해 농경지보다 야생의 자연과 분명한 경계를 긋는다. 집약적인 토지 이용이라는 전통은 정원에서 시작되었다. 정원은 대규모의 농경지 경작이 행해지지 않은 원시적인 문화에서도 발견된다. 만여 종의 경작용 식물들은 모두 대량 생산에 들어가기 전에 정원에서 자라는 단계를 거쳐 온 것으로 보인다.
농업경제의 역사에서 정원이 갖는 의미는 시대와 지역에 따라 매우 달랐다. 좁은 공간에서 집약적인 농사를 짓는 지역에서는 농부가 곧 정원사였다. 반면 예전의 독일 농부들은 정원이 곡물 경작에 사용될 퇴비를 앗아가므로 정원을 악으로 여기기도 했다. 하지만 여성들의 입장은 지역적인 편차가 없었다. 아메리카의 푸에블로 인디언부터 근대 독일의 농부 집안까지 정원은 농업 혁신에 주도적인 역할을 해온 여성들에게는 자신들의 제국이자 자존심이었다. 그곳에는 여성들이 경험을 통해 쌓은 지식 전통이 살아 있었다. 환경사에서 여성이 갖는 특별한 역할의 물질적 근간은 대부분 정원에서 발견된다. 지난 세기들의 경우 이는 특히 여성 제후들과 관련되어 있으며 자료가 풍부하다. 작센의 여성 제후인 안나는 식물에 관한 지식을 늘 공유했던 긴밀하고도 광범위한 사회적 네트워크를 가지고 있었는데, 그중에는 식물 경제학에 관심이 깊은 고귀한 신분의 여성들도 많았으며 수도원 소속의 여성들도 있었다.
여성들이 정원에서 쌓은 경험의 특징은 무엇일까? 정원에서는 땅을 면밀히 살피고 손으로 흙을 부스러뜨리는 습관이 생겨났을 것이다. 정원에서 즐겨 이용되는 삽도 다양한 토질의 층을 자세히 연구하도록 부추겼을 것이 분명하다. 넓은 경작지보다는 정원에서 땅을 다룰 때 더 아끼고 보호했을 것이다. 정원이라는 매우 제한된 공간에는 옛날에도 충분한 퇴비를 줄 수 있었다. 경작지보다도 다양한 종류의 퇴비로 실험할 수 있었고 새로운 작물을 키우며 경험을 수집할 수 있었다. 정원에서는 좁은 공간에서 다양한 식물이 자라기 때문에 모든 종류의 식물들이 서로 잘 지내지는 않는다는 사실에도 주의를 기울였다. 이는 식물 생태학의 근간을 이루는 통찰이었다.
결론적으로 정원은 여성들이 주도가 되어 토양과 식물을 이해하고, 농경지 경작에 유용한 지식과 경험을 배양할 수 있는 좋은 장소였다.

① 울타리를 통해 야생의 자연과 분명한 경계를 긋는다.
② 집약적 토지 이용의 전통이 시작된 곳으로 원시적인 문화에서도 발견된다.
③ 시대와 지역에 따라 정원에 대한 여성들의 입장이 달랐다.
④ 정원에서는 모든 종류의 식물들이 서로 잘 지내지는 않는다.

PART 3

※ 다음 그림을 순서대로 바르게 나열한 것을 고르시오. [23~24]

23

① (가) – (라) – (다) – (나)
② (나) – (가) – (라) – (다)
③ (나) – (다) – (가) – (라)
④ (다) – (가) – (라) – (나)

24

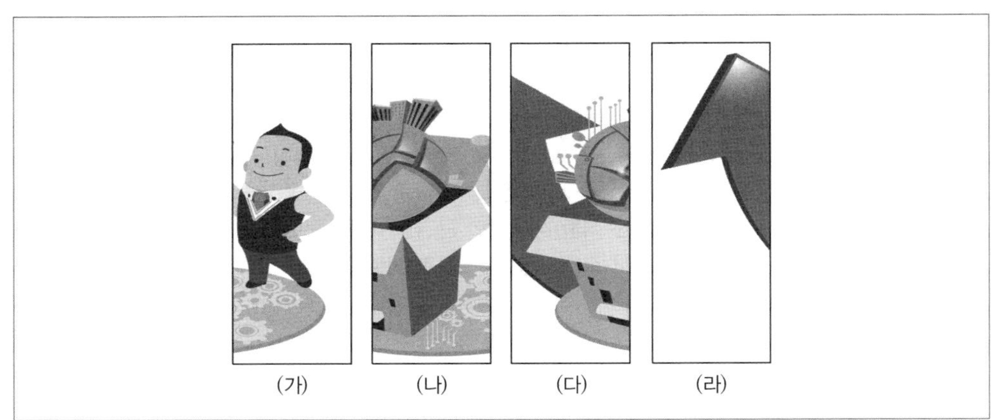

① (가) – (라) – (다) – (나)
② (나) – (가) – (라) – (다)
③ (라) – (다) – (나) – (가)
④ (다) – (가) – (라) – (나)

※ 일정한 규칙으로 수를 나열할 때, 빈칸에 들어갈 수로 옳은 것을 고르시오. [25~28]

25

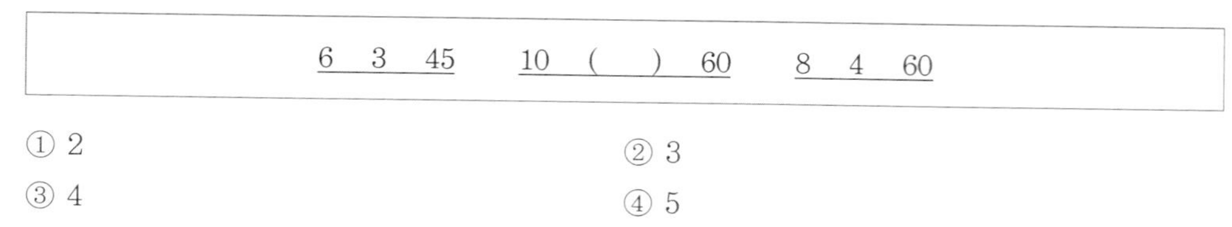

6 3 45　　10 ( ) 60　　8 4 60

① 2　　② 3
③ 4　　④ 5

26

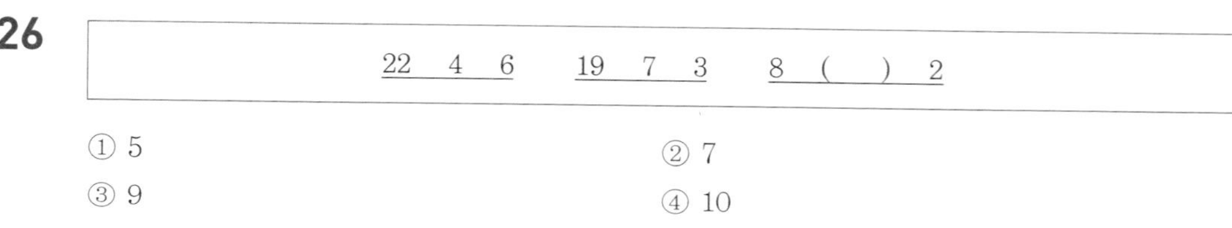

22 4 6　　19 7 3　　8 ( ) 2

① 5　　② 7
③ 9　　④ 10

27

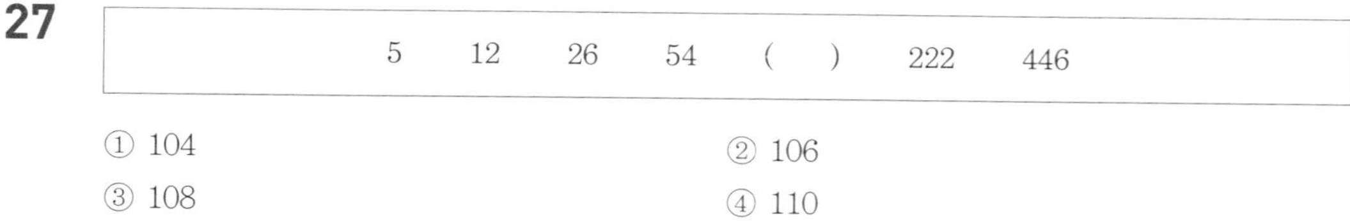

5　12　26　54　( )　222　446

① 104　　② 106
③ 108　　④ 110

28

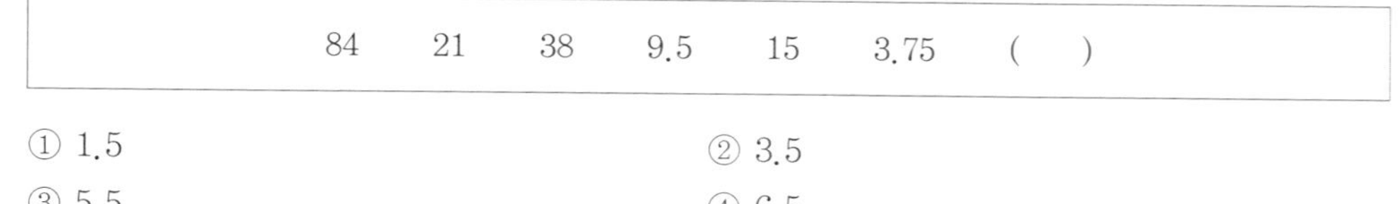

84　21　38　9.5　15　3.75　( )

① 1.5　　② 3.5
③ 5.5　　④ 6.5

29 **제시된 명제가 참일 때, 다음 빈칸에 들어갈 명제로 가장 적절한 것은?**

> • 스누피가 아니면 제리이다.
> • ________________________________
> 그러므로 제리가 아니면 니모이다.

① 제리는 니모이다.
② 제리이면 스누피가 아니다.
③ 니모이면 스누피이다.
④ 니모가 아니면 스누피가 아니다.

30 **다음 문장을 읽고 유추할 수 있는 것은?**

> • 어떤 ♣는 산을 좋아한다.
> • 산을 좋아하는 것은 여행으로 되어 있다.
> • 모든 여행으로 되어 있는 것은 자유이다.

① 어떤 ♣는 자유이다.
② 여행으로 되어 있는 것은 ♣이다.
③ 산을 좋아하는 모든 것은 ♣이다.
④ 산을 좋아하는 어떤 것은 여행으로 되어 있지 않다.

31 **경찰은 어떤 테러범의 아지트를 알아내 급습했다. 테러범의 아지트에는 방이 3개 있는데, 그중 2개의 방에는 지역특산물과 폭발물이 각각 들어 있고, 나머지 1개의 방은 비어 있다. 단, 폭발물이 들어 있는 방의 안내문은 위장하기 위해 안내문의 내용을 거짓으로 붙여 놓았다. 진입하기 전 건물을 확인한 결과 각 방에는 아래와 같은 안내문이 붙어 있었고, 아래 안내문 중 단 하나만 참이라고 할 때, 옳은 것은?**

> • 방 A의 안내문 : 방 B에는 폭발물이 들어 있다.
> • 방 B의 안내문 : 이 방은 비어 있다.
> • 방 C의 안내문 : 이 방에는 지역특산물이 들어 있다.

① 방 A에는 반드시 지역특산물이 들어 있다.
② 방 B에는 지역특산물이 들어 있을 수 있다.
③ 폭발물을 피하려면 방 B를 택하면 된다.
④ 방 C에는 반드시 폭발물이 들어 있다.

32 학교에서 온라인 축구게임 대회가 열렸다. 예선전을 펼친 결과 8개의 나라만 남게 되었다. 남은 8개의 나라는 8강 토너먼트를 치르기 위해 추첨을 통해 대진표를 작성했다. 이들 나라는 모두 다르며 남은 8개의 나라를 본 세 명의 학생 은진, 수린, 민수는 다음과 같이 4강 진출 팀을 예상하였다. 이때, 8개의 나라 중에서 4강 진출 팀으로 꼽히지 않은 팀을 네덜란드라고 하면, 네덜란드와 상대할 팀은 어디인가?

- 은진 : 브라질, 불가리아, 이탈리아, 루마니아
- 수린 : 스웨덴, 브라질, 이탈리아, 독일
- 민수 : 스페인, 루마니아, 독일, 브라질

① 불가리아 ② 루마니아
③ 독일 ④ 브라질

PART 3

33 해산물을 싣고 직선 도로 위를 달리는 트럭이 있다. 달리는 도중에 트럭의 물탱크에 담겨 있는 물의 수면이 다음 그림과 같이 진행 방향 쪽으로 기울어진 상태를 유지하였다. 이 트럭의 운동 상태에 대한 설명으로 가장 타당한 것은?

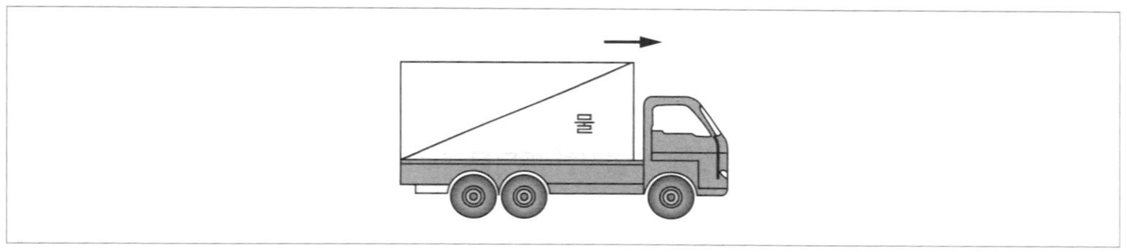

① 일정한 속도로 달리고 있다.
② 속도가 일정하게 감소하고 있다.
③ 속도가 일정하게 증가하고 있다.
④ 가속도가 일정하게 증가하고 있다.

34 다음은 조명 기구 A ~ D의 같은 시간 동안 공급된 전기에너지와 발생한 빛에너지를 나타낸 것이다. 빛에 대한 에너지 효율이 가장 높은 조명 기구는?

조명 기구	A	B	C	D
전기 에너지(J)	20	20	40	40
빛에너지(J)	5	10	5	10

① A ② B
③ C ④ D

35 다음의 풍력 발전 과정에서 일어나는 에너지 전환으로 옳은 것은?

① 열에너지 → 빛에너지

② 열에너지 → 전기에너지

③ 운동에너지 → 전기에너지

④ 화학에너지 → 운동에너지

※ 다음 도형 또는 도형 내부의 기호들은 일정한 패턴을 가지고 변화한다. 다음 중 ?에 들어갈 도형으로 옳은 것을 고르시오. **[36~38]**

36

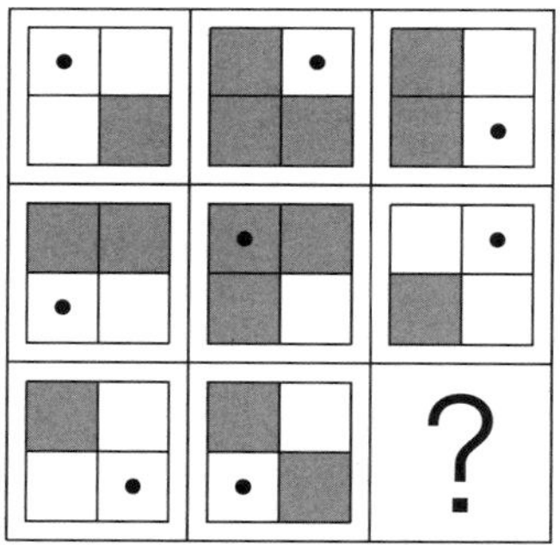

?

①

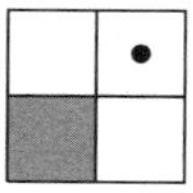

②

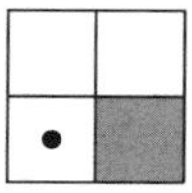

③

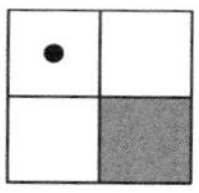

④

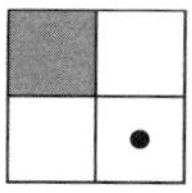

37

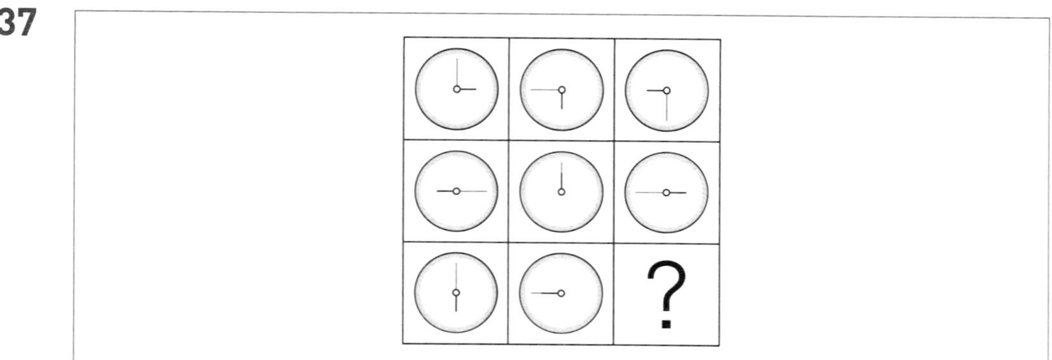

① 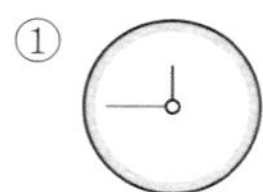

②

③ 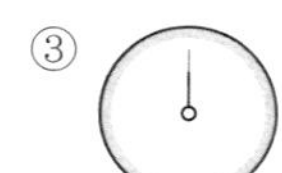

④

38

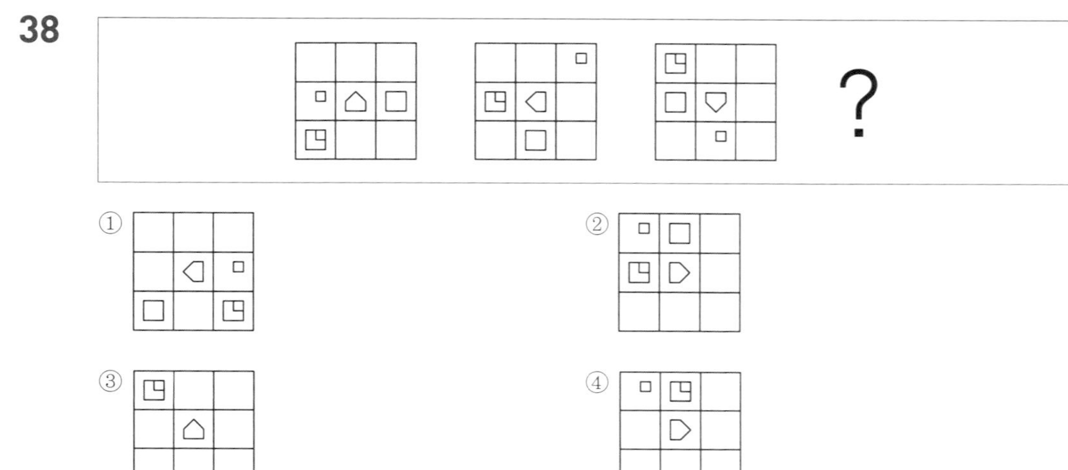

※ 다음 그림과 같이 화살표 방향으로 종이를 접은 후, 펀치로 구멍을 뚫었을 때의 그림으로 옳은 것을 고르시오. **[39~40]**

39

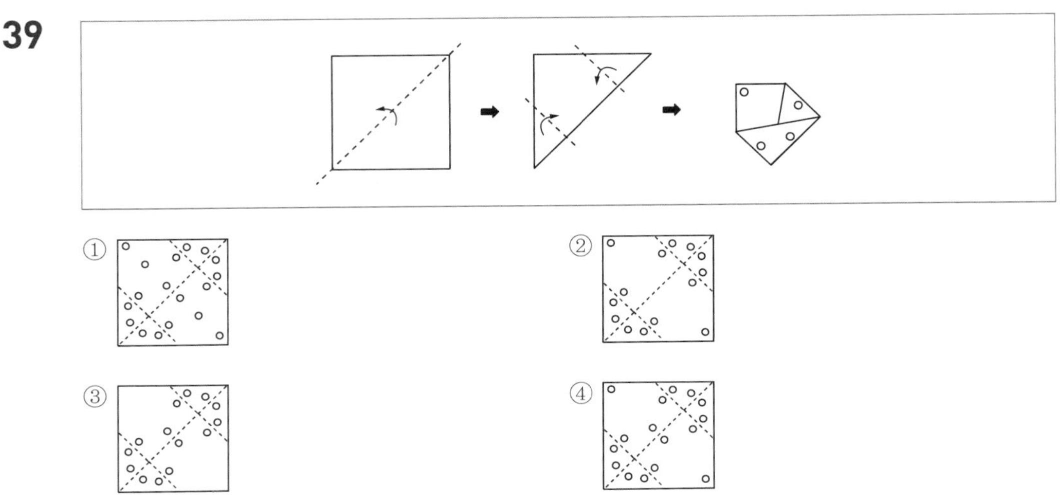

40

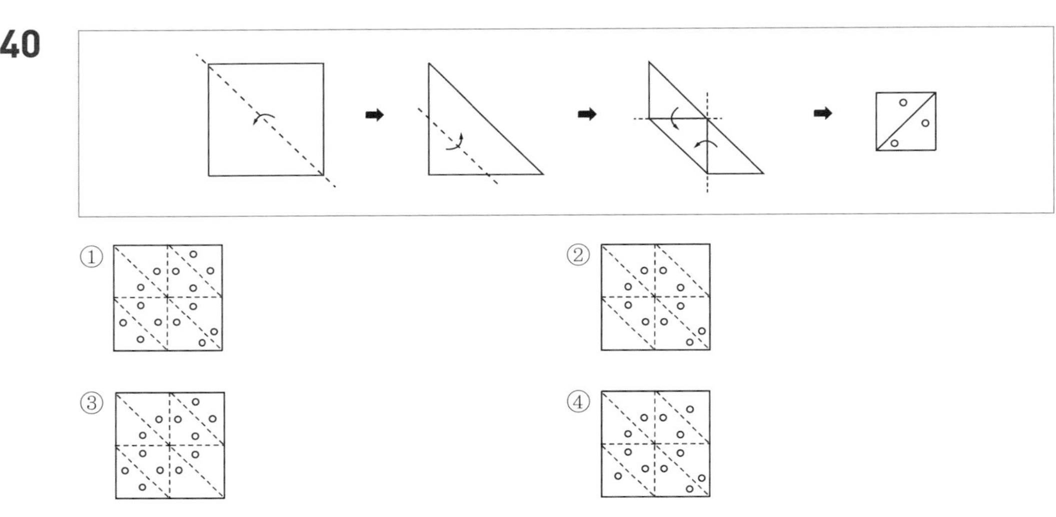

※ 다음 두 블록을 합쳤을 때, 나올 수 있는 형태를 고르시오. [41~42]

41

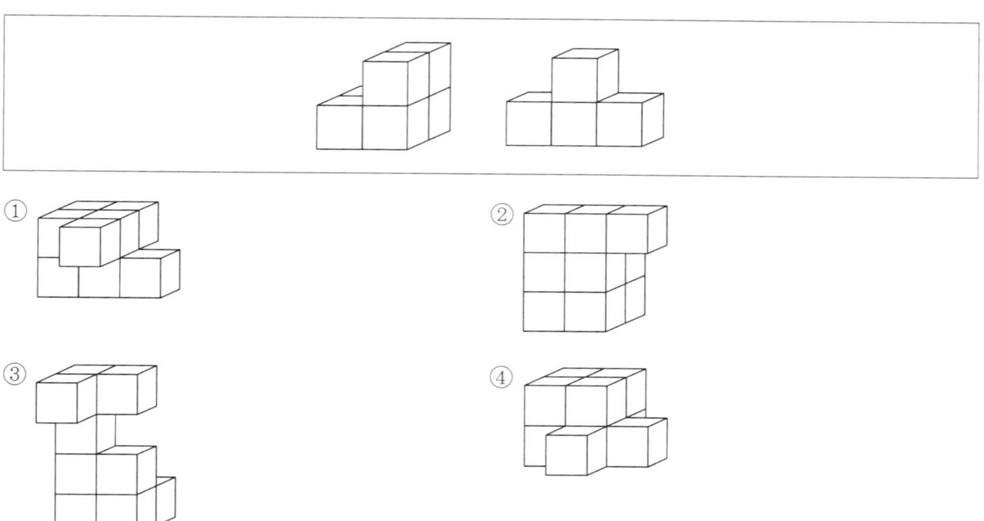

42

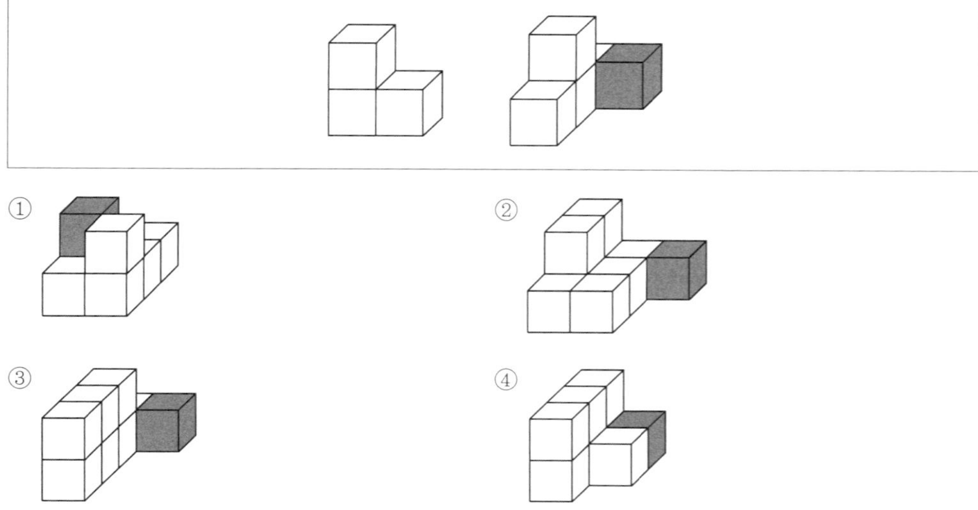

PART 3

※ 왼쪽의 두 입체도형을 합치면 오른쪽의 $3\times3\times3$ 정육면체가 완성된다. ?에 들어갈 도형을 회전한 모양으로 옳은 것을 고르시오. **[43~44]**

43

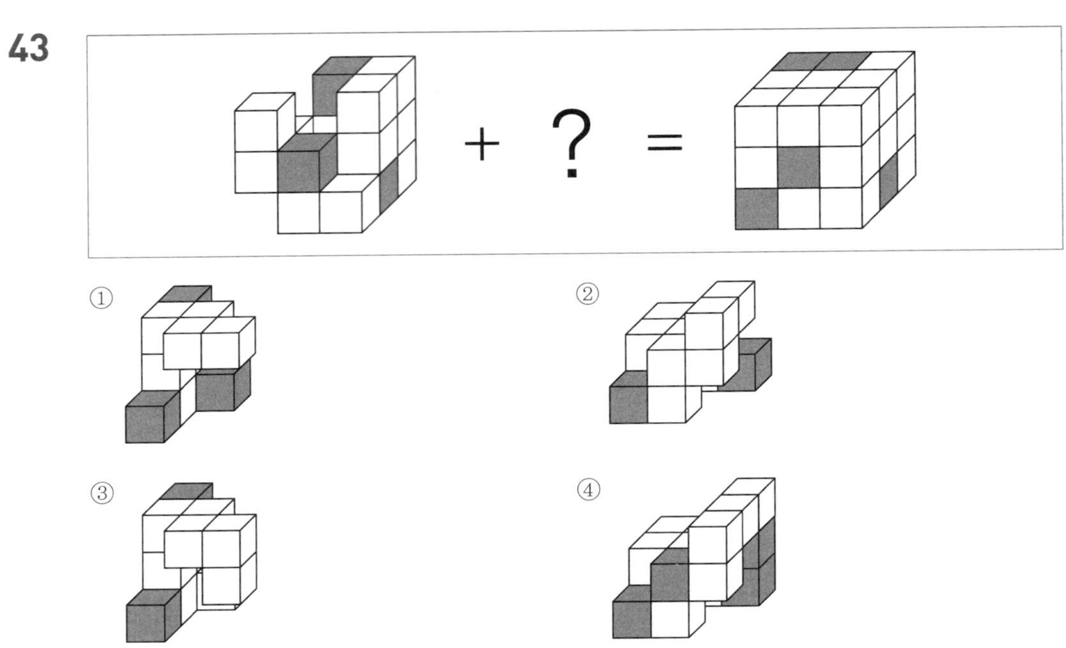

44

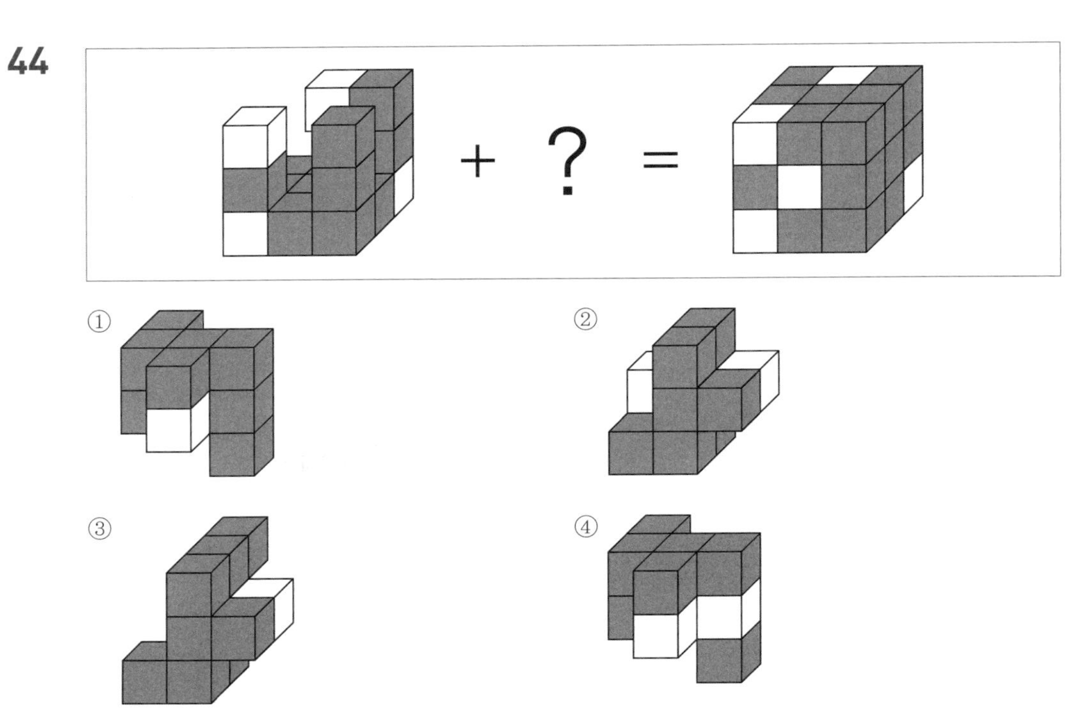

45 다음 주어진 입체도형 중 일치하지 않는 것은?

① 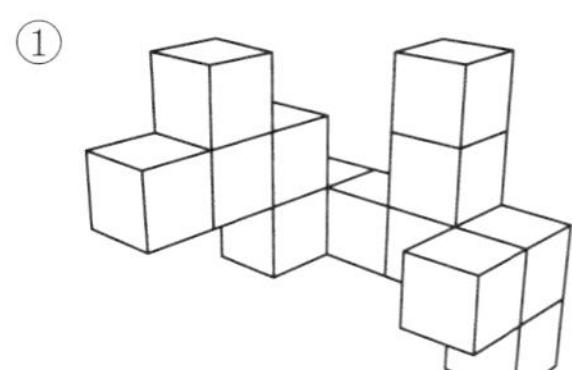

② 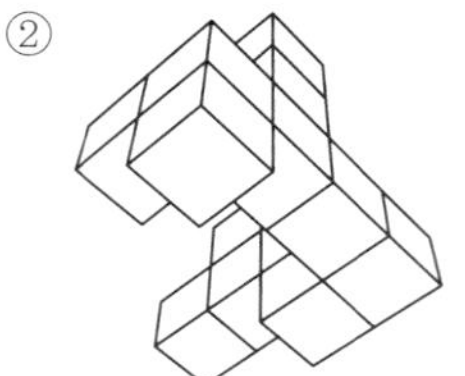

③ 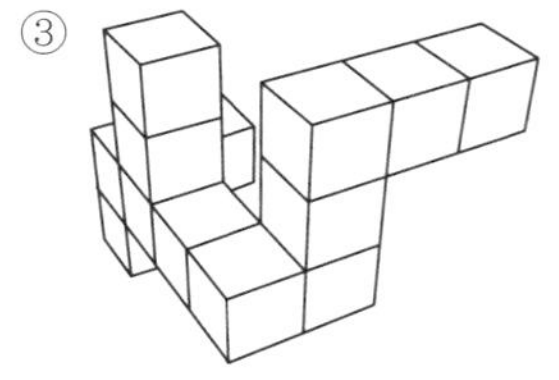

④ 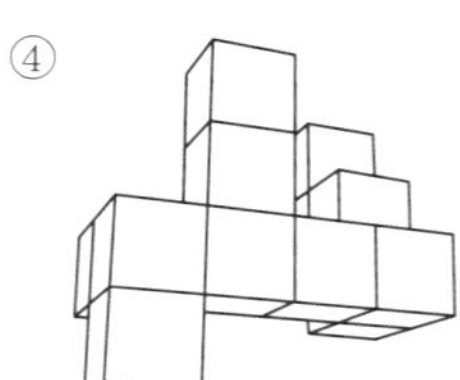

PART 3

제3회 최종점검 모의고사

모바일 OMR
답안채점 / 성적분석
서비스

☑ 응시시간 : 50분 ☑ 문항 수 : 45문항

정답 및 해설 p.050

※ 다음 제시된 단어와 같거나 유사한 의미를 가진 것을 고르시오. **[1~3]**

01

전범(典範)

① 주범 ② 정범
③ 형범 ④ 원범

02

회상

① 상기 ② 안정
③ 회복 ④ 복구

03

건곤

① 천지 ② 정취
③ 도산 ④ 정밀

※ 다음 제시된 단어와 반대되는 의미를 가진 것을 고르시오. [4~6]

04

대별

① 개별
② 분야
③ 세분
④ 주석

05

탄로

① 누설
② 설로
③ 폭로
④ 은폐

06

상봉

① 상면
② 성함
③ 이별
④ 해후

PART 3

※ 다음 중 ㉠~㉢에 들어갈 접속어를 바르게 짝지은 것을 고르시오. [7~8]

07

일회용 플라스틱 용기와 각종 플라스틱 제품에는 삼각형 모양의 마크와 숫자가 새겨져 있다. 우리는 이 숫자를 통해 플라스틱 제품에 사용된 플라스틱의 종류를 알 수 있다. ___㉠___ 5번은 질량이 가볍고 내구성이 강한 폴리프로필렌으로, 내열 온도가 매우 높아 고온에서 변형되거나 호르몬을 배출하지 않는다. ___㉡___ 주로 컵이나 도시락, 주방 소도구 등을 만들 때 사용된다. 6번 폴리스티렌은 성형성이 우수해 활용하기 쉽고 가벼워 주로 요구르트병으로 만들어진다. ___㉢___ 내열 온도가 70~90℃로 내열성이 약해 뜨거운 것이 닿으면 쉽게 녹으며, 재활용도 어려워서 환경을 위해서 사용하지 않는 것이 좋다.

	㉠	㉡	㉢
①	그러나	즉	반면에
②	한편	그러므로	그리고
③	예를 들어	그래서	그러나
④	예를 들어	그리고	또한

08

우리가 탄수화물을 계속 섭취하지 않으면 우리 몸은 에너지로 사용하던 연료가 고갈되는 상태에 이르게 된다. 이 경우 몸은 자연스레 '대체 연료'를 찾기 위해 처음에는 근육의 단백질을 분해하고, 이어 내장지방을 포함한 지방을 분해한다. 지방 분해 과정에서 '케톤'이라는 대사성 물질이 생겨나면서 수분 손실이 나타나고 혈액 내의 당분이 정상보다 줄어들게 된다. 이 과정에서 체내 세포들의 글리코겐 양이 감소한다. ___㉠___ 이러한 현상은 간세포에서 두드러지게 나타난다. ___㉡___ 혈액 및 소변 등의 체액과 인체조직에서는 케톤 수치가 높아지면서 신진대사 불균형이 생기면 두통, 설사, 집중력 저하, 구취 등의 불편한 증상이 나타난다. ___㉢___ 탄수화물을 극단적으로 제한하는 식단은 바람직하지 않다.

	㉠	㉡	㉢
①	결국	따라서	따라서
②	결국	그러므로	그러므로
③	특히	이로 인해	따라서
④	특히	그런데	그러나

09 다음 문장을 논리적 순서대로 바르게 나열한 것은?

(가) 밥상에 오르는 곡물이나 채소가 국내산이라고 하면 보통 그 종자도 우리나라의 것이라고 생각하기 쉽다.
(나) 또한 청양고추 종자는 우리나라에서 개발했음에도 현재는 외국 기업이 그 소유권을 가지고 있으며, 국내 채소 종자 시장의 경우 종자 매출액의 50% 가량을 외국 기업이 차지하고 있다는 조사 결과도 있다.
(다) 하지만 실상은 많은 작물의 종자를 수입하고 있으며, 양파, 토마토, 배 등의 종자 자급률은 약 16%, 포도는 약 1%에 불과할 정도로 그 자급률이 매우 낮다.
(라) 이런 상황이 지속될 경우, 우리 종자를 심고 키우기 어려워질 것이고, 종자를 수입하거나 로열티를 지급하는 데 지금보다 훨씬 많은 비용이 들어가는 상황이 발생할 수도 있다.

① (가) – (라) – (나) – (다)
② (가) – (나) – (다) – (라)
③ (가) – (다) – (나) – (라)
④ (나) – (다) – (라) – (가)

PART 3

10 다음 제시된 단어의 대응 관계로 볼 때, 빈칸에 들어갈 가장 적절한 단어는?

(　　) : 원양 = 착석 : 기립

① 근해
② 견인
③ 근원
④ 괄대

11 다음 글의 빈칸에 들어갈 내용으로 가장 적절한 것은?

키는 유전적인 요소가 크다. 그러나 이러한 한계를 극복할 수 있는 강력한 수단이 있다. 바로 영양이다. 키 작은 유전자를 갖고 태어나도 잘 먹으면 키가 커질 수 있다는 것이다. 핵심은 단백질과 칼슘이다. 이를 가장 손쉽게 섭취할 수 있는 것은 우유다. 가격도 생수보다 저렴하다. 물론 우유의 효과에 대한 부정적 견해도 존재한다. 아토피 피부염과 빈혈 · 골다공증 등 각종 질병이 생길 수 있다는 주장이다. 그러나 이는 일부 학계의 의견이 침소봉대(針小棒大)되었다고 본다. 당뇨가 생기니 밥을 먹지 말고, 바다가 오염됐다고 생선을 먹지 않을 순 없지 않은가.

____

① 아이들의 건강을 위해 우유 소비를 줄여야 한다.
② 키에 관한 유전적 요소를 극복하는 방법으로는 수술밖에 없다.
③ 키는 물론 건강까지 생각한다면 자녀들에게 우유를 먹여야 한다.
④ 우유는 아이들의 혀를 담백하게 길들이는 데 중요한 역할을 한다.

※ 다음 글을 읽고 이어지는 질문에 답하시오. [12~13]

음속은 온도와 압력의 영향을 받는데, 물속에서의 음속은 공기 중에서보다 4 ~ 5배 빠르다. 물속의 음속은 수온과 수압이 높을수록 증가한다. 그런데 해양에서 수압은 수심에 따라 증가하지만, 수온은 수심에 따라 증가하는 것이 아니어서 수온과 수압 중에서 상대적으로 더 많은 영향을 끼치는 요소에 의하여 음속이 결정된다.

음속에 변화를 주는 한 요인인 수온의 변화를 보면, 표층은 태양 에너지가 파도나 해류로 인해 섞이기 때문에 온도 변화가 거의 없다. 그러나 그 아래의 층에서는 태양 에너지가 도달하기 어려워 수심에 따라 수온이 급격히 낮아지고, 이보다 더 깊은 심층에서는 수온 변화가 거의 없다. 표층과 심층 사이에 있는, 깊이에 따라 수온이 급격하게 변화하는 층을 수온약층이라 한다. 표층에서는 수심이 깊어질수록 높은 음속을 보인다. 그러다가 수온이 갑자기 낮아지는 수온약층에서는 음속도 급격히 감소하다가 심층의 특정 수심에서 최소 음속에 이른다. ㉠ 그 후 음속은 점차 다시 증가한다.

수온약층은 위도나 계절 등에 따라 달라질 수 있다. 보통 적도에서는 일 년 내내 해면에서 수심 150m까지는 수온이 거의 일정하게 유지되다가, 그 이하부터 600m까지는 수온약층이 형성된다.

중위도에서 여름철에는 수심 50m에서 120m까지 수온약층이 형성되지만, 겨울철에는 표층의 수온도 낮으므로 수온약층이 형성되지 않는다. 극지방은 표층도 깊은 수심과 마찬가지로 차갑기 때문에 일반적으로 수온약층이 거의 없다.

수온약층은 음속의 급격한 변화를 가져올 뿐만 아니라 음파를 휘게도 한다. 소리는 파동이므로 바닷물의 밀도가 변하면 다른 속도로 진행하기 때문에 굴절 현상이 일어난다. 수온약층에서는 음속의 변화가 크기 때문에 음파는 수온약층과 만나는 각도에 따라 위 혹은 아래로 굴절된다. 음파는 상대적으로 속도가 느린 층 쪽으로 굴절한다. 이런 굴절 때문에 해수면에서 음파를 보냈을 때 음파가 거의 도달하지 못하는 구역이 형성되는데 이를 음영대(Shadow Zone)라 한다.

높은 음속을 보이는 구간이 있다면 음속이 최소가 되는 구간도 있다. 음속이 최소가 되는 이 층을 음속 최소층 또는 음파통로라고 부른다. 음파통로에서는 음속이 낮은 대신 소리의 전달은 매우 효과적이다. 이 층을 탈출하려는 바깥 방향의 음파가 속도가 높은 구역으로 진행하더라도 금방 음파통로 쪽으로 굴절된다. 음파통로에서는 음파가 위로 진행하면 아래로 굴절하려 하고, 아래로 진행하는 음파는 위로 다시 굴절하려는 경향을 보인다. 즉, 음파는 속도가 느린 층 쪽으로 굴절해서 그 층에 머물려고 하는 것이다. 그리하여 이 층에서 만들어진 소리는 수천 km 떨어진 곳에서도 들린다.

해양에서의 음속 변화 특징은 오늘날 다양한 분야에 활용되고 있다. 음영대를 이용해 잠수함이 음파탐지기로부터 회피하여 숨을 장소로 이동하거나, 음파통로를 이용해 인도양에서 음파를 일으켜 대서양을 돌아 태평양으로 퍼져나가게 한 후 온난화 등의 기후 변화를 관찰하는 데 이용되기도 한다.

12 윗글을 읽고 추론한 내용으로 적절하지 않은 것은?

① 수온이 일정한 구역에서는 수심이 증가할수록 음속도 증가할 것이다.
② 심층에서 수온 변화가 거의 없는 것은 태양 에너지가 도달하지 않기 때문일 것이다.
③ 수영장 물 밖에 있을 때보다 물 속에 있을 때 물 밖의 소리가 더 잘 들릴 것이다.
④ 음영대의 특성을 이용하면 잠수함은 적의 음파 탐지로부터 숨을 장소를 찾을 수 있을 것이다.

PART 3

13 다음 글을 토대로 추론한 ㉠의 이유로 가장 적절한 것은?

① 수온약층이 계절에 따라 변화하기 때문이다.
② 압력 증가의 효과가 수온 감소의 효과를 능가하기 때문이다.
③ 밀도가 다른 해수층을 만나 음파가 굴절되기 때문이다.
④ 압력이 증가할수록 수온이 계속 감소하기 때문이다.

14 다음 글의 중심 내용으로 가장 적절한 것은?

> 분노는 공격과 복수의 행동을 유발한다. 분노 감정의 처리에는 '눈에는 눈, 이에는 이'라는 탈리오 법칙이 적용된다. 분노의 감정을 느끼게 되면 상대방에 대해 공격적인 행동을 하고 싶은 공격 충동이 일어난다. 동물의 경우, 분노를 느끼면 이빨을 드러내게 되고 발톱을 세우는 등 공격을 위한 준비 행동을 나타내게 된다. 사람의 경우에도 분노를 느끼면 자율신경계가 활성화되고 눈매가 사나워지며 이를 꽉 깨물고 주먹을 불끈 쥐는 등 공격 행위와 관련된 행동들이 나타나게 된다. 특히 분노 감정이 강하고 상대방이 약할수록 공격 충동은 행동화되는 경향이 있다.

① 공격을 유발하게 되는 원인
② 분노가 야기하는 행동의 변화
③ 탈리오 법칙의 정의와 실제 사례
④ 동물과 인간의 분노 감정의 차이

15 다음 글의 논지를 이끌 수 있는 첫 문장으로 가장 적절한 것은?

> 사람과 사람이 직접 얼굴을 맞대고 하는 접촉이 라디오나 텔레비전 등의 매체를 통한 접촉보다 결정적인 영향력을 미친다는 것이 일반적인 견해로 알려져 있다. 매체는 어떤 마음의 자세를 준비하게 하는 구실을 하여 나중에 직접 어떤 사람에게서 새 어형을 접했을 때 그것이 텔레비전에서 자주 듣던 것이면 더 쉽게 그쪽으로 마음의 문을 열게 하는 면에서 영향력을 행사하기는 하지만, 새 어형이 전파되는 것은 매체를 통해서보다 상면하는 사람과의 직접적인 접촉에 의해서라는 것이 더 일반화된 견해이다. 사람들은 한두 사람의 말만 듣고 언어 변화에 가담하지는 않고, 주위의 여러 사람들이 다 같은 새 어형을 쓸 때 비로소 그것을 받아들이게 된다고 한다. 매체를 통해서보다 자주 접촉하는 사람들을 통해 언어 변화가 진전된다는 사실은 언어 변화의 여러 면을 바로 이해하는 한 핵심적인 내용이라 해도 좋을 것이다.

① 일반적으로 젊은 층이 언어 변화를 주도한다.
② 언어 변화는 결국 접촉에 의해 진행되는 현상이다.
③ 접촉의 형식도 언어 변화에 영향을 미치는 요소로 지적되고 있다.
④ 매체의 발달이 언어 변화에 중요한 영향을 미치는 것으로 알려져 있다.

16 유체와 유체 속에서 작용하는 압력에 대한 설명이다. 이에 대한 설명으로 옳은 것을 〈보기〉에서 모두 고르면?

> **보기**
> 가. 액체 또는 기체와 같이 흐를 수 있는 물질을 유체라고 한다.
> 나. 유체의 단위 면적에 작용하는 힘을 압력이라고 한다.
> 다. 유체 속에서 작용하는 압력의 단위로 N을 사용한다.

① 가
② 가, 나
③ 가, 다
④ 나, 다

17 물체가 높은 곳에서 떨어질 때의 에너지에 대한 설명으로 옳지 않은 것은?(단, 공기 저항은 무시한다)

① 역학적 에너지는 보존된다.
② 운동 에너지는 증가한다.
③ 운동 에너지는 감소하다 증가한다.
④ 위치 에너지는 감소한다.

18 다음 〈보기〉 중 원심력과 관련 있는 것을 모두 고르면?

보기
㉠ 자동차가 커브를 돌고 있다.
㉡ 인공위성이 지구 주위를 돌고 있다.
㉢ 세탁기가 탈수 기능으로 물이 빠지고 있다.
㉣ 놀이공원 롤러코스터가 회전운동을 한다.

① ㉠, ㉢ ② ㉡, ㉣
③ ㉠, ㉡, ㉣ ④ ㉠, ㉡, ㉢, ㉣

19 기초 대사량에 대한 설명으로 옳은 것을 〈보기〉에서 모두 고르면?

보기
㉠ 1일 대사량에 포함된다.
㉡ 성별과 나이에 상관없이 모두 동일하다.
㉢ 생명 유지에 필요한 최소한의 에너지이다.

① ㉠, ㉡ ② ㉠, ㉢
③ ㉡, ㉢ ④ ㉠, ㉡, ㉢

20 다음은 연도별 황사 발생횟수와 지속일수에 대한 그래프이다. 이에 대한 설명으로 옳지 않은 것은?

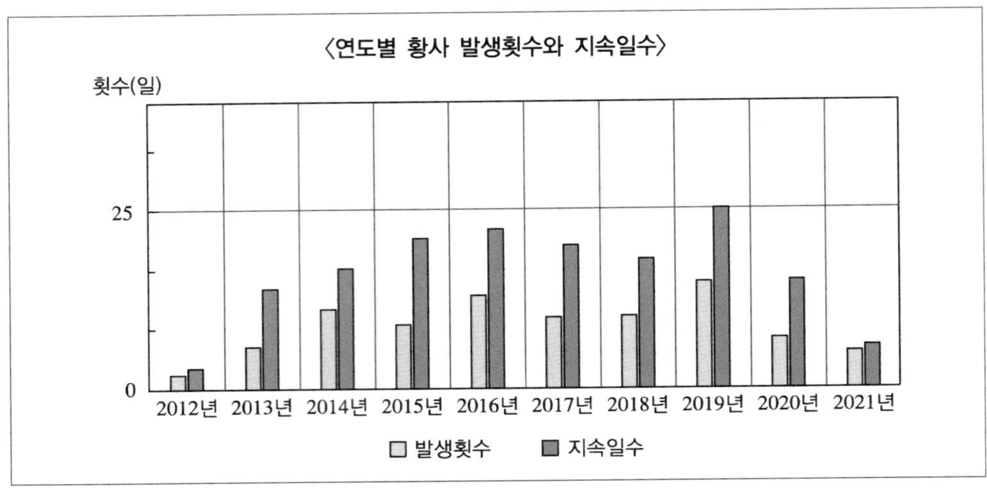

① 황사의 지속일수는 2019년에 25일로 가장 높았다.

② 황사의 발생횟수는 2014년에 최고치를 기록했다.

③ 2019년 이후 연도별 황사 발생횟수는 감소하는 추세이다.

④ 2019년 이후 연도별 황사 지속일수는 감소하는 추세이다.

21 다음 세 블록을 합쳤을 때, 나올 수 있는 형태로 가장 적절한 것은?

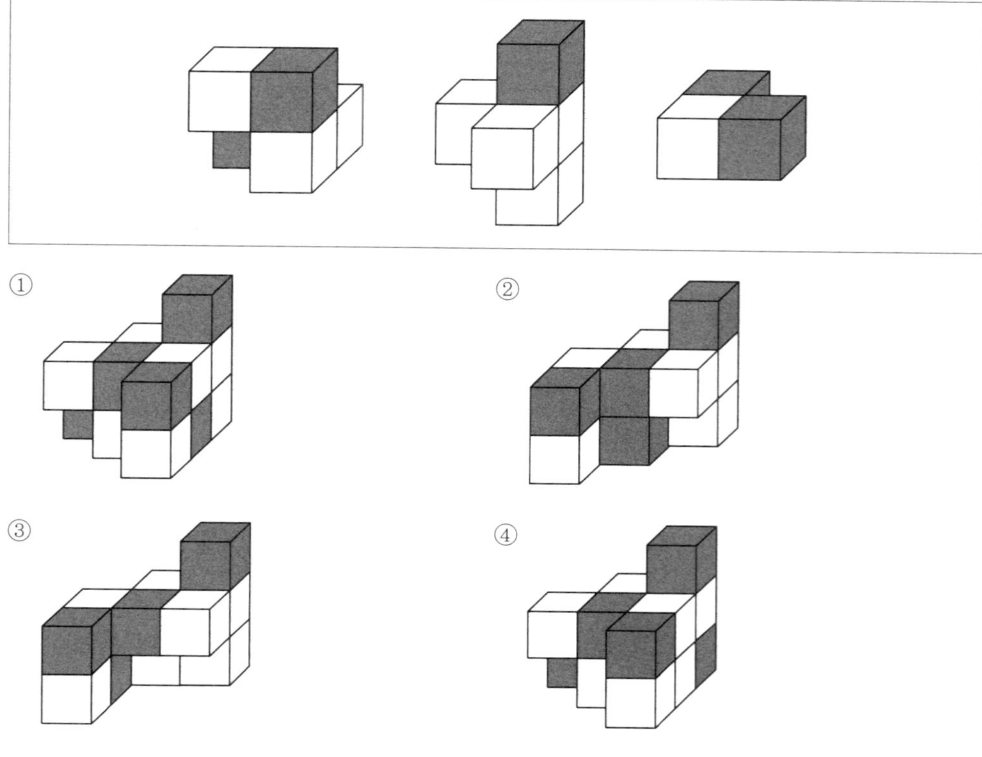

22 다음 두 블록을 합쳤을 때, 나올 수 있는 형태로 가장 적절한 것은?

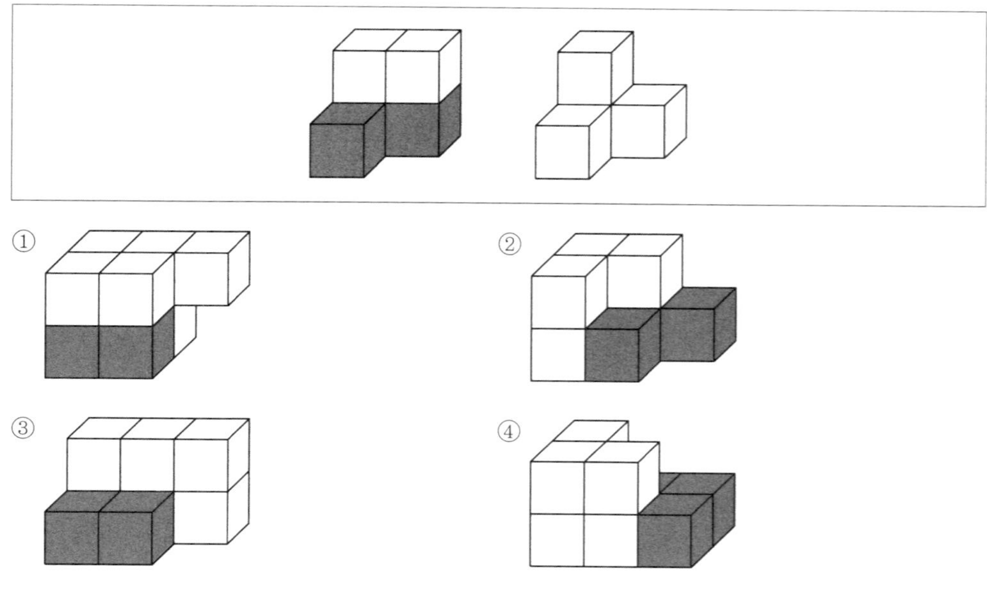

23 다음은 S기업의 마케팅부 직원 40명을 대상으로 1년 동안 이수한 마케팅 교육의 이수 시간을 조사한 도수분포표이다. 직원들 중 임의로 한 명을 뽑을 때, 뽑힌 직원의 1년 동안의 교육 이수 시간이 40시간 이상일 확률은?

교육 이수 시간	도수
20시간 미만	3
20시간 이상 30시간 미만	4
30시간 이상 40시간 미만	9
40시간 이상 50시간 미만	12
50시간 이상 60시간 미만	a
합계	40

① $\frac{3}{10}$ ② $\frac{2}{5}$

③ $\frac{7}{10}$ ④ $\frac{3}{5}$

※ 일정한 규칙으로 수를 나열할 때, 빈칸에 들어갈 수로 옳은 것을 고르시오. **[24~27]**

24

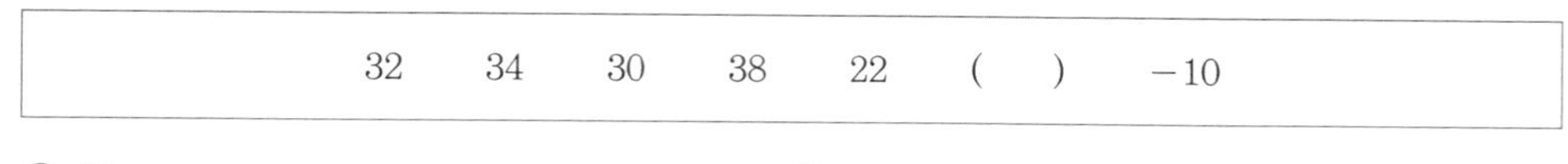

32 34 30 38 22 ( ) −10

① 12
② 20
③ 36
④ 54

25

2.3 8.2 4.8 16.3 ( ) 32.5 19.8

① 6.8
② 9.8
③ 15.4
④ 19.6

PART 3

26

4 8 1 2 −5 −10 −17 ( )

① 27
② −27
③ 33
④ −34

27

−15 ( ) −26 −30 −33

① −21
② −22
③ −23
④ −24

※ 제시된 명제가 모두 참일 때, 추론할 수 있는 것을 고르시오. [28~30]

28

- 고기를 좋아하는 사람은 소시지를 좋아한다.
- 우유를 좋아하는 사람은 치즈를 좋아한다.
- 과일을 좋아하는 사람은 소시지를 좋아하지 않는다.
- 소를 좋아하는 사람은 치즈와 소시지를 좋아하지 않는다.

① 고기를 좋아하는 사람은 과일을 좋아한다.
② 고기를 좋아하는 사람은 우유를 좋아한다.
③ 소를 좋아하는 사람은 고기와 우유를 좋아하지 않는다.
④ 소를 좋아하는 사람은 과일과 소시지를 좋아한다.

29

- 아메리카노는 카페라테보다 많이 팔린다.
- 유자차는 레모네이드보다 덜 팔린다.
- 카페라테는 레모네이드보다 많이 팔리지만, 녹차보다는 덜 팔린다.
- 녹차는 스무디보다 덜 팔리지만, 아메리카노보다 많이 팔린다.

① 가장 많이 팔리는 음료는 스무디이다.
② 유자차는 가장 안 팔리지는 않는다.
③ 카페라테보다 덜 팔리는 음료는 3개이다.
④ 녹차가 가장 많이 팔린다.

30

- 조선 시대의 대포 중 천자포의 사거리는 1,500보이다.
- 현자포의 사거리는 천자포의 사거리보다 700보 짧다.
- 지자포의 사거리는 현자포의 사거리보다 100보 길다.

① 천자포의 사거리가 가장 길다.
② 현자포의 사거리가 가장 길다.
③ 지자포의 사거리가 가장 짧다.
④ 현자포의 사거리는 지자포의 사거리보다 길다.

31 다음 제시된 문자를 내림차순으로 나열하였을 때 2번째에 오는 문자는?

N ㅈ ㅠ C ㅅ ㅕ

① N　② ㅈ
③ ㅠ　④ C

32 다음 제시된 풀이에 해당하는 사자성어는?

지초와 난초의 향기와 같이 벗 사이의 맑고도 높은 사귐

① 결초보은(結草報恩)　② 막역지우(莫逆之友)
③ 유유상종(類類相從)　④ 지란지교(芝蘭之交)

33 자동차회사에 다니는 A, B, C 세 사람은 각각 대전지점, 강릉지점, 군산지점으로 출장을 다녀왔다. A, B, C의 출장지는 서로 다르며 세 사람 중 한 사람만 참을 말할 때, 세 사람이 다녀온 출장지를 순서대로 나열한 것은?

- A : 나는 대전지점에 가지 않았다.
- B : 나는 강릉지점에 가지 않았다.
- C : 나는 대전지점에 갔다.

	대전지점	강릉지점	군산지점
①	A	B	C
②	A	C	B
③	B	A	C
④	B	C	A

34 다음 중 소독 효과가 있어서 수돗물 정수에 사용되며, 물에 녹아 하이포염소산(HClO)을 생성하는 물질은?

① 염소(Cl_2)
② 나트륨(Na)
③ 플루오린(F_2)
④ 일산화탄소(CO)

35 무게가 각각 1kg, 2kg인 두 공을 10m 높이의 건물에서 동시에 떨어뜨릴 때, 〈보기〉 중 옳은 것을 모두 고르면?(단, 공기의 저항이나 마찰력은 무시한다)

보기

ㄱ. 동시에 떨어진다.
ㄴ. 위치 에너지는 같다.
ㄷ. 두 공 모두 가속도는 증가한다.

① ㄱ
② ㄴ
③ ㄱ, ㄴ
④ ㄴ, ㄷ

36 다음 그림과 같이 지레에 무게가 10N인 물체를 놓고 지렛대를 수평으로 하기 위하여 필요한 힘 F의 크기는?

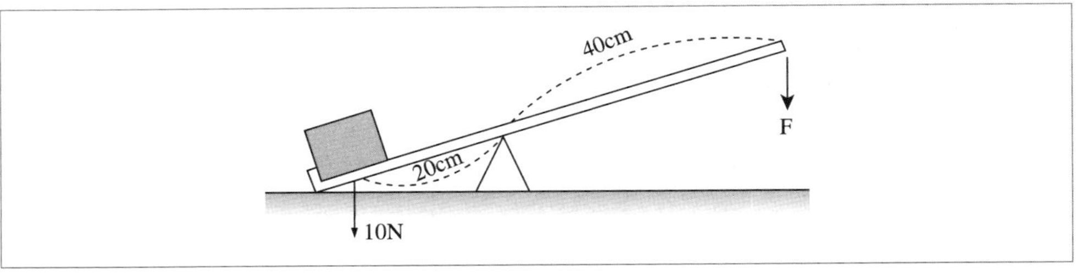

① 5N
② 10N
③ 15N
④ 20N

※ 다음 중 나머지 도형과 다른 것을 고르시오. [37~38]

37 ① 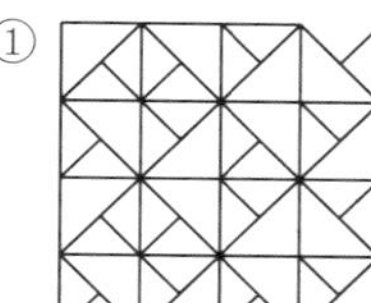 ② 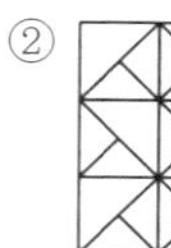

③ 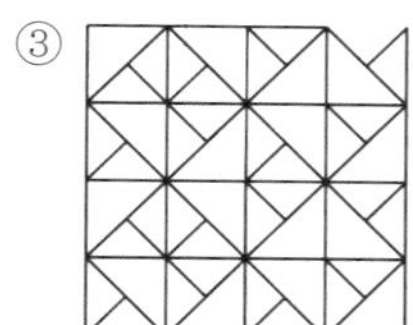 ④ 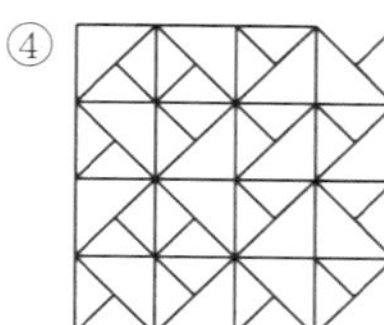

38 ①  ② 

③  ④ 

※ 다음 그림을 순서대로 바르게 나열한 것을 고르시오. [39~40]

39

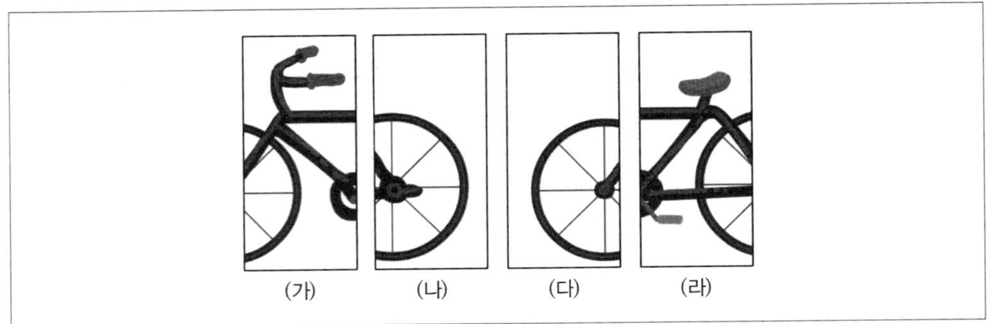

① (다) – (나) – (가) – (라)
② (다) – (가) – (라) – (나)
③ (다) – (나) – (라) – (가)
④ (다) – (가) – (나) – (라)

40

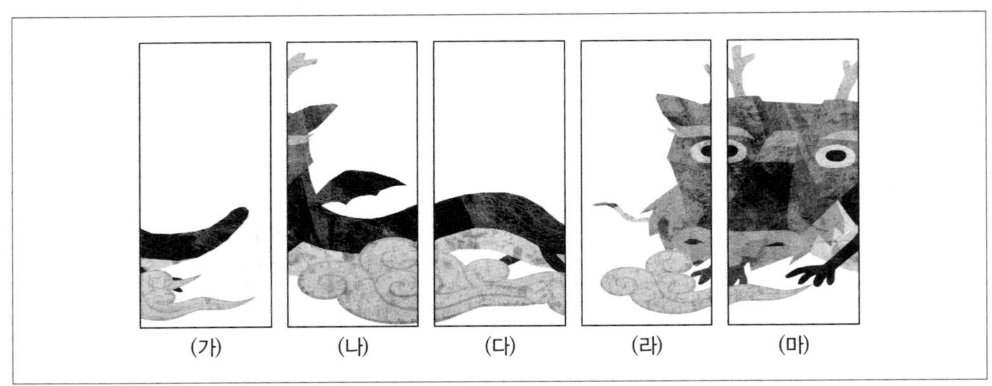

① (다) – (마) – (나) – (가) – (라)
② (라) – (마) – (나) – (다) – (가)
③ (라) – (마) – (가) – (나) – (다)
④ (다) – (나) – (마) – (가) – (라)

※ 제시된 전개도를 접었을 때 나타나는 입체도형으로 옳은 것을 고르시오. **[41~42]**

41

42

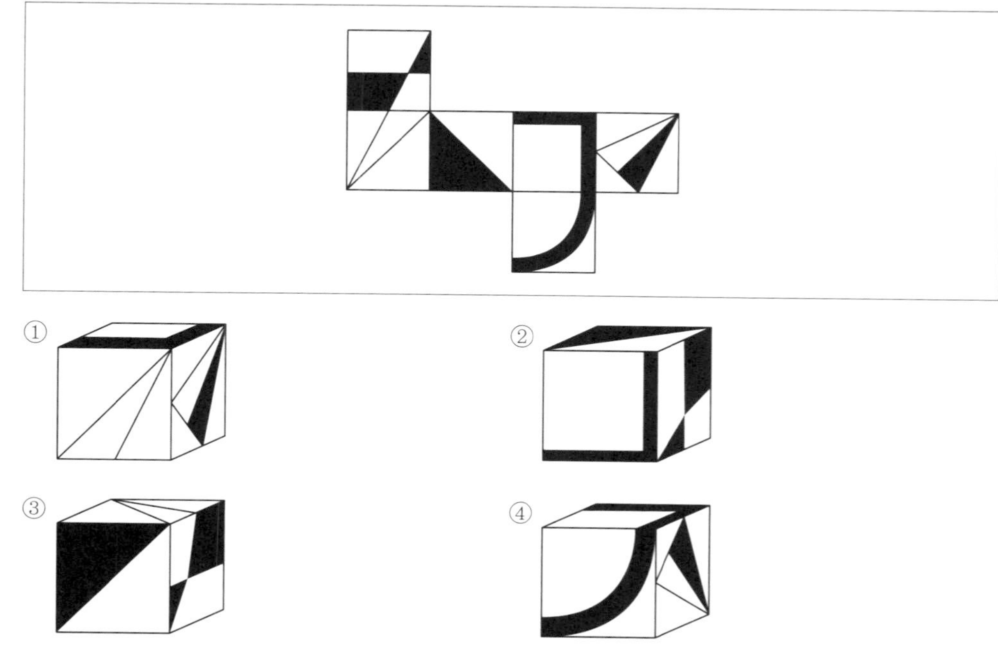

※ 다음과 같은 모양을 만드는 데 사용된 블록의 개수를 고르시오(단, 보이지 않는 곳의 블록은 있다고 가정한다). [43~45]

43

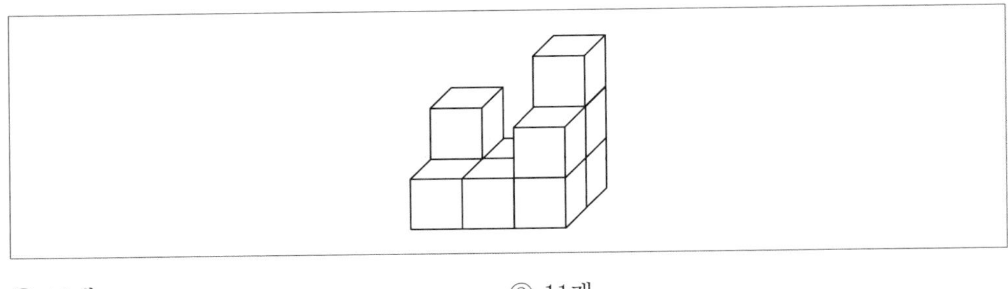

① 10개
② 11개
③ 12개
④ 13개

44

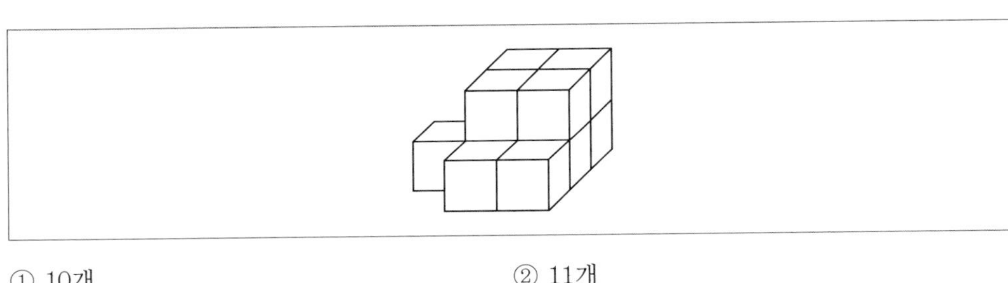

① 10개
② 11개
③ 12개
④ 13개

45

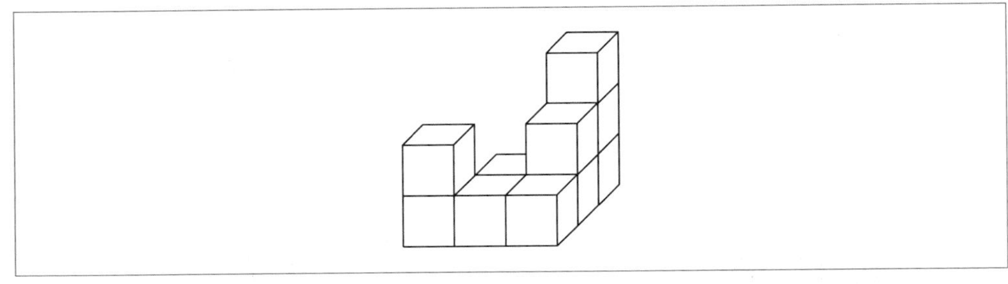

① 10개
② 11개
③ 12개
④ 13개

제4회 최종점검 모의고사

모바일 OMR
답안채점 / 성적분석
서비스

☑ 응시시간 : 50분 ☑ 문항 수 : 45문항

정답 및 해설 p.058

※ 다음 중 제시된 문장 안에서 사용되지 않는 단어를 고르시오. [1~2]

01

- 경기는 점점 ______한 양상을 보였다.
- 둘의 실력은 ______을 가릴 수 없을 정도로 비슷하다.
- 한평생 ______하게 살아온 그는 많이 늙어있었다.
- 승부는 결국 ______을 가리는 것이다.

① 가열 ② 분열
③ 치열 ④ 우열

PART 3

02

- 그는 자신의 ______과 전혀 다른 결과가 나오자 당황하기 시작했다.
- 상대편의 주장은 근거 없는 ______에 불과하다.
- 9개월 만에 일본에서 규모 6이 넘는 지진이 ______되었다.
- 여러 요인을 분석하여 환율의 변동을 다음과 같이 ______했다.

① 예측 ② 실측
③ 관측 ④ 억측

03 다음 밑줄 친 부분과 같은 의미로 쓰인 것은?

> 앞으로 이태만 더 고생하면 논 몇 마지기는 <u>잡을</u> 수 있을 것 같다.

① 한밀천을 <u>잡다</u>.
② 그는 멱살을 <u>잡고</u> 사장과 싸우기 시작했다.
③ 그는 개를 <u>잡아</u> 개장국을 끓였다.
④ 심야에는 택시를 <u>잡기</u>가 다른 시간대보다 더 어렵다.

04 다음 제시된 문단을 논리적 순서대로 바르게 나열한 것은?

> (가) 위기가 있는 만큼 기회도 주어진다. 다만, 그 기회를 잡기 위해 우리에게 가장 필요한 것은 지혜이다. 그리고 그 지혜를 행동으로 옮길 때, 우리는 성공이라는 결과를 얻을 수 있는 것이다.
> (나) 세계적 금융위기는 끝나지 않았고, 동중국해를 둘러싼 중국과 일본의 영토분쟁은 세계 경제에 새로운 위협 요인이 되고 있다. 국가경제도 부동산가격 하락으로 가계부채 문제가 경제에 부담이 될 것이라는 예측이 나온다. 휴일 영업을 둘러싼 대형마트와 재래시장 간의 갈등도 심화되고 있다. 기업의 입장에서나, 개인의 입장에서나 온통 풀기 어려운 문제에 둘러싸인 형국이다.
> (다) 이 위기를 이겨낸 사람이 성공하고, 위기를 이겨낸 기업이 경쟁에서 승리한다. 어려움을 이겨낸 나라가 자신에게 주어진 무대에서 주역이 되었다는 것을 우리는 지난 역사 속에서 배울 수 있다.
> (라) 한마디로 위기(危機)의 시대이다. 위기는 '위험'을 의미하는 위(危)자와 '기회'를 의미하는 기(機)자가 합쳐진 말이다. 위기라는 말에는 위험과 기회라는 이중의 의미가 함께 들어 있다. 위험을 이겨낸 사람이 기회를 잡을 수 있다는 말이다. 위기는 기회의 또 다른 얼굴이다.

① (나) – (라) – (다) – (가)
② (가) – (라) – (나) – (다)
③ (나) – (가) – (다) – (라)
④ (라) – (가) – (다) – (나)

05 다음 제시된 단어의 대응 관계로 볼 때, 빈칸에 들어갈 가장 적절한 단어는?

> 으르다 : 겁박하다 = (　　) : 아첨하다

① 알랑대다
② 수복하다
③ 직언하다
④ 겸손하다

※ 다음 글의 빈칸에 들어갈 문장으로 가장 적절한 것을 고르시오. [6~7]

06

글은 회사에서 쓰는 보고서, 제안서, 품의서, 기획안, 발표문, 홍보문과 학창시절 써야 하는 자기소개서, 과제 리포트, 그리고 서평, 기행문 등 종류가 많다.

글을 쓸 때 가장 중요한 것은 독자가 무엇을 기대하는지 파악하는 것이다. 따라서 글에서 무엇을 알고 싶어 하는지, 무엇을 줘야 독자가 만족할 것인지를 파악하는 것이 중요하다. "독자가 무엇을 원하는지 안다는 것은 글을 어떻게 써야 하는지 아는 것이다." 그러나 대부분 이를 소홀히 한다. 글에 있어서 무게중심은 읽는 사람이 아니라, 쓰는 사람에게 있다. '내가 많이 알고 있는 것처럼 보여야겠다, 내가 글을 잘 쓰는 것처럼 보여야겠다.'라는 생각이 앞설수록 중언부언하게 되고, 불필요한 수식어와 수사법을 남발한다. 이때 독자는 헷갈리고 화가 나게 된다.

독자에게 필요한 것은 글이 자신에게 전하고자 하는 내용이 무엇인가 하는 것이다. 그리고 그 전하고자 하는 내용이 자신에게 어떤 도움을 주는가 하는 것이다. 모르던 것을 알게 해주는지, 새로운 관점과 해석을 제공해주는지, 통찰을 주는지, 감동을 주는지, 하다못해 웃음을 주는지 하는 것이다. 예를 들어 자기소개서를 읽었는데, 그 사람이 어떤 사람인지 확연히 그려지면 합격이다. 제안서를 읽고 제안한 내용에 관해 확신이 들면 성공이다.

그렇다면 글은 어떻게 썰야 할까? 방법은 간단하다. 먼저 구어체로 쓰는 것이다. 그래야 읽는 사람이 말을 듣듯이 편하게 읽는다. 눈으로 읽는 것 같지만 독자는 스스로 소리 내 귀로 듣는다. 구어체로 쓰기 위해서는 누군가를 만나 먼저 말해보는 것이 중요하다. "내가 무슨 글을 써야 하는데, 주로 이런 내용이야." 이렇게 말하다 쓸거리가 정리될 뿐만 아니라 없던 생각도 새롭게 생겨난다. 그리고 말할 때 느낌이 글에서 살아난다.

글을 쓸 때도 독자를 앞에 앉혀놓고 써야 한다. 독자는 구체적으로 한 사람 정해놓고 쓰는 게 좋다. 연애편지 쓰는 것처럼. 그러면 그 사람의 목소리를 들으며 쓸 수 있다. '아, 됐고 결론이 뭐야?' 또는 '다짜고짜 무슨 말이야, 좀 쉽게 설명해봐.' 뭐 이런 소리 말이다.

____________________________ 대상이 막연하지 않기 때문에 읽는 사람이 공감할 확률이 높아진다. 나를 위해 무언가를 전해주려고 노력한다는 것을 느끼면서 고마워한다. 말을 심하게 더듬는 사람이 내게 무엇인가를 전해주려고 노력하는 모습을 상상해보라. 그런 진심이 전해지면 된다. 글을 유려하게 잘 쓰고 박식한 것보다 더 독자의 심금을 울린다. 글에도 표정과 느낌이 있다. 독자를 위하는 마음으로 쓰면 그 마음이 전해진다.

① 무엇이 틀렸는지 알고 잘 고쳐 쓰면 된다.

② 독자를 정해놓고 쓰면 진정성이 살아난다.

③ 독자에게 주는 것이 없으면 백전백패다.

④ 글을 일정한 시간, 장소에서 습관적으로 쓰라.

07

스마트팩토리는 인공지능(AI), 사물인터넷(IoT) 등 다양한 기술이 융합된 자율화 공장으로, 제품 설계와 제조, 유통, 물류 등의 산업 현장에서 생산성 향상에 초점을 맞췄다. 이곳에서는 기계, 로봇, 부품 등의 상호 간 정보 교환을 통해 제조 활동을 하고, 모든 공정 이력이 기록되며, 빅데이터 분석으로 사고나 불량을 예측할 수 있다. 스마트팩토리에서는 컨베이어 생산 활동으로 대표되는 산업 현장의 모듈형 생산이 컨베이어를 대체하고 IoT가 신경망 역할을 한다. 센서와 기기 간 다양한 데이터를 수집하고, 이를 서버에 전송하면 서버는 데이터를 분석해 결과를 도출한다. 서버는 AI 기계학습 기술이 적용돼 빅데이터를 분석하고 생산성 향상을 위한 최적의 방법을 제시한다.
스마트팩토리의 대표 사례로는 고도화된 시뮬레이션 '디지털 트윈'을 들 수 있다. 디지털 트윈은 데이터를 기반으로 가상공간에서 미리 시뮬레이션하는 기술이다. 시뮬레이션을 위해 빅데이터를 수집하고 분석과 예측을 위한 통신·분석 기술에 가상현실(VR), 증강현실(AR)과 같은 기술을 더한다. 이를 통해 산업 현장에서 작업 프로세스를 미리 시뮬레이션하고, VR·AR로 검증함으로써 실제 시행에 따른 손실을 줄이고, 작업 효율성을 높일 수 있다.
한편 '에지 컴퓨팅'도 스마트팩토리의 주요 기술 중 하나이다. 에지 컴퓨팅은 산업 현장에서 발생하는 방대한 데이터를 클라우드로 한 번에 전송하지 않고, 에지에서 사전 처리한 후 데이터를 선별해서 전송한다. 서버와 에지가 연동해 데이터 분석 및 실시간 제어를 수행하여 산업 현장에서 생산되는 데이터가 기하급수로 늘어도 서버에 부하를 주지 않는다. 현재 클라우드 컴퓨팅이 중앙 데이터센터와 직접 소통하는 방식이라면 에지 컴퓨팅은 기기 가까이에 위치한 일명 '에지 데이터 센터'와 소통하며, 저장을 중앙 클라우드에 맡기는 형식이다. 이를 통해 데이터 처리 지연 시간을 줄이고 즉각적인 현장 대처를 가능하게 한다.
이러한 스마트팩토리의 발전은 ________________________ 최근 선진국에서 나타나는 주요 현상 중의 하나는 바로 '리쇼어링'의 가속화이다. 리쇼어링이란 인건비 등 각종 비용 절감을 이유로 해외에 나간 자국 기업들이 다시 본국으로 돌아오는 현상을 의미하는 용어이다. 2000년대 초반까지는 국가적 차원에서 세제 혜택 등의 회유책을 통해 추진되어왔지만, 스마트팩토리의 등장으로 인해 자국 내 스마트팩토리에서의 제조비용과 중국이나 멕시코와 같은 제3국에서 제조 후 수출 비용에 큰 차이가 없어 리쇼어링 현상은 더욱 가속화되고 있다.

① 공장의 제조비용을 절감시키고 있다.
② 공장의 세제 혜택을 사라지게 하고 있다.
③ 공장의 위치를 변화시키고 있다.
④ 수출 비용을 줄이는 데 도움이 된다.

※ 다음 글을 읽고 이어지는 질문에 답하시오. [8~9]

섬유 예술은 실, 직물, 가죽, 짐승의 털 등의 섬유를 오브제로 사용하여 미적 효과를 구현하는 예술을 일컫는다. 오브제란 일상 용품이나 자연물 또는 예술과 무관한 물건을 본래의 용도에서 분리하여 작품에 사용함으로써 새로운 상징적 의미를 불러일으키는 대상을 의미한다. 섬유 예술은 실용성에 초점을 둔 공예와 달리 섬유가 예술성을 지닌 오브제로서 기능할 수 있다는 자각에서 비롯되었다.

섬유 예술이 새로운 조형 예술의 한 장르로 자리매김한 결정적 계기는 1969년 제5회 '로잔느 섬유 예술 비엔날레전'에서 올덴버그가 가죽을 사용하여 만든 「부드러운 타자기」라는 작품을 전시하여 주목을 받은 것이었다. 올덴버그는 이 작품을 통해 공예의 한 재료에 불과했던 가죽을 예술성을 구현하는 오브제로 활용하여 섬유를 심미적 대상으로 인식할 수 있게 하였다.

이후 섬유 예술은 평면성에서 벗어나 조형성을 강조하는 여러 기법들을 활용하여 작가의 개성과 미의식을 구현하는 흐름을 보였는데, 이에는 바스켓트리, 콜라주, 아상블라주 등이 있다. 바스켓 트리는 바구니 공예를 일컫는 말로 섬유의 특성을 활용하여 꼬기, 엮기, 짜기 등의 방식으로 예술적 조형성을 구현하는 기법이다. 콜라주는 이질적인 여러 소재들을 혼합하여 일상성에서 탈피한 미감을 주는 기법이고, 아상블라주는 콜라주의 평면적인 조형성을 넘어 우리 주변에서 흔히 볼 수 있는 물건들과 폐품 등을 혼합하여 3차원적으로 표현하는 기법이다. 콜라주와 아상블라주는 현대의 여러 예술 사조에서 활용되는 기법을 차용한 것으로, 섬유 예술에서는 순수 조형미를 드러내거나 현대 사회의 복합성과 인류 문명의 한 단면을 상징화하는 수단으로 활용되기도 하였다.

섬유를 오브제로 활용한 대표적인 작품으로는 라우센버그의 「침대」가 있다. 이 작품에서 라우센버그는 섬유 자체뿐 아니라 여러 오브제들을 혼합하여 예술적 미감을 표현하기도 했다. 「침대」는 캔버스에 평소 사용하던 커다란 침대보를 부착하고 베개와 퀼트 천으로 된 이불, 신문 조각, 잡지 등을 붙인 다음 그 위에 물감을 흩뿌려 작업한 것으로, 콜라주, 아상블라주 기법을 주로 활용하여 섬유의 조형적 미감을 잘 구현한 작품으로 평가 받고 있다.

08 윗글에서 알 수 있는 내용으로 적절하지 않은 것은?

① 섬유 예술의 재료
② 섬유 예술의 발전 과정
③ 섬유 예술 작품의 예
④ 섬유 예술과 타 예술장르의 관계

09 윗글의 '섬유 예술'에 대한 추론으로 적절하지 않은 것은?

① 라우센버그의 「침대」에 쓰인 재료들은 특별한 의미를 추구하지 않는다.
② 올덴버그의 「부드러운 타자기」가 주목받기 이전에는 대체로 섬유 예술을 조형 예술 장르로 보지 않았다.
③ 섬유 예술은 기존의 섬유를 실용성의 측면에서 보던 시각에서 탈피하여 섬유를 심미적 대상으로 보았다.
④ 콜라주와 아상블라주는 섬유 예술 이외에도 다양한 예술 분야에서 사용된다.

※ 다음 글을 읽고 이어지는 질문에 답하시오. [10~11]

(가) 예술은 인간 감정의 구현체로 간주되곤 한다. 그런데 예술과 감정의 연관은 예술이 지닌 부정적 측면을 드러내는 데 쓰이기도 했다. 즉, 예술을 이성적으로 통제되지 않는 비합리적 활동, 심지어는 광기 어린 활동으로 여기곤 했다. 그렇지만 예술과 감정의 연관을 긍정적인 측면에서 해석하려는 입장도 유구한 전통을 형성하고 있다. 이러한 입장을 대표하는 사람으로 톨스토이와 콜링우드를 들 수 있다.

(나) 톨스토이의 견해에 따르면, 타인에게 생각을 전달할 필요가 있듯이 감정도 그러하다. 이때 감정을 타인에게 전달하는 주요 수단이 예술이다. 예술가는 자신이 표현하고픈 감정을 떠올린 후, 작품을 통해 타인도 공감할 수 있도록 전달한다. 그런데 이때 전달되는 감정은 질이 좋아야 하며, 한 사회를 좋은 방향으로 이끌어 나갈 수 있어야 한다. 연대감이나 형제애가 그러한 감정이다. 이런 맥락에서 톨스토이는 노동요나 민담 등을 높이 평가하였고, 교태 어린 리스트의 음악이나 허무적인 보들레르의 시는 부정적으로 평가하였다. 좋은 감정이 잘 표현된 한 편의 예술이 전 사회, 나아가 전 세계를 감동시키며 세상의 발전에 기여할 수 있다는 것이다.

(다) 반면, 콜링우드는 톨스토이와 생각이 달랐다. 콜링우드는 연대감이나 형제애를 사회에 전달하는 예술이 부작용을 초래할 수 있다고 보았다. 전체주의적 대규모 집회에서 드러나듯 예술적 효과를 통한 연대감의 전달은 때론 비합리적 선동을 강화하는 결과를 낳는다. 톨스토이 식으로 예술과 감정을 연관시키는 것은 예술에 대한 앞서의 비판에서 벗어나기 힘들다. 따라서 콜링우드는 감정의 전달이라는 외적 측면보다는 감정의 정리라는 내적 측면에 관심을 둔다.

(라) 콜링우드에 따르면, 언어가 한 개인의 생각을 정리하는 수단이듯이 예술은 한 개인의 감정을 정리하는 수단이다. 우리의 생각을 정리하는 훈련이 필요하듯이 우리의 감정도 그러하다. 일상사에서 벌컥 화를 내거나 하염없이 눈물을 흘리다 보면 감정을 지나치게 드러낸 듯하여 쑥스러운 경우가 종종 있다. 그런데 분노나 슬픔은 공책을 펴 놓고 논리적으로 곰곰이 추론한다고 정리되는 것이 아니다. 생각은 염주알처럼 진행되지만, 감정은 불쑥 솟구쳐 오르거나 안개처럼 스멀스멀 밀려오기 때문이다. 이러한 인간의 감정은 그것과 생김새가 유사한 예술을 통해 정리되는 것이 바람직하다. 베토벤이 인생의 파란만장한 곡절을 「운명」 교향악을 통해 때론 용솟음치며 때론 진저리치며 굽이굽이 정리했듯이, 우리는 자기 나름의 적절한 예술적 방식을 통해 그렇게 할 수 있다. 그리고 예술을 통해 우리의 감정이 정리되었으면 굳이 타인에게 전달하지 않더라도 예술은 그 소임을 충분히 완성한 것이다.

(마) 톨스토이와 콜링우드 양자의 입장은 차이가 나지만, 양자 모두 예술과 감정의 긍정적 연관성에 주목하면서 예술의 가치를 옹호하였으며, 이들의 이론은 특히 질풍처럼 몰아치고 노도처럼 격동했던 낭만주의 예술을 이해하는 데 기여하였다.

10 **영국의 시인 키츠가 〈보기〉와 같이 말한 이유를 콜링우드의 견해를 바탕으로 가장 잘 설명한 것은?**

> **보기**
> 불면의 밤을 보내며 완성한 시를 아침 해를 바라보며 불태워 버려도 좋다.

① 창작한 내용이 마음에 들지 않았기 때문이다.
② 창작 작업에 근본적인 회의를 느꼈기 때문이다.
③ 혼란한 감정을 시를 통해 정화했다고 생각했기 때문이다.
④ 아침 해를 바라보며 불같은 열정을 새롭게 느꼈기 때문이다.

PART 3

11 **다음 중 〈보기〉의 관점에서 제시문을 비판적으로 이해한 내용으로 가장 적절한 것은?**

> **보기**
> 음악의 아름다움이란 음악의 형식을 통해 드러나는 아름다움이다. 외부에서 주어진 어떤 내용도 필요치 않고, 오직 독립적인 음들 및 그것들의 형식적 연관으로만 존재하는 그러한 아름다움이 곧 음악적 아름다움이다. 매력 넘치는 소리들의 연관, 그 연관의 조화와 대립, 이탈과 도달, 상승과 소멸 등이야말로 우리 앞에 자유로운 형식으로 나타나 만족을 주는 것들이다.

① 예술의 본질은 감정보다는 형식이다. 우리에게 미적 즐거움을 주는 원천은 예술 고유의 조형적 아름다움이지 않은가.
② 예술이 감정을 전달하려면 감정의 전달 수단인 형식도 중요하다. 아름다운 형식을 갖추지 못하면 정치적 선동이 되는 것이 아닌가.
③ 예술은 감정이 아닌 절대적 이념의 표현이다. 예술과 감정의 연관을 너무 강조하는 것은 예술이 지닌 숭고한 정신적 이념을 간과한 것이 아닌가.
④ 용솟음치는 감정을 어떻게 정리할 수 있는가. 감정이 정형화된 형식을 넘어 예술을 통해 자유로이 분출됨으로써 우리는 만족을 얻게 되는 것이 아닌가.

12 다음 글에서 궁극적으로 추구하는 삶으로 가장 적절한 것은?

우리는 흔히 불안을 부정적인 감정, 극복해야 할 감정으로 여긴다. 그런데 여기 불안을 긍정적인 의미로 바라보고 있는 한 학자가 있다. 그는 바로 독일의 실존주의 철학을 대표하는 하이데거이다. 하이데거가 바라본 불안의 의미를 알기 위해서는 하이데거의 철학 전반에 대해 살펴볼 필요가 있다. 돌멩이나 개, 소는 '존재'가 무엇인가라는 의문을 갖지 않는다. 오직 인간만이 존재란 무엇인가를 생각한다. 그런 인간을 하이데거는 '현존재(現存在)'라고 이름 붙였다. 현존재라는 말을 사용함으로써 하이데거는 인간을 존재에 대한 의문을 가지는 독특한 존재로 간주한다.

현존재는 세계 안에 거주하고 있으며 현존재와 세계는 떼려야 뗄 수 없는 관계에 있다. 하이데거는 현존재와 세계와의 관계를 '도구 연관'으로 설명했다. 도구 연관이란 세계의 모든 것들은 서로 수단 – 목적의 관계로 이루어져 있는데 이 관계가 반복적으로 이어진다는 것을 의미한다. 그래서 세계 속 사물은 다른 사물의 수단이 되고 동시에 또 다른 사물의 목적이 될 수 있다. 하이데거가 설명하는 도구 연관 네트워크는 궁극적으로 현존재의 생존을 위한 것이며 도구 연관 네트워크의 최종 목적의 자리에는 현존재가 있다.

그런데 바로 여기에서 문제가 발생한다. 인간은 현존재인 자신을 위해 사물을 도구로 사용하지만 그 사물에 얽매일 수 있다. 현존재가 목적으로서의 위상을 지니지 못하고 도구에 종속되어 자기 자신으로 살아가지 못하게 됨으로써 현존재는 세계 속의 도구와 수단 속에서 잊히는 것이다. 이것은 현존재의 퇴락을 의미한다.

하이데거는 이러한 상태에서 벗어날 수 있는 가능성을 불안에서 찾는다. 불안은 우리가 특수한 사물이나 상황을 통해 구체적으로 느끼는 공포와는 다르다. 불안은 인간이라는 존재에게만 고유하게 있는 것으로 어떤 구체적 대상에 대한 것이 아니라 인간의 삶이 가지는 유한성에서 오는 것이다. 인간의 유한성을 인식하고 여기에서 오는 불안을 느끼는 사람은 자기의 본래적이고 고유한 삶을 살아갈 수 있다. 불안이 있기에 인간은 현존재의 퇴락에서 벗어나 수단이 아닌 목적으로서 현존재의 위상을 가질 수 있는 것이다.

인간의 유한성을 외면하는 사람은 비본래적인 세상에 몰두함으로써 불안을 느끼지 않고 일상인의 위치로 살아간다. 그러나 인간의 유한성에서 유래하는 불안을 느끼는 현존재는 자신의 본래성을 회복할 수 있다. 불안을 느끼는 현존재만이 주체적이고 능동적으로 최종 목적으로서의 삶을 살아갈 수 있는 것이다. 하이데거가 불안을 긍정적으로 바라보는 이유가 바로 여기에 있다.

① 인간의 한계를 부정하며 도전적으로 살아가는 삶
② 과거 자신의 삶을 되돌아보고 반성하며 살아가는 삶
③ 인간 삶의 유한성과 자신의 본질을 생각하며 살아가는 삶
④ 자신이 가진 것들을 다른 사람들과 나누며 살아가는 삶

13 다음 글의 주제로 가장 적절한 것은?

우리사회는 타의 추종을 불허할 정도로 빠르게 변화하고 있다. 가족정책도 4인 가족 중심에서 1 ~ 2인 가구 중심으로 변해야 하며, 청년실업율과 비정규직화, 독거노인의 증가를 더 이상 개인의 문제가 아닌 사회문제로 다뤄야 하는 시기이다. 여러 유형의 가구와 생애주기 변화, 다양해지는 수요에 맞춘 공동체 주택이야말로 최고의 주거복지사업이다. 공동체 주택은 공동의 목표와 가치를 가진 사람들이 커뮤니티를 이뤄 사회문제에 공동으로 대처해 나가도록 돕고, 나아가 지역사회와도 연결시키는 작업을 진행하고 있다.
임대료 부담으로 작품활동이나 생계에 어려움을 겪는 예술인을 위한 공동주택, 1인 창업과 취업을 위해 골몰하는 청년을 위한 주택, 지속적인 의료서비스가 필요한 환자나 고령자를 위한 의료안심주택은 모두 시민의 삶의 질을 높이고 선별적 복지가 아닌 복지사회를 이루기 위한 노력의 일환이다. 혼자가 아닌 '함께 가는' 길에 더 나은 삶이 있기 때문에 오늘도 수요자 맞춤형 공공주택은 수요자에 맞게 진화하고 있다.

① 주거난에 대비하는 주거복지 정책
② 4차 산업혁명과 주거복지
③ 선별적 복지 정책의 긍정적 결과
④ 다양성을 수용하는 주거복지 정책

14 G씨는 성장기인 아들의 수면습관을 바로 잡기 위해 수면습관에 관련된 글을 찾아보았다. 다음 중 G씨가 이해한 것으로 적절하지 않은 것은?

수면은 비렘(Non-Rem)수면과 렘수면으로 이뤄진 사이클이 반복되면서 이뤄지는 복잡한 신경계의 상호작용이며 좋은 수면이란 이 사이클이 끊어지지 않고 충분한 시간 동안 유지되도록 하는 것이다. 수면 패턴은 일정한 것이 좋으며 깨는 시간을 지키는 것이 중요하다. 그리고 수면 패턴은 휴일과 평일 모두 일정하게 지키는 것이 성장하는 아이들의 수면 리듬을 유지하는 데 좋다. 수면상태에서 깨어날 때 영향을 주는 자극들은 '빛, 식사 시간, 운동, 사회 활동' 등이 있으며 이 중 가장 강한 자극은 '빛'이다. 침실을 밝게 하는 것은 적절한 수면 자극을 방해하는 것이다. 반대로 깨어날 때는 강한 빛 자극을 주면 빠르게 수면 상태에서 벗어날 수 있다. 이는 뇌의 신경 전달 물질인 멜라토닌의 농도와 연관되어 나타나는 현상으로, 수면 중 최대치로 올라간 멜라토닌은 시신경이 강한 빛에 노출되면 빠르게 줄어들게 되는데 이때 수면 상태에서 벗어나게 된다. 아침 일찍 일어나 커튼을 젖히고 밝은 빛이 침실 안으로 들어오게 하는 것은 매우 효과적인 각성 방법인 것이다.

① 잠에서 깨는 데 가장 강력한 자극을 주는 것은 빛이었구나.
② 멜라토닌의 농도에 따라 수면과 각성이 영향을 받는군.
③ 평일에 잠이 모자란 우리 아들은 잠을 보충해줘야 하니까 휴일에 늦게까지 자도록 둬야겠다.
④ 좋은 수면은 비렘수면과 렘수면의 사이클이 충분한 시간동안 유지되도록 하는 것이구나.

15 **다음 설명에 해당하는 지형은?**

> • 맨틀 대류의 상승부에 위치한다.
> • 마그마가 분출하여 새로운 해양 지각이 형성된다.

① 해구
② 해령
③ 변환 단층
④ 호상 열도

16 **다음 중 지구형 행성의 특징으로 옳은 것은?**

① 고리가 존재한다.
② 목성형 행성보다 크기가 작다.
③ 목성형 행성보다 밀도가 작다.
④ 주로 수소나 헬륨으로 이루어져 있다.

17 **다음 설명에 해당하는 현상은?**

> • 백혈구가 식균 작용을 하였다.
> • 항원이 침입하여 항체가 만들어졌다.

① 면역
② 발생
③ 생식
④ 생장

18 다음은 소비자원이 20개 품목의 권장소비자가격과 판매가격 차이를 조사한 자료이다. 이를 보고 판단한 내용으로 적절하지 않은 것은?

〈권장소비자가격과 판매가격 차이〉

(단위 : 개, 원, %)

구분	조사 제품 수			권장소비자가격과의 괴리율		
	합계	정상가 판매 제품 수	할인가 판매 제품 수	권장소비자 가격	정상가 판매시 괴리율	할인가 판매시 괴리율
세탁기	43	21	22	640,000	23.1	25.2
유선전화기	27	11	16	147,000	22.9	34.5
와이셔츠	32	25	7	78,500	21.7	31.0
기성신사복	29	9	20	337,500	21.3	32.3
VTR	44	31	13	245,400	20.5	24.3
진공청소기	44	20	24	147,200	18.7	21.3
가스레인지	33	15	18	368,000	18.0	20.0
냉장고	41	23	18	1,080,000	17.8	22.0
무선전화기	52	20	32	181,500	17.7	31.6
청바지	33	25	8	118,400	14.8	52.0
빙과	19	13	6	2,200	14.6	15.0
에어컨	44	25	19	582,000	14.5	19.8
오디오세트	47	22	25	493,000	13.9	17.7
라면	70	50	20	1,080	12.5	17.2
골프채	27	22	5	786,000	11.1	36.9
양말	30	29	1	7,500	9.6	30.0
완구	45	25	20	59,500	9.3	18.6
정수기	17	4	13	380,000	4.3	28.6
운동복	33	25	8	212,500	4.1	44.1
기성숙녀복	32	19	13	199,500	3.0	26.2

※ [권장소비자가격과의 괴리율(%)] $= \frac{(\text{권장소비자가격}) - (\text{판매가격})}{(\text{권장소비자가격})} \times 100$

※ 정상가 : 할인판매를 하지 않는 상품의 판매가격

※ 할인가 : 할인판매를 하는 상품의 판매가격

① 정상가 판매 시 괴리율과 할인가 판매 시 괴리율의 차가 가장 큰 종목은 청바지이다.

② 할인가 판매제품 수가 정상가 판매제품 수보다 많은 품목은 8개이다.

③ 할인가 판매제품 수와 정상가 판매제품 수의 차이가 가장 크게 나는 품목은 라면이다.

④ 정상가 판매 시 괴리율이 가장 큰 품목은 세탁기이고, 가장 작은 품목은 기성숙녀복이다.

PART 3

※ 다음과 같은 블록을 만드는 데 사용된 블록의 개수를 구하시오(단, 보이지 않는 곳의 블록은 있다고 가정한다). [19~20]

19

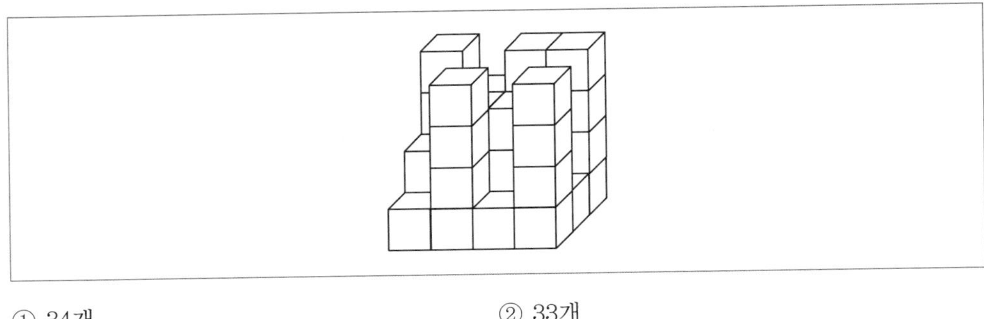

① 34개
② 33개
③ 32개
④ 31개

20

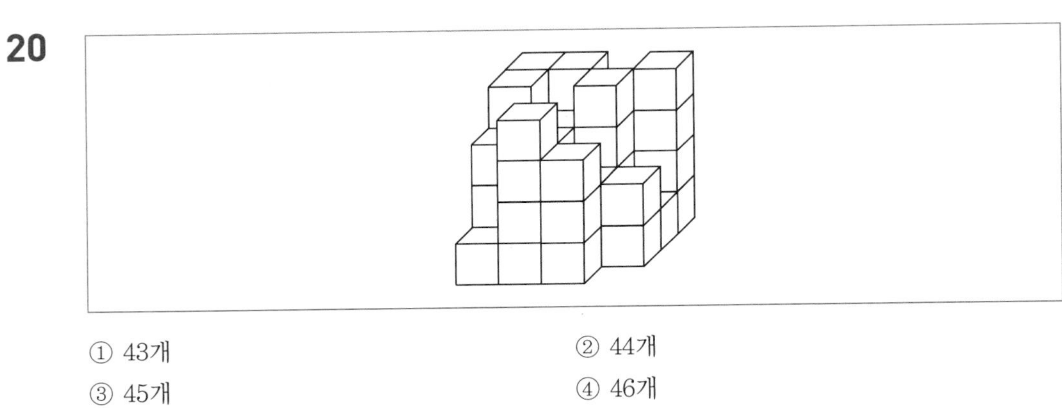

① 43개
② 44개
③ 45개
④ 46개

21 다음 설명에 해당하는 원소는?

- 지질 시대의 생물이 땅속에 묻혀 특정 환경에서 분해되어 만들어진 것의 주요 성분 원소이다.
- 광합성에 의해 생명 활동을 일으키는 물질 성분이 된다.
- 호흡이나 화석 연료의 연소 반응에 의해 화합물로 전환되면서 순환한다.

① 산소
② 탄소
③ 질소
④ 수소

22 다음은 소비자 물가상승률에 관한 자료이다. 이 자료를 올바르게 나타낸 그래프는?

〈소비자 물가상승률〉

(단위 : %)

연도	소비자 물가상승률	연도	소비자 물가상승률
2012년	4.8	2017년	7.5
2013년	6.3	2018년	0.8
2014년	4.5	2019년	2.3
2015년	4.9	2020년	4.1
2016년	4.4	2021년	2.8

①
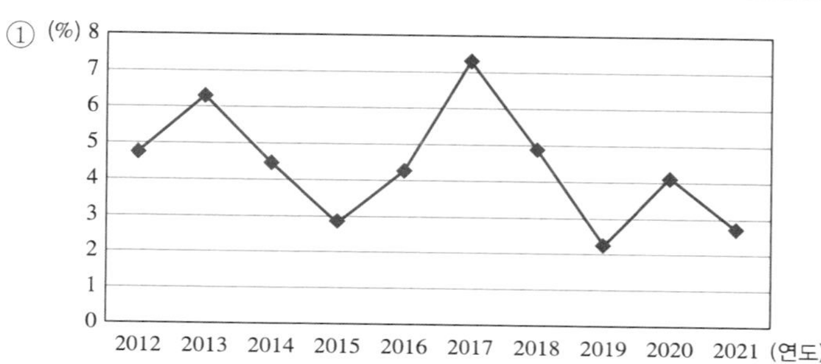

②
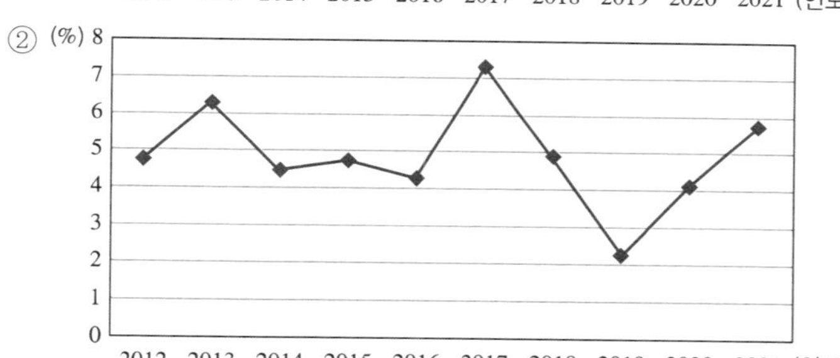

③
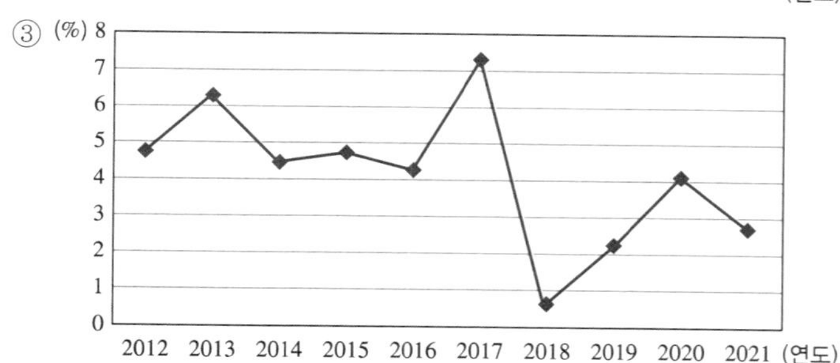

④
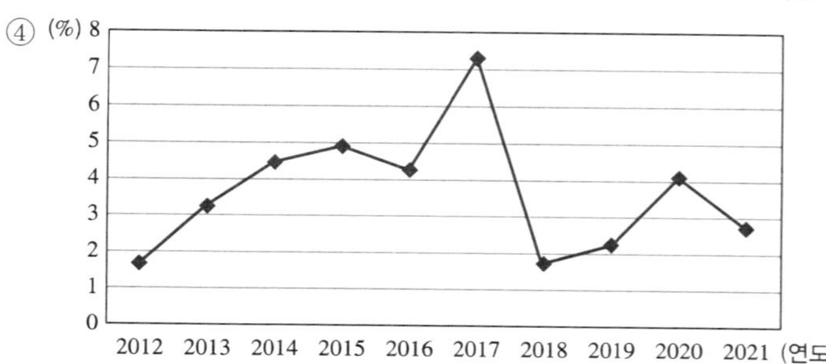

PART 3

※ 일정한 규칙으로 수를 나열할 때, 빈칸에 들어갈 수로 옳은 것을 고르시오. **[23~28]**

23

1,024	(　　)	850	763	676	589	502

① 910
② 937
③ 948
④ 985

24

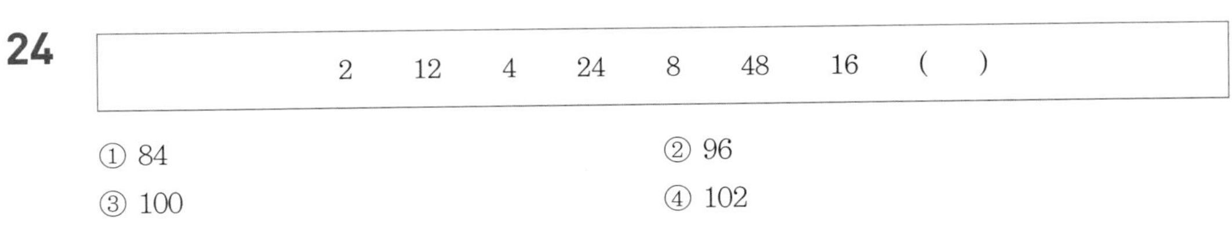

2	12	4	24	8	48	16	(　　)

① 84
② 96
③ 100
④ 102

25

−7	3	−2	4	(　　)	8	8	15

① 3
② −5
③ 9
④ −12

26

0	6	3	3	8	-1	15	( )

① -3
② -6
③ 30
④ 72

27

4	-1	8	16	-256	( )

① 8,192
② $-8,192$
③ 4,096
④ $-4,096$

28

3	-4	10	-18	38	-74	150	( )

① -298
② -300
③ -302
④ 304

PART 3

29 진영이가 다니는 유치원에는 서로 다른 크기의 토끼, 곰, 공룡, 기린, 돼지 인형이 있다. 다음에 근거하여 바르게 추론한 것은?

- 진영이가 좋아하는 인형의 크기가 가장 크다.
- 토끼 인형은 곰 인형보다 크다.
- 공룡 인형은 기린 인형보다 작다.
- 곰 인형은 기린 인형보다는 크지만 돼지 인형보다는 작다.

① 곰 인형의 크기가 가장 작다.
② 기린 인형의 크기가 가장 작다.
③ 돼지 인형은 토끼 인형보다 작다.
④ 진영이가 좋아하는 인형은 알 수 없다.

30 S회사에 재직 중인 A ~ D는 각각 서로 다른 지역인 인천, 세종, 대전, 강릉에서 근무하고 있다. A ~ D 모두 연수에 참여하기 위해 서울에 있는 본사를 방문한다고 할 때, 다음에 근거하여 바르게 추론한 것은?(단, A ~ D 모두 같은 종류의 교통수단을 이용하고, 이동 시간은 거리가 멀수록 많이 소요되며, 그 외 소요되는 시간은 서로 동일하다)

- 서울과의 거리가 먼 순서대로 나열하면 강릉 – 대전 – 세종 – 인천 순이다.
- D가 서울에 올 때, B보다 더 많은 시간이 소요된다.
- C는 A보다는 많이 B보다는 적게 시간이 소요된다.

① B는 세종에 근무한다.
② C는 대전에 근무한다.
③ D는 강릉에 근무한다.
④ C는 B보다 먼저 출발해야 한다.

31 **다음 명제가 항상 참이라고 할 때, 반드시 참이라고 할 수 없는 것은?**

- 모든 사람은 자신에 대해서 호의적인 사람에게 호의적이다.
- 어느 누구도 자신을 비방한 사람에게 호의적이지 않다.
- 모든 사람 중에는 다른 사람을 절대 비방하지 않는 사람이 있다.
- 어느 누구도 자기 자신에 대해서 호의적이지도 않고 자기 자신을 비방하지도 않는다.

① 두 사람이 서로 호의적이라면, 그 두 사람은 서로 비방한 적이 없다.
② 두 사람이 서로 비방한 적이 없다면, 그 두 사람은 서로 호의적이다.
③ 어떤 사람이 다른 모든 사람을 비방한다면, 그 사람에 대해 호의적인 사람은 없다.
④ A라는 사람이 다른 모든 사람을 비방한다면, 모든 사람은 A에게 호의적이지 않지만 A를 비방하지 않는 사람이 있다.

PART 3

32 **다음 명제를 바탕으로 결론을 내릴 때, 참인지 거짓인지 알 수 없는 것은?**

- 월계 빌라의 주민들은 모두 A의 친척이다.
- B는 자식이 없다.
- C는 A의 오빠이다.
- D는 월계 빌라의 주민이다.
- A의 아들은 미국에 산다.

① A의 아들은 C와 친척이다.
② D는 A와 친척 간이다.
③ B는 월계 빌라의 주민이다.
④ A와 C는 둘 다 남자이다.

33 다음 중 두 힘이 한 물체에 작용할 때 합력이 가장 작은 경우는?

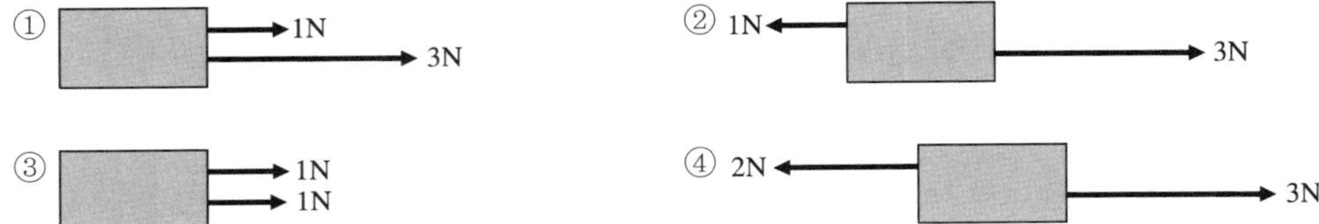

34 저항을 가진 전구가 직렬연결일 때의 전체 저항은 $R=R_1+R_2$이며, 병렬연결에서의 전체 저항은 $R=\dfrac{R_1R_2}{R_1+R_2}$이다. 저항이 서로 다른 4개의 전구가 다음과 같이 연결되어 있을 때, 이 회로의 전체 저항은 몇 Ω인가?

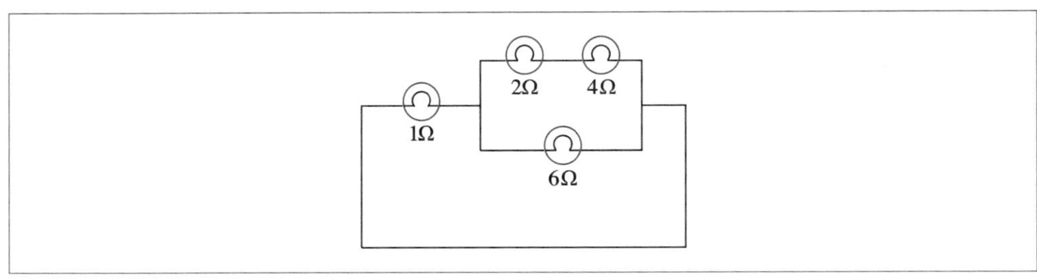

① 4Ω
② 5Ω
③ 6Ω
④ 7Ω

※ 다음 도형 또는 도형 내부의 기호들은 일정한 패턴을 가지고 변화한다. 다음 중 ?에 들어갈 도형으로 가장 옳은 것을 고르시오. [35~36]

35

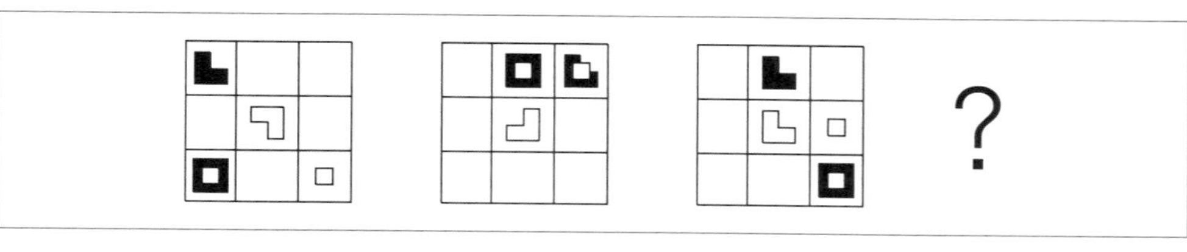

①

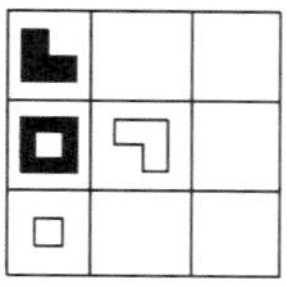

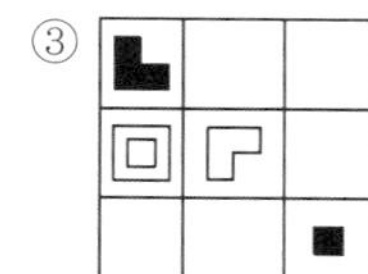

②

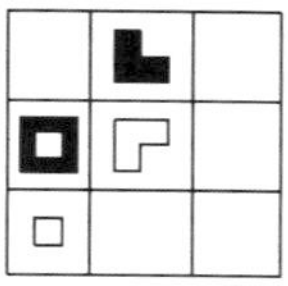

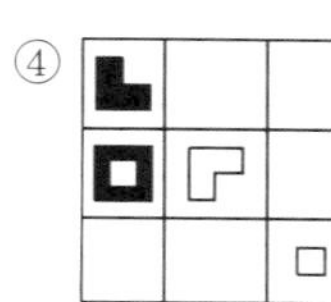

③

④

36

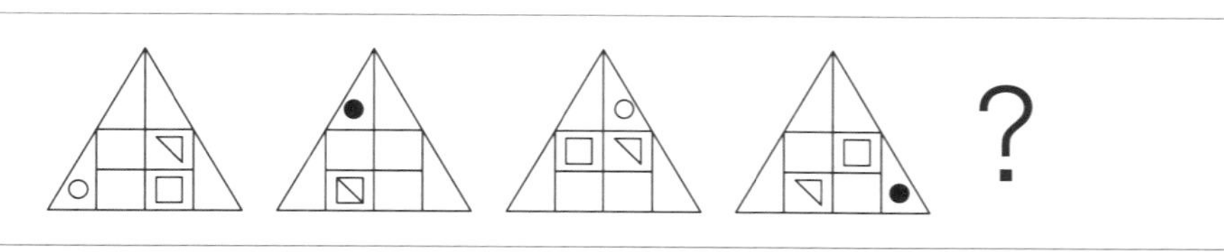

①

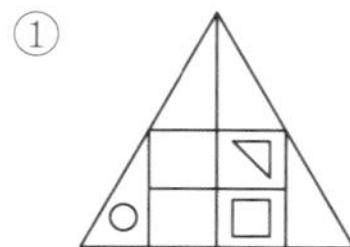

②

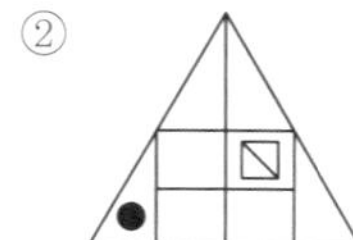

③

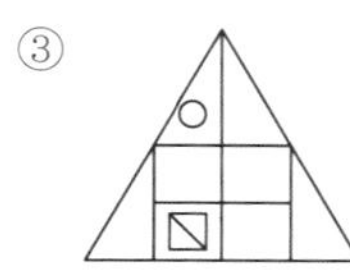

④

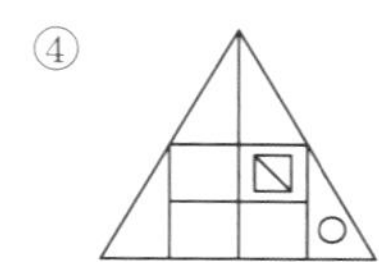

PART 3

※ 다음 그림을 순서대로 바르게 나열한 것을 고르시오. [37~38]

37

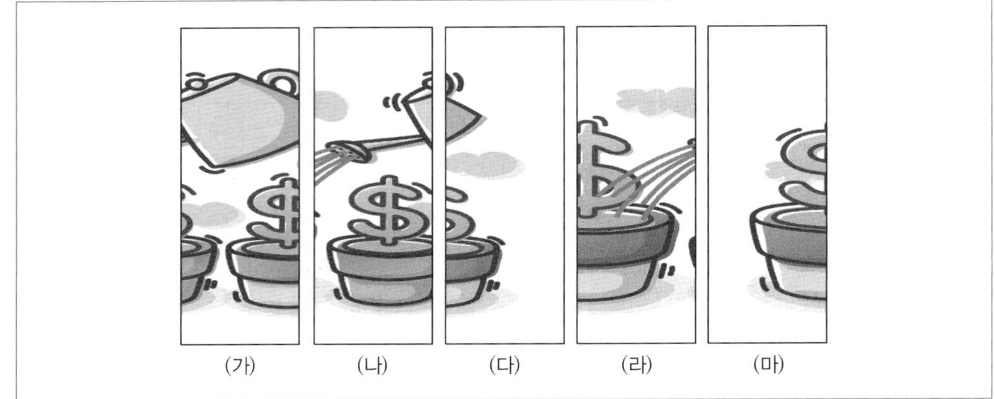

① (나) – (라) – (가) – (마) – (다)
② (라) – (다) – (가) – (마) – (나)
③ (마) – (라) – (나) – (가) – (다)
④ (다) – (마) – (라) – (나) – (가)

38

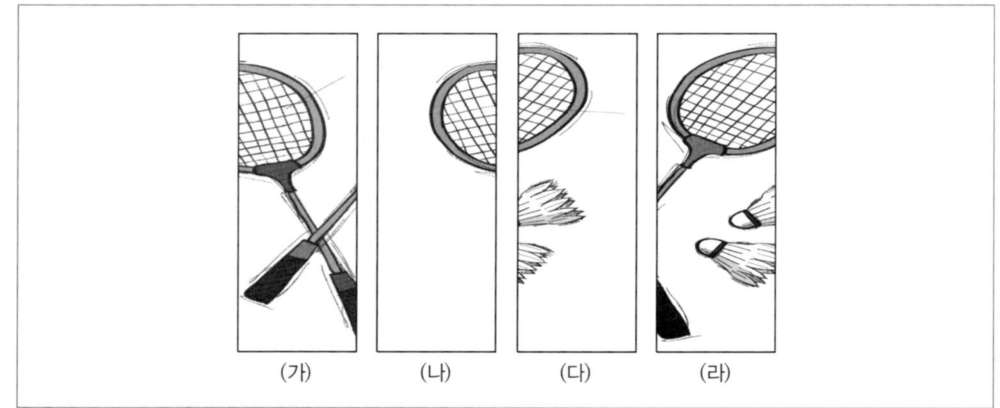

① (나) – (라) – (가) – (다)
② (나) – (다) – (가) – (라)
③ (나) – (가) – (라) – (다)
④ (다) – (가) – (라) – (나)

※ 다음과 같은 정사각형의 종이를 화살표 방향으로 접고 〈보기〉의 좌표가 가리키는 위치에 구멍을 뚫었다. 다시 펼쳤을 때 뚫린 구멍의 위치를 좌표로 나타낸 것으로 옳은 것을 고르시오(단, 좌표가 그려진 사각형의 크기와 종이의 크기는 일치하며, 종이가 접힐 때 종이의 위치는 바뀌지 않는다). **[39~40]**

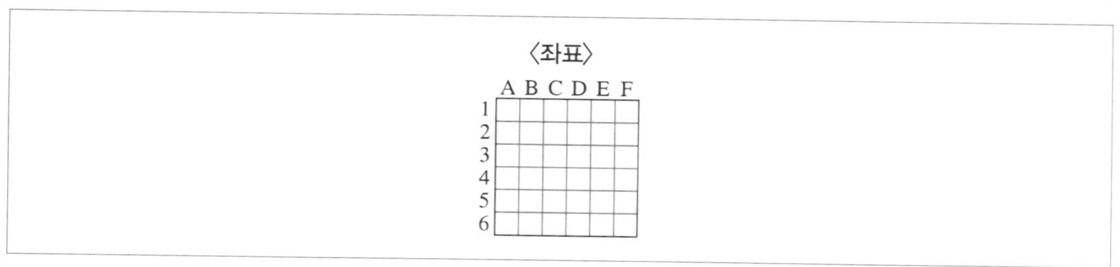

39

보기

D4

① A1, A4, C6, D4
② A3, A4, C6, D4, F2
③ A3, C2, C5, D1, D4, E1, E4
④ C2, C3, D1, D4, E1, E4, F2, F3

40

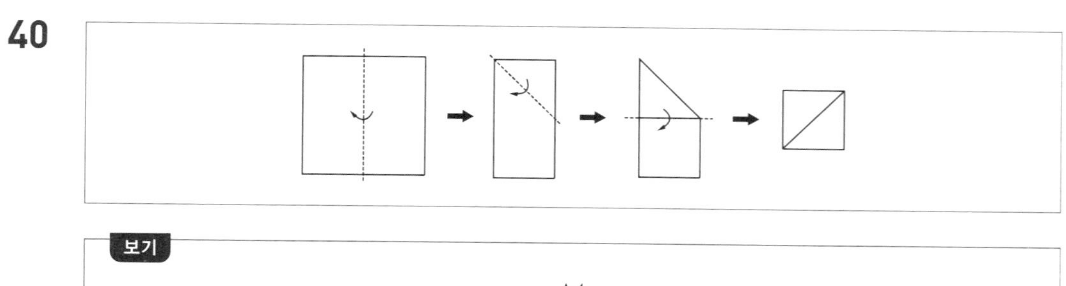

보기

A4

① A2, A4, D6, F3
② A2, A4, D6, F4
③ A2, A4, C1, D1, F4
④ A3, A4, C1, D1, F3, F4

※ 다음 두 블록을 합쳤을 때, 나올 수 없는 형태를 고르시오. [41~42]

41

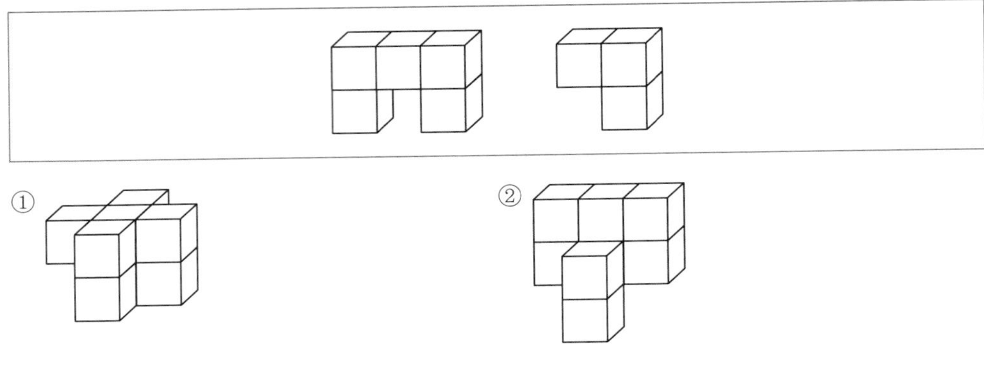

①

②

③

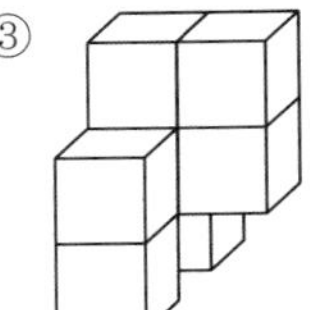

④

42

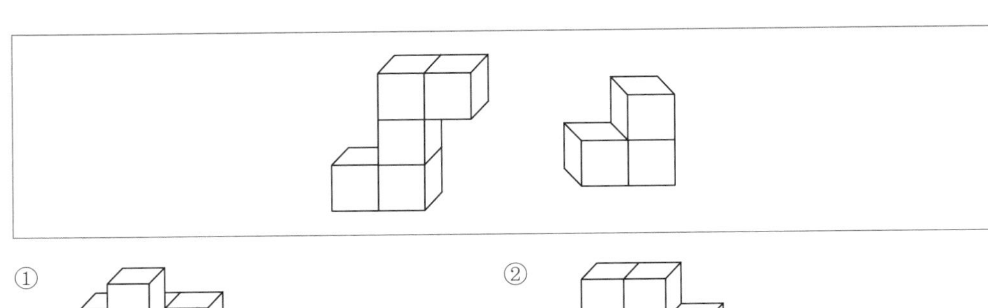

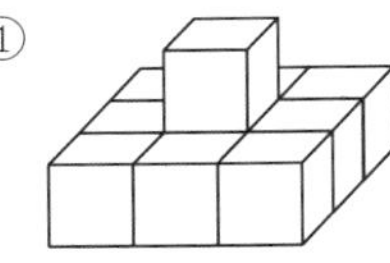

②

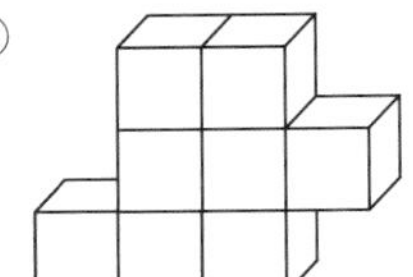

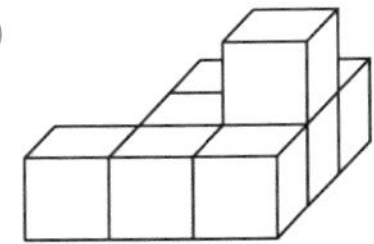

④

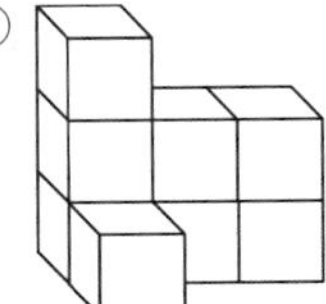

43 다음 중 입체도형을 만들었을 때 다른 모양이 나오는 것은?

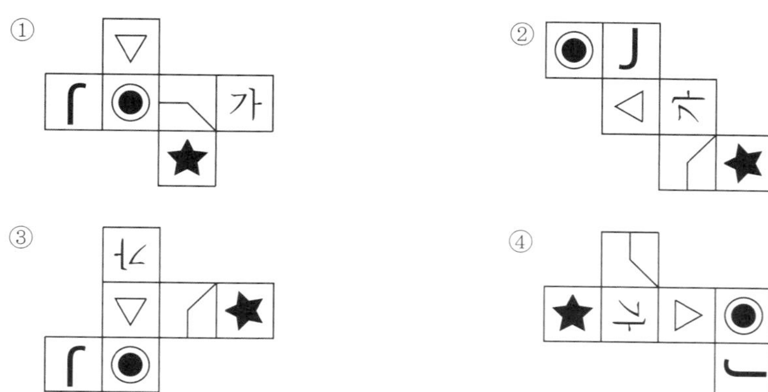

※ 다음 제시된 단면과 일치하는 입체도형을 고르시오. [44~45]

44

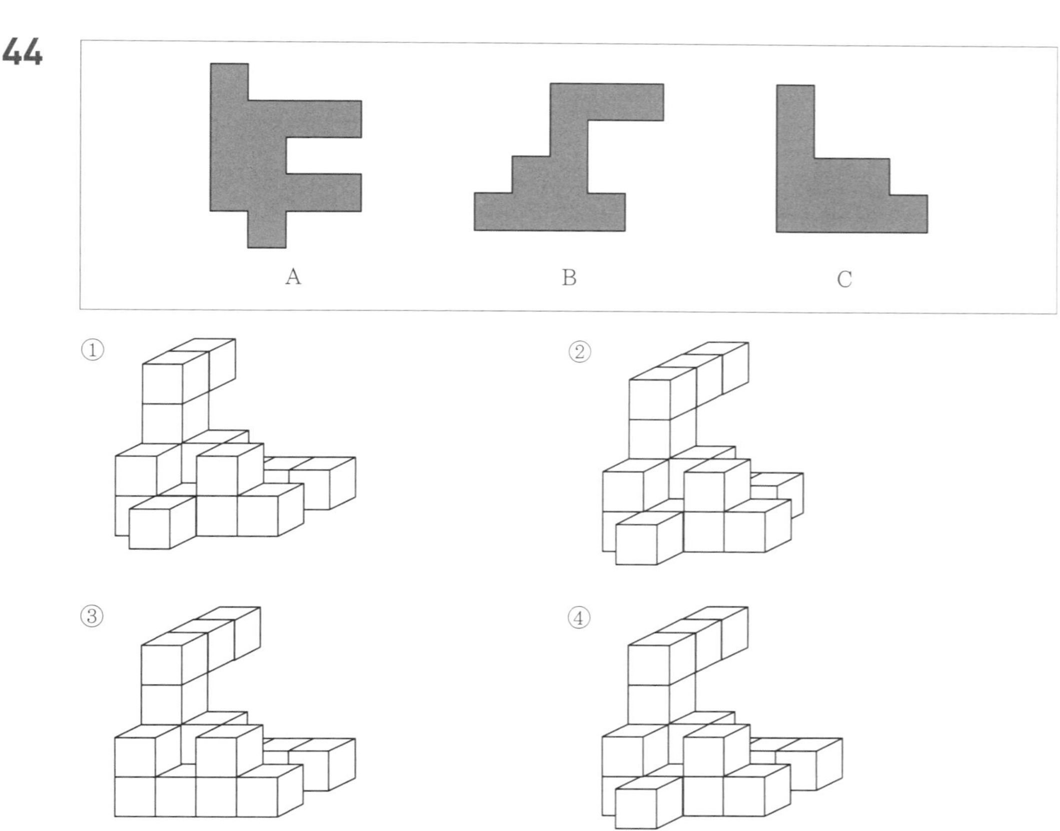

45

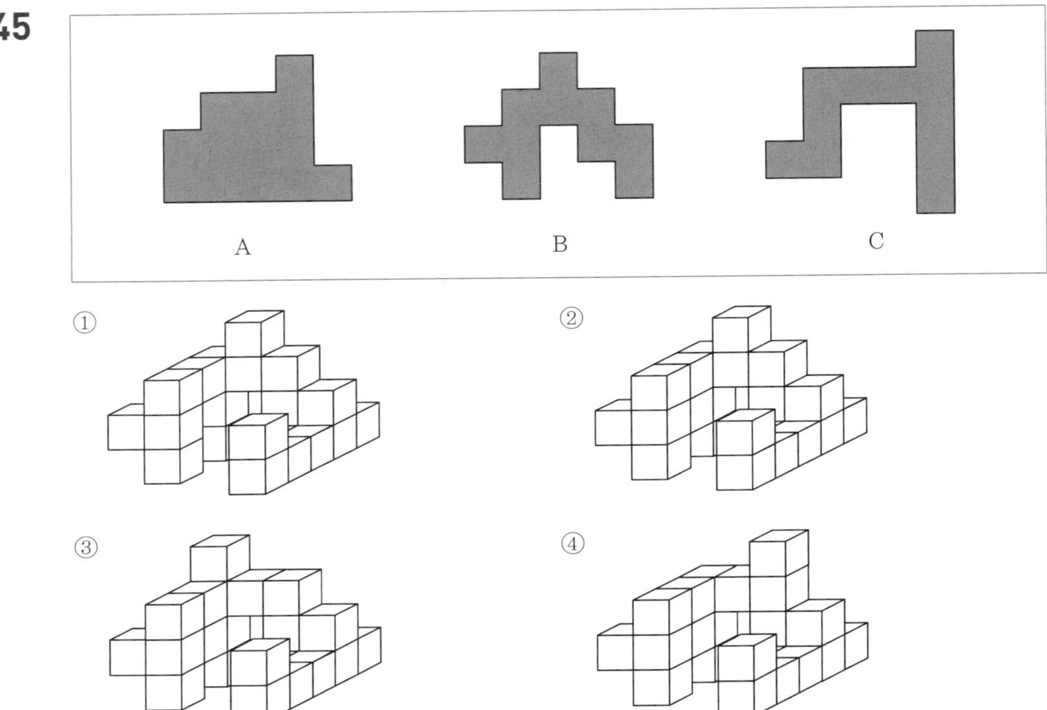

PART

4

면접

CHAPTER 01 면접 소개

01 면접 주요사항

면접의 사전적 정의는 면접관이 지원자를 직접 만나보고 인품(人品)이나 언행(言行) 따위를 시험하는 일로, 흔히 필기시험 후에 최종적으로 심사하는 방법이다.
최근 주요 기업의 인사담당자들을 대상으로 한 설문조사에서 채용 시 면접이 차지하는 비중이 50 ~ 80% 이상이라고 답한 사람은 전체 응답자의 80%를 넘었다. 이와 대조적으로 지원자들을 대상으로 취업 시험에서 면접을 준비하는 기간을 물었을 때, 대부분의 응답자가 2 ~ 3일 정도라고 대답했다.
지원자는 서류전형과 직무성검사를 통과해야만 면접을 볼 수 있기 때문에 자연스럽게 면접은 그 비중이 작아질 수밖에 없다. 하지만 아이러니하게도 실제 채용 과정에서 면접이 차지하는 비중은 절대적이라고 해도 과언이 아니다.
기업들은 채용 과정에서 토론 면접, 인성 면접, 프레젠테이션 면접, 역량 면접 등의 다양한 면접을 실시한다. 1차 커트라인이라고 할 수 있는 서류전형을 통과한 지원자들의 스펙이나 능력은 서로 엇비슷하다고 판단하기 때문에 지원자의 인성을 파악하기 위해 면접을 더욱 강화하는 것이다.
면접의 기본은 자기 자신을 면접관에게 알기 쉽게 표현하는 것이다. 이러한 표현을 바탕으로 자신의 단점을 극복할 수 있는 연습을 한다면 좋은 결과를 얻을 수 있을 것이다.

1. 자기소개

자기소개를 시키는 이유는 면접자가 지원자의 자기소개서를 압축해서 듣고, 지원자의 첫인상을 평가할 시간을 가질 수 있기 때문이다. 면접을 위한 워밍업이라고 할 수 있으며, 첫인상을 결정하는 과정이므로 매우 중요한 순간이다. 자신을 잘 소개할 수 있는 문구의 1분 자기소개를 미리 준비해서 연습해야 한다.

2. 1분 자기소개 시 주의사항

면접에서 바른 자세가 중요하다는 것은 익히 알고 있다. 하지만 문제는 무의식적으로 나오는 흐트러진 자세 때문에 나쁜 인상을 줄 수 있다는 것이다. 이러한 습관을 고칠 수 있는 가장 좋은 방법은 캠코더로 녹화하거나 스터디를 통해 모의 면접을 해보면서 끊임없이 피드백을 받는 것이다.

3. 대화법

전문가들이 말하는 대화법의 핵심은 '상대방을 배려하면서 이야기하라.'는 것이다. 대화는 나와 다른 사람의 소통이다. 내용에 대한 공감이나 이해가 없다면 대화는 더 이상 진전되지 않는다.

4. 첫인상

취업을 위해 성형수술을 받는 지원자들에 대한 이야기는 더 이상 뉴스거리가 되지 않는다. 그만큼 많은 사람이 좁은 취업문을 뚫기 위해 이미지 향상에 신경을 쓰고 있다. 하지만 외모와 첫인상을 절대적인 관계로 이해하는 것은 잘못된 판단이다. 외모가 첫인상에서 많은 부분을 차지하지만, 외모 외에 다른 결점이 발견된다면 그로 인해 장점들이 가려질 수도 있다. 첫인상은 말 그대로 한 번밖에 기회가 주어지지 않으며 몇 초 안에 결정된다. 첫인상을 결정짓는 요소 중 시각적인 요소가 80% 이상을 차지한다. 첫눈에 들어오는 생김새나 복장, 표정 등에 의해서 결정되는 것이다. 면접을 시작할 때 자기소개를 시키는 것도 지원자별로 첫인상을 평가하기 위해서이다. 첫인상이 중요한 이유는 만약 첫인상이 부정적으로 인지될 경우, 지원자의 다른 좋은 면까지 거부당하기 때문이다. 이러한 현상을 심리학에서는 초두효과(Primacy Effect)라고 한다.

이는 먼저 제시된 정보가 추후 알게 된 정보보다 더 강력한 영향을 미치는 현상으로, 앞서 제시된 정보가 나중의 것보다 기억이 더 잘 되고, 인출도 더 잘 된다는 것이다. 예를 들어 첫인상이 착하게 기억되면 나중에 나쁜 행동을 하더라도 순간의 실수로 생각되는 반면, 첫인상이 나쁘다면 착한 행동을 하더라도 그 진위에 의심을 사게 되는 것이다. 이처럼 한 번 형성된 첫인상은 여간해서 바꾸기 힘들다. 따라서 평소에 첫인상을 좋게 만들기 위한 노력을 꾸준히 해야만 한다.

깔끔한 옷차림과 부드러운 표정 그리고 말과 행동 등에 의해 전반적인 이미지가 만들어진다. 누구나 한두 가지 단점은 가지고 있지만 이미지 컨설팅을 통해서 자신의 단점들을 보완하는 지원자도 있다. 특히, 표정이 밝지 않은 지원자는 평소 웃는 연습을 의식적으로 하여 면접을 받는 동안 계속해서 여유 있는 표정을 짓는 것이 중요하다. 성공한 사람들은 인상이 좋다는 것을 명심하자.

02 면접의 유형 및 실전 대책

1. 면접의 유형

과거 천편일률적인 일대일 면접과 달리 현재는 면접에 다양한 유형이 도입되어 "면접은 이렇게 보는 것이다." 라고 말할 수 있는 정해진 유형이 없어졌다. 그러나 대부분의 기업에서 현재까지는 집단 면접과 다대일 면접이 진행되고 있으므로 어느 정도 유형을 파악하여 사전에 대비가 가능하다. 면접의 기본인 단독 면접부터 다대일 면접, 집단 면접, PT면접 유형과 그 대책에 대해 알아보자.

(1) 단독 면접

단독 면접이란 응시자와 면접관이 일대일로 마주하는 형식을 말한다. 면접위원 한 사람과 응시자 한사람이 마주 앉아 자유로운 화제를 가지고 질의응답을 되풀이하는 방식이다. 이 방식은 면접의 가장 기본적인 방법으로 소요시간은 10 ~ 20분 정도가 일반적이다.

① 단독 면접의 장점

필기시험 등으로 판단할 수 없는 성품이나 능력을 알아내는 데 가장 적합하다고 평가받아 온 면접방식으로 응시자 한 사람 한 사람에 대해 여러 면에서 비교적 폭넓게 파악할 수 있다. 응시자의 입장에서는 한 사람의 면접관만을 대하는 것이므로 상대방에게 집중할 수 있으며, 긴장감도 다른 면접방식에 비해서는 적은 편이다.

② 단독 면접의 단점

면접관의 주관이 강하게 작용해 객관성을 저해할 소지가 있으며, 면접 평가표를 활용한다 하더라도 일면적인 평가에 그칠 가능성을 배제할 수 없다. 또한 시간이 많이 소요되는 것도 단점이다.

단독 면접 준비 Point

단독 면접에 대비하기 위해서는 평소 일대일로 논리 정연하게 대화를 나눌 수 있는 능력을 기르는 것이 중요하다. 그리고 면접장에서는 면접관을 선배나 선생님 혹은 아버지를 대하는 기분으로 면접에 임하는 것이 부담도 훨씬 적고 실력을 발휘할 수 있는 방법이 될 것이다.

(2) 다대일 면접

다대일 면접은 일반적으로 가장 많이 사용되는 면접방법으로 보통 2～5명의 면접관이 1명의 응시자에게 질문하는 형태의 면접방법이다. 면접관이 여러 명이므로 다각도에서 질문을 하여 응시자에 대한 정보를 많이 알아낼 수 있다는 점 때문에 선호하는 면접방법이다.

하지만 응시자의 입장에서는 면접관에 따라 질문도 각양각색이고 동료 응시자가 없으므로 숨 돌릴 틈도 없게 느껴진다. 또한 관찰하는 눈도 많아서 조그만 실수라도 지나치는 법이 없기 때문에 정신적 압박과 긴장감이 높은 면접방법이다. 따라서 응시자는 긴장을 풀고 한 명의 면접관이 질문하더라도 면접관 전원을 향해 대답한다는 기분으로 또박또박 대답하는 자세가 필요하다.

① 다대일 면접의 장점

면접관이 집중적인 질문과 다양한 관찰을 통해 응시자가 과연 조직에 필요한 인물인가를 완벽히 검증할 수 있다.

② 다대일 면접의 단점

면접시간이 보통 10～30분 정도로 긴 편이고 응시자에게 지나친 긴장감을 조성하는 면접방법이다.

다대일 면접 준비 Point

질문을 들을 때 시선은 면접위원을 향하고 다른 데로 돌리지 말아야 하며, 대답할 때에도 고개를 숙이거나 입속에서 우물거리는 소극적인 태도는 피하도록 한다. 면접위원과 대등하다는 마음가짐으로 편안한 태도를 유지하면 대답도 자연스러운 상태에서 좀 더 충실히 할 수 있고, 이에 따라 면접위원이 받는 인상도 달라진다.

(3) 집단 면접

집단 면접은 다수의 면접관이 여러 명의 응시자를 한꺼번에 평가하는 방식으로 짧은 시간에 능률적으로 면접을 진행할 수 있다. 각 응시자에 대한 질문 내용, 질문 횟수, 시간 배분이 똑같지는 않으며, 모두에게 같은 질문이 주어지기도 하고, 각각 다른 질문을 받기도 한다.

또 어떤 응시자가 한 대답에 대한 의견을 묻는 등 그때그때의 분위기나 면접관의 의향에 따라 변수가 많다. 집단 면접의 경우 응시자의 입장에서는 개별 면접에 비해 긴장감은 다소 덜한 반면에 다른 응시자들과 확실하게 비교되므로 응시자는 몸가짐이나 표현력·논리성 등이 결여되지 않도록 자신의 생각이나 의견을 솔직하게 발표하여 집단 속에 묻히거나 밀려나지 않도록 주의해야 한다.

① 집단 면접의 장점

집단 면접의 장점은 면접관이 응시자 한 사람에 대한 관찰시간이 상대적으로 길고, 비교 평가가 가능하기 때문에 결과적으로 평가의 객관성과 신뢰성을 높일 수 있다는 점이며, 응시자는 동료들과 함께 면접을 받기 때문에 긴장감이 다소 덜하다는 것을 들 수 있다. 또한 동료가 답변하는 것을 들으며, 자신의 답변 방식이나 자세를 조정할 수 있다는 것도 큰 이점이다.

② 집단 면접의 단점

응답하는 순서에 따라 응시자마다 유리하고 불리한 점이 있고, 면접위원의 입장에서는 각각의 개인적인 문제를 깊게 다루기가 곤란하다는 것이 단점이다.

집단 면접 준비 Point

너무 자기 과시를 하지 않는 것이 좋다. 대답은 자신이 말하고 싶은 내용을 간단명료하게 말해야 한다. 내용이 없는 발언을 한다거나 대답을 질질 끄는 태도는 좋지 않다. 또 말하는 중에 내용이 주제에서 벗어나거나 자기중심적으로만 말하는 것도 피해야 한다. 집단 면접에 대비하기 위해서는 평소에 설득력을 지닌 자신의 논리력을 계발하는 데 힘써야 하며, 다른 사람 앞에서 자신의 의견을 조리 있게 개진할 수 있는 발표력을 갖추는 데에도 많은 노력을 기울여야 한다.

- 실력에는 큰 차이가 없다는 것을 기억하라.
- 동료 응시자들과 서로 협조하라.
- 답변하지 않을 때의 자세가 중요하다.
- 개성 표현은 좋지만 튀는 것은 위험하다.

PART 4

(4) 집단 토론식 면접

집단 토론식 면접은 집단 면접과 형태는 유사하지만 질의응답이 아니라 응시자들끼리의 토론이 중심이 되는 면접방법으로 최근 들어 급증세를 보이고 있다.

이는 공통의 주제에 대해 다양한 견해들이 개진되고 결론을 도출하는 과정, 즉 토론을 통해 응시자의 다양한 면에 대한 평가가 가능하다는 집단 토론식 면접의 장점이 널리 확산된 데 따른 것으로 보인다. 사실 집단 토론식 면접을 활용하면 주제와 관련된 지식 정도와 이해력, 판단력, 설득력, 협동성은 물론 리더십, 조직 적응력, 적극성과 대인관계 능력 등을 파악하는 것이 용이하다고 한다. 토론식 면접에서는 자신의 의견을 명확히 제시하면서도 상대방의 의견을 경청하는 토론의 기본자세가 필수적이며, 지나친 경쟁심이나 자기 과시욕은 접어두는 것이 좋다.

또한 집단 토론의 목적이 결론을 도출해 나가는 과정에 있다는 것을 감안하여 무리하게 자신의 주장을 관철시키기보다 오히려 토론의 질을 높이는 데 기여하는 것이 좋은 인상을 줄 수 있다는 점을 알아야 한다. 취업 희망자들은 토론식 면접이 급속도로 확산되는 추세임을 감안해 특히 철저한 준비를 해야 한다.

평소에 신문의 사설이나 매스컴 등의 토론 프로그램을 주의 깊게 보면서 논리 전개 방식을 비롯한 토론 과정을 익히도록 하고, 친구들과 함께 간단한 주제를 놓고 토론을 진행해 볼 필요가 있다. 또한 사회·시사문제에 대해 자기 나름대로의 관점을 정립해두는 것도 꼭 필요하다.

집단 토론식 면접 준비 Point

- 토론은 정답이 없다는 것을 명심한다.
- 내 주장을 강조하지 않는다.
- 남이 말할 때 끼어들지 않는다.
- 필기구를 준비하여 메모하면서 면접에 임한다.
- 주제에 자신이 없다면 첫 번째 발언자가 되지 않는다.
- 자신의 입장을 먼저 밝힌다.
- 상대측의 사소한 발언에 집착하지 않고 전체적인 의미에 초점을 놓치지 않아야 한다.
- 남의 의견을 경청한다.
- 예상 밖의 반론에 당황스럽다 하더라도 유연함을 잃지 않아야 한다.

(5) PT 면접

PT 면접, 즉 프레젠테이션 면접은 최근 들어 집단 토론 면접과 더불어 그 활용도가 점차 커지고 있다. PT 면접은 기업마다 특성이 다르고 인재상이 다른 만큼 인성 면접만으로는 알 수 없는 지원자의 문제해결능력, 전문성, 창의성, 기본 실무능력, 논리성 등을 관찰하는 데 중점을 두는 면접으로, 지원자 간의 변별력이 높아 대부분의 기업에서 적용하고 있으며, 확산되는 추세이다.

면접 시간은 기업별로 차이가 있지만, 전문지식, 시사성 관련 주제를 제시한 다음 보통 20 ~ 50분 정도 준비하여 5분가량 발표할 시간을 준다. 단순히 질의응답으로 이루어지는 것이 아니라 면접관은 주제에 대해 일정 시간 동안 지원자의 발언과 발표하는 모습 등을 관찰하게 된다. 정확한 답이나 지식보다는 논리적 사고와 의사표현력이 더 중시되기 때문에 자신의 생각을 어떻게 설명하느냐가 매우 중요하다. PT 면접에서 같은 주제라도 직무별로 평가요소가 달리 나타난다. 예를 들어, 영업직은 설득력과 의사소통 능력에 중점을 둘 수 있겠고, 관리직은 신뢰성과 창의성 등을 더 중요하게 평가한다.

PT 면접 준비 Point

- 면접관의 관심과 주의를 집중시키고, 발표 태도에 유의한다.
- 모의 면접이나 거울 면접으로 미리 점검한다.
- PT 내용은 세 가지 정도로 정리해서 말한다.
- PT 내용에는 자신의 생각이 담겨 있어야 한다.
- PT 중간에 자문자답 방식을 활용한다.
- 평소 지원하는 분야의 동향이나 직무에 대한 전문지식을 쌓아둔다.
- 부적절한 용어 사용이나 무리한 주장 등은 하지 않는다.

2. 면접의 실전 대책

(1) 면접 대비사항

① 지원한 기관에 대한 사전지식을 충분히 갖는다.

필기시험 또는 서류전형의 합격통지가 온 후 면접시험 날짜가 정해지는 것이 보통이다. 이때 지원자는 면접시험을 대비해 사전에 본인이 지원한 기관 또는 부서에 대해 폭넓은 지식을 가질 필요가 있다.

지원 기관에 대해 알아두어야 할 사항

- 지원 기관의 연혁
- 지원 기관의 장
- 지원 기관의 경영목표와 방침
- 지원 분야의 업무 내용
- 지원 분야의 인재상
- 지원 분야의 비전

② 충분한 수면을 취한다.

충분한 수면으로 안정감을 유지하고 첫 출발의 신선한 마음가짐을 갖는다.

③ 면접 당일 아침에 인터넷으로 신문을 읽는다.

그날의 뉴스가 질문 대상에 오를 수가 있다. 특히 경제면, 정치면, 문화면 등을 유의해서 봐둘 필요가 있다.

출발 전 확인할 사항

스케줄표, 지갑, 신분증(주민등록증), 손수건, 휴지, 필기도구, 예비스타킹(여성의 경우) 등을 준비하자.

(2) 면접 시 옷차림

면접에서 옷차림은 간결하고 단정한 느낌을 주는 것이 가장 중요하다. 색상과 디자인 면에서 지나치게 화려한 색상이나, 노출이 심한 디자인은 자칫 면접관의 눈살을 찌푸리게 할 수 있다. 단정한 차림을 유지하면서 자신만의 독특한 멋을 연출하는 것, 지원 기관의 분위기를 파악했다는 센스를 보여주는 것 등이 면접 복장의 포인트다.

복장 점검

- 구두는 잘 닦여 있는가?
- 옷은 깨끗이 다려져 있으며 스커트 길이는 적당한가?
- 손톱은 길지 않고 깨끗한가?
- 머리는 흐트러짐 없이 단정한가?

(3) 면접요령

① 첫인상을 중요시한다.

상대에게 인상을 좋게 주지 않으면 어떠한 얘기를 해도 충분히 전달되지 않을 수 있다. 예를 들면 '저 친구는 표정이 없고 무엇을 생각하고 있는지 전혀 알 길이 없다.'라고 생각하게 만들면 최악의 상태다. 청결한 복장과 바른 자세로 면접장에 침착하게 들어가 건강하고 신선한 이미지를 주도록 한다.

② 좋은 표정을 짓는다.

얘기할 때의 표정은 중요한 사항 중 하나다. 거울 앞에서 웃는 연습을 해본다. 웃는 얼굴은 상대를 편안하게 만들고 특히 면접 등 긴박한 분위기에서는 큰 효과를 나타낼 것이다. 그렇다고 하여 항상 웃고만 있어서는 안 된다. 본인이 할 얘기를 진정으로 전하고 싶을 때는 진지한 표정으로 상대의 눈을 바라보며 얘기한다.

③ 결론부터 이야기한다.

본인의 의사나 생각을 상대에게 정확하게 전달하기 위해서는 먼저 무엇을 말하고자 하는가를 명확히 결정해 두어야 한다. 대답을 할 경우에는 결론을 먼저 이야기하고 나서 그에 따르는 설명과 이유를 나중에 덧붙이면 논지(論旨)가 명확해지고 이야기가 깔끔하게 정리된다. 보통 한 가지 사실을 이야기하거나 설명하는 데는 3분이면 충분하다. 복잡한 이야기도 어느 정도의 길이로 요약해서 이야기하면 상대도 이해하기 쉽고 자기도 정리할 수 있다. 긴 이야기는 오히려 상대를 불쾌하게 할 수가 있다.

④ 질문의 요지를 파악한다.

면접 때의 이야기는 간결성만으로 부족하다. 상대의 질문이나 이야기에 대해 적절하고 필요한 대답을 하지 않으면 대화는 끊어지고 자기의 생각도 제대로 표현하지 못한다. 이는 면접관이 지원자의 인품이나 사고방식 등을 명확히 파악할 수 없도록 만들게 된다. 면접에서는 면접관이 무엇을 묻고 있는지, 무슨 이야기를 하고 있는지 그 요점을 정확히 알아내야 한다.

(4) 면접 시 주의사항

① 지각은 있을 수 없다.

면접 당일에 시간을 맞추지 못하여 지각하는 것은 있을 수 없는 일이다. 약속을 못 지키는 사람은 좋은 평가를 받을 수 없다. 면접 당일에는 지정시간 10 ~ 20분쯤 전에 미리 면접장에 도착해 마음을 가라앉히고 준비해야 한다.

② 손가락을 움직이지 마라.

면접 시에 손가락을 까딱거리거나 만지작거리는 행동은 유난히 눈에 띌 뿐만 아니라 면접관의 눈에 거슬리기 마련이다. 다리를 떠는 행동은 말할 것도 없다. 불안정하거나 산만하다는 느낌을 줄 수 있으므로 주의할 필요가 있다.

③ 옷매무새를 자주 고치지 마라.

여성의 경우 외모에 너무 신경 쓴 나머지 머리를 계속 쓸어 올리거나, 깃과 치마 끝을 만지작거리는 경우가 많다. 짧은 미니스커트를 입고 와서 면접시간 내내 치마 끝을 내리는 행위는 면접관으로 하여금 인상을 찌푸리게 만든다. 인사담당자의 말에 의하면 이런 사람이 의외로 많다고 한다.

④ 적당한 목소리 톤으로 말해라.

면접관과의 거리가 어느 정도 떨어져 있기 때문에 작은 소리로 웅얼거리는 것은 좋지 않다. 그러나 너무 크게 소리를 질러가며 말하는 사람은 오히려 거북하게 느껴진다.

⑤ 성의 있는 응답 자세를 보여라.

질문에 대해 너무 '예, 아니요'로만 답변하면 성의 없다는 인상을 심어주게 된다. 따라서 설명을 덧붙일 수 있는 질문에 대해서는 지루하지 않을 만큼의 설명을 붙인다.

⑥ 구두를 깨끗이 닦는다.

앉아있는 사람의 구두는 면접관의 위치에서 보면 눈에 잘 띈다. 그러나 의외로 구두에 대해 신경써서 미리 깨끗이 닦아둔 사람은 드물다. 면접 전날 반드시 구두를 깨끗이 닦아준다.

⑦ 지나친 화장은 피한다.

여성의 경우 지나치게 화장을 짙게 하면 거부감을 불러일으킬 수 있다. 또한 머리도 단정히 정리해서 이마가 가급적이면 드러나 보이게 하는 것이 좋다. 여기저기 흘러나온 머리는 지저분하고 답답한 느낌을 준다. 지나친 액세서리도 금물이다.

⑧ 기타 사항

㉠ 앉으라고 할 때까지 앉지 마라. 의자로 재빠르게 다가와 앉으면 무례한 사람처럼 보이기 쉽다.
㉡ 응답 시 너무 말을 꾸미지 마라.
㉢ 질문이 떨어지자마자 답변을 외운 것처럼 바쁘게 대답하지 마라.
㉣ 혹시 잘못 대답하였다고 해서 혀를 내밀거나 머리를 긁지 마라.
㉤ 머리카락에 손대지 마라. 정서불안으로 보이기 쉽다.
㉥ 면접실에 다른 지원자가 들어올 때 절대로 일어서지 마라.
㉦ 동종업계나 라이벌 회사에 대해 비난하지 마라.
㉧ 면접관 책상에 있는 서류를 보지 마라.
㉨ 농담을 하지 마라. 쾌활한 것은 좋지만 지나치게 경망스러운 태도는 의지가 부족하게 보인다.
㉩ 질문에 대해 대답할 말이 생각나지 않는다고 천장을 쳐다보거나 고개를 푹 숙이고 바닥을 내려다보지 마라.
㉪ 면접관이 서류를 검토하는 동안 말하지 마라.
㉫ 과장이나 허세로 면접관을 압도하려 하지 마라.
㉬ 은연중에 연고를 과시하지 마라.

자세 점검

- 지원 기관의 소재지(본사 · 지사 · 공장 등)를 정확히 알고 있다.
- 지원 기관의 정식 명칭(Full Name)을 알고 있다.
- 약속된 면접시간 10분 전에 도착하도록 스케줄을 짤 수 있다.
- 면접실에 들어가서 공손히 인사한 후 또렷한 목소리로 자기 수험번호와 성명을 말할 수 있다.
- 앉으라고 할 때까지는 의자에 앉지 않는다는 것을 알고 있다.
- 자신에 대해 3분간 이야기할 수 있는 준비가 되어 있다.
- 자신의 긍정적인 면을 상대방에게 바르게 전달할 수 있다.

CHAPTER 02 경상남도교육청 교육공무직 예상 면접질문

- 1분 동안 자신을 소개해 보시오.
- 교육공무직에 지원하게 된 동기를 말해 보시오.
- 경상남도교육청의 교육정책을 말해 보시오.
- 경상남도교육 브랜드 슬로건을 말해 보시오.
- 경상남도교육 브랜드 슬로건의 표현 의미를 설명해 보시오.
- 교육이란 무엇이라고 생각하는지 말해 보시오.
- 교육공무직원이 하는 일을 설명해 보시오.
- 교육공무직의 8가지 의무를 4가지 이상 말해 보시오.
- 교육공무직원의 업무를 3가지 이상 말해 보시오.
- 교육공무직원이 갖춰야 할 자세를 3가지 이상 말해 보시오.
- 교육공무직원이 필요한 이유를 4가지 이상 설명해 보시오.
- 교육공무직을 수행하는 데 있어 가장 중요한 것이 무엇이라고 생각하는지 말해 보시오.
- 교육공무제도의 장·단점을 설명해 보시오.
- 경상남도교육청 행정서비스헌장에 대하여 설명해 보시오.
- 공무원과 교육공무직원의 공통점과 차이점을 말해 보시오.
- 교육청에서 하는 업무에 대하여 아는 대로 설명해 보시오.
- 학교에서 하는 업무를 아는 대로 말해 보시오.
- 교육청과 학교 근무의 차이점에 대하여 설명해 보시오.
- 지원한 직렬에서 수행하는 업무에 대하여 아는 대로 설명해 보시오.
- 2명의 상급자로부터 업무를 지시받았을 때 어떻게 해결할 것인지 말해 보시오.
- 업무를 수행하는 과정에서 상급자의 실수를 발견하였다면 어떻게 할 것인지 말해 보시오.
- 갈등이 있을 때 어떻게 해결하는지 말해 보시오.
- 채용 후 본인 업무 외 다른 업무를 시킬 경우 어떻게 대처할 것인지 말해 보시오.
- 민원 처리 방법에 대하여 설명해 보시오.
- 방문 민원 응대 방법에 대하여 설명해 보시오.
- 전화 응대 방법에 대하여 설명해 보시오.
- 폭언을 하는 민원인의 민원을 어떻게 해결할 것인지 말해 보시오.
- 부정청탁 금품 수수에 해당하는 사례를 말해 보시오.
- 최근 교육 관련 이슈에 대하여 소개하고, 자신의 의견을 말해 보시오.
- 교무 행정사가 되면 무엇을 잘할 수 있는지 말해 보시오.
- 학부모가 화를 내면서 찾아온다면 어떻게 할 것인지 말해 보시오.
- 지인이나 친구들에게 어떤 친구로 기억되고 싶은지 말해 보시오.
- 직장 내 동료와 갈등이 발생한다면 어떻게 해결하겠는지 말해 보시오.

2024 공개채용 전 직종 대비

경상남도 교육청

교육공무직원 소양평가

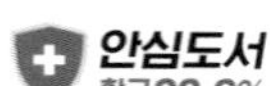

모바일 OMR 답안채점 / 성적분석

[합격시대] 온라인 모의고사 무료쿠폰

[WiN시대로] AI면접 무료쿠폰

한권으로 끝내기

편저 | SDC(Sidae Data Center)

SDC는 SD에듀 데이터 센터의 약자로 약 30만 개의 NCS · 적성 문제 데이터를 바탕으로 최신출제경향을 반영하여 문제를 출제합니다.

정답 및 해설

PART

2

직무능력검사

CHAPTER 01 언어논리력 기출예상문제

01	02	03	04	05	06	07	08	09	10
①	④	①	②	③	①	②	③	①	④
11	12	13	14	15	16	17	18	19	20
①	③	②	①	③	③	①	③	②	④
21	22	23	24	25	26	27	28	29	30
④	②	③	②	①	④	②	③	③	④
31	32	33	34	35	36	37	38	39	40
③	①	④	②	①	②	④	③	③	②
41	42	43	44	45	46	47	48	49	50
④	①	②	④	③	②	①	①	④	③
51	52	53	54	55	56	57	58	59	60
①	①	②	③	③	①	②	②	②	④
61	62	63	64	65	66	67	68	69	70
④	②	④	②	④	④	③	①	②	③
71	72	73	74						
②	②	④	②						

01

정답 ①

• 어릿하다 : 조금 쓰리고 따가운 느낌이 있다.
• 쓰리다 : 쑤시는 것같이 아프다.

오답분석

② 짜다 : 인색하다. 또는 누르거나 비틀어서 물기나 기름 따위를 빼내다.
③ 흐리다 : 분명하지 아니하고 어렴풋하다.
④ 어리숙하다 : 겉모습이나 언행이 치밀하지 못하여 순진하고 어리석은 데가 있다.

02

정답 ④

• 익다 : 고기나 채소, 곡식 따위의 날것이 뜨거운 열을 받아 그 성질과 맛이 달라지다.
• 여물다 : 과실이나 곡식 따위가 알이 들어 딴딴하게 잘 익다.

오답분석

① 갈다 : 날을 세우거나 잘게 부수기 위하여 단단한 물건에 대고 문지르거나 단단한 물건 사이에 넣어 으깨다.
② 졸다 : 찌개, 국, 한약 따위의 물이 증발하여 분량이 적어지다. 또는 위협적이거나 압도하는 대상 앞에서 겁을 먹거나 기를 펴지 못하다.
③ 절다 : 푸성귀나 생선 따위에 소금기나 식초, 설탕 따위가 배어들다.

03

정답 ①

• 수월하다 : 까다롭거나 힘들지 않아 하기가 쉽다.
• 쉽다 : 하기가 까다롭거나 힘들지 않다.

오답분석

② 차갑다 : 촉감이 서늘하고 썩 찬 느낌이 있다.
③ 물다 : 윗니와 아랫니 사이에 끼운 상태로 상처가 날 만큼 세게 누르다. 또는 이, 빈대, 모기 따위의 벌레가 주둥이 끝으로 살을 찌르다.
④ 견디다 : 사람이나 생물이 일정한 기간 동안 어려운 환경에 굴복하거나 죽지 않고 계속해서 버티면서 살아 나가는 상태가 되다.

04

정답 ②

• 촉망 : 잘되기를 기대하거나 그런 대상
• 기대 : 어떤 일이 원하는 대로 이루어지기를 바라면서 기다림

오답분석

① 사려 : 어떤 일에 대하여 깊이 생각함. 또는 그런 생각
③ 환대 : 정성껏 맞이하여 후하게 대접함
④ 부담 : 의무나 책임을 짐

05

정답 ③

• 지도 : 어떤 목적이나 방향으로 남을 가르쳐 이끎
• 감독 : 일이나 사람 따위가 잘못되지 아니하도록 살피어 단속함. 또는 일의 전체를 지휘함

오답분석

① 목도 : 눈으로 직접 봄
② 보도 : 대중 전달 매체를 통하여 일반 사람들에게 새로운 소식을 알림. 또는 그 소식
④ 정독 : 뜻을 새겨 가며 자세히 읽음

06

정답 ①

- 교육(教育) : 지식과 기술 따위를 가르치며 인격을 길러 줌
- 육영(育英) : 영재를 가르쳐 기름. 교육을 이르는 말

오답분석

② 유망(有望) : 앞으로 잘될 듯한 희망이나 전망이 있음
③ 교사(教師) : 주로 초등학교·중학교·고등학교 따위에서, 일정한 자격을 가지고 학생을 가르치는 사람
④ 학구(學究) : 학문을 깊이 연구함

07

정답 ②

- 아량(雅量) : 너그럽고 속이 깊은 마음씨
- 관용(寬容) : 남의 잘못을 너그럽게 받아들이거나 용서함. 또는 그런 용서

오답분석

① 양보(讓步) : 길이나 자리, 물건 따위를 사양하여 남에게 미루어 줌
③ 수행(修行) : 행실, 학문, 기예 따위를 닦음
④ 연구(研究) : 어떤 일이나 사물에 대하여서 깊이 있게 조사하고 생각하여 진리를 따져 보는 일

08

정답 ③

- 예방(豫防) : 질병이나 재해 따위가 일어나기 전에 미리 대처하여 막는 일
- 방지(防止) : 어떤 일이나 현상이 일어나지 못하게 막음

오답분석

① 수입(收入) : 돈이나 물품 따위를 거두어들임. 또는 그 돈이나 물품
② 무례(無禮) : 태도나 말에 예의가 없음
④ 순진(純眞) : 마음이 꾸밈이 없고 순박함

09

정답 ①

- 공모하다 : 일반에게 널리 공개하여 모집하다.
- 모집하다 : 사람이나 작품, 물품 따위를 일정한 조건 아래 널리 알려 뽑아 모으다.

오답분석

② 안녕하다 : 아무 탈 없이 편안하다.
③ 불안하다 : 마음이 편하지 아니하고 조마조마하다.
④ 익숙하다 : 어떤 일을 여러 번 하여 서투르지 않은 상태에 있다.

10

정답 ④

- 폐지(廢止) : 실시하여 오던 제도나 법규, 일 따위를 그만두거나 없앰
- 혁파(革罷) : 묵은 기구, 제도, 법령 따위를 없앰

오답분석

① 유폐(幽閉) : 아주 깊숙이 가두어 둠
② 처지(處地) : 처하여 있는 사정이나 형편
③ 연수(研修) : 학문 따위를 연구하고 닦음

11

정답 ①

- 곰살궂다 : 태도나 성질이 부드럽고 친절하다.
- 다정하다 : 정이 많다. 또는 정분이 두텁다.

오답분석

② 박정하다 : 인정이 박하다.
③ 야박하다 : 야멸치고 인정이 없다.
④ 사절하다 : 요구나 제의를 받아들이지 않고 사양하여 물리치다.

12

정답 ③

- 우매하다 : 어리석고 사리에 어둡다.
- 어리석다 : 슬기롭지 못하고 둔하다.

오답분석

① 영리하다 : 눈치가 빠르고 똑똑하다.
② 현명하다 : 어질고 슬기로워 사리에 밝다.
④ 지혜롭다 : 사물의 이치를 빨리 깨닫고 사물을 정확하게 처리하는 정신적 능력이 있다.

13

정답 ②

- 막역하다 : 허물이 없이 아주 친하다.
- 허물없다 : 서로 매우 친하여, 체면을 돌보거나 조심할 필요가 없다.

오답분석

① 영민하다 : 매우 영특하고 민첩하다.
③ 신랄하다 : 사물의 분석이나 비평 따위가 매우 날카롭고 예리하다.
④ 날카롭다 : 끝이 뾰족하거나 날이 서 있다.

14

정답 ①

- 사퇴하다 : 어떤 일을 그만두고 물러서다.
- 그만두다 : 하던 일을 그치고 안 하다.

오답분석

② 민감하다 : 자극에 빠르게 반응을 보이거나 쉽게 영향을 받는 데가 있다.
③ 영특하다 : 남달리 뛰어나고 훌륭하다.
④ 사소하다 : 보잘것없이 작거나 적다.

15

정답 ③

- 비루하다 : 행동이나 성질이 너절하고 더럽다.
- 추잡하다 : 말이나 행동이 지저분하고 잡스럽다.

오답분석

① 비장하다 : 슬프면서도 그 감정을 억눌러 씩씩하고 장하다.
② 비대하다 : 몸에 살이 쪄서 크고 뚱뚱하다.
④ 비약하다 : 논리나 사고방식 따위가 그 차례나 단계를 따르지 아니하고 뛰어넘다.

16

정답 ③

- 항거(抗拒) : 순종하지 아니하고 맞서서 반항함
- 저항(抵抗) : 어떤 힘이나 조건에 굽히지 아니하고 거역하거나 버팀

오답분석

① 굴복(屈伏) : 머리를 숙이고 꿇어 엎드림
② 투항(投降) : 적에게 항복함
④ 손실(損失) : 잃어버리거나 축가서 손해를 봄. 또는 그 손해

17

정답 ①

- 지탄(指彈) : 잘못을 지적하여 비난함
- 비판(非難) : 남의 잘못이나 결점을 책잡아서 나쁘게 말함

오답분석

② 용기(勇氣) : 씩씩하고 굳센 기운. 또는 사물을 겁내지 아니하는 기개
③ 비굴(卑屈) : 용기나 줏대가 없이 남에게 굽히기 쉬움
④ 감탄(感歎) : 마음속 깊이 느끼어 탄복함

18

정답 ③

- 조달(調達) : 자금이나 물자 따위를 대어 줌
- 공급(供給) : 요구나 필요에 따라 물품 따위를 제공함

오답분석

① 참관(參觀) : 어떤 자리에 직접 나아가서 봄
② 조직(組織) : 짜서 이루거나 얽어서 만듦
④ 달관(達觀) : 사소한 사물이나 일에 얽매이지 않고 세속을 벗어난 활달한 식견이나 인생관에 이름. 또는 그 식견이나 인생관

19

정답 ②

- 실하다 : 든든하고 튼튼하다.
- 야무지다 : 사람의 성질이나 행동, 생김새 따위가 빈틈이 없이 꽤 단단하고 굳세다.

오답분석

① 평탄하다 : 바닥이 평평하다.
③ 가파르다 : 산이나 길이 몹시 기울어져 있다.
④ 자욱하다 : 연기나 안개 따위가 잔뜩 끼어 흐릿하다.

20

정답 ④

- 가동하다 : 사람이나 기계 따위가 움직여 일하다.
- 작동하다 : 기계 따위가 작용을 받아 움직이거나 기계 따위를 움직이게 하다.

오답분석

① 상승하다 : 낮은 데서 위로 올라가다.
② 완만하다 : 경사가 급하지 않다.
③ 퇴영하다 : 뒤로 물러나서 가만히 틀어박혀 있다.

21

정답 ④

- 가지런하다 : 여럿이 층이 나지 않고 고르게 되어 있다.
- 들쭉날쭉하다 : 들어가기도 하고 나오기도 하여 가지런하지 아니하다.

오답분석

① 나란하다 : 여럿이 줄지어 늘어선 모양이 가지런하다.
② 똑바르다 : 어느 쪽으로도 기울지 않고 곧다.
④ 균등하다 : 고르고 가지런하여 차별이 없다.

22

정답 ②

- 매몰 : 보이지 아니하게 파묻히거나 파묻음
- 발굴 : 세상에 널리 알려지지 않거나 뛰어난 것을 찾아 밝혀냄

오답분석

① 막연 : 갈피를 잡을 수 없게 아득함
③ 복잡 : 일이나 감정 따위가 갈피를 잡기 어려울 만큼 여러 가지가 얽혀 있음
④ 급격 : 변화의 움직임 따위가 급하고 격렬함

23

정답 ③

• 반항 : 다른 사람이나 대상에 맞서 대들거나 반대함
• 복종 : 남의 명령이나 의사를 그대로 따라서 좇음

오답분석

① 거절 : 상대편의 요구, 제안, 선물, 부탁 따위를 받아들이지 않고 물리침
② 치욕 : 수치와 모욕을 아울러 이르는 말
④ 심야 : 깊은 밤

24

정답 ②

• 암시 : 넌지시 알림. 또는 뜻하는 바를 간접적으로 나타내는 표현법
• 명시 : 분명하게 드러내 보임

오답분석

① 산문 : 율격과 같은 외형적 규범에 얽매이지 않고 자유로운 문장으로 쓴 글
③ 성숙 : 생물의 발육이 완전히 이루어짐. 또는 몸과 마음이 자라서 어른스럽게 됨
④ 결합 : 둘 이상의 사물이나 사람이 서로 관계를 맺어 하나가 됨

25

정답 ①

• 완비 : 빠짐없이 완전히 갖춤
• 불비 : 제대로 다 갖추어져 있지 아니함

오답분석

② 우연 : 아무런 인과 관계가 없이 뜻하지 아니하게 일어난 일
③ 필연 : 사물의 관련이나 일의 결과가 반드시 그렇게 될 수밖에 없음
④ 습득 : 학문이나 기술 따위를 배워서 자기 것으로 함

26

정답 ④

• 산재(散在) : 여기저기 흩어져 있음
• 밀집(密集) : 빈틈없이 빽빽하게 모임

오답분석

① 기밀(機密) : 외부에 드러내서는 안 될 중요한 비밀
② 비밀(秘密) : 숨기어 남에게 드러내거나 알리지 말아야 할 일
③ 밀렵(密獵) : 허가를 받지 않고 몰래 사냥함

27

정답 ②

• 관철(貫徹) : 어려움을 뚫고 나아가 목적을 기어이 이룸
• 좌절(挫折) : 어떠한 계획이나 일 따위가 도중에 실패로 돌아감

오답분석

① 개선(改善) : 잘못된 것이나 부족한 것, 나쁜 것 따위를 고쳐 더 좋게 만듦
③ 해산(解散) : 모였던 사람이 흩어짐. 또는 흩어지게 함
④ 표류(漂流) : 물 위에 떠서 정처 없이 흘러감

28

정답 ③

• 방전(放電) : 전지나 축전기 또는 전기를 띤 물체에서 전기가 외부로 흘러나오는 현상
• 충전(充電) : 축전지나 축전기에 전기 에너지를 축적하는 일

오답분석

① 회전(回轉) : 어떤 것을 축으로 물체 자체가 빙빙 돎
② 직전(直前) : 어떤 일이 일어나기 바로 전
④ 선전(宣傳) : 주의나 주장, 사물의 존재, 효능 따위를 많은 사람이 알고 이해하도록 잘 설명하여 널리 알리는 일

29

정답 ③

• 부절(不絕) : 끊이지 아니하고 계속됨
• 두절(杜絕) : 교통이나 통신 따위가 막히거나 끊어짐

오답분석

① 의절(義絕) : 맺었던 의를 끊음
② 굴절(屈折) : 휘어서 꺾임
④ 조절(調節) : 균형이 맞게 바로잡음. 또는 적당하게 맞추어 나감

30

정답 ④

• 팽대(膨大) : 세력이나 기운 따위가 크게 늘어나거나 퍼짐
• 퇴세(頹勢) : 세력이나 기운, 사업 따위가 약화됨. 또는 그런 세력

오답분석

① 비대(肥大) : 몸에 살이 쪄서 크고 뚱뚱함
② 부대(部隊) : 일정한 규모로 편성된 군대 조직을 일반적으로 이르는 말
③ 증세(症勢) : 병을 앓을 때 나타나는 여러 가지 상태나 모양

31 정답 ③

- 응고(凝固) : 액체 따위가 엉겨서 뭉쳐 딱딱하게 굳어짐
- 융해(融解) : 녹아 풀어짐. 또는 녹여서 풂

오답분석

① 응결(凝結) : 한데 엉기어 뭉침
② 응축(凝縮) : 한데 엉겨 굳어서 줄어듦
④ 융통(融通) : 금전, 물품 따위를 돌려씀

32 정답 ①

- 서면(書面) : 글씨를 쓴 지면
- 구두(口頭) : 마주 대하여 입으로 하는 말

오답분석

② 소비(消費) : 돈이나 물자, 시간, 노력 따위를 들이거나 써서 없앰
③ 제조(製造) : 공장에서 큰 규모로 물건을 만듦
④ 아성(牙城) : 아주 중요한 근거지를 비유적으로 이르는 말

33 정답 ④

- 성실(誠實) : 정성스럽고 참됨
- 태만(怠慢) : 열심히 하려는 마음이 없고 게으름

오답분석

① 근면(勤勉) : 부지런히 일하며 힘씀
② 성의(誠意) : 정성스러운 뜻
③ 상실(喪失) : 어떤 것이 아주 없어지거나 사라짐

34 정답 ②

- 취약하다 : 무르고 약하다.
- 강인하다 : 억세고 질기다.

오답분석

① 유약하다 : 부드럽고 약하다.
③ 취합하다 : 모아서 합치다.
④ 촉진하다 : 다그쳐 빨리 나아가게 하다.

35 정답 ①

- 만성(慢性) : 병이나 버릇이 급하거나 심하지도 아니하면서 쉽게 고쳐지지 아니하는 성질
- 급성(急性) : 병 따위의 증세가 갑자기 나타나고 빠르게 진행되는 성질

오답분석

② 형성(形成) : 어떤 형상을 이룸
③ 항성(恒性) : 언제나 변하지 아니하는 성질
④ 고성(高聲) : 크고 높은 목소리

36 정답 ②

- 용이하다 : 어렵지 아니하고 매우 쉽다.
- 난해하다 : 뜻을 이해하기 어렵다.

오답분석

① 무던하다 : 성질이 너그럽고 수더분하다.
③ 분별하다 : 서로 다른 일이나 사물을 구별하여 가르다.
④ 무난하다 : 별로 어려움이 없다.

37 정답 ④

- 진출 : 어떤 방면으로 활동 범위나 세력을 넓혀 나아감
- 철수 : 진출하였던 곳에서 시설이나 장비 따위를 거두어 가지고 물러남

오답분석

① 진압 : 강압적인 힘으로 억눌러 진정시킴
② 차출 : 어떤 일을 시키기 위하여 인원을 선발하여 냄
③ 누락 : 기입되어야 할 것이 기록에서 빠짐

38 정답 ③

- 엉성하다 : 꽉 짜이지 않아 어울리는 맛이 없고 빈틈이 있다.
- 면밀하다 : 허술하거나 부족한 면이 없다.

오답분석

① 유별나다 : 보통의 것과 아주 다르다.
② 뻔뻔하다 : 부끄러운 짓을 하고도 염치없이 태연하다.
④ 서먹서먹하다 : 낯이 설거나 친하지 아니하여 자꾸 어색하다.

39 정답 ③

- 저열하다 : 질이 낮고 변변하지 못하다.
- 고매하다 : 인격이나 품성, 학식, 재질 따위가 높고 빼어나다.

오답분석

① 졸렬하다 : 옹졸하고 천하여 서투르다.
② 야비하다 : 성질이나 행동이 야하고 천하다.
④ 천하다 : 하는 짓이나 생긴 꼴이 고상한 맛이 없다.

40 정답 ②

- 반박하다 : 어떤 의견, 주장, 논설 따위에 반대하여 말하다.
- 수긍하다 : 옳다고 인정하다.

오답분석

① 부정하다 : 그렇지 아니하다고 단정하거나 옳지 아니하다고 반대하다.

③ 거부하다 : 요구나 제의 따위를 받아들이지 않고 물리치다.
④ 논박하다 : 어떤 주장이나 의견에 대하여 그 잘못된 점을 조리 있게 공격하여 말하다.

41

정답 ④

오답분석

① 단잠 : 아주 달게 곤히 자는 잠
② 귀잠 : 아주 깊이 든 잠
③ 발칫잠 : 남의 발이 닿는 쪽에서 불편하게 자는 잠

42

정답 ①

오답분석

② 가납사니 : 쓸데없는 말을 잘하는 사람. 또는 말다툼을 잘 하는 사람
③ 사시랑이 : 가냘픈 사람. 또는 물건
④ 미주알고주알 : 아주 사소한 일까지 속속들이

43

정답 ②

오답분석

① 유지하다 : 어떤 상태나 상황을 그대로 보존하거나 변함 없이 계속하여 지탱하다.
③ 간수하다 : 물건 따위를 잘 보호하거나 보관하다.
④ 건사하다 : 제게 딸린 것을 잘 보살피고 돌보다.

44

정답 ④

오답분석

① 살피다 : 두루두루 주의하여 자세히 보다.
② 망보다 : 상대편의 동태를 알기 위하여 멀리서 동정을 살피다.
③ 돌보다 : 관심을 가지고 보살피다.

45

정답 ③

오답분석

① 일출(日出) : 해가 뜸
② 해돋이 : 해가 막 솟아오르는 때. 또는 그런 현상
④ 해찰 : 마음에 썩 내키지 아니하여 물건을 부질없이 이것저것 집적거려 해침. 또는 그런 행동

46

정답 ②

오답분석

① 궂기다 : 상사(喪事)가 나다.
③ 시르죽다 : 기운을 못 차리다.
④ 가리 틀다 : 잘 되어가는 일을 방해하다.

47

정답 ①

오답분석

② 대살 : 단단하고 야무지게 찐 살
③ 잔입 : 아침에 일어나서 아직 아무것도 먹지 않은 입
④ 주접 : 여러 가지 이유로 생물체가 쇠해지는 상태

48

정답 ①

오답분석

② 된서리 : 늦가을에 아주 되게 내리는 서리
③ 푸서리 : 잡초가 무성하고 거친 땅
④ 눈서리 : 눈과 서리를 아울러 이르는 말

49

정답 ④

오답분석

① 다부르다 : 무엇을 빠른 속도로 다그치다.
② 섣부르다 : 솜씨가 설고 어설프다.
③ 되부르다 : 다시 부르거나 도로 부르다.

50

정답 ③

오답분석

① 가랑비 : 조금씩 내리는 비
② 달구비 : 빗발이 아주 굵게 죽죽 쏟아지는 비
④ 먼지잼 : 비가 겨우 먼지나 날리지 않을 정도로 조금 내림

51

정답 ①

오답분석

② 황소바람 : 좁은 곳으로 가늘게 불어오지만 매우 춥게 느껴지는 바람
③ 하늬바람 : 농부나 뱃사람들이 '서풍'을 부르는 말
④ 보라바람 : 높은 고원에서 갑자기 산 밑으로 불어내리는 차갑고 센 바람

52

정답 ①

오답분석

② 살눈 : 얇게 내리는 눈
③ 도둑눈 : 밤사이에 사람들이 모르게 내린 눈
④ 싸라기눈 : 빗방울이 갑자기 찬바람을 만나 얼어 떨어지는 싸라기 같은 눈

53

정답 ②

오답분석

① 축 : 오징어를 묶어 세는 단위. 한 축은 오징어 20마리
③ 쌈 : 바늘을 묶어 세는 단위. 한 쌈은 바늘 24개
④ 우리 : 기와를 세는 단위. 한 우리는 기와 2,000장

54

정답 ③

오답분석

① 충년(沖年) : 10세 안팎의 어린 나이
② 불혹(不惑) : 40세, 세상의 유혹에 빠지지 않음을 뜻함
④ 지천명(知天命) : 50세, 하늘의 뜻을 깨달음

55

정답 ③

오답분석

① 늦잡다 : 시간이나 날짜를 늦추어 헤아리다.
② 가로잡다 : 가로 방향으로 손에 쥐다.
④ 안쫑잡다 : 마음속에 품어 두다.

56

정답 ①

제시된 단어는 반의 관계이다.

- 호평 : 좋게 평함. 또는 그런 평판이나 평가
- 악평 : 나쁘게 평함. 또는 그런 평판이나 평가
- 예사 : 보통 있는 일
- 비범 : 보통 수준보다 훨씬 뛰어나게

오답분석

② 통상 : 특별하지 아니하고 예사임
③ 보통 : 특별하지 아니하고 흔히 볼 수 있음. 또는 뛰어나지도 열등하지도 아니한 중간 정도
④ 험구 : 남의 흠을 들추어 헐뜯거나 험상궂은 욕을 함

57

정답 ②

제시된 단어는 유의 관계이다.

- 치환 : 바꾸어 놓음
- 대치 : 다른 것으로 바꾸어 놓음
- 포고 : 일반에게 널리 알림
- 공포 : 일반 대중에게 널리 알림

오답분석

① 국면 : 어떤 일이 벌어진 장면이나 형편
③ 전위 : 위치가 변함
④ 극명 : 속속들이 똑똑하게 밝힘

58

정답 ②

제시된 단어는 유의 관계이다.

'준거'와 '표준'은 '사물의 정도나 성격 따위를 알기 위한 근거나 기준'을 뜻한다.

- 자취 : 어떤 것이 남긴 표시나 자리
- 흔적 : 어떤 현상이나 실체가 없어졌거나 지나간 뒤에 남은 자국이나 자취

오답분석

① 척도 : 가하거나 측정할 때 의거할 기준
③ 주관 : 어떤 일을 책임을 지고 맡아 관리함
④ 반영 : 다른 것에 영향을 받아 어떤 현상이 나타남

59

정답 ②

제시된 단어는 반의 관계이다.

- 이단 : 전통이나 권위에 반항하는 주장이나 이론
- 정통 : 바른 계통
- 모방 : 다른 것을 본뜨거나 본받음
- 창안 : 어떤 방안, 물건 따위를 처음으로 생각하여 냄

오답분석

① 사설 : 신문이나 잡지에서, 글쓴이의 주장이나 의견을 써내는 논설
③ 모의 : 실제의 것을 흉내 내어 그대로 해 봄
④ 답습 : 예로부터 해 오던 방식이나 수법을 좇아 그대로 행함

60

정답 ④

제시된 단어는 유의 관계이다.

- 만족 : 마음에 흡족함
- 흡족 : 조금도 모자람이 없을 정도로 넉넉하여 만족함
- 부족 : 요구되는 기준이나 양에 미치지 못해 충분하지 않음
- 결핍 : 있어야 하는 것이 모자라거나 없음

오답분석

① 미미 : 보잘것없이 매우 작음
② 곤궁 : 가난하여 살림이 구차하고 딱함
③ 궁핍 : 몹시 가난함

61

정답 ④

제시된 단어는 유의 관계이다.

- 공시하다 : 일정한 내용을 공개적으로 게시하여 일반에게 널리 알리다.
- 반포하다 : 세상에 널리 퍼뜨려 모두 알게 하다.
- 각축하다 : 서로 이기려고 다투며 덤벼들다.
- 경쟁하다 : 목적에 대하여 이기거나 앞서려고 서로 겨루다.

오답분석

① 공들이다 : 어떤 일을 이루는 데 정성과 노력을 많이 들이다.
② 통고하다 : 서면(書面)이나 말로 소식을 전하여 알리다.
③ 독점하다 : 혼자서 모두 차지하다.

62

정답 ②

제시된 단어는 반의 관계이다.

- 침착하다 : 행동이 들뜨지 아니하고 차분하다.
- 경솔하다 : 말이나 행동이 조심성 없이 가볍다.
- 섬세하다 : 곱고 가늘다.
- 조악하다 : 거칠고 나쁘다.

오답분석

① 찬찬하다 : 동작이나 태도가 급하지 않고 느릿하다.
③ 감분(感憤)하다 : 마음속 깊이 분함을 느끼다.
④ 치밀하다 : 자세하고 꼼꼼하다.

63

정답 ④

오답분석

① 파도 소리가 우리를 바다로 향하도록 불렀다(유도하였다).
② 만세를 부르다(외치다).
③ 그 스스로 화를 부르는(초래하는) 일을 자초했다.

64

정답 ②

오답분석

① 고생을 함께 했던 신하들은 모두 높은 벼슬자리에 서게(오르게) 되었다.
③ 나라의 법이 잘 서야(정해져야) 살기 좋은 나라가 될 것이다.
④ 수많은 아파트가 서고(지어지고) 새로운 주택이 건설됐지만 곳곳에는 공터가 있었다.

65

정답 ④

오답분석

① 그는 작은 사무실에서 회계 일을 보고(맡고) 있다.
② 어머니가 부엌에서 저녁상을 보고(준비하고) 계신다.
③ 그 집이 얼마 전에 며느리를 봤다(맞았다).

66

정답 ④

오답분석

① 이미 해가 서쪽으로 지고(넘어가고) 있다.
② 옷에 묻은 커피 얼룩은 잘 안 진다(없어진다).
③ 철호는 커다란 가방을 등에 지고(얹고) 순례자의 길을 하염없이 걸었다.

67

정답 ③

오답분석

① 먹고 남은 음식은 싸(포장해) 갈 수 있다.
② 집값이 생각보다 싸서(저렴해서) 놀랐다.
④ 노끈으로 상자를 돌돌 쌌다(감았다).

68

정답 ①

빈칸 뒤의 문장에서는 일상에서 사용되는 태양광 발전의 예를 보여주므로 빈칸에는 예시 관계의 접속어인 '예를 들어'가 적절하다.

69

정답 ②

펭귄 무리의 중앙에 있으면 체지방을 덜 소모하기 때문에 펭귄들은 중앙으로 들어가기 위해 나선 모양으로 걷는다는 내용이므로 빈칸에는 앞의 내용이 뒤의 내용의 원인이 될 때 사용하는 접속어인 '그래서'가 적절하다.

70

정답 ③

아시아 대륙 밑으로 밀려 들어간 인도 대륙이 히말라야 산맥을 높이 밀어 올렸다는 빈칸 뒤의 내용은 인도 대륙과 아시아 대륙이 충돌하는 과정에서 히말라야 산맥이 만들어졌다는 앞의 내용을 부연하므로 빈칸에는 문장을 병렬적으로 연결할 때 쓰는 접속어인 '그리고'가 와야 한다.

71

정답 ②

앞 문장에서 언급하는 이번 달의 부진한 자동차 수출량과 달리 빈칸 뒤의 문장에서는 내년 경기에 대한 정부의 기대감을 드러내고 있으므로 빈칸에는 상반되는 내용의 두 문장을 이어 줄 때 사용하는 '하지만'이 와야 한다.

72

정답 ②

㉠ 뒤의 문장에서는 ㉠ 앞 문장의 바로 공기 중으로 날아가는 일반 탄산음료의 탄산가스와 달리 맥주의 탄산가스는 바로 날아가지 않는다고 이야기하므로 ㉠에는 역접의 접속어인 '그러나'가 와야 한다. 다음으로 ㉡ 뒤의 문장의 '~ 때문이다.'를 통해 ㉡에는 이와 호응하는 '왜냐하면'이 와야 한다. 마지막으로 ㉢ 뒤의 문장에서는 앞에서 언급한 맥주 거품의 역할에 대해 추가로 이야기하므로 ㉢에는 '또한'이 와야 한다.

73

정답 ④

㉠ 뒤의 문장에서는 일상 제품의 사용기한을 앞에서 언급한 식품의 유통기한과 관련하여 이야기하고 있으므로 ㉠에는 '그런데'가 와야 한다. 다음으로 베개의 사용기한이 있다는 ㉡ 뒤의 문장은 앞의 문장과 상반되므로 ㉡에는 '그러나'가 와야 한다. 마지막으로 ㉢ 뒤의 문장에서는 베개에 이어 사용기한이 있는 또 다른 일상 제품인 수건의 사용기한에 대해 이야기하므로 ㉢에는 '또한'이 와야 한다.

74

정답 ②

온도 변화에 적응하기 위해 신체가 많은 에너지를 사용한다는 ㉠ 앞의 문장은 환절기에 병에 걸리기 쉽다는 ㉠ 뒤 문장의 원인이 되므로 ㉠에는 '따라서'가 와야 한다. 다음으로 ㉡ 뒤의 문장에서는 ㉡ 앞 문장에서 이야기하는 대상포진 증상에 이어 나타나는 또 다른 특징에 대해 이야기하므로 ㉡에는 '또한'이 와야 한다. 마지막으로 특정 증상을 통해 대상포진을 의심해 볼 수 있다는 ㉢ 뒤의 문장은 앞 내용을 근거로 하는 주장이 되므로 ㉢에는 '그러므로'가 와야 한다.

CHAPTER 02 이해력 기출예상문제

01 나열하기

01	02	03	04	05	06	07	08		
④	②	①	④	③	③	④	④		

01

정답 ④

제시문은 종교 해방을 위해 나타난 계몽주의의 발현 배경과 계몽주의가 추구한 방향에 대해 설명하고 그 결과로 나타난 긍정적 요소와 부정적 요소를 설명하는 글이다. 따라서 (라) 인간의 종교와 이를 극복하게 한 계몽주의→(가) 계몽주의의 추구 방향→(다) 계몽주의의 결과로 나타난 효과→(나) 계몽주의의 결과로 나타난 역효과 순서로 연결되어야 한다.

02

정답 ②

제시문은 우리나라 여성의 고용 비율이 남성보다 낮기 때문에 여성의 고용에 대한 배려가 필요하다는 글이다. 따라서 (다) 우리나라는 남성에 비해 여성의 고용 비율이 현저히 낮음→(가) 남녀 고용 평등의 확대를 위한 채용 목표제의 강화 필요→(마) 역차별이라는 주장과 현실적인 한계→(나) 대졸 이상 여성의 고용 비율이 OECD 국가 중 최하위인 대한민국의 현실→(라) 강화된 법규가 준수될 수 있도록 정부의 계도와 감독 기능이 강화 순으로 연결되어야 한다.

03

정답 ①

제시문은 A회사가 국내 최대 규모의 은퇴연구소를 개소했고, 은퇴 이후 안정된 노후준비를 돕고 다양한 정보를 제공하는 소통의 채널로 이용하며 은퇴 이후의 생활이 취약한 우리의 인식 변화를 위해 노력할 것이라는 내용의 글이다. 따라서 (다) A회사가 국내 최대 규모의 은퇴연구소를 개소 → (가) 은퇴연구소는 체계화된 팀을 구성 → (나) 일반인들의 안정된 노후준비를 돕고, 다양한 정보를 제공할 것 → (라) 선진국에 비해 취약한 우리의 인식을 변화를 유도할 계획의 순서로 연결되어야 한다.

04

정답 ④

제시문은 청소년의 정치적 판단 능력이 성숙하지 않으며 그에 대한 근거, 그리고 그 대책에 대해 주장하는 글이다. 따라서 (다) 대다수 청소년은 정치적 판단 능력이 성숙하지 않다는 문제 주장 → (가) 부모나 교사로부터 영향을 받을 가능성이 크다는 의견 → (나) 영향을 받을 가능성이 큰 이유에 대한 설명 → (라) 정치적 판단에 대한 책임을 지우기 전에 이를 감당할 수 있도록 돕는 것이 우선임을 주장의 순서로 연결되어야 한다.

05

정답 ③

제시문은 반인륜적 범죄에 대한 처벌과 이에 따른 인권 침해에 대해 언급하고 있다. 따라서 (다) 반인륜적인 범죄의 증가 → (나) 지난 석 달 동안 3건의 범죄(살인 사건)가 발생 → (라) 반인륜적 범죄에 대한 처벌 강화의 목소리 → (가) 인권 침해에 관한 문제 제기의 순서로 연결되어야 한다.

06

정답 ③

제시문은 HIV와 AIDS가 무엇이고 어떻게 감염되는지에 대해 논하고, 감염 후의 경과와 그 예방에 대해 설명하는 글이다. 주어진 단락은 HIV와 AIDS의 정의에 대해 설명하고 있으므로 (다) HIV의 감염경로 → (가) 감염 후의 확인 → (라) 감염 확인 후의 상태 → (나) HIV의 예방의 순서로 연결되어야 한다.

07

정답 ④

제시문은 은유의 정의와 기술과학 및 철학에서 활용되는 사례에 대하여 설명하고 있다. 제시된 단락은 언어의 표현과 기능을 넘어 말의 본질적 상태인 은유에 대해 말하므로 (다) 현실에서 또 다른 현실로 이동하는 언어에 내포된 은유성 → (나) 언어 자체에 깊이 뿌리박은 은유 → (라) 기술과학 이론에 내포된 은유의 사례 → (가) 철학 속에 내포된 은유의 사례의 순서로 연결되어야 한다.

08

정답 ④

제시문은 '원님재판'이라 불리는 죄형전단주의의 정의와 한계, 그리고 그와 대립되는 죄형법정주의의 정의와 탄생, 그리고 파생원칙에 대하여 설명하고 있다. 제시된 단락에서는 '원님재판'이라는 용어의 원류에 대해 설명하고 있으므로 이어지는 문단으로는 원님재판의 한계에 대해 설명하고 있는 (다)가 오는 것이 적절하다. 따라서 (다) 원님재판의 한계와 죄형법정주의 → (가) 죄형법정주의의 정의 → (라) 죄형법정주의의 탄생 → (나) 죄형법정주의의 정립에 따른 파생원칙의 등장의 순서로 연결되어야 한다.

02 빈칸추론

01	02	03	04	05					
②	①	②	④	①					

01

정답 ②

- (가) : 청소년의 척추 질환을 예방하는 대응 방안과 관련된 ㉡이 적절하다.
- (나) : 책상 앞에 앉아 있는 바른 자세와 관련된 ㉢이 적절하다.
- (다) : 틈틈이 척추 근육을 강화하는 운동을 해 주는 것과 관련된 자세인 ㉠이 적절하다.

02

정답 ①

- (가) : 이어지는 부연, 즉 '철학도 ~ 과학적 지식의 구조와 다를 바가 없다.'라는 진술로 볼 때 같은 의미의 내용이 들어가야 하므로 ㉠이 적절하다.
- (나) : 앞부분에서는 '철학과 언어학의 차이'를 제시하고 있고, 뒤에는 언어학의 특징이 구체적으로 서술되어 있다. 그 뒤에는 분석철학에 대한 설명이 따르고 있으므로 여기에는 언어학에 대한 일반적인 개념 정의가 서술되어야 한다. 따라서 ㉡이 적절하다.
- (다) : 앞부분에서 '철학의 기능은 한 언어가 가진 개념을 해명하고 이해한 것'이라고 설명하고 있다. 따라서 ㉢이 적절하다.

03

정답 ②

- (가) : 앞 내용을 살펴보면 해프닝 장르에서는 대화가 없으며, 의미 없는 말을 불쑥불쑥 내뱉는다고 하고 있으므로, 그 이유를 설명하는 ㉠이 가장 적절하다.
- (나) : 앞 문장에서 해프닝이 관객의 역할을 변화시켰다고 하였으므로, 그 예시가 되는 ㉢이 가장 적절하다.
- (다) : 뒤 문장에서 '그럼에도 불구하고'로 이어지며 해프닝의 의의를 설명하고 있으므로, 빈칸에는 해프닝의 비판점에 대하여 설명하는 ㉡이 가장 적절하다.

04

정답 ④

단순히 젊은 세대의 문화만을 존중하거나, 또는 기존 세대의 문화만을 따르는 것이 아닌 두 문화가 어우러질 수 있도록 기업 차원에서 분위기를 만드는 것이 제시된 문제의 본질적인 해결법으로 가장 적절하다.

오답분석

① 급여 받은 만큼만 일하게 되는 악순환이 반복될 것이므로 글에서 언급된 문제를 해결하는 기업 차원의 방법으로는 적절하지 않다.
② 기업의 전반적인 생산성 향상을 이룰 수 없으므로 기업 차원의 방법으로 적절하지 않다.
③ 젊은 세대의 채용을 기피하는 분위기가 생길 수 있으므로 적절하지 않다.

05

정답 ①

제시문의 첫 문단과 마지막 문단을 중점적으로 살펴야 한다. 첫 문단에서 '얼음이 물이 될 때까지 지속적으로 녹아내릴 것'이라는 상식이 사실과 다르다는 것을 이야기하였으므로, 빈칸에는 이와 반대되는 내용이 들어가야 한다. 따라서 빈칸에 '특정 온도에 도달할 때마다 한 층씩 녹아내린다는 것이다.'의 ①이 들어가는 것이 적절하다.

오답분석

② 실험 결과에서 -38℃와 -16℃에서 하나의 분자 층이 준 액체로 변한 것을 알 수 있지만, 그 다음 녹는 온도에 대해서는 알 수 없다.
③ -16℃ 이상의 온도에 대한 결과는 나와 있지 않다.

03 독해

01	02	03	04	05	06	07	08	09	10
②	②	②	④	④	③	④	④	④	③
11	12	13	14	15	16	17	18	19	20
④	②	②	④	④	①	④	②	④	①
21	22	23							
④	④	④							

PART 2

01

정답 ②

제시문은 청소년기에 아이들이 입는 옷차림과 그 옷차림의 목적성, 집단 정서적 효과에 대해 이야기하고 있다. 따라서 제목으로 '청소년의 옷차림'이 가장 적절하다.

02

정답 ②

제시문은 유류세 상승으로 인해 발생하는 장점들을 열거함으로써 유류세 인상을 정당화하고 있다. 따라서 제목으로 '높은 유류세의 정당성'이 가장 적절하다.

03

정답 ②

구비문학에서는 단일한 작품, 원본이라는 개념이 성립하기 어렵기 때문에 선창자의 재간과 그때그때의 분위기에 따라 새롭게 변형되거나 창작되는 일이 흔하다. 다시 말해 정해진 틀이 있다기보다는 상황이나 분위기에 따라 바뀌는 것이 가능하다. 유동성이란, 형편이나 때에 따라 변화될 수 있음을 뜻하는 말이다. 따라서 제목으로 '구비문학의 유동성'이 가장 적절하다.

04

정답 ④

오답분석

① 제시문에서 언급되지 않은 내용이다.
② '무질서 상태'가 '체계가 없는' 상태라고 할 수 없다. 그것이 '혼란스러운 상태'를 의미하는지도 제시문을 통해서는 알 수 없다.
③ 현실주의자들이 숙명론, 결정론적이라고 비판당한다.

05

정답 ④

제시문 전체를 통해서 확인할 수 있다. 나머지는 본문의 내용에 어긋난다.

06

정답 ③

공급자가 소수 기업에 의해 지배되는 경우, 즉 독과점에 해당하는 경우나 공급자가 공급하는 상품이 업계에서 중요한 부품인 경우와 같이 공급자의 힘이 커지면 산업 매력도는 떨어지게 된다.

07

정답 ④

제시문은 '쓰기(Writing)'의 문화사적 의의를 기술한 글이다. '복잡한 구조나 지시 체계'는 이미 '소리 속에서' 발전해 왔는데 그러한 복잡한 개념들을 시각적인 코드 체계인 '쓰기'를 통해 기록할 수 있게 되었다. 또한, 그러한 '쓰기'를 통해 인간의 문명과 사고가 더욱 발전하게 되었다. 두 번째 문단에 따르면 쓰기가 발명된 시점까지 정밀하고 복잡한 구조나 지시 체계의 특수한 복잡성이 '그때까지 소리 속에서 발전해 왔다.'고 하였으므로, 쓰기가 발명되기 이전에 정밀하고 복잡한 구조나 지시 체계가 형성되어 있지 않았던 것은 아니다.

08

정답 ④

어빙 피셔의 교환방정식 'MV=PT'에서 V는 화폐유통 속도를 나타낸다. 따라서 사이먼 뉴컴의 교환방정식인 'MV=PQ'에서 사용하는 V(Velocity), 즉 화폐유통속도와 동일하며 대체되어 사용되지 않는다.

오답분석

① 사이먼 뉴컴의 교환방정식 'MV=PQ'에서 Q(Quantity)는 상품 및 서비스의 수량이다.
② 어빙 피셔의 화폐수량설은 최근 총거래 수 T(Trade)를 총생산량 Y로 대체하여 사용하고 있다.
③ 교환방정식 'MV=PT'는 화폐수량설의 기본 모형인 거래모형이며, 'MV=PY'는 소득모형으로 사용된다.

09

정답 ④

우리나라의 낮은 장기 기증률은 전통적 유교 사상 때문이라고 주장하고 있는 A와 달리, B는 이에 대하여 다양한 원인을 제시하고 있다. 따라서 A의 주장에 대해 반박할 수 있는 내용으로 ④가 적절하다.

10

정답 ③

도킨스에 따르면 인간 개체는 유전자라는 진정한 주체의 매체에 지나지 않게 된다. 이러한 생각에는 살아가고 있는 구체적 생명체를 경시하게 되는 논리가 잠재되어 있다. 따라서 무엇이 진정한 주체인가에 대한 물음이 필자의 문제 제기로 적절하다.

11

정답 ④

제시문은 대중문화가 대중을 사회 문제로부터 도피하게 하거나 사회 질서에 순응하게 하는 역기능을 수행하여 혁명을 불가능하게 만든다는 내용이다. 따라서 주장에 대한 반박은 대중문화가 대중을 수동적으로 만들지 않는다는 내용이어야 한다. 그런데 ④는 현대 대중문화의 질적 수준에 대한 평가에 대한 내용이므로 이와 연관성이 없다.

12

정답 ②

언론매체에 대한 사전 검열은 표현의 자유와 개인의 알 권리를 침해할 가능성을 배제할 수 없다는 논지로 반박을 전개해야 한다.

13

정답 ②

첫 번째 문단의 '제로섬(Zero-sum)적인 요소를 지니는 경제문제'와 두 번째 문단의 '우리 자신의 수입을 보호하기 위해 경제적 변화가 일어나는 것을 막거나 혹은 사회가 우리에게 손해를 입히는 공공정책을 강제로 시행하는 것을 막기 위해 싸울 것'이라는 것이 제시문의 핵심 주장이므로, 이에 부합하는 논지는 '사회경제적인 총합이 많아지는 정책'에 대한 비판이라고 할 수 있다.

14

정답 ④

세 번째 문단에서 '우리가 일반적으로 잘못인 것으로 판단하는 믿음까지 용인하는 경우에도 그 사람이 더 관용적이라고 말해야 한다.'라고 하였다. 따라서 ④와 같이 우리가 일반적으로 잘못이라고 판단할 수 있는 '보편적 도덕 원칙에 어긋나는 가르침'을 주장하는 종교까지 용인하는 사람을 더 관용적이라고 평가한다는 것이 ㉠의 사례로 가장 적절하다.

15

정답 ④

제시문에 따르면 수신자가 발신자가 될 수 있다면 사회변동이 가능하다. SNS는 수신뿐만 아니라 발신도 자유롭기 때문에 책, 신문, 라디오, TV와 같은 수신자가 발신자가 될 가능성이 매우 낮은 매체들보다는 사회변동에 대한 영향력이 크다.

16

정답 ①

사카린은 설탕보다 당도가 약 500배 정도 높고, 아스파탐의 당도는 설탕보다 약 200배 높다. 따라서 사카린과 아스파탐 모두 설탕보다 당도가 높고, 사카린은 아스파탐보다 당도가 높다.

오답분석

② 사카린은 화학물질의 산화반응을 연구하던 중에, 아스파탐은 위궤양 치료제를 개발하던 중에 우연히 발견되었다.
③ 사카린은 무해성이 입증되어 미국 FDA의 인증을 받았지만, 아스파탐은 이탈리아의 한 과학자에 의해 발암성 논란이 일고 있다.
④ 2009년 미국의 설탕, 옥수수 시럽, 기타 천연당의 1인당 연 평균 소비량인 140파운드는 중국보다 9배 많은 수치이므로, 2009년 중국의 소비량은 약 15파운드였을 것이다.

17

정답 ④

제시문에서는 조상형 동물의 몸집이 커지면서 호흡의 필요성에 따라 아가미가 생겨났고, 소화계 일부가 변형된 허파는 식도 아래쪽으로 생성되었으며, 이후 폐어 단계에서 척추동물로 진화하면서 호흡계와 소화계가 겹친 부위가 분리되기 시작했으나 결국 하나의 교차점을 남기면서 인간의 음식물로 인한 질식 현상과 같은 단점을 남겼다고 설명하고 있다. 또한, 마지막 문장에서 이러한 과정이 '당시에는 최선의 선택'이었다고 하였으므로, 진화가 순간순간에 필요한 대응일 뿐 최상의 결과를 내는 과정이 아님을 알 수 있다.

18

정답 ②

세 번째 문단의 첫 문장에서 전자 감시는 파놉티콘의 감시 능력을 전 사회로 확장했다고 말하고 있으므로, 정보 파놉티콘은 발전된 감시 체계라고 할 수 있다. 따라서 종국에는 감시 체계 자체를 소멸시킬 것이라는 추론은 적절하지 않다.

19

정답 ④

제시문은 사람들의 결합체인 단체가 법에서 정한 일정한 요건을 갖추어 취득하는 권리 능력인 법인격에 대해 살펴보고 있다. (가) 문단에 따르면 사단(社團)은 사람들이 일정한 목적을 갖고 결합한 조직체로서 구성원과 구별되어 독자적 실체로서 존재하며, 운영 기구를 두어 구성원의 가입과 탈퇴에 관계없이 존속하는 단체이다. 또한, 사단은 법인(法人)으로 등기되어야 법으로써 부여되는 권리 능력인 법인격이 생기고, 법인격을 갖춘 사단을 사단 법인이라 부른다. 그러므로 사단 중에서 법인격을 갖춘 사단 법인이 되어야 권리와 의무를 누릴 수 있다.

오답분석

① (가) 문단에 따르면 사단성을 갖춘 사단은 운영 기구를 두어 구성원의 가입과 탈퇴에 관계없이 존속한다.
② (가) 문단에 따르면 사원은 사단의 구성원이며, (나) 문단에 따르면 사단의 성격을 갖는 법인인 회사의 대표적인 유형이라 할 수 있는 주식회사는 주주들로 구성된다. 따라서 주주는 사단의 구성원인 사원이 된다.
③ (가) 문단에 따르면 사단 법인이 자기 이름으로 진 빚은 사단이 가진 재산으로 갚아야 한다. 따라서 사단은 재산을 소유할 수 있다.

20

정답 ①

(다) 문단에 따르면 상법상 회사는 이사들로 이루어진 이사회만을 업무 집행의 의결 기관으로 두며, 대표 이사는 이사 중 한 명으로 이사회에서 선출되는 기관이다. 그러므로 대표 이사는 주식회사를 대표하는 기관이다.

오답분석

② (나) 문단에 따르면 2001년에 개정된 상법은 1인 주주 형태의 회사처럼 사단성을 갖추지 못했다고 할 만한 형태의 회사도 법인으로 인정한다. 또한, (다) 문단에 따르면 상법상 회사는 이사들로 이루어진 이사회만을 업무 집행의 의결 기관으로 두며, 대표 이사는 이사회에서 선출되는 기관이다. 그러므로 1인 주식회사라고 해도 법인격은 법인인 주식회사가 갖는 것이지 대표 이사가 갖는 것이 아니다.
③ (다) 문단에 따르면 이사의 선임과 이사의 보수는 주주 총회에서 결정하도록 되어 있다.
④ (다) 문단에 따르면 상법상 회사는 이사들로 이루어진 이사회만을 업무 집행의 의결 기관으로 둔다. 따라서 주주 총회는 업무 집행의 의결 기관이 될 수 없다.

21

정답 ④

(다) 문단에 따르면 회사의 운영이 주주 한 사람의 개인 사업과 다름없이 이루어지고, 회사라는 이름과 형식은 장식에 지나지 않는 경우에는, 회사와 거래 관계에 있는 사람들이 재산상 피해를 입는 문제가 발생하기도 한다. 이때, 그 특정한 거래 관계에 관련하여서만 예외적으로 회사의 법인격을 일시적으로 부인하고 회사와 주주를 동일시해야 한다는 입장이 법인격 부인론이다. 즉, 회사가 진 책임을 주주에게 부담시키자는 입장이며, 회사가 1인 주주에게 완전히 지배되어 회사의 회계, 주주 총회나 이사회 운영이 적법하게 작동하지 못하는데도 회사에만 책임을 묻는 것은 법인 제도가 남용되는 사례라고 보는 것이다.

22

정답 ④

제시문은 딸기에 들어 있는 비타민 C와 항산화 물질, 식물성 섬유질, 철분 등을 언급하며 딸기의 다양한 효능을 설명하고 있다. 따라서 제목으로 ④가 가장 적절하다.

23

정답 ④

딸기는 건강에 좋지만 당도가 높으므로 혈당 조절이 필요한 사람은 마케팅 대상으로 적절하지 않다.

CHAPTER 03 공간지각력 기출예상문제

01 평면도형

01	02	03	04	05	06	07	08	09	10
③	③	①	④	④	①	④	②	③	①

PART 2

01

정답 ③

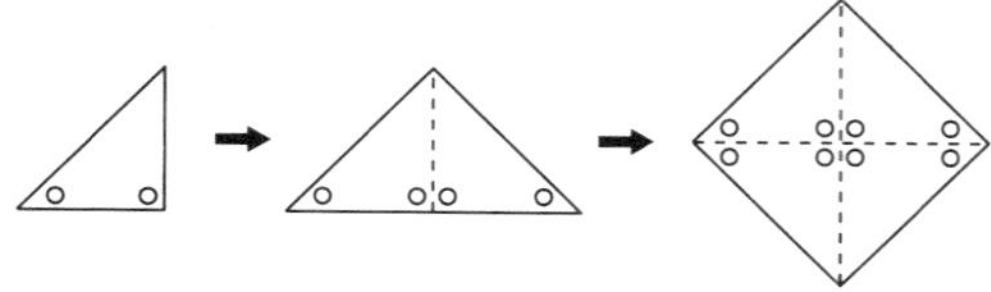

02

정답 ③

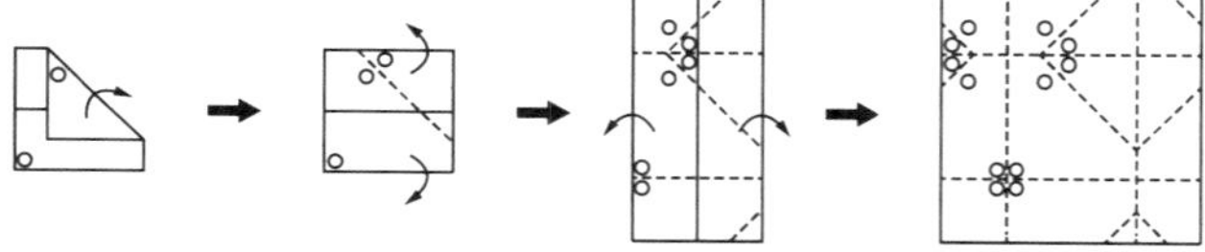

03

정답 ①

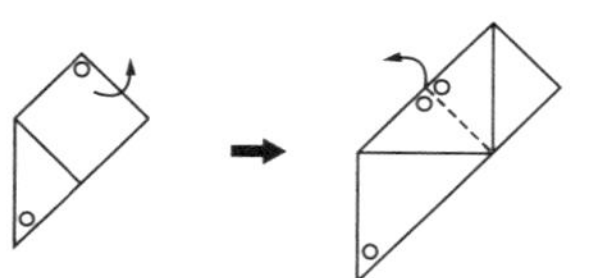

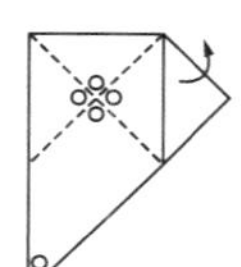

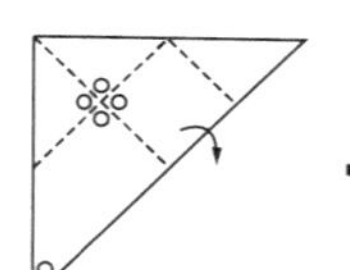

04

정답 ④

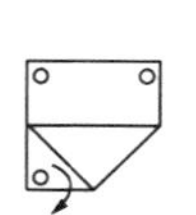

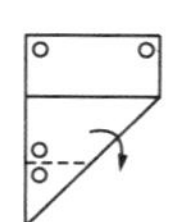

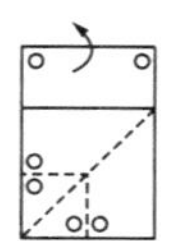

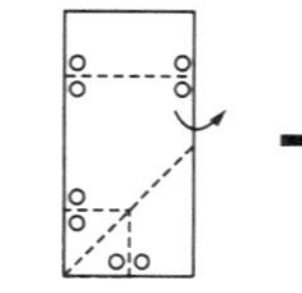

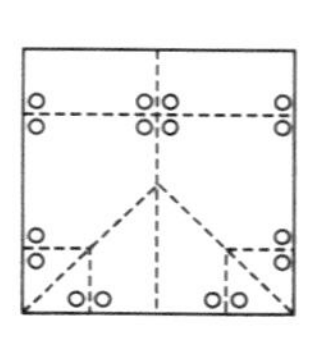

05

정답 ④

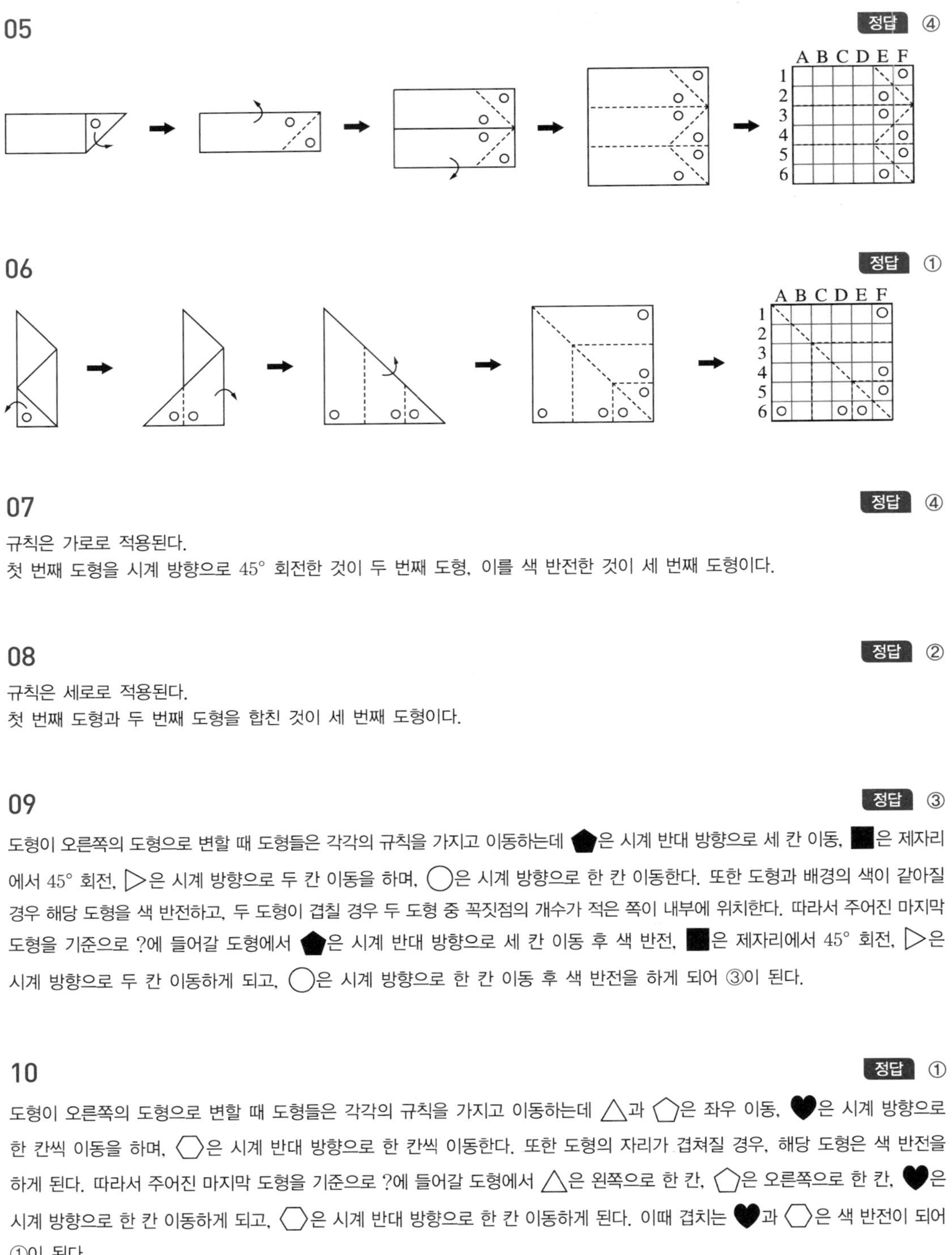

06

정답 ①

07

정답 ④

규칙은 가로로 적용된다.
첫 번째 도형을 시계 방향으로 45° 회전한 것이 두 번째 도형, 이를 색 반전한 것이 세 번째 도형이다.

08

정답 ②

규칙은 세로로 적용된다.
첫 번째 도형과 두 번째 도형을 합친 것이 세 번째 도형이다.

09

정답 ③

도형이 오른쪽의 도형으로 변할 때 도형들은 각각의 규칙을 가지고 이동하는데 ⬟은 시계 반대 방향으로 세 칸 이동, ■은 제자리에서 45° 회전, ▷은 시계 방향으로 두 칸 이동을 하며, ◯은 시계 방향으로 한 칸 이동한다. 또한 도형과 배경의 색이 같아질 경우 해당 도형을 색 반전하고, 두 도형이 겹칠 경우 두 도형 중 꼭짓점의 개수가 적은 쪽이 내부에 위치한다. 따라서 주어진 마지막 도형을 기준으로 ?에 들어갈 도형에서 ⬟은 시계 반대 방향으로 세 칸 이동 후 색 반전, ■은 제자리에서 45° 회전, ▷은 시계 방향으로 두 칸 이동하게 되고, ◯은 시계 방향으로 한 칸 이동 후 색 반전을 하게 되어 ③이 된다.

10

정답 ①

도형이 오른쪽의 도형으로 변할 때 도형들은 각각의 규칙을 가지고 이동하는데 △과 ⬠은 좌우 이동, ♥은 시계 방향으로 한 칸씩 이동을 하며, ⬡은 시계 반대 방향으로 한 칸씩 이동한다. 또한 도형의 자리가 겹쳐질 경우, 해당 도형은 색 반전을 하게 된다. 따라서 주어진 마지막 도형을 기준으로 ?에 들어갈 도형에서 △은 왼쪽으로 한 칸, ⬠은 오른쪽으로 한 칸, ♥은 시계 방향으로 한 칸 이동하게 되고, ⬡은 시계 반대 방향으로 한 칸 이동하게 된다. 이때 겹치는 ♥과 ⬡은 색 반전이 되어 ①이 된다.

02 입체도형

01	02	03	04	05	06	07	08	09	10	11	12	13	14	15	16	17	18	19	20
③	③	④	④	③	①	④	①	①	③	②	④	④	①	③	④	④	①	④	②

01

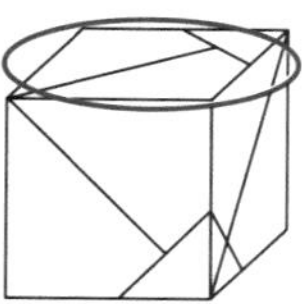

02

③

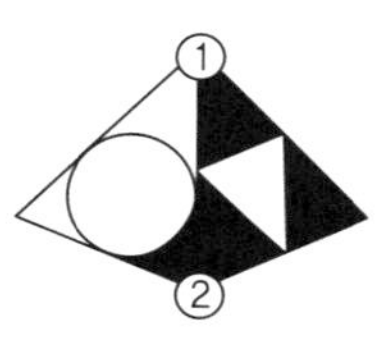

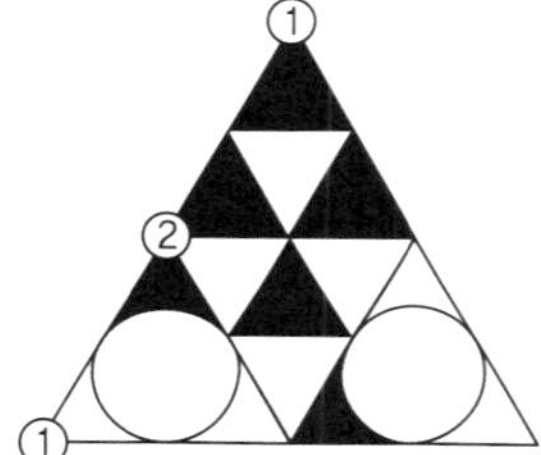

03

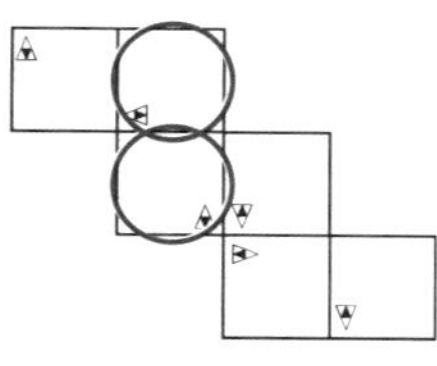

04

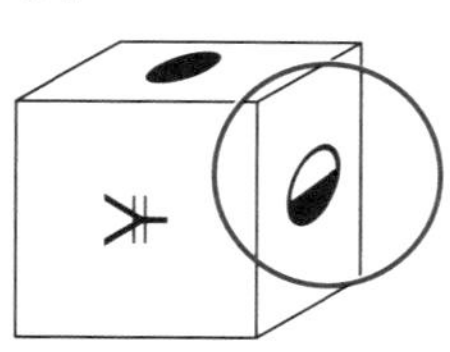

05

정답 ③

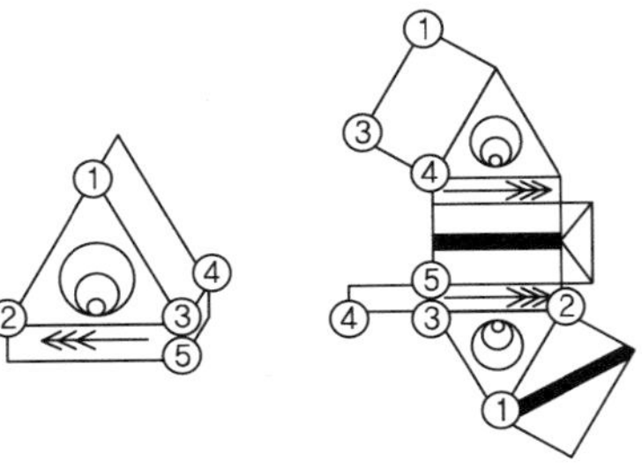

06

정답 ①

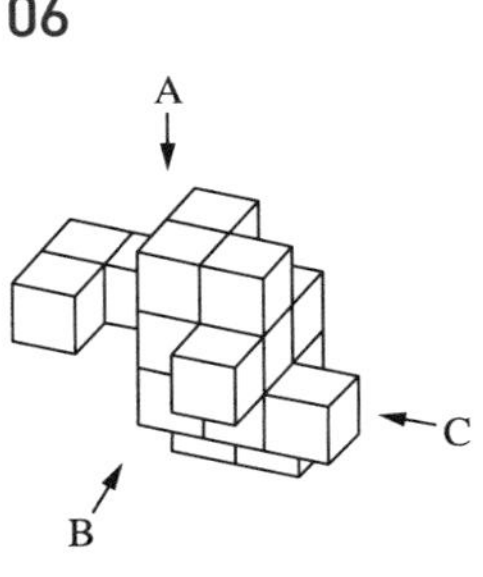

07

정답 ④

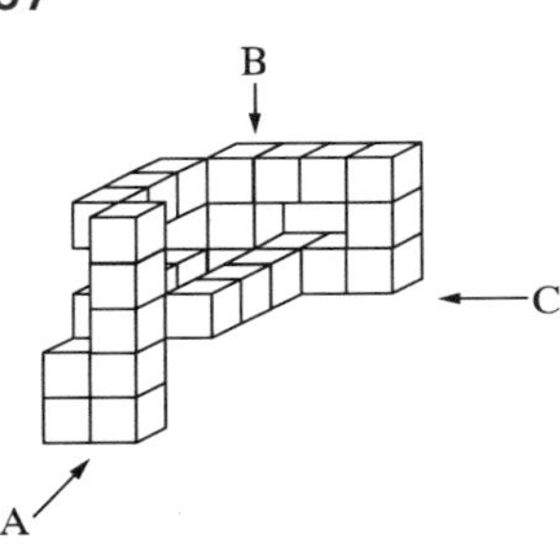

08

정답 ①

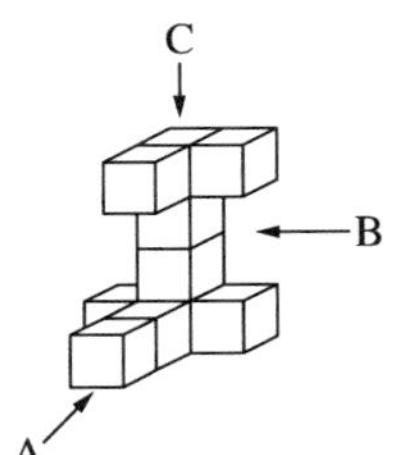

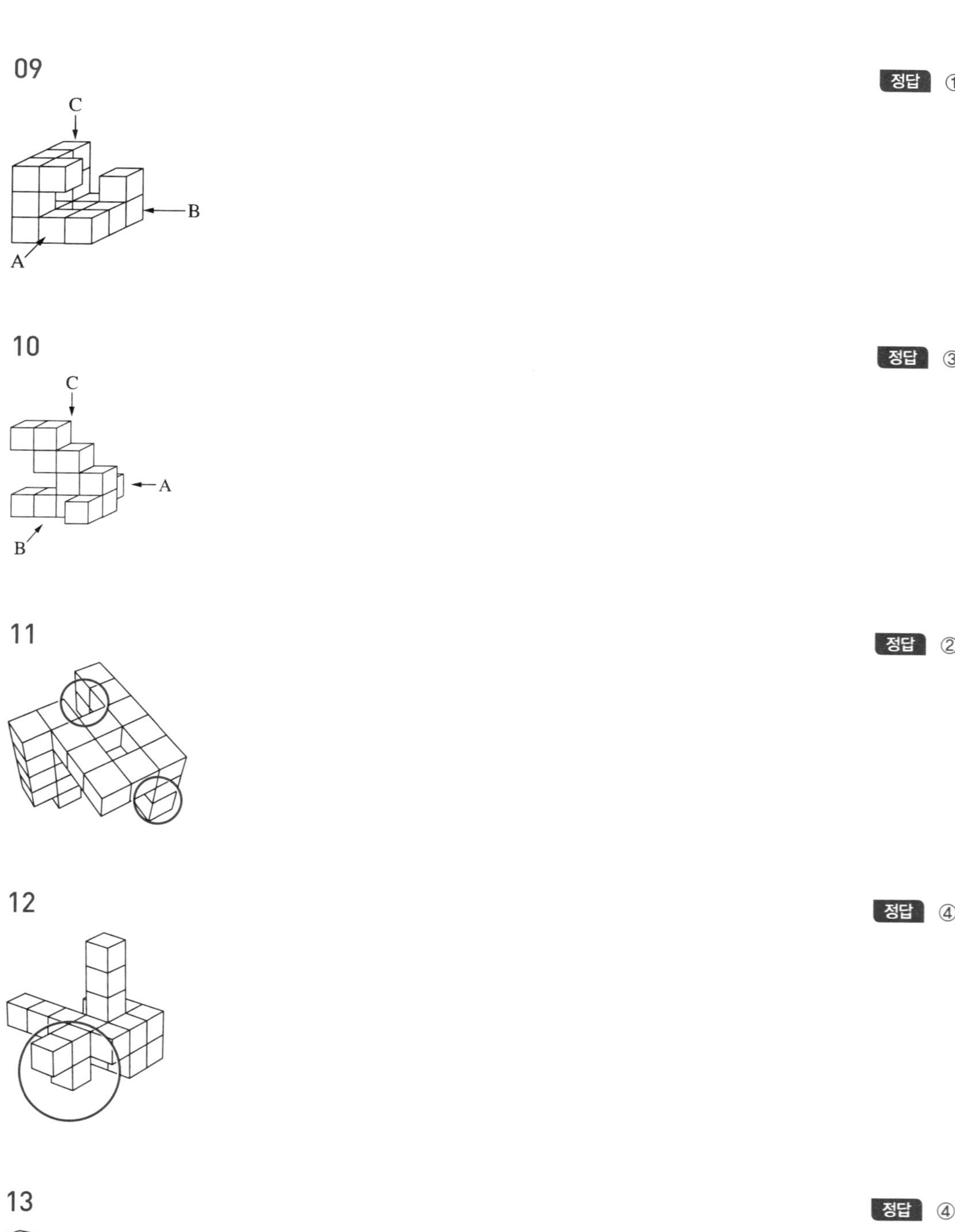

PART 2

14

정답 ①

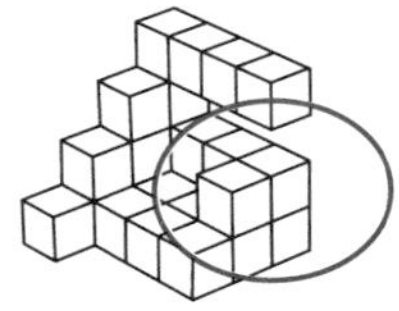

15

정답 ③

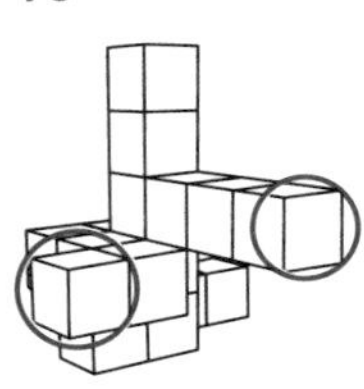

16

정답 ④

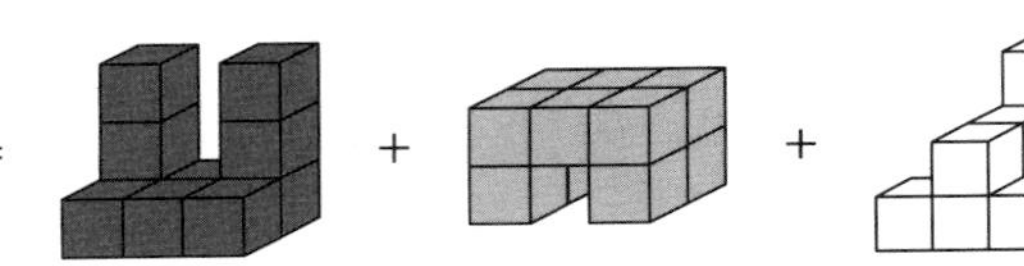

17

정답 ④

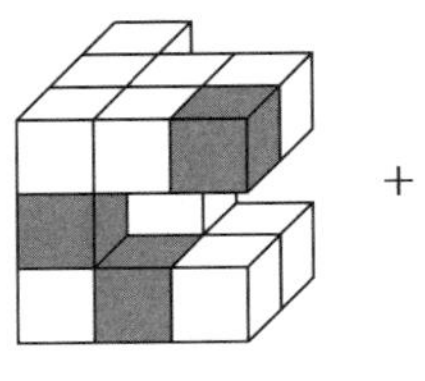

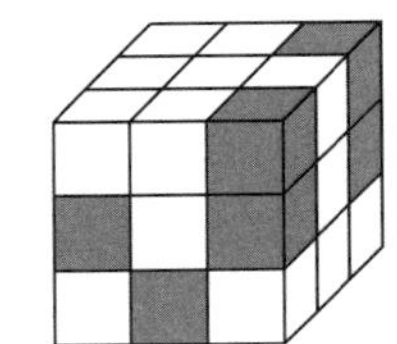

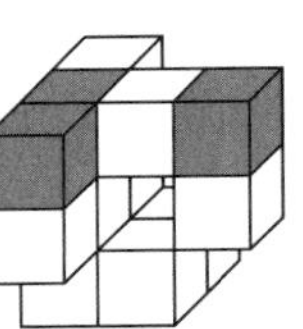

18

정답 ①

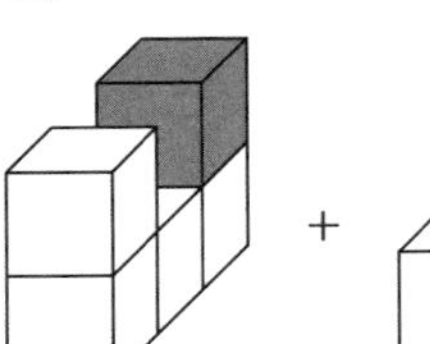

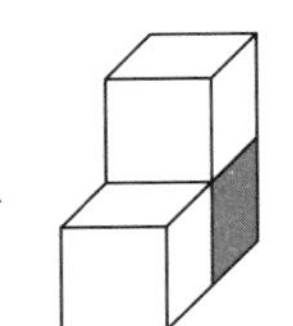

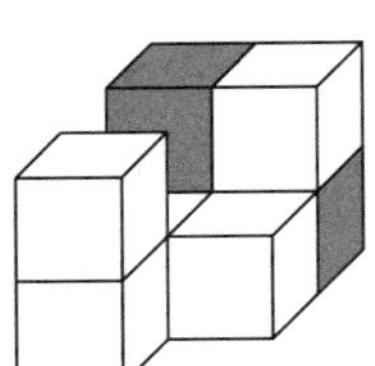

19

정답 ④

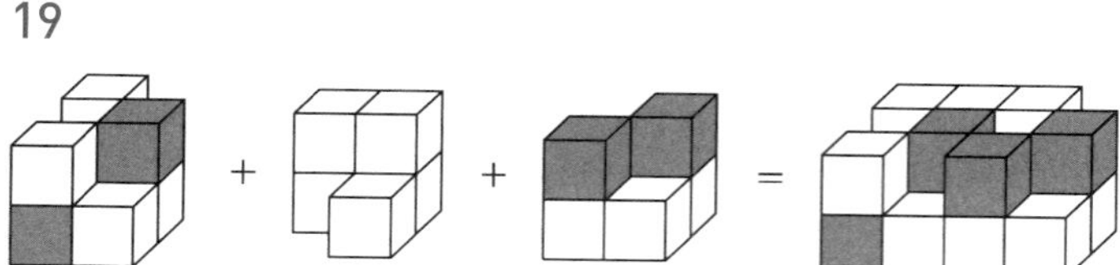

20

정답 ②

오답분석

①

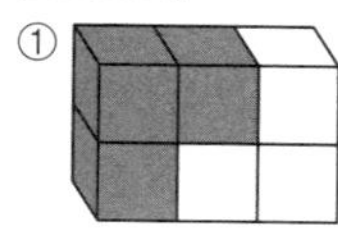

③

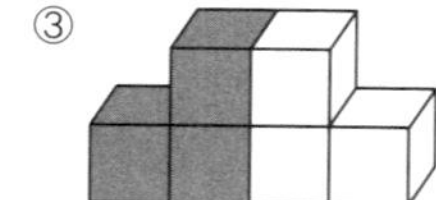

④

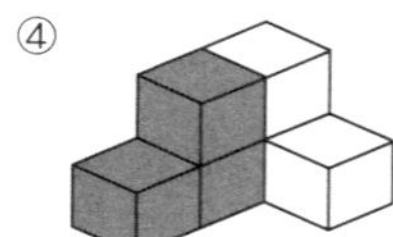

CHAPTER 04 문제해결력 기출예상문제

01 수추리

01	02	03	04	05	06	07	08	09	10
①	②	②	③	④	④	②	③	④	③
11	12	13	14	15	16	17	18	19	20
③	④	②	③	③	④	④	③	③	②

01 정답 ①

홀수 항은 $\times(-3)$을 하는 수열이고, 짝수 항은 $\div 5$를 하는 수열이다.
따라서 ( )$=10\div 5=2$이다.

02 정답 ②

n을 자연수라고 하면 n항과 $(n+1)$항을 더한 값이 $(n+2)$항인 수열이다.
따라서 ( )$=11+20=31$이다.

03 정답 ②

앞의 항에 $+3^1$, $+3^2$, $+3^3$, $+3^4$, …인 수열이다.
따라서 ( )$=122+3^5=122+243=365$이다.

04 정답 ③

$\underline{A\ B\ C} \rightarrow C=(A-B)\times 2$
따라서 ( )$=19-\frac{10}{2}=14$이다.

05 정답 ④

$\underline{A\ B\ C\ D} \rightarrow A+B+C=D$
따라서 ( )$=5+6+2=13$이다.

06 정답 ④

-2, $\times 2$, -3, $\times 3$, -4, $\times 4$, …인 규칙으로 이루어진 수열이다.
따라서 ( )$=35\times 4=140$이다.

07 정답 ②

첫 번째 항부터 $\times\frac{3}{2}$, $\times\frac{4}{3}$를 번갈아 적용하는 수열이다.
따라서 ( )$=528\times\frac{4}{3}=704$이다.

08 정답 ③

앞의 항에 $\times 3+1$을 적용하는 수열이다.
따라서 ( )$=121\times 3+1=364$이다.

09 정답 ④

각각 2^1-1, 2^2-1, 2^3-1, 2^4-1, …인 수열이다.
따라서 ( )$=2^6-1=63$이다.

10 정답 ③

앞의 항에 $+1^2$, $+2^2$, $+3^2$, $+4^2$, $+5^2$,…인 수열이다.
따라서 ( )$=57+6^2=93$이다.

11 정답 ③

(앞의 항)$\times 2-$(뒤의 항)$=$(다음 항)인 수열이다.
따라서 ( )$=3\times 2-(-13)=19$이다.

12 정답 ④

$a_1=1$, $a_2=2$, $a_{n+2}=a_n+a_{n+1}$(단, n은 1보다 큰 자연수)인 수열이다.
따라서 ( )$=8+13=21$이다.

13
정답 ②

+2.7, ÷2가 반복되는 수열이다.
따라서 ( )=10.2÷2=5.1이다.

14
정답 ③

(앞의 항)+(뒤의 항)−1=(다음 항)인 수열이다.
따라서 ( )=5+9−1=13이다.

15
정답 ③

(앞의 항)×(뒤의 항)=(다음 항)인 수열이다.
따라서 ( )=6÷3=2이다.

16
정답 ④

앞의 항에 +4, +4×3, $+4\times3^2$, $+4\times3^3$, $+4\times3^4$, …인 수열이다.
따라서 ( )=$489+4\times3^5$=1,461이다.

17
정답 ④

앞의 항에 +3, +5, +7, +9, …인 수열이다.
따라서 ( )=8+7=15이다.

18
정답 ③

앞의 항에 +5, −10, +15, −20, …인 수열이다.
따라서 ( )=(−4)+15=11이다.

19
정답 ③

(앞의 항)×(−2)=(다음 항)인 수열이다.
따라서 ( )=128×(−2)=−256이다.

20
정답 ②

n을 자연수라고 하면 n항×3−1이 $(n+1)$항인 수열이다.
따라서 ( )=527×3−1=1,580이다.

02 언어추리

01	02	03	04	05	06	07	08	09	10
④	③	④	②	④	④	①	④	①	④

01
정답 ④

음악을 좋아하는 사람은 미술을 잘하고, 미술을 잘하는 사람은 노래를 잘한다. 즉, 음악을 좋아하는 사람은 노래를 잘하는데, 나는 음악을 좋아하므로 노래를 잘한다.

02
정답 ③

깜둥이 > 바둑이 > 점박이, 얼룩이로 바둑이는 네 형제 중 둘째임을 알 수 있으며, 제시된 사실만으로는 점박이와 얼룩이의 출생 순서를 알 수 없다.

03
정답 ④

A는 엘리베이터보다 계단이 더 가까운 곳에 살고 있으므로 1001호나 1002호에 살고 있다. C와 D는 계단보다 엘리베이터에 더 가까운 곳에 살고 있다고 하였으므로 1003호와 1004호에 살고 있다. D는 A 바로 옆에 살고 있으므로, D는 1003호에 살고 있고, A는 1002호에 살고 있음을 알 수 있다. 이를 정리하면 다음과 같다.

계단	1001호	1002호	1003호	1004호	엘리베이터
	B	A	D	C	

따라서 B가 살고 있는 곳에서 엘리베이터 쪽으로는 3명이 살고 있으므로 ④는 항상 거짓이다.

04
정답 ②

제시된 진료 현황을 각각의 명제로 보고 이들을 기호로 나타내면 다음과 같다.

- B병원이 진료를 하지 않으면 A병원이 진료한다(~B → A / ~A → B).
- B병원이 진료를 하면 D병원은 진료를 하지 않는다(B → ~D / D → ~B).
- A병원이 진료를 하면 C병원은 진료를 하지 않는다(A → ~C / C → ~A).
- C병원이 진료를 하지 않으면 E병원이 진료를 한다(~C → E / ~E → C).

이를 하나로 연결하면, 'D → ~B → A → ~C → E'이다. 명제가 참일 경우 그 대우도 참이므로 '~E → C → ~A → B → ~D'도 참이다.
이때 E병원은 공휴일에 진료를 하지 않으므로 위의 명제를 참고하면 C와 B병원만이 진료를 하게 된다.
따라서 공휴일에 진료를 하는 병원은 2곳이다.

05

정답 ④

세 번째 명제의 대우는 '짬뽕을 좋아하는 사람은 밥을 좋아한다.'이다. 따라서 두 번째 명제와 연결하면 '초밥을 좋아하는 사람은 밥을 좋아한다.'라는 명제를 얻을 수 있다.

06

정답 ④

세 번째 명제의 대우는 '운동을 좋아하는 사람은 고전을 좋아한다.'이다. 따라서 두 번째 명제와 연결하면 '사진을 좋아하는 사람은 고전을 좋아한다.'라는 명제를 얻을 수 있다.

07

정답 ①

삼단논법이 성립하기 위해서는 '민아는 노력하지 않았다.'라는 명제가 필요하다.

08

정답 ④

조건에 따르면 수녀는 언제나 참이므로 A가 될 수 없고, 왕은 언제나 거짓이므로 C가 될 수 없다. 따라서 수녀는 B 또는 C이고, 왕은 A 또는 B가 된다.

1) 수녀 : B / 왕 : A
   항상 참을 말해야 하는 수녀가, 자신이 농민이라고 거짓을 말하는 왕의 말이 진실이라고 하므로 모순이다.
2) 수녀 : C / 왕 : A
   농민은 B가 되는데 이때 농민은 거짓을 말하고, 수녀인 C는 자신이 농민이 아니라고 참을 말하는 것이므로 성립한다.
3) 수녀 : C / 왕 : B
   농민은 B가 되는데 이때 거짓을 말해야 하는 왕이 A를 긍정하므로 모순이다.

따라서 바르게 연결된 것은 ④이다.

09

정답 ①

조건만으로는 4, 5층의 화분 수를 1, 2층의 화분 수와 비교할 수 없다. 따라서 비교 가능한 조건으로 화분이 많은 순서대로 나열하면 '1층 – 2층 – 3층' 또는 '4층 – 5층 –3층'의 순서만 가능하다. 따라서 어떤 조건에서든지 3층의 화분 수가 가장 적은 것을 알 수 있다.

10

정답 ④

2층의 화분 수가 4층의 화분 수보다 많다면 화분이 많은 순서대로 나열할 때, '1층 – 2층 – 4층 – 5층 – 3층'의 순서가 된다. 이때, 4층의 화분 수는 세 번째로 많은 것일 뿐이며, 화분의 정확한 개수는 알 수 없다. 따라서 4층의 화분 수가 건물 내 모든 화분 수의 평균인지는 알 수 없다.

CHAPTER 05 관찰탐구력 기출예상문제

01	02	03	04	05	06	07	08	09	10
②	②	②	②	③	①	②	①	①	②
11	12	13							
④	①	①							

01
정답 ②

$F = ma$이므로 m이 2kg이고, a가 2m/s^2이므로 힘의 크기는 4N이다.

02
정답 ②

2kg의 물체는 A방향의 반대 방향으로 가속도 2m/s^2로 운동한다.

03
정답 ②

- 녹는점 : 고체가 녹아 액체로 되는 과정에서 일정하게 유지되는 온도
- 끓는점 : 액체가 끓어 기체로 되는 과정에서 일정하게 유지되는 온도

따라서 녹는점은 B구간이며, 끓는점은 D구간이다.

04
정답 ②

세포막을 구성하는 물질 중 하나로 기본 단위가 아미노산인 물질은 단백질이다.

05
정답 ③

힘(F)=질량(m)×가속도(a)

$\therefore\ m = \dfrac{F}{a} = \dfrac{8}{2} = 4\text{kg}$

06
정답 ①

주기율표는 원소를 원자 번호 순서대로 나열한 것이다.

07
정답 ②

미생물이 생성한 물질로, 다른 미생물의 성장이나 생명을 막는 물질은 항생제이다. 페니실린계 항생제와 세포로스포린계 항생제 등이 있다.

08
정답 ①

두 액체가 섞이지 않는 것은 밀도가 다르기 때문에 밀도가 큰 액체는 가라앉고 밀도가 작은 액체는 위에 떠 있어 층이 생긴다. 따라서 밀도에 따라 층으로 나눠진 액체는 분별깔때기나 스포이트를 이용해 분리가 가능하다.

09
정답 ①

오답분석

② 환원 : 산화와 반대로 산소를 잃거나 수소를 얻는 것
③ 핵분열 : 질량수가 크고 무거운 원자핵이 다량의 에너지를 방출하고, 같은 정도의 둘 이상의 핵으로 분열하는 일
④ 핵융합 : 높은 온도, 높은 압력 하에서 두 개의 가벼운 원소가 충돌하여 하나의 무거운 핵으로 변할 때 질량 결손에 의해서 많은 양의 에너지가 방출되는 현상

10
정답 ②

화학 반응은 농도가 진할수록, 온도가 높을수록, 표면적이 넓을수록 빨라지며, 정촉매는 활성화에너지를 낮추어 반응 속도를 빠르게 한다.

11
정답 ④

탄성력은 $F = kx$이므로 탄성계수 k는 $k = \dfrac{F}{x} = \dfrac{4}{5} = 0.8$ N/cm이다. 따라서 용수철에 가해진 힘은 $0.8 \times 8 = 6.4$N이다.

12

정답 ①

$F=ma$이고, 그림에서 질량은 1kg이므로 가속도 a는 힘 F와 같고, 서로 반대 방향으로 작용하는 힘 때문에 가속도의 크기는 $a=\frac{F}{m}=\frac{8-4}{1}=4\text{m/s}^2$가 된다.

13

정답 ①

오답분석

㉡은 중력, ㉣은 관성력의 예이다.

CHAPTER 06 수리력 기출예상문제

01 응용수리

01	02	03	04	05	06	07	08	09	10
④	②	②	①	①	③	③	④	①	④
11	12	13	14	15	16	17	18	19	20
③	③	③	③	②	①	③	④	④	③
21	22	23	24	25	26				
③	②	②	④	④	①				

01

정답 ④

집에서 학교까지의 거리를 xm라 하자.

$\frac{x}{30}-\frac{x}{50}=5 \rightarrow 5x-3x=750$

$\therefore\ x=375$

02

정답 ②

집에서 약수터까지의 거리는 $\frac{1}{2}\times10\times60=300$m이므로, 동생의 속력은 $300\div(15\times60)=\frac{1}{3}$m/s이다.

형이 왕복하는 데 걸린 시간은 $10\times2=20$분이므로 형이 집에 도착할 때까지 동생이 이동한 거리는 $\frac{1}{3}\times20\times60=400$m이다.

따라서 동생은 집에서부터 $300-100=200$m 떨어져 있다.

03

정답 ②

K씨의 집과 휴가지 사이의 거리를 $x$km라고 하면 갈 때와 돌아올 때의 시간 차이가 1시간 20분이므로 다음과 같다.

$\frac{x}{80}-\frac{x}{120}=\frac{80}{60} \rightarrow 3x-2x=320$

$\therefore\ x=320$

04

정답 ①

열차의 이동 거리는 $200+40=240$m이고, $(\text{속력})=\frac{(\text{거리})}{(\text{시간})}$이므로, 열차의 속력은 $\frac{240}{10}=24$m/s이다. 길이가 320m인 터널을 통과한다고 하였으므로, 총 이동 거리는 $320+40=360$m이고, 속력은 24m/s이다.

따라서 걸린 시간은 $\frac{360}{24}=15$초이다.

05

정답 ①

식물의 나이를 각각 x, y세라고 하자.

$x+y=8 \cdots$ ㉠

$x^2+y^2=34 \cdots$ ㉡

㉡을 변형하면 $x^2+y^2=(x+y)^2-2xy$가 되는데,

이에 $x+y=8$을 대입하면

$34=64-2xy \rightarrow xy=15 \cdots$ ㉢

㉠과 ㉢을 만족하는 자연수 순서쌍은 $(x,\ y)=(5,\ 3),\ (3,\ 5)$이다.

따라서 두 식물의 나이 차는 2세이다.

06

정답 ③

50,000원을 넘지 않으면서 사과 10개들이 한 상자를 최대로 산다면 5상자($9,500\times5=47,500$원)를 살 수 있다. 나머지 금액인 $50,000-47,500=2,500$원으로 낱개의 사과를 2개까지 살 수 있으므로, 구매할 수 있는 사과의 최대 개수는 $10\times5+2=52$개이다.

07

정답 ③

재작년 학생 수를 x명이라고 하면, 작년 학생 수는 $1.1x$명이다.

55명은 작년 학생 수의 10%이므로

$0.1\times1.1x=55$

$\therefore\ x=500$

PART 2

08

정답 ④

물과 음료수의 개수를 각각 x, y개라 하면 $x+y=330$이 되고, 물의 개수 x는 직원의 수와 같다.

이때, 음료수는 5명당 1개가 지급되므로 $y=\frac{1}{5}x$이다.

$\frac{6}{5}x=330 \rightarrow 6x=1,650$

$\therefore\ x=275$

09

정답 ①

구매할 감자 박스의 개수를 x박스라고 하면

$10,000x>8,000x+3,000 \rightarrow x>1.5$

따라서 최소한 2박스를 사야 한다.

10

정답 ④

1일에 1송이의 꽃이 피었고 2일에는 2송이, 3일에는 3송이가 피었다. 표에 나와있는 첫 날부터 5일까지 핀 꽃의 개수를 나열하면 1, 2, 3, 5, 8, …로 세 번째 항부터 앞 두 항의 합이 다음 항이 되는 피보나치수열을 따른다.

10일에 피는 꽃의 개수는 피보나치수열에 따라 (1, 2, 3, 5, 8, 13, 21, 34, 55, 89) 89송이가 피게 된다. 따라서 철수가 영희에게 줄 수 있는 꽃의 총 개수는 1+2+3+5+8+13+21+34+55+89=231송이이다.

11

정답 ③

각자 낸 돈을 x원이라고 하면, 총금액은 $8x$원이다.

숙박비는 $8x\times0.3=2.4x$원, 외식비는 $2.4x\times0.4=0.96x$원, 남은 경비는 92,800원이므로 다음과 같다.

$8x-(2.4x+0.96x)=92,800 \rightarrow 4.64x=92,800$

$\therefore\ x=20,000$

12

정답 ③

옷의 정가를 x원이라 하자.

$x(1-0.2)(1-0.3)=280,000$

$\rightarrow 0.56x=280,000 \rightarrow x=500,000$

따라서 할인받은 금액은 500,000−280,000=220,000원이다.

13

정답 ③

어린이, 어른의 식권 가격을 각각 x원, $1.5x$원이라 하자.

$6x+8\times1.5x=72,000 \rightarrow x=4,000$

따라서 어른 1명의 식권 가격은 1.5×4,000=6,000원이다.

14

정답 ③

원가를 x원이라고 하면 정가는 $(x+3,000)$원이다. 정가에 20%를 할인하여 5개 팔았을 때 순이익과 조각 케이크 1개당 정가에서 2,000원씩 할인하여 4개를 팔았을 때의 매출액이 같으므로 식을 세우면 다음과 같다.

$5[0.8\times(x+3,000)-x]=4(x+3,000-2,000)$

$\rightarrow 5(-0.2x+2,400)=4x+4,000 \rightarrow 5x=8,000$

$\therefore\ x=1,600$

따라서 케이크 1조각의 정가는 1,600+3,000=4,600원이다.

15

정답 ②

갑과 을이 한 시간 동안 만들 수 있는 곰 인형의 수는 각각 $\frac{100}{4}=25$개, $\frac{25}{10}=2.5$개이다.

함께 곰 인형 132개를 만드는 데 걸린 시간을 x시간이라고 하자.

$(25+2.5)\times0.8\times x=132 \rightarrow 27.5x=165$

$\therefore\ x=6$

16

정답 ①

1시간에 60페이지를 읽으므로 1분에 1페이지를 읽는다. 4시간(=240분) 동안 40분 독서 후 5분 휴식을 취했으므로 총 휴식시간은 25분이다. 따라서 4시간 동안 (240−25)×1페이지=215페이지를 읽는다.

17

정답 ③

전체 제품을 생산하는 일의 양을 1이라고 하자.

A기계는 하루 동안 $\frac{1}{14}$을 제작할 수 있으며, B기계는 하루 동안 $\frac{1}{24}$을 제작한다. 두 기계를 동시에 이용하였을 때 하루에 $\frac{1}{14}+\frac{1}{24}=\frac{19}{168}$만큼 생산할 수 있다. 따라서 두 기계를 동시에 이용하였을 때 하루 생산량은 전체의 $\frac{19}{168}\times100 \fallingdotseq$ 11%이다.

18

정답 ④

4% 소금물의 양을 xg이라 하자.

$\frac{24\times\frac{8}{100}+x\times\frac{4}{100}}{24+x}\times100=5 \rightarrow \frac{192+4x}{24+x}=5$

$192+4x=5(24+x) \rightarrow 192+4x=120+5x$

$\therefore\ x=72$

19

정답 ④

오염물질의 양은 $\frac{3}{100}\times30=0.9$L이고, 여기에 깨끗한 물을 xL 더 넣는다고 하면

$\frac{0.9}{30+x}\times100=3-0.5 \rightarrow 2.5(30+x)=90$

$\therefore x=6$

따라서 깨끗한 물을 6L 더 넣어야 한다.

20

정답 ③

증발된 물의 양을 xg이라 하자.

$\frac{3}{100}\times400=\frac{5}{100}\times(400-x)$

$\rightarrow 1,200=2,000-5x$

$\therefore x=160$

따라서 증발된 물의 양이 160g이므로, 남아 있는 설탕물의 양은 $400-160=240$g이다.

21

정답 ③

감의 개수를 x개라고 하자. 사과는 $(20-x)$개이므로

$400x+700\times(20-x)\le10,000 \rightarrow 14,000-300x\le10,000$

$\therefore x\ge\frac{40}{3}=13.333\cdots$

따라서 감은 최소 14개를 사야 한다.

22

정답 ②

볼펜은 1개가 부족하고, 지우개와 샤프는 각각 2개가 남아 볼펜 30자루, 지우개 36개, 샤프 24개를 학생들에게 똑같이 나눠주는 경우와 같다. 따라서 30, 36, 24의 최대공약수가 6이므로, 학생 수는 6명이다.

23

정답 ②

- 첫 번째 손님이 6장의 쿠폰 중 1장을 받을 경우의 수 : $_6C_1=6$가지
- 두 번째 손님이 5장의 쿠폰 중 2장을 받을 경우의 수 : $_5C_2=10$가지
- 세 번째 손님이 3장의 쿠폰 중 3장을 받을 경우의 수 : $_3C_3=1$가지

$\therefore 6\times10\times1=60$가지

24

정답 ④

23,000원을 낼 수 있는 경우의 수는 다음 5가지이다.
$(10,000\times2,\ 1,000\times3)$, $(10,000\times1,\ 5,000\times2,\ 1,000\times3)$, $(10,000\times1,\ 5,000\times1,\ 1,000\times8)$, $(5,000\times4,\ 1,000\times3)$, $(5,000\times3,\ 1,000\times8)$

25

정답 ④

- A만 문제를 풀 확률 : $\frac{1}{4}\times\frac{2}{3}\times\frac{1}{2}=\frac{2}{24}$
- B만 문제를 풀 확률 : $\frac{3}{4}\times\frac{1}{3}\times\frac{1}{2}=\frac{3}{24}$
- C만 문제를 풀 확률 : $\frac{3}{4}\times\frac{2}{3}\times\frac{1}{2}=\frac{6}{24}$

$\therefore$ 한 사람만 문제를 풀 확률 : $\frac{2}{24}+\frac{3}{24}+\frac{6}{24}=\frac{11}{24}$

26

정답 ①

처음에 빨간색 수건을 꺼낼 확률은 $\frac{3}{(3+4+3)}=\frac{3}{10}$이고, 다음에 수건을 꺼낼 때는 빨간색 수건을 다시 넣지 않으므로 파란색 수건을 꺼낼 확률은 $\frac{3}{(2+4+3)}=\frac{3}{9}=\frac{1}{3}$이다.

따라서 처음에 빨간색 수건을 뽑고, 다음에 파란색 수건을 뽑을 확률은 $\frac{3}{10}\times\frac{1}{3}=\frac{1}{10}$이다.

02 자료해석

01	02	03	04	05	06	07	08	09	
③	②	③	③	①	③	②	④	③	

01

정답 ③

2014년 대비 2018년 수급자 수의 증가율은 $\frac{1,646-1,469}{1,469}\times100 \fallingdotseq 12.0\%$이다.

02

정답 ②

연도별 수급률 대비 수급자 수의 값은 다음과 같다.

- 2013년 : $\frac{1,550}{3.1} \fallingdotseq 500$
- 2015년 : $\frac{1,394}{2.7} \fallingdotseq 516.3$
- 2017년 : $\frac{1,329}{2.6} \fallingdotseq 511.2$
- 2018년 : $\frac{1,646}{3.2} \fallingdotseq 514.4$

따라서 연도별 수급률 대비 수급자 수의 값이 가장 큰 연도는 2015년이다.

03

정답 ③

일본은 2021년 평균교육기간이 2020년 평균교육기간보다 12.8−12.7=0.1년 높다.

오답분석

① 한국의 2019 ~ 2021년 평균교육기간은 12.1년으로 동일하다.
② 2019년보다 2020년의 평균교육기간이 높아진 국가는 중국, 인도, 인도네시아, 일본, 터키이다.
④ 2019 ~ 2021년 동안 항상 평균교육기간이 8년 이하인 국가는 중국, 인도, 인도네시아, 터키이다.

04

정답 ③

2019년 평균교육기간이 8년 이하인 국가는 중국, 인도, 인도네시아, 터키로 네 국가의 평균교육기간 평균은 $\frac{7.7+6.3+7.9+7.8}{4}=7.425$년이다.

05

정답 ①

60대 이상은 '읽음'의 비율이 '읽지 않음' 비율보다 낮다.

오답분석

② 여성이 남성보다 종이책 독서를 하는 비율이 61.5−58.2=3.3%p 높다.
③ 사례 수가 가장 적은 연령대는 20대이고, '읽지 않음'을 선택한 인원은 $1,070\times0.265 \fallingdotseq 284$명이다.
④ 40대의 '읽음'과 '읽지 않음'을 선택한 인원의 차이는 $1,218\times(0.619-0.381) \fallingdotseq 290$명이다.

06

정답 ③

$3,000\times(0.582+0.615)=3,591$명

07

정답 ②

과학 분야를 선호하는 남학생 비율은 10%, 여학생 비율은 4%이다. 따라서 과학 분야를 선호하는 총 학생 수는 $470\times0.1+450\times0.04=65$명이다.

08

정답 ④

기타를 제외한 도서 선호 분야 중 비율이 가장 낮은 분야는 남학생은 예술 분야 1%, 여학생은 철학 분야 2%이다. 따라서 남학생은 $500\times0.01=5$명, 여학생은 $450\times0.02=9$명으로 10배를 하면 $(5+9)\times10=140$명이다.

09

정답 ③

역사 분야에 대한 남학생의 선호 비율은 13%로, 여학생의 2배인 $8\times2=16\%$보다 낮다.

오답분석

① 여학생은 철학 분야보다 예술 분야를 더 선호한다.
② 과학 분야는 남학생 비율이 여학생 비율보다 높다.
④ 동화 분야의 여학생 비율은 12%로, 남학생 비율의 2배인 $7\times2=14\%$보다 낮다.

PART

3

최종점검 모의고사

제1회 최종점검 모의고사

01	02	03	04	05	06	07	08	09	10	11	12	13	14	15	16	17	18	19	20
④	③	②	④	②	③	④	②	④	②	③	④	②	①	②	②	④	③	②	③
21	22	23	24	25	26	27	28	29	30	31	32	33	34	35	36	37	38	39	40
①	③	③	①	②	④	③	④	③	④	①	②	③	②	④	①	②	①	④	④
41	42	43	44	45															
②	④	③	②	①															

01

정답 ④

밑줄과 ④의 '때'는 '좋은 기회나 알맞은 시기'를 의미한다.

오답분석

① 시간의 어떤 순간이나 부분
② 어떤 경우
③ 끼니 또는 식사 시간

02

정답 ③

밑줄과 ③의 '옮기다'는 '어떠한 일을 다음 단계로 진행시키다.'를 의미한다.

오답분석

① 어떠한 사실을 표현법을 바꾸어 나타내다.
② 불길이나 소문 따위를 한 곳에서 다른 곳으로 번져 가게 하다.
④ 병 따위를 다른 이에게 전염시키다.

03

정답 ②

• 개척(開拓)
  1. 거친 땅을 일구어 논이나 밭과 같이 쓸모 있는 땅으로 만듦
  2. 새로운 영역, 운명, 진로 따위를 처음으로 열어나감

• 낱말 맞히기 퍼즐은 어린이의 지능을 (개발)시키는 데에 도움을 준다.
• 국토의 균형적인 (개발 / 발전)을 위해 지방 소도시에 대한 지원이 이루어져야 한다.
• 인류는 화석 연료를 대체할 수 있는 새로운 에너지를 (개발)하는 데에 힘써야 한다.
• 농업 기술이 (발전)한/된 덕분에 제철이 아닌 과일도 언제든지 먹을 수 있다.
• 대통령은 국정 전반에 걸쳐 (개혁)을 단행했다.

오답분석

① 개혁(改革) : 제도나 기구 따위를 새롭게 뜯어고침
③ 개발(開發)
  1. 토지나 천연자원 따위를 유용하게 만듦
  2. 지식이나 재능 따위를 발달하게 함
  3. 산업이나 경제 따위를 발전하게 함
④ 발전(發展) : 보다 더 낫고 좋은 상태나 더 높은 단계로 나아감

04

정답 ④

제시문은 메타 윤리학에서 도덕 실재론과 정서주의의 입장을 설명하는 글이다. 도덕 실재론에 대한 설명인 (나)와 정서주의에 대한 (다) 중, 전환 기능의 접속어 '한편'이 (다)에 포함되어 있으므로 (나)의 도덕 실재론에 대한 설명이 더 앞에 위치한다. 다음으로, 환언 기능의 접속어 '즉'으로 시작하며 도덕적 진리를 과학적 명제처럼 판단하는 도덕 실재론에 대한 부연설명을 하고 있는 (라)가 오고, (다)에서 앞의 도덕 실재론과 다른 정서주의의 특징을 설명하고, (다)에 대한 부연설명인 (가)가 이어진다. 따라서 (나) – (라) – (다) – (가) 순서로 나열하는 것이 적절하다.

05

정답 ②

빈칸을 경계로 앞 문단에서는 골관절염과 류머티즘 관절염이 추위로 인해 증상이 악화될 수 있음을 이야기하고 있으며, 뒤 문단에서는 외부 온도 변화에 대응할 수 있는 체온 유지 방법을 설명하고 있다. 즉, 온도 변화에 증상이 악화될 수 있는 질환들을 예방하기 위해 체온을 유지·관리해야 한다는 것이므로 빈칸에는 앞에서 말한 일이 뒤에서 말할 일의 근거가 될 때 쓰는 접속어 '따라서'가 가장 적절하다.

06

정답 ③

제시된 단어의 관계는 한자어와 고유어의 관계이다.
'보유하다'의 고유어는 '갖다'이고, '조성하다'의 고유어는 '만들다'이다.

07

정답 ④

- (가) : 빈칸 앞 문장은 어려워질 경제 상황이 특정인들에게는 새로운 기회가 될 수도 있다는 내용, 뒤 문장은 특정인에게만 유리한 상황이 비효율적이라는 부정적인 내용이 위치하고 있다. 따라서 ㉡이 가장 적절하다.
- (나) : 빈칸을 제외한 문단의 내용이 집단 차원에서의 다양성 확보의 중요성을 주장하고, 그 근거로 반대 경우의 피해 사례를 제시하고 있으므로 ㉠이 가장 적절하다.
- (다) : 빈칸을 제외한 문단의 내용이 유전자 다양성 확보 시의 단점에 대한 내용이므로, '그럼에도 불구하고 다양성 확보가 중요한 이유'로 제시문을 마무리하는 ㉢이 가장 적절하다.

08

정답 ②

제시문에서는 주나라의 무왕이 태서를 통해 '비록 상나라에 억조에 달하는 백성이 있지만 서로 마음과 덕이 따로 놀기 때문'에 이길 수 있다고 하였다. 따라서 빈칸에는 '서로 같은 마음으로 덕을 함께한다.'는 뜻의 '동심동덕'이 적절하다.

오답분석

① 이심전심(以心傳心) : 마음과 마음이 서로 뜻이 통함
③ 동두철신(銅頭鐵身) : 성질이 모질고 완강하여 거만한 사람을 비유적으로 이르는 말
④ 동고동락(同苦同樂) : 괴로움도 즐거움도 함께 함

09

정답 ④

제시문은 첫 문단에서 위계화의 개념을 설명하고 이러한 불평등의 원인과 구조에 대해 살펴보고 있다.

10

정답 ②

나치 치하의 유태인 대학살과 라틴 아메리카의 다인종 사회의 예는 민족이나 인종의 차이가 단순한 차이가 아닌 차별과 불평등을 정당화하는 근거로 이용되고 있다는 내용이므로 (나) 문단 뒤에 들어가는 것이 적절하다.

11

정답 ③

(다) 문단의 '불평등은 체계적으로 ~ 수용될 때가 많다.'를 통해 알 수 있다.

12

정답 ④

명시적 인센티브 계약을 하면 성과에 기초하여 명시적인 인센티브가 지급된다. 따라서 성과를 측정하기 어려운 업무를 근로자들이 등한시하게 되는 결과를 초래할 수 있다. 그러므로 성과를 측정하기 어려운 업무에 종사하는 근로자에 대한 보상에서는 암묵적인 인센티브가 더 효과적이다.

오답분석

①은 첫 번째 문단, ②는 세 번째 문단, ③은 두 번째 문단에서 확인할 수 있다.

13

정답 ②

객관적으로 확인할 수 있는 조건보다는 주관적인 평가에 기초한 약속이다.

14

정답 ①

오답분석

② 환자의 몸 안에서 들리는 소리를 들어서 질병의 진단을 하는데 사용하는 의료기기
③ 신체에서 발생한 열에 의한 몸의 온도 변화를 측정하는 기구
④ 동맥 혈류를 차단하여 간접적으로 동맥 혈압을 측정하는 기구

15

정답 ②

가속도는 힘의 크기에 비례하고 질량의 크기에 반비례하는데, 이 문제에서는 힘의 크기가 같다고 가정하였고 A와 B의 가속도의 비가 3 : 1이므로, 질량비는 1/3 : 1이 되어 답은 1 : 3이 된다.

16

정답 ②

바이러스는 아주 작은 크기의 감염성 입자로, 다른 생명체들처럼 스스로의 힘으로 자라지 못하고, 사람을 비롯한 동물과 식물 등 다른 생명체에 들어가야만 살아갈 수 있다. 바이러스와 세균은 비슷한 것 같지만, 크기나 구조, 증식 방법, 치료법 등에서 큰 차이가 있다.

17

정답 ④

암은 인체 내 (정상) 세포가 각종 원인(환경적 요인 또는 유전적 요인)에 의해 무제한 증식하여 형성되는 악성 종양을 말한다. 여러 원인 중 흡연은 암을 유발하는 대표적인 환경적 요인이다.

18

정답 ③

제시문의 중심 내용은 '우리말을 가꾸기 위해서 우리의 관심과 의식이 중요하다.'이다. 이러한 주장이 성립되기 위해서는 우리말을 '왜' 지켜야하며, '왜' 중요한가를 밝히는 내용이 필요하다. 따라서 ③이 가장 적절하다.

오답분석

① 언어가 의사소통의 도구라는 내용은 우리말뿐만이 아니라 인간의 모든 언어가 지니는 공통적 특징이다.
②·④ 모든 언어가 지니는 본질적 특징으로, 각각 언어의 사회성, 언어의 기호성을 뜻한다.

19

정답 ②

초전도 현상은 어떤 물질이 특정 온도 이하에서 저항이 0이 되는 현상이며, 이러한 물질을 초전도체라고 한다. 초전도체에서는 열에너지의 손실 없이 많은 양의 전류가 흐를 수 있는데, 이러한 초전도체로 만든 전선을 송전선으로 사용하면 전기 에너지가 열로 손실되는 것을 막을 수 있어 많은 양의 전기 에너지를 절약할 수 있다. 자기 부상 열차는 자기력을 이용하여 열차가 레일 위에 뜬 상태로 운행되므로 열차와 레일 사이 마찰 없이 고속으로 달릴 수 있는 점을 이용한 것으로 대표적인 초전도체의 이용 사례이다.

20

정답 ③

제시문은 산업 사회의 여러 가지 특징에 대해 설명함으로써 산업 사회가 가지고 있는 문제점들을 강조하고 있다.

21

정답 ①

첫 번째 문단에서의 '특히 해당 건물은 조립식 샌드위치 패널로 지어져 있어 이번 화재는 자칫 대형 산불로 이어져'라는 내용과 빈칸 앞뒤의 '빠르게 진화되었지만', '불이 삽시간에 번져'라는 내용을 미루어 볼 때, 해당 건물의 화재가 빠르게 진화되었지만 사상자가 발생한 것은 조립식 샌드위치 패널로 이루어진 화재에 취약한 구조이기 때문으로 볼 수 있다. 따라서 빈칸에 들어갈 내용으로 가장 적절한 것은 ①이다.

오답분석

② 건조한 기후와 관련한 내용은 제시문에서 찾을 수 없다.
③ 해당 건물이 불법 가건물에 해당되지만 해당 건물의 안정성과 관련한 내용은 제시문에서 찾을 수 없다.
④ 소방 시설과 관련한 내용은 제시문에서 찾을 수 없으며, 두 번째 문단에서의 '화재는 30여 분 만에 빠르게 진화되었지만,'이라는 내용으로 보아 소방 대처가 화재에 영향을 줬다고 보기는 어렵다.

22

정답 ③

1층 : 17개, 2층 : 16개, 3층 : 13개, 4층 : 8개
∴ $17+16+13+8=54$개

23

정답 ③

1층 : 21개, 2층 : 13개, 3층 : 9개, 4층 : 3개
∴ $21+13+9+3=46$개

24

정답 ①

오답분석

② 자료에서 2021년 금값은 2020년과 비교했을 때 싸졌다.
③ 자료에서 1987년 금값은 1992년 금값보다 비쌌다.
④ 자료와 전체적으로 일치하지 않는다.

25

정답 ②

첫 번째 항부터 +8, ×10을 번갈아 적용하는 수열이다.
따라서 ( )=9×10=90이다.

26

정답 ④

홀수 항은 +2, +4, +6, …, 짝수 항은 +1, +3, +5, …을 적용하는 수열이다.
따라서 ( )=3+3=6이다.

27

정답 ③

$\underline{A\ B\ C} \rightarrow (A+B) \div 3 = C$
따라서 ( )=6×3−8=10이다.

28

정답 ④

$\underline{A\ B\ C} \rightarrow (A \times B) - 5 = C$
따라서 ( )=(3+5)÷(−4)=−2이다.

29

정답 ③

제시된 조건을 A 기준으로 정리하면 'A(시작) – D – B – F – G – C – E – (A)' 순서로 둘러앉아 있다.
따라서 D와 F가 B와 인접해 있다.

30

정답 ④

유리구슬의 총 개수는 18개이고, 제시된 조건은 아래와 같다.
i) 적+흑+청=백+황+녹
ii) 황=흑×3
iii) 백>녹>흑
iv) 적=백+녹
따라서 조건을 만족하는 개수는 적=6, 흑=1, 청=2, 백=4, 황=3, 녹=2이다.

31

정답 ①

삼단논법이 성립하기 위해 '호감을 못 얻었다면 타인에게 잘 대하지 않은 것이다.'라는 명제가 필요한데, 이 명제의 대우 명제는 ①이다.

32

정답 ②

제시된 조건을 정리하면 우리는 A와 B탈의실을, 나라는 B와 D탈의실 중 하나를, 한국은 A와 B, 그리고 D탈의실 중 두 개를 대여할 수 있다.

33

정답 ③

상준이는 토요일과 일요일에 운동을 하지 못하고, 금요일 오후에 운동을 했다. 또한, 월요일과 금요일이 아닐 때 이틀 연속으로 했으므로 월요일, 목요일에는 운동을 할 수 없다. 따라서 화요일(오전), 수요일(오전), 금요일(오후)에 운동을 하였다.

34

정답 ②

뉴턴의 운동 제2법칙(가속도의 법칙)은 $F=ma$이고 $a=\frac{F}{m}$이다. 따라서 $a_A=F$이고 $a_B=\frac{F}{2}$이므로 $a_A : a_B=2 : 1$이다.

35

정답 ④

태양 전지는 태양광을 활용한 것으로 태양 전지판을 이용하여 태양의 빛에너지를 전기에너지로 변환한다.

36

정답 ①

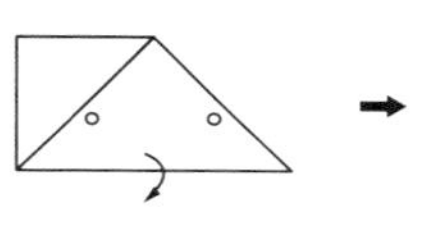

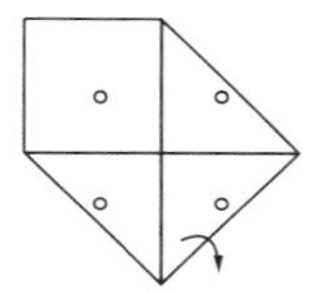

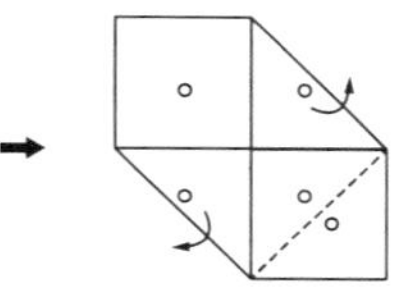

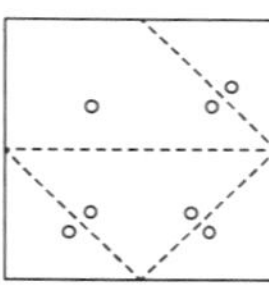

37

정답 ②

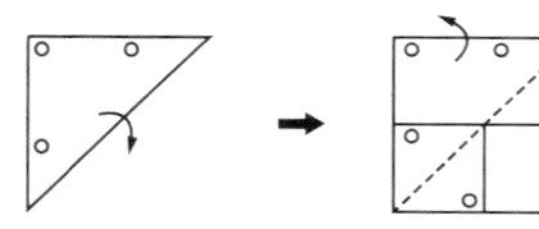

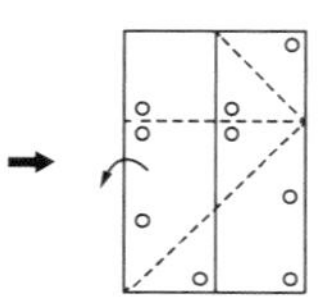

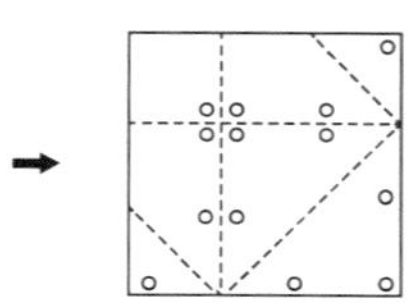

38

정답 ①

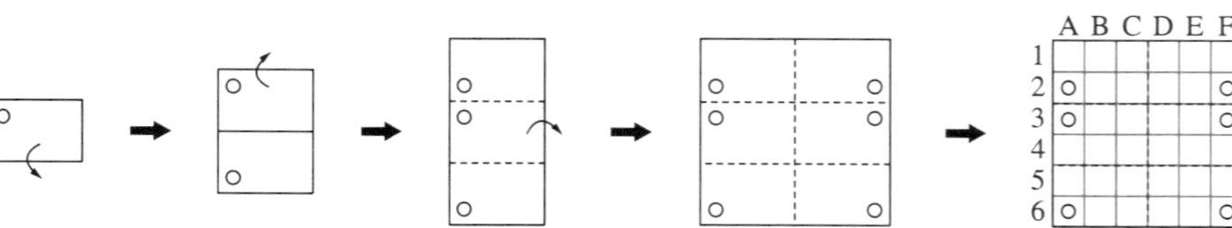

39

정답 ④

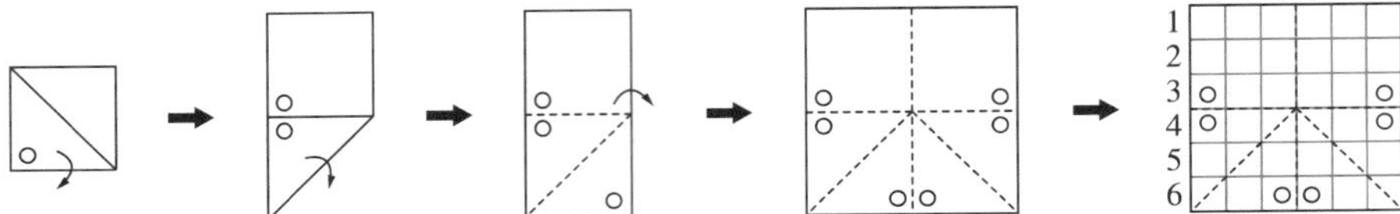

40

정답 ④

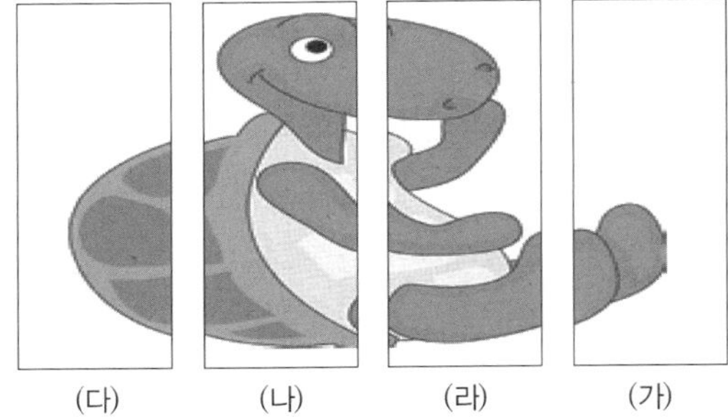

41

정답 ②

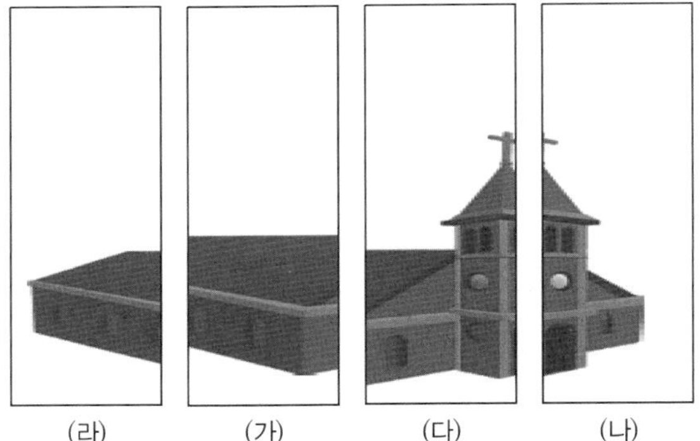

42

정답 ④

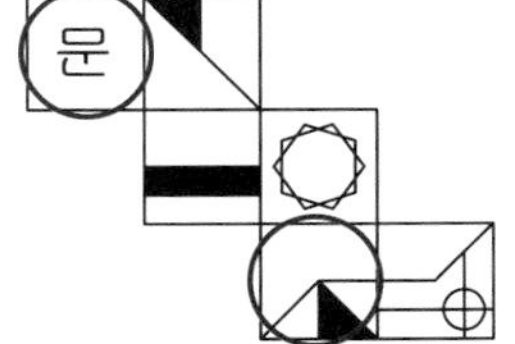

43

정답 ③

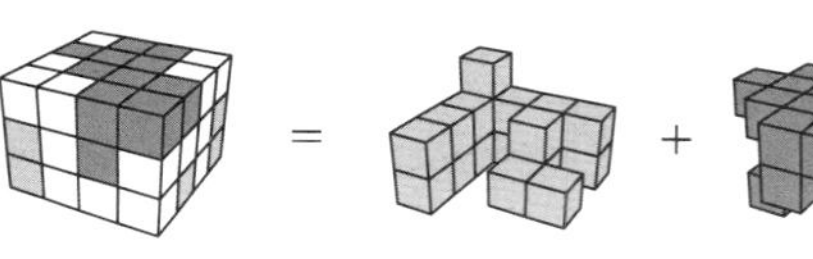

44

정답 ②

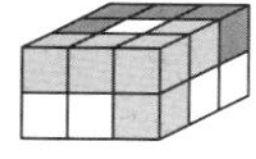
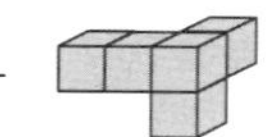
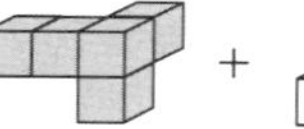
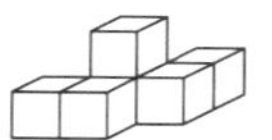

45

정답 ①

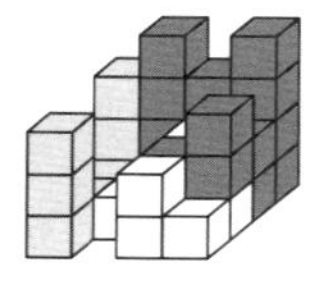
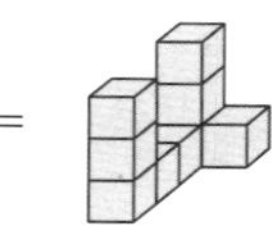

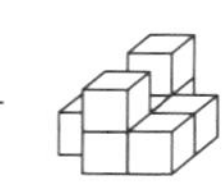

제2회 최종점검 모의고사

01	02	03	04	05	06	07	08	09	10	11	12	13	14	15	16	17	18	19	20
②	④	④	①	②	④	④	④	③	②	④	②	③	①	②	②	④	②	④	④
21	22	23	24	25	26	27	28	29	30	31	32	33	34	35	36	37	38	39	40
②	③	③	③	①	①	④	②	④	①	①	④	②	②	③	③	④	④	④	①
41	42	43	44	45															
④	③	②	②	③															

01

정답 ②

밑줄과 ②의 '닿다'는 '어떤 물체가 다른 물체에 맞붙어 사이에 빈틈이 없게 되다.'는 의미이다.

오답분석

① 소식 따위가 전달되다.
③ 서로 관련이 맺어지다.
④ 정확히 맞다.

02

정답 ④

밑줄과 ④의 '보다'는 '눈으로 대상의 존재나 형태적 특징을 알다.'는 의미이다.

오답분석

① 책이나 신문 따위를 읽다.
② 신문, 잡지 따위를 구독하다.
③ 눈으로 대상을 즐기거나 감상하다.

03

정답 ④

• 증빙 : 신빙성 있는 증거로 삼음. 또는 그 증거

> • 그는 약혼녀에게 사랑의 (증표)로 반지를 선물했다.
> • 검찰은 그의 혐의에 대한 모든 (증거)를 포착했다고 밝혔다.
> • 교수는 자신의 가설을 (증명)하기 위해 실험을 계획했다.
> • 경찰은 현장 조사를 통해 사건의 실마리를 풀 수 있는 (증거)를 발견했다.

오답분석

① 증표 : 증명이나 증거가 될 만한 표
② 증명 : 어떤 사항이나 판단 따위에 대하여 그것이 진실인지 아닌지 증거를 들어서 밝힘
③ 증거 : 어떤 사실을 증명할 수 있는 근거

04

정답 ①

제시된 단어는 유의 관계이다.
'가끔'과 '이따금'은 유사한 의미를 가지며, '죽다'는 '숨지다'와 유사한 의미를 가진다.

05

정답 ②

제시문은 공범개념에 대해서 설명하고 있는 글로, 제시된 단락이 직접정범을 제외한 정범과 협의의 공범을 언급하고 있기에 이어지는 단락에서 둘 중 하나에 대한 설명이 나와야 한다. 따라서 (나) 직접정범을 제외한 정범의 종류인 공동정범과 간접정범에 대한 일반적 설명 → (다) 공동정범과 간접정범에 대한 세부적 설명 → (가) 협의의 공범에 대한 일반적 설명 → (라) 협의의 공범 유형인 교사범과 종범, 방조범에 대한 세부적 설명의 순서로 나열하는 것이 적절하다.

06

정답 ④

미생물을 끓는 물에 노출하면 영양세포나 진핵포자는 죽일 수 있으나, 세균의 내생포자는 사멸시키지 못한다. 멸균은 포자, 박테리아, 바이러스 등을 완전히 파괴하거나 제거하는 것이므로 물을 끓여서 하는 열처리 방식으로는 멸균이 불가능함을 알 수 있다. 따라서 빈칸에 들어갈 내용으로는 소독은 가능하지만, 멸균은 불가능하다는 ④가 가장 적절하다.

PART 3

07

정답 ④

- (가) : 빈칸 앞 문장은 현대적인 건축물에서 창과 문이 명확히 구별된다는 내용이고, 빈칸 앞 접속어가 역접 기능의 '그러나'이므로 이와 상반된 내용이 빈칸에 들어가야 한다. 따라서 ㉢이 가장 적절하다.
- (나) : 빈칸이 포함된 문단의 첫 문장에서는 한옥에서 창호가 핵심적인 역할을 한다고 하였고, 이어지는 내용은 이를 뒷받침하는 내용이다. 따라서 '이처럼'으로 연결된 빈칸에는 문단 전체의 내용을 요약·강조하는 ㉠이 가장 적절하다.
- (다) : 빈칸을 포함한 문단의 마지막 문장에서 창호가 '지속적인 소통'을 가능하게 한다고 하였으므로 ㉡이 가장 적절하다.

08

정답 ④

온건한 도덕주의는 일부 예술작품만 도덕적 판단의 대상이 된다고 보고, 극단적 도덕주의는 모든 예술작품이 도덕적 판단의 대상이 된다고 본다. 따라서 온건한 도덕주의에서 도덕적 판단의 대상이 되는 예술작품은 극단적 도덕주의에서도 도덕적 판단의 대상이다.

오답분석

① 두 번째 문단 네 번째 줄에서 톨스토이는 극단적 도덕주의의 입장을 대표한다고 하였다.
② 온건한 도덕주의에서는 예술작품 중 일부에 대해서 긍정적 또는 부정적 도덕적 가치판단이 가능하다고 하였으며, 미적 가치와 도덕적 가치의 독립적인 지위를 인정해야 한다는 언급은 없다.
③ 자율성주의는 모든 예술작품이 도덕적 가치판단의 대상이 될 수 없다고 본다.

09

정답 ③

'예술가가 무엇인가를 선택하는 정신적인 행위와 작업이 예술의 본질'이라는 내용과 마르셀 뒤샹, 잭슨 폴록 작품에 대한 설명을 통해 퐁피두 미술관이 전통적인 예술작품을 선호할 것이라고 추론하기는 어렵다.

오답분석

①·④ 마르셀 뒤샹과 잭슨 폴록의 작품 성격을 통해 추론할 수 있다.
② 마르셀 뒤샹과 잭슨 폴록이 서로 작품을 표현한 방식이 다르듯이 그 밖에 다른 작가들의 다양한 표현 방식의 작품이 있을 것으로 추론함으로써 퐁피두 미술관을 찾는 사람들의 목적이 다양할 것이라는 추론을 도출할 수 있다.

10

정답 ②

마지막 문단에서 전통의 실체를 올바르게 인식하여야 신화 속에 묻혀버린 사람들을 문화와 역사의 주체로 복원하고 현대 사회에서 전통이 지니는 현재적 의미를 이해할 수 있다고 주장하고 있다.

11

정답 ④

첫 번째 문단에서 익숙하게 생각해 온 과거의 문화를 다르게 바라보아야 할 필요성에 대하여 주장한 후, 그 근거로 300여 년 전에 만들어진 킬트가 스코틀랜드의 대표적인 전통으로 자리매김한 사례를 들고 있다.

12

정답 ②

두 번째 문단에서 작용 반작용 법칙은 '물체가 접촉하여 힘을 줄 때나 서로 떨어져 힘이 작용할 때도 항상 성립한다.'고 했으므로 반작용의 힘은 위성이 지구와 인접해 있어야 나타나는 것이 아니라 항상 존재한다.

13

정답 ③

네 번째, 다섯 번째 문단에서 인공위성의 ㉠ 자세 제어용 추력기(소형의 추력기)와 ㉡ 반작용 휠은 모두 세 방향으로 설치되어 있음을 확인할 수 있다.

14

정답 ①

제시문은 CCTV가 인공지능(AI)과 융합되면 기대할 수 있는 효과들(범인 추적, 자연재해 예측)에 대해 말하고 있다. 따라서 제목으로 'AI와 융합한 CCTV의 진화'가 적절하다.

15

정답 ②

아파트는 모든 것이 다 같은 높이의 평면 위에 있다. 따라서 아파트에서는 모든 것이 평면적이다.

16

정답 ②

반응 속도에 영향을 주는 요인 중 농도와 관련된 실험이다. 삼각 플라스크에 향의 불씨를 넣었을 때 불꽃이 환하게 타오르는 것은 산소의 농도가 높은 삼각 플라스크 안에서 반응이 더 빨리 일어났기 때문이다.

오답분석

ㄱ. 향이 연소할 때 산소가 반응하여 소모되므로 산소는 반응물이다.

ㄷ. 여름철이 겨울철에 비해 음식이 쉽게 상하는 현상은 온도가 반응 속도에 미치는 영향으로 설명할 수 있다.

17

정답 ④

통조림 표면의 부식을 막기 위해 도금한 것은 산화–환원반응의 예시이다. 철의 부식은 산소와 물에 의해 일어나므로 통조림 표면에 도금을 하여 철이 산소 또는 물과 직접 접촉하지 못하게 함으로써 부식을 방지한다.

18

정답 ②

1N의 힘을 가할 때 2cm 늘어난다. 따라서 10cm 늘어나려면 5N의 힘이 작용해야 한다.

19

정답 ④

ㄷ. 경기도와 광주광역시의 2020년과 2021년 부도업체 수의 전년 대비 증감 추이는 '감소 – 감소'로 동일하다.

ㄹ. 2021년 부산광역시의 부도업체가 전국 부도업체 중 차지하는 비중은 $\frac{41}{494}\times 100 \fallingdotseq 8.3\%$이므로 옳은 설명이다.

오답분석

ㄱ. 전라북도의 부도업체 수는 2021년에 2019년 대비 $\frac{34-26}{34}\times 100 \fallingdotseq 23.5\%$ 감소하였으므로 30% 미만 감소하였다.

ㄴ. 2020년에 부도업체 수가 20곳을 초과하는 시·도는 서울특별시, 부산광역시, 대구광역시, 인천광역시, 경기도, 경상북도, 경상남도로 총 7곳이다.

20

정답 ④

소리는 고체, 액체, 기체 속에서 모두 전달이 되지만, 진공 상태에서는 전달되지 않는다. 우주 공간은 진공 상태로, 소리를 전달할 매질이 없기 때문에 두 우주인은 대화를 나눌 수 없다. 하지만 헬멧을 맞대면 소리가 전달되므로 대화를 나눌 수 있다.

PART 3

21

정답 ②

DNA는 뉴클레오타이드가 수없이 많이 연결된 고분자 물질로, 유전 정보가 들어 있으며 2중 나선 구조(두 가닥의 폴리뉴클레오타이드가 하나의 축을 중심으로 나선형으로 꼬여 있음)로 되어 있다.

22

정답 ③

두 번째 문단에 따르면 농업경제의 역사에서 정원이 갖는 의미는 시대와 지역에 따라 매우 달랐으나, 여성들의 입장은 지역적인 편차가 없었으므로 ③은 적절하지 않다.

23

정답 ③

(나) (다) (가) (라)

24

정답 ③

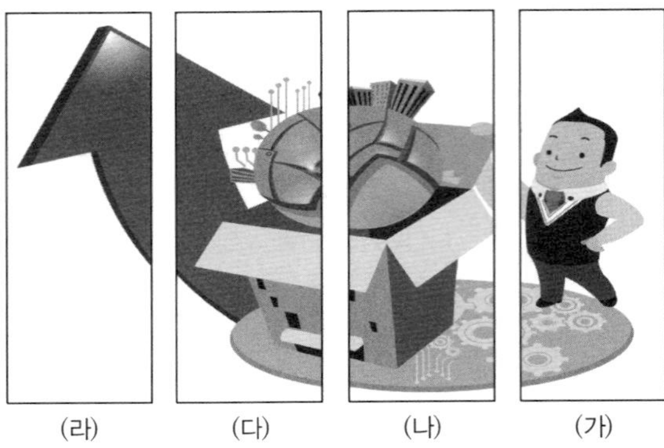

25

정답 ①

$\underline{A\ B\ C} \rightarrow (A+B)\times 5=C$

따라서 ( )=60÷5−10=2이다.

26

정답 ①

$\underline{A\ B\ C} \rightarrow A=B\times C-2$

따라서 ( )=(8+2)÷2=5이다.

27

정답 ④

(앞의 항+1)×2를 하는 수열이다.

따라서 ( )=(54+1)×2=110이다.

28

정답 ②

앞의 항에 $\times\frac{1}{4}$ 와 ×2−4를 번갈아 가며 적용하는 수열이다.

따라서 ( )=3.75×2−4=3.5이다.

29

정답 ④

첫 번째 명제는 '~스누피 → 제리'이고, 세 번째 명제는 '~제리 → 니모'이다. 어떤 명제가 참이면 그 대우 또한 참이므로 '~제리 → 스누피'가 성립하고, 삼단논법이 성립하기 위해서는 빈칸에 '스누피 → 니모'가 들어가야 '~제리 → 스누피 → 니모'가 되어 세 번째 명제가 참이 된다.

따라서 빈칸에 '스누피 → 니모'의 대우인 ④가 들어가는 것이 적절하다.

30

정답 ①

제시된 문장을 정리하면 '어떤 ♣ → 산을 좋아함 → 여행 → 자유'이므로, '어떤 ♣ → 자유'가 성립한다.

31

정답 ①

각각의 안내문이 참일 경우를 보면 다음과 같다.

- 방 A의 안내문이 참일 때 방 B에는 폭발물이 들어 있고, 방 C는 비어 있고, 방 A에는 지역특산물이 들어 있다.
- 방 B의 안내문이 참일 때 방 B는 비어 있고, 방 C에는 폭발물이 들어 있고, 방 A에는 지역특산물이 들어 있다.
- 방 C의 안내문이 참일 때 방 B는 폭발물이 들어있지도, 비어있지도 않아야 하므로 지역특산물이 들어 있어야 한다.

따라서 모순이 발생하므로 방 C의 안내문은 거짓이다. 그러므로 반드시 옳은 것은 ①이다.

32

정답 ④

은진이, 수린이, 민수가 예상한 각 팀들은 서로 대결할 수 없다는 점에 유의한다.
먼저, 수린이가 예상한 팀은 은진이가 예상한 팀과 비교했을 때, '스웨덴과 독일'이 다르다.
따라서 '불가리아와 스웨덴 또는 불가리아와 독일', '루마니아와 스웨덴 또는 루마니아와 독일'이 대결함을 알 수 있다.
여기서 민수가 예상한 팀에 루마니아와 독일이 함께 있으므로, '루마니아와 스웨덴', '불가리아와 독일'이 대결함을 알 수 있다.
또한 '이탈리아와 스페인'이 대결함을 알 수 있다.
따라서 네덜란드와 상대할 팀은 브라질이다.

33

정답 ②

물이 받는 관성력이 트럭의 진행 방향 쪽으로 일정하므로 트럭의 가속도 방향은 진행 방향과 반대이다. 따라서 트럭은 속도가 일정하게 감소하고 있다.

34

정답 ②

(에너지 효율)=(유용하게 사용된 에너지의 양)÷(공급한 에너지의 양)×100

- A : $\frac{5}{20}\times100=25\%$
- B : $\frac{10}{20}\times100=50\%$
- C : $\frac{5}{40}\times100=12.5\%$
- D : $\frac{10}{40}\times100=25\%$

따라서 조명 기구 B가 효율이 가장 높다.

35

정답 ③

풍력 발전은 바람이 발전기 날개를 돌려 생기는 운동에너지를 통해 전기에너지를 생산한다.

36

정답 ③

점은 시계 방향으로 한 칸씩 이동하고, 가운데 상자의 색칠된 부분은 왼쪽과 오른쪽 상자의 색칠된 부분을 합친 것이다.

37

정답 ④

각 가로줄의 짧은 바늘은 시계 방향으로 90°, 긴 바늘은 시계 반대 방향으로 90°씩 회전하고 있다.

38

정답 ④

도형이 오른쪽의 도형으로 변할 때 내부의 도형들은 각각의 규칙을 가지고 이동하는데, 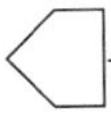 은 제자리에서 시계 반대 방향으로 90° 회전, 은 시계 방향으로 두 칸씩 이동, □은 시계 방향으로 세 칸씩 이동, 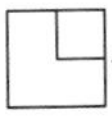 은 시계 방향으로 한 칸씩 이동한다. 따라서 주어진 마지막 도형을 기준으로 ?에 들어갈 도형에서 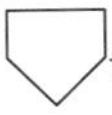 은 제자리에서 시계 반대 방향으로 90° 회전, 은 시계 방향으로 두 칸 이동, □은 시계 방향으로 세 칸 이동, 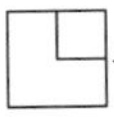 은 시계 방향으로 한 칸 이동해야 하므로 ④가 적절하다.

39

정답 ④

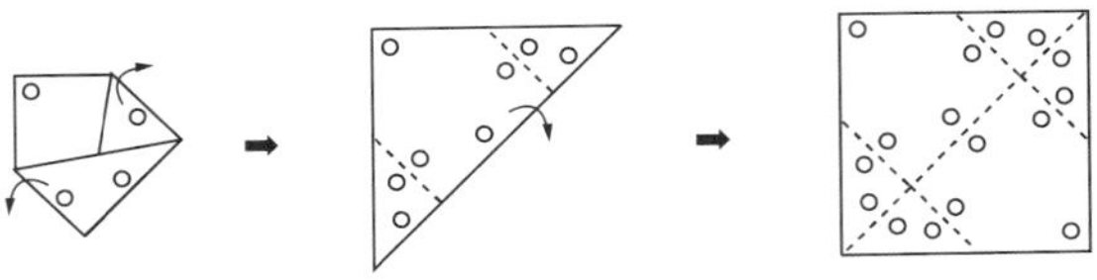

40

정답 ①

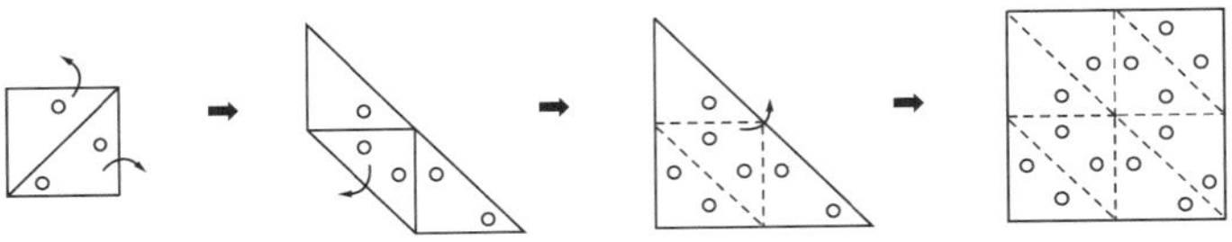

41

정답 ④

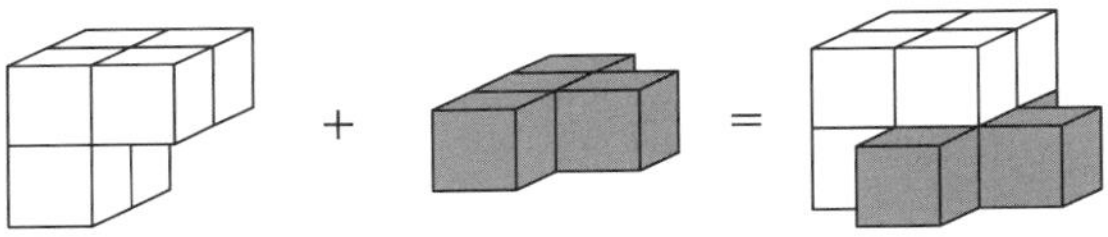

+ =

42

정답 ③

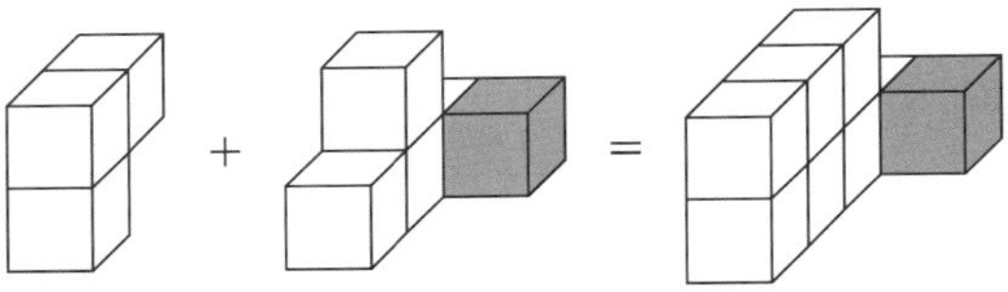

+ =

43

정답 ②

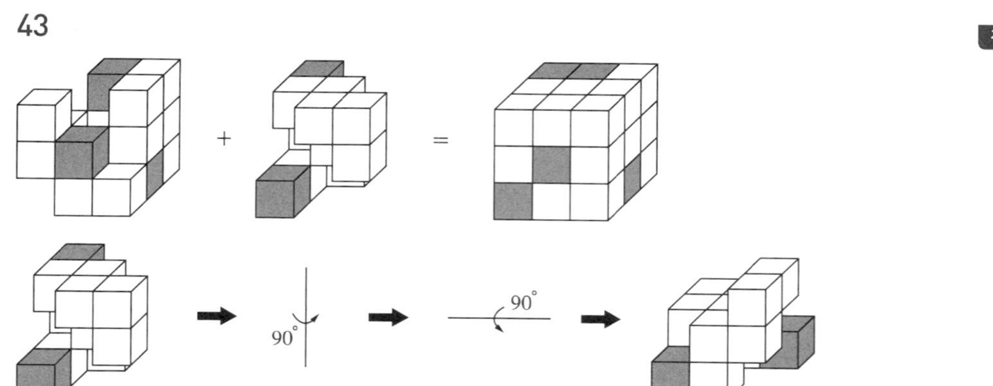

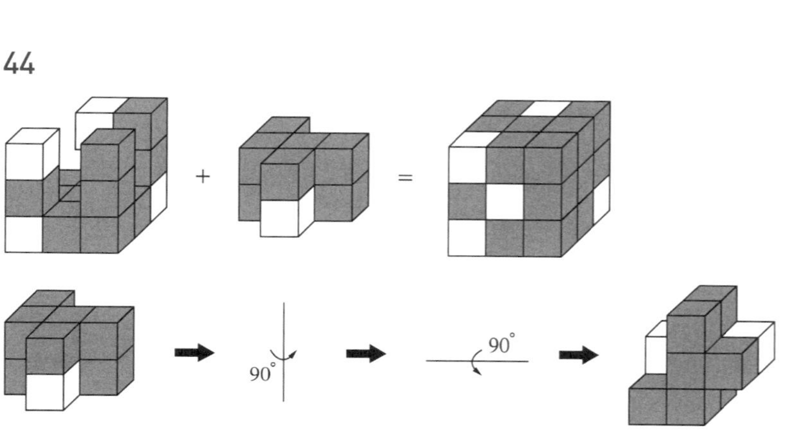

44

정답 ②

90°
90°

45

정답 ③

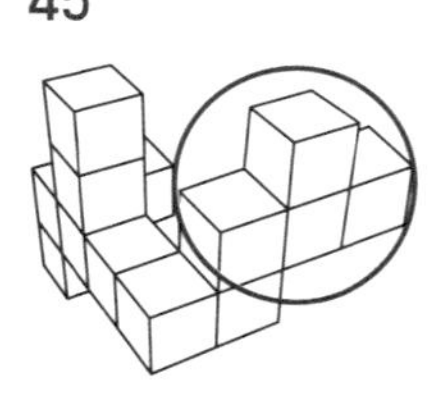

제3회 최종점검 모의고사

01	02	03	04	05	06	07	08	09	10	11	12	13	14	15	16	17	18	19	20
③	①	①	③	④	③	③	③	③	①	③	③	②	②	③	②	③	④	②	②
21	22	23	24	25	26	27	28	29	30	31	32	33	34	35	36	37	38	39	40
①	①	④	④	②	④	①	③	①	①	②	④	②	①	①	①	④	③	②	②
41	42	43	44	45															
②	③	①	②	①															

01

정답 ③

- 전범(典範)
  1. 본보기가 될 만한 모범
  2. 전형적인 법이나 규범
- 형범(刑範) : 본받아 배울 만한 대상(=모범)

오답분석

①·②·④ 형법에서 자기의 의사에 따라 범죄를 실제로 저지른 사람을 말한다.

02

정답 ①

- 회상(回想) : 지난 일을 돌이켜 생각함. 또는 그런 생각
- 상기(想起) : 지난 일을 돌이켜 생각하여 냄

오답분석

② 안정(安靜) : 육체적 또는 정신적으로 편안하고 고요함
③ 회복(回復) : 원래의 상태로 돌이키거나 원래의 상태를 되찾음
④ 복구(復舊) : 손실 이전의 상태로 회복함

03

정답 ①

- 건곤(乾坤) : 하늘과 땅을 아울러 이르는 말
- 천지(天地) : 하늘과 땅을 아울러 이르는 말

오답분석

② 정취(情趣) : 깊은 정서를 자아내는 흥취
③ 도산(倒産) : 재산을 모두 잃고 망함
④ 정밀(精密) : 아주 정교하고 치밀하여 빈틈이 없고 자세함

04

정답 ③

• 대별(大別) : 크게 구별하여 나눔
• 세분(細分) : 사물을 여러 갈래로 자세히 나누거나 잘게 가름

오답분석

① 개별(個別) : 여럿 중에서 하나씩 따로 나뉘어 있는 상태
② 분야(分野) : 여러 갈래로 나누어진 범위나 부분
④ 주석(註釋) : 낱말이나 문장의 뜻을 쉽게 풀이함. 또는 그런 글

05

정답 ④

• 탄로(綻露) : 숨긴 일을 드러냄
• 은폐(隱蔽) : 덮어 감추거나 가리어 숨김

오답분석

① 누설(漏泄)
  1. 기체나 액체 따위가 밖으로 새어 나감. 또는 그렇게 함
  2. 비밀이 새어 나감. 또는 그렇게 함
② 설로(泄露) : 비밀 따위가 새어 나가 탄로 남
③ 폭로(暴露) : 알려지지 않았거나 감춰져 있던 사실을 드러냄

06

정답 ③

• 상봉(相逢) : 서로 만남
• 이별(離別) : 서로 갈리어 떨어짐

오답분석

① 상면(相面) : 서로 만나서 얼굴을 마주 봄
② 성함(姓銜) : 성명(姓名)의 높임말
④ 해후(邂逅) : 오랫동안 헤어졌다가 뜻밖에 다시 만남

07

정답 ③

㉠ 뒤의 문장에서 앞서 언급한 플라스틱에 새겨진 숫자의 특정 번호에 대해 이야기하므로 ㉠에는 '예를 들어'가 와야 한다. 다음으로 ㉡ 뒤의 문장에서는 5번 플라스틱의 특징으로 인해 컵이나 도시락 등에 사용된다고 하였으므로 ㉡에는 '그래서'가 와야 한다. 마지막으로 ㉢ 뒤의 문장에서는 6번 플라스틱의 장점을 설명하는 앞 문장과 달리 약한 내열성 등의 단점을 이야기하므로 ㉢에는 역접의 접속어인 '그러나'가 와야 한다.

08

정답 ③

㉠의 앞 문장에서는 지방 분해 과정에서 나타나는 체내 세포들의 글리코겐 양 감소에 대해 말하고 있고, 뒷 문장에서는 이러한 현상이 간세포에서 두드러지게 나타난다고 하면서 앞의 내용을 강조하고 있으므로 ㉠에는 '특히'가 들어가야 한다. 또한, ㉡의 뒤에 이어지는 문장에서는 ㉡의 앞 문장에서 나타나는 현상이 어떤 증상으로 나타나는지 설명하므로 ㉡에는 '이로 인해'가 들어가야 하고, ㉢의 앞에 서술된 내용이 그 뒤에 이어지는 주장의 근거가 되므로 ㉢에는 '따라서'가 와야 한다.

09

정답 ③

제시문은 수입 종자를 사용하는 것으로 인해 발생하는 비용 손실과 장기적 문제점에 대하여 설명하고 있다. 따라서 (가) 밥상에 오르는 곡물과 채소 종자에 대한 보편적 인식 → (다) 많은 작물의 종자를 수입하고 있는 현실 → (나) 외국 기업이 차지하고 있는 채소 종자 시장의 실태 → (라) 종자 수입으로 인해 향후 발생할 수 있는 문제의 순서로 나열하는 것이 적절하다.

10

정답 ①

제시된 단어의 관계는 반의 관계이다.

• 원양 : 육지에서 멀리 떨어진 큰 바다
• 근해 : 육지에 가까이 있는 바다

11

정답 ③

우유의 효과에 대해 부정적인 견해가 존재하나 그래도 우유를 먹어야 한다고 말하고 있다. 따라서 빈칸에 들어갈 내용으로 ③이 가장 적절하다.

12

정답 ③

다섯 번째 문단에서 음파는 속도가 느린 층 쪽으로 굴절해서 그 층에 머무르려 하고 그곳에서 만들어진 소리는 수천 km 떨어진 곳에서도 들린다고 하였다. 따라서 수영장 물 밖에 있을 때보다 수영장에서 잠수해 있을 때 물 밖의 소리가 더 잘 들릴 것이라는 설명은 적절하지 않다.

오답분석

① 음속은 수온과 수압 중 상대적으로 더 많은 영향을 끼치는 요소에 의해 결정되는데, 수온이 일정한 구역에서는 수압의 영향을 받게 될 것이고, 수압은 수심이 깊어질수록 높아지므로 수온이 일정한 구역에서는 수심이 증가할수록 음속도 증가할 것이다.
② 표층의 아래층에서는 태양 에너지가 도달하기 어려워 수심에 따라 수온이 급격히 낮아지고, 더 깊은 심층에서는 수온 변화가 거의 없다.
④ 음파는 상대적으로 속도가 느린 층 쪽으로 굴절하는데 이런 굴절 때문에 해수면에서 음파를 보냈을 때 음파가 거의 도달하지 못하는 구역을 '음영대'라 한다. 이러한 음영대를 이용해서 잠수함이 음파탐지기로부터 회피하여 숨을 장소로 이동할 수 있다.

13

정답 ②

음속은 수온과 수압이 높을수록 증가하며 수온과 수압 중에서 상대적으로 더 많은 영향을 끼치는 요소에 의하여 결정된다. 수온이 급격하게 낮아지다가 수온의 변화가 거의 없는 심층에서는 수심이 깊어 수압의 영향을 더 많이 받으므로 음속이 증가하는 것이다.

14

정답 ②

제시문의 중심 내용은 '분노'에 대한 것으로, 사람의 경우와 동물의 경우를 나누어 분노가 어떻게 공격과 복수의 행동을 유발하는지에 대해 서술하고 있다.

오답분석

① 분노에 대한 공격과 복수 행동만 서술할 뿐 공격을 유발하는 원인에 대한 언급은 없다.
③ 탈리오 법칙에 대한 언급은 했으나, 이에 대한 실제 사례 등 구체적인 서술은 없다.
④ 동물과 인간이 가지는 분노에 대한 감정 차이보다는, '분노했을 때의 행동'에 대한 공통점에 주안점을 두고 서술하였다.

15

정답 ③

제시문의 마지막 문장에서 '언어 변화의 여러 면을 이해할 수 있다.'라고 언급했으므로 맨 앞에 나오는 문장은 일반적인 상위 진술인 ③ '접촉의 형식도 언어 변화에 영향을 미치는 요소로 지적되고 있다.'가 가장 적절함을 알 수 있다.

16

정답 ②

오답분석

다. 유체 속에서 작용하는 압력도 압력의 단위인 Pa(파스칼) 또는 N/m^2을 사용한다.

17

정답 ③

공기 저항을 무시하면 역학적 에너지는 보존된다. (역학적 에너지)=(운동 에너지)+(위치 에너지)이므로, 떨어질 때 높이가 감소하면서 감소한 위치 에너지만큼 운동 에너지는 증가한다.

18

정답 ④

원심력은 고정점의 둘레를 운동하는 물체가 밖을 향해 중심에서 멀어지도록 받는 힘을 말한다. 따라서 보기 모두 원심력이 작용하는 현상이다.

19

정답 ②

기초 대사량은 나이 및 성별, 체표면적에 따라 다르다. 남성이 여성보다 높고, 키가 크고 마른 사람이 키가 작고 뚱뚱한 사람보다 높으며, 지방이 적은 사람, 나이가 어린 사람이 그렇지 않은 사람보다 높다.

20

정답 ②

연도별 황사의 발생횟수는 2019년에 최고치를 기록했다.

21

정답 ①

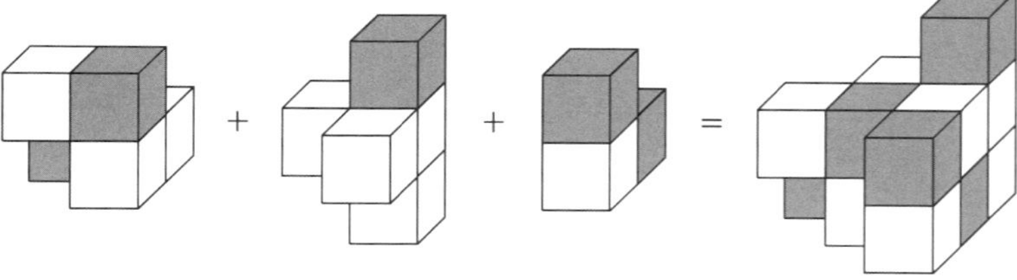

22

정답 ①

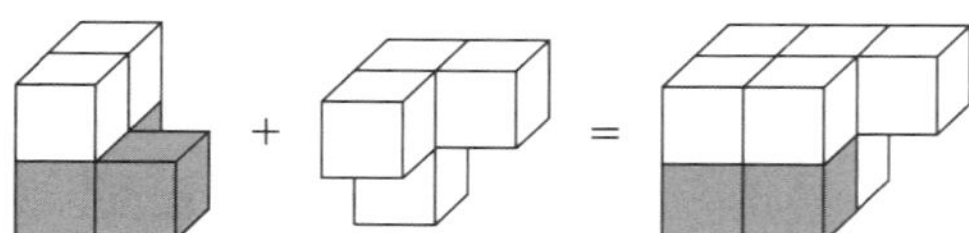

PART 3

23

정답 ④

전체 도수가 40이므로 a의 값은 $40-(3+4+9+12)=40-28=12$이다.
따라서 교육 이수 시간이 40시간 이상인 직원은 $12+a=24$명이다. 그러므로 뽑힌 직원의 1년 동안 교육 이수 시간이 40시간 이상일 확률은 $\frac{24}{40}=\frac{3}{5}$이다.

24

정답 ④

앞의 항에 $+2^1$, -2^2, $+2^3$, -2^4, $+2^5$, …을 하는 수열이다.
따라서 ( )$=22+32=54$이다.

25

정답 ②

홀수 항은 $\times 2+0.2$, 짝수 항은 $\times 2-0.1$인 수열이다.
따라서 ( )$=4.8\times 2+0.2=9.8$이다.

26

정답 ④

$\times 2$, -7를 반복하는 수열이다.
따라서 ( )$=(-17)\times 2=-34$이다.

27

정답 ①

앞의 항에 -6, -5, -4, -3, -2, -1, …을 하는 수열이다.
따라서 ( )$-5=-26$ → ( )$=-26+5=-21$이다.

28

정답 ③

고기를 좋아하는 사람은 소시지를 좋아하지만 과일은 좋아하지 않는다. 소를 좋아하는 사람은 치즈와 소시지를 좋아하지 않고, 치즈와 소시지를 좋아하지 않는 사람은 우유와 고기를 좋아하지 않는 것을 알 수 있다. 따라서 소를 좋아하는 사람은 고기와 우유를 좋아하지 않는다.

29

정답 ①

아메리카노를 A, 카페라테를 B, 유자차를 C, 레모네이드를 D, 녹차를 E, 스무디를 F로 각각의 조건을 비교해 보면 A>B, D>C, E>B>D, F>E>A가 된다. 이를 연립하면 F>E>A>B>D>C가 되므로 가장 많이 팔리는 음료는 F, 즉 스무디임을 알 수 있다.

30

정답 ①

천자포의 사거리는 1,500보, 현자포의 사거리는 800보, 지자포의 사거리는 900보로, 사거리 길이가 긴 순서에 따라 나열하면 '천자포 – 지자포 – 현자포'의 순서이다. 따라서 천자포의 사거리가 가장 긴 것을 알 수 있다.

31

정답 ②

제시된 문자를 내림차순으로 나열하면 N – ㅈ – ㅠ – ㅅ – ㅕ – C이므로 2번째에 오는 문자는 'ㅈ'이다.

32

정답 ④

'지란지교(芝蘭之交)'는 지초와 난초의 향기와 같이 벗 사이의 맑고도 높은 사귐을 뜻하는 말이다.

오답분석

① 결초보은(結草報恩) : 죽어서까지도 은혜를 잊지 않고 갚음을 뜻하는 말
② 막역지우(莫逆之友) : 거스르지 않는 친구란 뜻으로, 아주 허물없이 지내는 친구를 일컬음
③ 유유상종(類類相從) : 같은 무리끼리 서로 내왕하며 사귐

33

정답 ②

i) A의 진술이 참일 경우

구분	대전지점	강릉지점	군산지점
A		○	○
B		○	
C		○	○

세 사람 중 누구도 대전지점에 가지 않았으므로 세 사람이 각각 다른 지점에 출장을 다녀왔다는 조건에 부합하지 않는다. 따라서 A의 진술은 거짓이다.

ii) B의 진술이 참일 경우

구분	대전지점	강릉지점	군산지점
A	○		
B			○
C		○	

A는 대전지점에, B는 군산지점에, C는 강릉지점에 다녀온 것이 되므로 세 사람이 각각 다른 지점에 출장을 다녀왔다는 조건에 부합한다.

iii) C의 진술이 참일 경우

구 분	대전지점	강릉지점	군산지점
A	○		
B		○	
C	○		

세 사람 중 누구도 군산지점에 가지 않았고 A와 C가 모두 대전지점에 갔으므로 세 사람이 각각 다른 지점에 출장을 다녀왔다는 조건에 부합하지 않는다. 따라서 C의 진술은 거짓이다.

따라서 B의 진술이 참이 되고 이를 바르게 나열한 것은 ②이다.

34

정답 ①

염소(Cl_2) 소독은 염소가 물에 녹아 생성된 하이포염소산이 분해될 때 생성되는 활성 산소에 의한 살균 작용이다.

35

정답 ①

진공상태에서 자유 낙하하는 물체는 그 물체의 질량, 모양, 종류와 관계없이 가속도가 일정하다. 따라서 질량이 다르더라도 지표면에 동시에 도달한다.

오답분석

ㄴ. 위치 에너지는 물체의 질량과 높이에 비례하므로, 2kg인 공의 위치 에너지가 더 크다.
ㄷ. ㄱ의 설명을 참고하면 가속도는 일정하다.

36

정답 ①

(받침점에서 작용점까지의 거리) : (받침점에서 힘점까지의 거리)=(지레에 가해주는 힘) : (물체의 무게)

20cm : 40cm=F : 10N

∴ F=5N

37

정답 ④

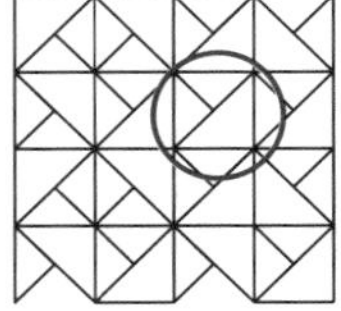

38

정답 ③

39

정답 ②

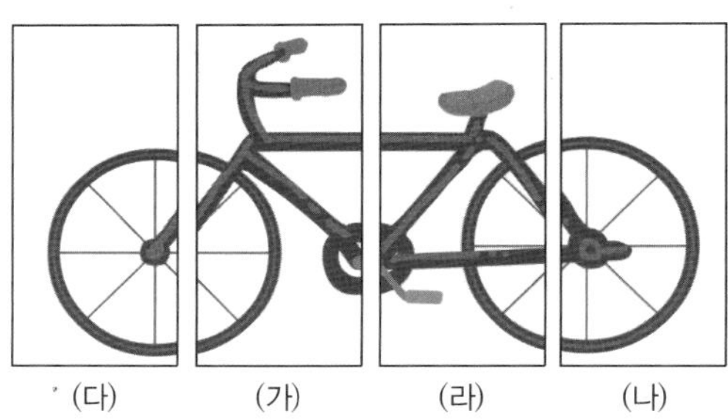

40

정답 ②

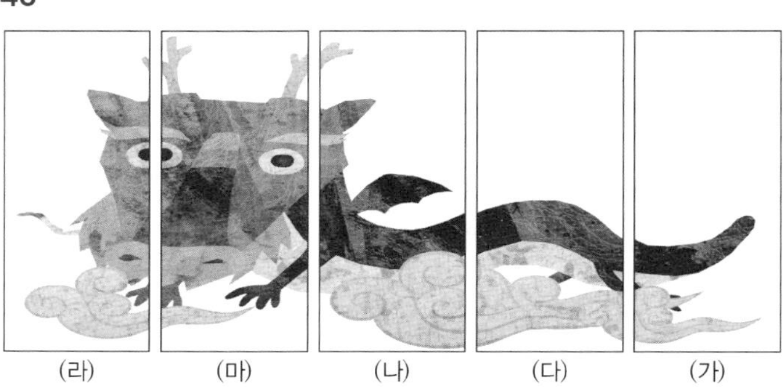

41

정답 ②

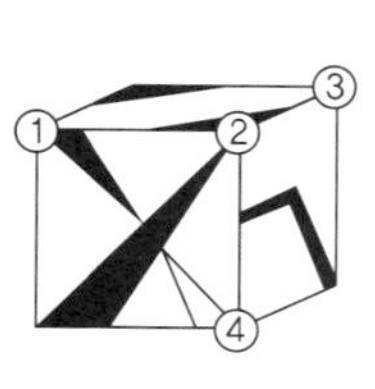

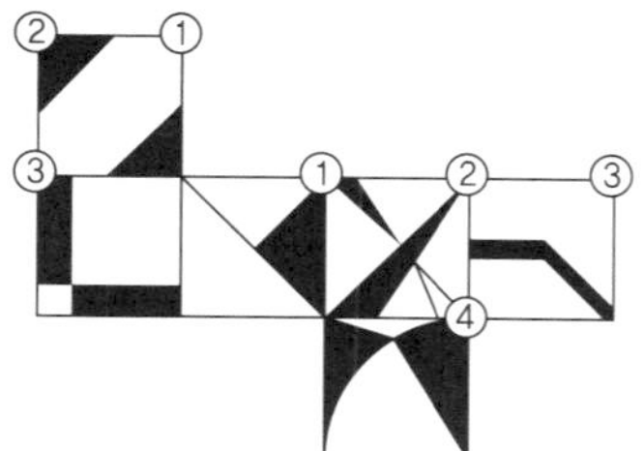

42

정답 ③

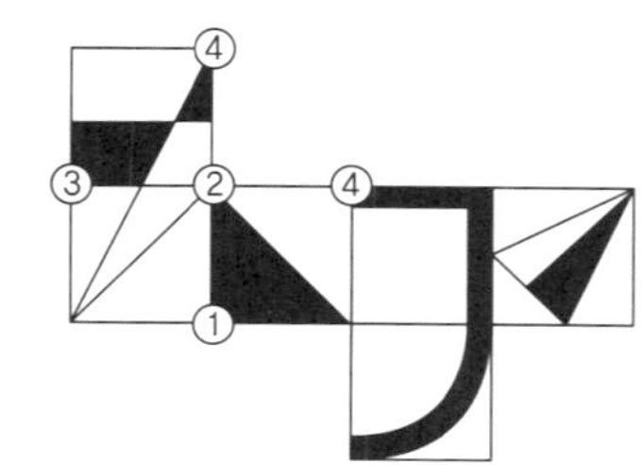

43

정답 ①

1층 : 6개, 2층 : 3개, 3층 : 1개
∴ 6+3+1=10개

44

정답 ②

1층 : 7개, 2층 : 4개
∴ 7+4=11개

45

정답 ①

1층 : 6개, 2층 : 3개, 3층 : 1개
∴ 6+3+1=10개

제4회 최종점검 모의고사

01	02	03	04	05	06	07	08	09	10	11	12	13	14	15	16	17	18	19	20
②	②	①	①	①	②	③	④	①	③	①	③	④	③	②	②	①	①	①	③
21	22	23	24	25	26	27	28	29	30	31	32	33	34	35	36	37	38	39	40
②	③	②	②	①	②	①	①	④	③	②	③	④	①	④	①	③	③	④	④
41	42	43	44	45															
①	①	④	④	②															

01

정답 ②

• 분열(分裂)

1. 찢어져 나뉨
2. 집단이나 단체, 사상 따위가 갈라져 나뉨

• 경기는 점점 (가열 / 치열)한 양상을 보였다.
• 둘의 실력은 (우열)을 가릴 수 없을 정도로 비슷하다.
• 한평생 (치열)하게 살아온 그는 많이 늙어있었다.
• 승부는 결국 (우열)을 가리는 것이다.

오답분석

① 가열(苛烈) : 싸움이나 경기 따위가 가혹하고 격렬함
③ 치열(熾烈) : 기세나 세력 따위가 불길같이 맹렬함
④ 우열(優劣) : 나음과 못함

02

정답 ②

• 실측 : 실지로 측량함

• 그는 자신의 (예측)과 전혀 다른 결과가 나오자 당황하기 시작했다.
• 상대편의 주장은 근거 없는 (억측)에 불과하다.
• 9개월 만에 일본에서 규모 6이 넘는 지진이 (관측)되었다.
• 여러 요인을 분석하여 환율의 변동을 다음과 같이 (예측 / 관측)했다.

오답분석

① 예측 : 미리 헤아려 짐작함
③ 관측
  1. 육안이나 기계로 자연 현상 특히 천체나 기상의 상태, 추이, 변화 따위를 관찰하여 측정하는 일
  2. 어떤 사정이나 형편 따위를 잘 살펴보고 그 장래를 헤아림
④ 억측 : 이유와 근거가 없이 짐작함. 또는 그런 짐작

03

정답 ①

밑줄과 ①의 '잡다'는 '돈이나 재물을 얻어 가지다.'는 의미로 쓰였다.

오답분석

② 손으로 움키고 놓지 않다.
③ 짐승을 죽이다.
④ 자동차 따위를 타기 위하여 세우다.

04

정답 ①

제시문은 풀기 어려운 문제에 둘러싸인 기업적 · 개인적 상황을 제시하고, 위기의 시대임을 언급하고 있다. 그리고 그 위기를 이겨내는 자가 성공하는 자가 될 수 있음을 말하며, 위기를 이겨내기 위해서 지혜가 필요하다는 것에 대해 설명하고 있다. 따라서 (나) 풀기 어려운 문제에 둘러싸인 현재의 상황 → (라) 위험과 기회라는 이중의미를 가지는 '위기' → (다) 위기를 이겨내는 것이 필요 → (가) 위기를 이겨내기 위한 지혜와 성공이라는 결과로 연결되어야 한다.

05

정답 ①

제시된 단어의 관계는 유의 관계이다.

• 알랑대다 : 남의 비위를 맞추거나 환심을 사려고 다랍게 자꾸 아첨을 떨다.
• 아첨하다 : 남의 환심을 사거나 잘 보이려고 알랑거리다.

06

정답 ②

제시문의 경우 글을 잘 쓰기 위한 방법은 글을 읽는 독자에게서 찾을 수 있음을 서술한 글이다. 그러므로 독자가 필요로 하는 것이 무엇인지 알아야 하며, 독자가 필요로 하는 것을 알기 위해서는 구어체로 적어보고, 독자를 구체적으로 한 사람 정해놓고 쓰는 게 좋다는 내용이다. 또한, 빈칸의 뒷 문장에서 '대상이 막연하지 않기 때문에 읽는 사람이 공감할 확률이 높아진다.'라고 하였으므로 빈칸에 들어갈 것으로 ②가 가장 적절하다.

07

정답 ③

빈칸 뒤의 문장은 최근 선진국에서는 스마트팩토리로 인해 해외로 나간 자국 기업들이 다시 본국으로 돌아오는 현상인 '리쇼어링'이 가속화되고 있다는 내용이다. 즉, 스마트팩토리의 발전이 공장의 위치를 해외에서 본국으로 변화시키고 있으므로 빈칸에는 ③이 가장 적절하다.

08

정답 ④

섬유 예술과 타 예술장르와의 관계에 대해서는 제시된 바가 없다.

오답분석

① 첫 번째 문단에서 섬유 예술의 재료인 실, 직물, 가죽, 짐승의 털 등이 제시되어 있다.
② 두 번째, 세 번째 문단에서 섬유 예술이 조형 예술 장르로 자리매김한 계기와, 이후 조형성을 강조하는 방향으로 발전한 과정을 설명하고 있다.
③ 대표적인 섬유 예술 작품으로 올덴버그의 「부드러운 타자기」와 라우센버그의 「침대」를 들고 있다.

PART 3

09

정답 ①

첫 번째 문단에 의하면 섬유 예술에 쓰이는 재료들은 상징적 의미를 불러일으키는 '오브제'로 쓰인다. 따라서 라우센버그의 「침대」에 쓰인 모든 재료들 역시 이러한 의미를 지니고 있을 것임을 유추해 볼 수 있으므로, 특별한 의미를 추구하지 않는다는 것은 적절하지 않다.

오답분석

② 올덴버그의 「부드러운 타자기」가 주목받은 것이 섬유 예술이 새로운 조형 예술의 한 장르로 자리매김한 결정적 계기라고 하였으므로, 이전에는 대체로 섬유 예술을 조형 예술장르로 보지 않았음을 알 수 있다.
③ 두 번째 문단에 따르면 올덴버그가 「부드러운 타자기」를 통해 섬유를 심미적 대상으로 인식할 수 있게 하였다.
④ 세 번째 문단에서 콜라주와 아상블라주는 현대의 여러 예술 사조에서 활용되는 기법을 차용한 것이라고 하였으므로, 섬유 예술 이외에도 다양한 예술 분야에서 활용됨을 알 수 있다.

10

정답 ③

(라) 문단에 따르면 콜링우드는 예술을 통해 우리의 감정이 정리되었으면 굳이 타인에게 전달하지 않더라도 예술은 그 소임을 충분히 완성했다고 보았다. 따라서 ③의 경우처럼 불면의 밤을 보내며 시를 완성했다면, 그 시는 불면을 일으키는 혼란한 감정을 잘 정리해 예술로서의 소임을 다한 것이므로 그 시를 불태워 버려 타인에게 전달하지 않아도 무방한 것이다.

11

정답 ①

보기는 예술의 형식을 중요하게 여기며, 그 자체의 형식만으로도 예술은 아름다움을 충분히 드러낼 수 있다고 보고 있다. 이처럼 형식을 중요시한다는 점에서 보기의 예술관은 감정이라는 내용에 주목하는 톨스토이와 콜링우드의 예술관과 다르다. 따라서 보기의 견해처럼 예술의 형식을 중요시하는 입장이라면 예술의 본질은 감정보다는 형식이며, 예술 고유의 조형적 아름다움이 미적 즐거움을 주는 원천이라고 여길 것이다.

12

정답 ③

제시문의 핵심 논지는 인간이 삶의 유한성을 깨닫고 목적으로서의 삶을 살아가야 한다는 것이다.

13

정답 ④

제시문은 빠른 사회변화 속 다양해지는 수요에 맞춘 주거복지 정책의 예로 예술인을 위한 공동주택, 창업 및 취업자를 위한 주택, 의료안심주택을 들고 있다. 따라서 주제로 적절한 것은 다양성을 수용하는 주거복지 정책이다.

14

정답 ③

수면 패턴은 휴일과 평일 모두 일정하게 지키는 것이 성장하는 아이들의 수면 리듬을 유지하는 데 좋다. 따라서 휴일에 늦잠을 자는 것은 적절하지 않다.

15

정답 ②

해령

- 전 세계에 걸쳐 연결되는 해저 산맥으로 해저 지각이 생성된 곳
- 정상에 V자형 골짜기가 발달함
- 해령 주변에 화산·지진 활동이 활발함
- 판의 경계에서 발산형 경계에 해당함

16

정답 ②

지구형 행성은 목성형 행성보다 크기가 작으며, 평균 밀도는 크다. 또한 고리가 없으며, 주요 성분은 단단한 암석으로 이루어져 있다.

17

정답 ①

면역은 항체가 체내에 있는 동안 특정 항원에 대한 항체와 기억 세포가 생성되어 저항성을 지니게 되는 현상이다.

18

정답 ①

청바지의 괴리율 차이는 37.2%p이고, 운동복의 괴리율 차이는 40%p로 운동복의 괴리율 차이가 더 크다.

오답분석

② 할인가 판매제품 수가 정상가 판매제품 수보다 많은 품목은 세탁기, 유선전화기, 기성신사복, 진공청소기, 가스레인지, 무선전화기, 오디오세트, 정수기로 총 8개이다.
③ 할인가 판매제품 수와 정상가 판매제품 수의 차이가 가장 큰 품목은 라면으로, 30개 차이가 난다.
④ 제시된 자료를 통해 확인할 수 있다.

19

정답 ①

1층 : 12개, 2층 : 9개, 3층 : 8개, 4층 : 5개
∴ 12+9+8+5=34개

20

정답 ③

1층 : 15개, 2층 : 13개, 3층 : 11개, 4층 : 6개
∴ 15+13+11+6=45개

21

정답 ②

탄소는 호흡이나 화석 연료의 연소 반응에 의해 이산화탄소로 전환된다.

22

정답 ③

오답분석

①·②·④ 2018년 물가상승률이 제시된 수치보다 높게 표시됐다.

PART 3

23

정답 ②

앞에 항에 -87을 하는 수열이다.
따라서 ($)=1,024-87=937$이다.

24

정답 ②

앞의 항에 $\times 6$, $\div 3$이 번갈아 가며 적용되는 수열이다.
따라서 ($)=16\times 6=96$이다.

25

정답 ①

홀수 항은 $+5$이고, 짝수 항은 $+1$, $+4$, $+7$, …인 수열이다.
따라서 ($)=(-2)+5=3$이다.

26

정답 ②

홀수 항은 1^2-1, 2^2-1, 3^2-1, 4^2-1, …인 수열이고, 짝수 항은 -3, -4, -5, …인 수열이다.
따라서 ($)=(-1)-5=-6$이다.

27

정답 ①

(앞의 항)$\times$(뒤의 항)$\times(-2)=$(다음 항)
따라서 ($)=16\times(-256)\times(-2)=8,192$이다.

28

정답 ①

(앞의 항)$\times(-2)+2=$(다음 항)
따라서 ($)=150\times(-2)+2=-298$이다.

29

정답 ④

돼지 인형과 토끼 인형의 크기를 비교할 수 없으므로 크기가 큰 순서대로 나열하면 '돼지 – 토끼 – 곰 – 기린 – 공룡' 또는 '토끼 – 돼지 – 곰 – 기린 – 공룡'이 된다. 이때 가장 큰 크기의 인형을 정확히 알 수 없으므로 진영이가 좋아하는 인형 역시 알 수 없다.

30

정답 ③

이동 시간이 긴 순서대로 나열하면 'D – B – C – A'이다. 이때 이동 시간은 거리가 멀수록 많이 소요된다고 하였으므로 서울과의 거리가 먼 순서에 따라 D는 강릉, B는 대전, C는 세종, A는 인천에서 근무하는 것을 알 수 있다.

31

정답 ②

제시된 명제만으로는 진실 여부를 판별할 수 없다.

오답분석

① 첫 번째와 두 번째 명제에 의해 참이다.
③ 두 번째 명제로부터 참이라는 것을 알 수 있다.
④ 두 번째와 세 번째 명제를 통해 참이라는 것을 알 수 있다.

32

정답 ③

B와 A의 관계에 대한 설명은 제시되어 있지 않으므로 알 수 없다.

오답분석

① C는 A의 오빠이므로 A의 아들과는 친척 관계이다.
② 월계 빌라의 모든 주민은 A와 친척이므로 D도 A의 친척이다.
④ C가 A의 오빠라는 말에서 알 수 있듯이 A는 여자이다. 따라서 거짓임을 알 수 있다.

33

정답 ④

합력을 구하면 ①은 오른쪽으로 4N, ②와 ③은 오른쪽으로 2N, ④는 오른쪽으로 1N이다. 따라서 합력이 제일 작은 것은 ④이다.

34

정답 ①

먼저 병렬로 연결되어 있는 3개(2Ω, 4Ω, 6Ω)의 저항들 중 윗부분의 직렬로 연결된 두 전구 저항 합은 $R=2+4=6\Omega$이며, 이 두 저항과 6Ω 전구의 저항 합은 $R'=\frac{6\times 6}{6+6}=3\Omega$이다.

따라서 4개의 전구 전체 저항은 $R''=1+3=4\Omega$이 된다.

35

정답 ④

도형이 오른쪽의 도형으로 변할 때 도형들은 각각의 규칙을 가지고 이동하는데, ▙은 왼쪽으로 한 칸 이동, ┌┐은 제자리에서 시계 방향으로 90° 회전, ▣은 시계 방향으로 세 칸 이동을 하며, □은 위쪽으로 두 칸 이동한다. ?에 들어갈 도형은 마지막 도형을 기준으로 ▙은 왼쪽으로 한 칸, └┐은 시계 방향으로 90° 회전, ▣은 시계 방향으로 세 칸 이동하여 두 번째 줄 첫 번째 칸에 위치하게 되고, □은 위쪽으로 두 칸 이동하여 세 번째 줄 세 번째 칸에 위치한다.

36

정답 ①

도형이 오른쪽의 도형으로 변할 때 내부의 도형들은 각각의 규칙을 가지고 이동하는데, ○은 시계 방향으로 도형 외부의 삼각형을 따라 한 칸씩 이동하며 색 반전을 하고, □은 도형 내부의 사각형을 따라 시계 방향으로 한 칸씩 이동하며, ◹은 도형 내부의 사각형을 따라 시계 방향으로 두 칸씩 이동한다. 따라서 주어진 마지막 도형을 기준으로 ?에 들어갈 도형에서 ●은 시계 방향으로 도형 외부에서 한 칸 이동하며 색 반전을 하고, □은 도형 내부에서 시계 방향으로 한 칸 이동하며, ◹은 시계 방향으로 두 칸 이동해야 하므로 ①이 적절하다.

37

정답 ③

38

정답 ③

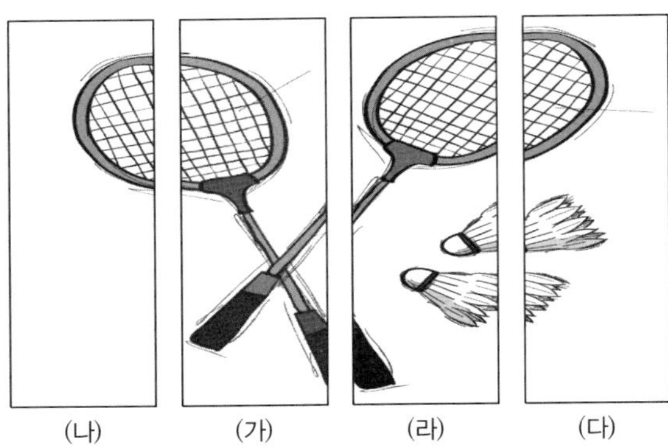

39

정답 ④

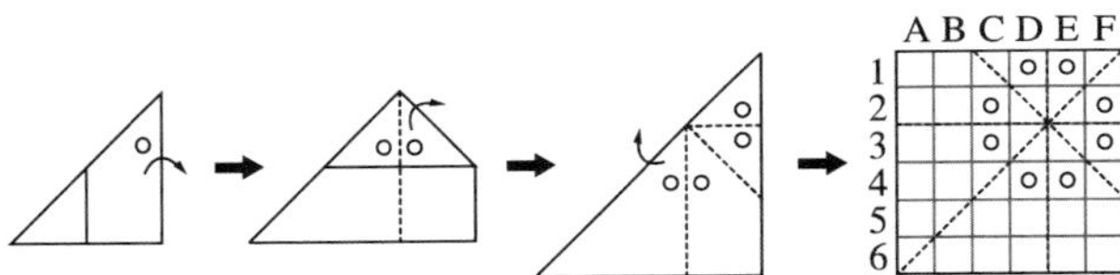

40

정답 ④

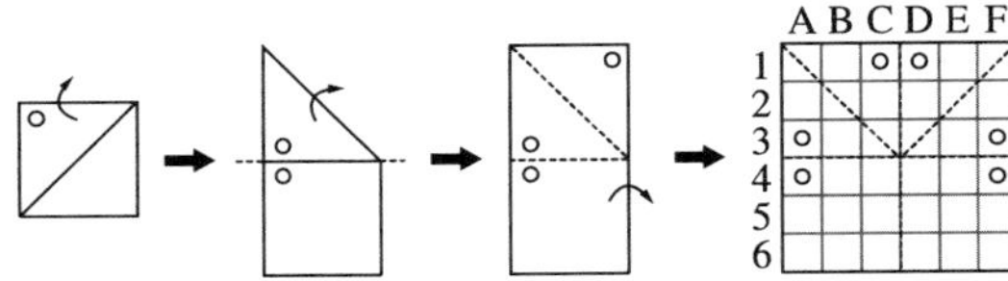

41

정답 ①

오답분석

② 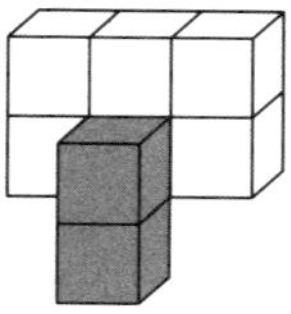 ③ 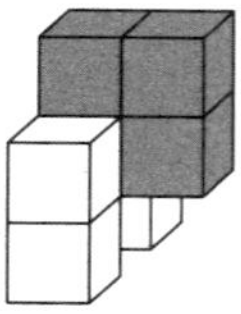 ④

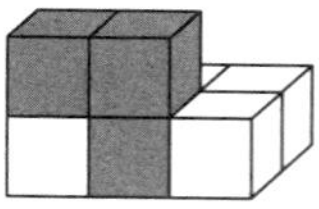

42

정답 ①

오답분석

② 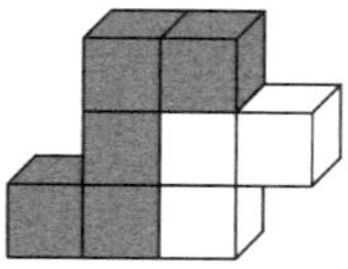 ③ 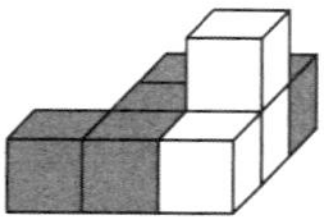 ④

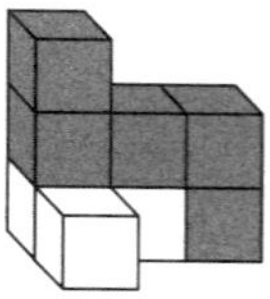

PART 3

43

정답 ④

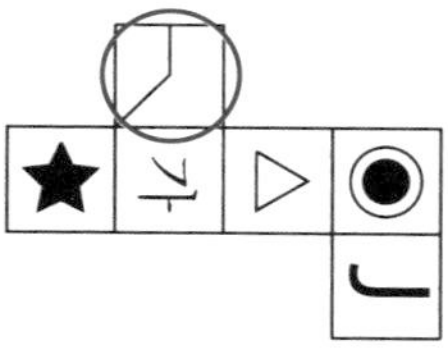

★ 가 ▷ ◉ ᒍ

44

정답 ④

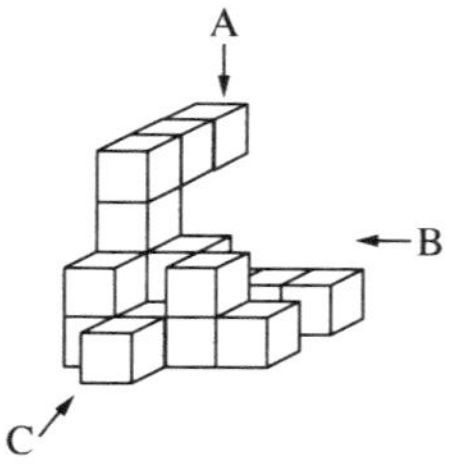

A B C

45

정답 ②

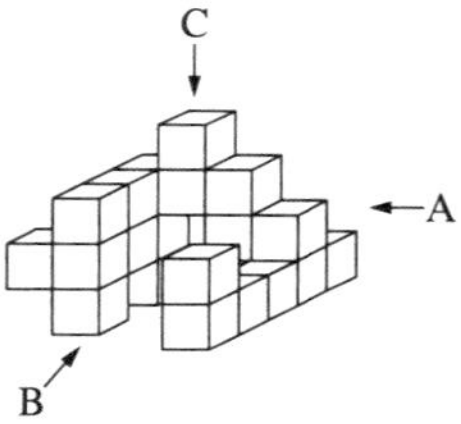

C A B

우리 인생의 가장 큰 영광은
결코 넘어지지 않는 데 있는 것이 아니라
넘어질 때마다 일어서는 데 있다

- 넬슨 만델라 -

※ 절취선을 따라 분리하여 실제 시험과 같이 사용하면 더욱 효과적입니다.

경상남도교육청 교육공무직원 소양평가 답안카드

고사장

성 명

수 험 번 호						
⓪	⓪	⓪	⓪	⓪	⓪	⓪
①	①	①	①	①	①	①
②	②	②	②	②	②	②
③	③	③	③	③	③	③
④	④	④	④	④	④	④
⑤	⑤	⑤	⑤	⑤	⑤	⑤
⑥	⑥	⑥	⑥	⑥	⑥	⑥
⑦	⑦	⑦	⑦	⑦	⑦	⑦
⑧	⑧	⑧	⑧	⑧	⑧	⑧
⑨	⑨	⑨	⑨	⑨	⑨	⑨

감독위원 확인
인

문번	1	2	3	4	문번	1	2	3	4	문번	1	2	3	4
1	①	②	③	④	21	①	②	③	④	41	①	②	③	④
2	①	②	③	④	22	①	②	③	④	42	①	②	③	④
3	①	②	③	④	23	①	②	③	④	43	①	②	③	④
4	①	②	③	④	24	①	②	③	④	44	①	②	③	④
5	①	②	③	④	25	①	②	③	④	45	①	②	③	④
6	①	②	③	④	26	①	②	③	④					
7	①	②	③	④	27	①	②	③	④					
8	①	②	③	④	28	①	②	③	④					
9	①	②	③	④	29	①	②	③	④					
10	①	②	③	④	30	①	②	③	④					
11	①	②	③	④	31	①	②	③	④					
12	①	②	③	④	32	①	②	③	④					
13	①	②	③	④	33	①	②	③	④					
14	①	②	③	④	34	①	②	③	④					
15	①	②	③	④	35	①	②	③	④					
16	①	②	③	④	36	①	②	③	④					
17	①	②	③	④	37	①	②	③	④					
18	①	②	③	④	38	①	②	③	④					
19	①	②	③	④	39	①	②	③	④					
20	①	②	③	④	40	①	②	③	④					

※ 본 답안카드는 마킹연습용 모의 답안카드입니다.

경상남도교육청 교육공무직원 소양평가 답안카드

고사장

성 명

수 험 번 호						
⓪	⓪	⓪	⓪	⓪	⓪	⓪
①	①	①	①	①	①	①
②	②	②	②	②	②	②
③	③	③	③	③	③	③
④	④	④	④	④	④	④
⑤	⑤	⑤	⑤	⑤	⑤	⑤
⑥	⑥	⑥	⑥	⑥	⑥	⑥
⑦	⑦	⑦	⑦	⑦	⑦	⑦
⑧	⑧	⑧	⑧	⑧	⑧	⑧
⑨	⑨	⑨	⑨	⑨	⑨	⑨

감독위원 확인
㊞

문번	1	2	3	4	문번	1	2	3	4	문번	1	2	3	4
1	①	②	③	④	21	①	②	③	④	41	①	②	③	④
2	①	②	③	④	22	①	②	③	④	42	①	②	③	④
3	①	②	③	④	23	①	②	③	④	43	①	②	③	④
4	①	②	③	④	24	①	②	③	④	44	①	②	③	④
5	①	②	③	④	25	①	②	③	④	45	①	②	③	④
6	①	②	③	④	26	①	②	③	④					
7	①	②	③	④	27	①	②	③	④					
8	①	②	③	④	28	①	②	③	④					
9	①	②	③	④	29	①	②	③	④					
10	①	②	③	④	30	①	②	③	④					
11	①	②	③	④	31	①	②	③	④					
12	①	②	③	④	32	①	②	③	④					
13	①	②	③	④	33	①	②	③	④					
14	①	②	③	④	34	①	②	③	④					
15	①	②	③	④	35	①	②	③	④					
16	①	②	③	④	36	①	②	③	④					
17	①	②	③	④	37	①	②	③	④					
18	①	②	③	④	38	①	②	③	④					
19	①	②	③	④	39	①	②	③	④					
20	①	②	③	④	40	①	②	③	④					

※ 본 답안카드는 마킹연습용 모의 답안카드입니다.

※ 절취선을 따라 분리하여 실제 시험과 같이 사용하면 더욱 효과적입니다.

경상남도교육청 교육공무직원 소양평가 답안카드

고사장

성 명

수 험 번 호						
⓪	⓪	⓪	⓪	⓪	⓪	⓪
①	①	①	①	①	①	①
②	②	②	②	②	②	②
③	③	③	③	③	③	③
④	④	④	④	④	④	④
⑤	⑤	⑤	⑤	⑤	⑤	⑤
⑥	⑥	⑥	⑥	⑥	⑥	⑥
⑦	⑦	⑦	⑦	⑦	⑦	⑦
⑧	⑧	⑧	⑧	⑧	⑧	⑧
⑨	⑨	⑨	⑨	⑨	⑨	⑨

감독위원 확인
㉟ 인

문번	1	2	3	4	문번	1	2	3	4	문번	1	2	3	4
1	①	②	③	④	21	①	②	③	④	41	①	②	③	④
2	①	②	③	④	22	①	②	③	④	42	①	②	③	④
3	①	②	③	④	23	①	②	③	④	43	①	②	③	④
4	①	②	③	④	24	①	②	③	④	44	①	②	③	④
5	①	②	③	④	25	①	②	③	④	45	①	②	③	④
6	①	②	③	④	26	①	②	③	④					
7	①	②	③	④	27	①	②	③	④					
8	①	②	③	④	28	①	②	③	④					
9	①	②	③	④	29	①	②	③	④					
10	①	②	③	④	30	①	②	③	④					
11	①	②	③	④	31	①	②	③	④					
12	①	②	③	④	32	①	②	③	④					
13	①	②	③	④	33	①	②	③	④					
14	①	②	③	④	34	①	②	③	④					
15	①	②	③	④	35	①	②	③	④					
16	①	②	③	④	36	①	②	③	④					
17	①	②	③	④	37	①	②	③	④					
18	①	②	③	④	38	①	②	③	④					
19	①	②	③	④	39	①	②	③	④					
20	①	②	③	④	40	①	②	③	④					

※ 본 답안카드는 마킹연습용 모의 답안카드입니다.

경상남도교육청 교육공무직원 소양평가 답안카드

고사장

성 명

수 험 번 호						
⓪	⓪	⓪	⓪	⓪	⓪	⓪
①	①	①	①	①	①	①
②	②	②	②	②	②	②
③	③	③	③	③	③	③
④	④	④	④	④	④	④
⑤	⑤	⑤	⑤	⑤	⑤	⑤
⑥	⑥	⑥	⑥	⑥	⑥	⑥
⑦	⑦	⑦	⑦	⑦	⑦	⑦
⑧	⑧	⑧	⑧	⑧	⑧	⑧
⑨	⑨	⑨	⑨	⑨	⑨	⑨

감독위원 확인
㉐

문번	1	2	3	4	문번	1	2	3	4	문번	1	2	3	4
1	①	②	③	④	21	①	②	③	④	41	①	②	③	④
2	①	②	③	④	22	①	②	③	④	42	①	②	③	④
3	①	②	③	④	23	①	②	③	④	43	①	②	③	④
4	①	②	③	④	24	①	②	③	④	44	①	②	③	④
5	①	②	③	④	25	①	②	③	④	45	①	②	③	④
6	①	②	③	④	26	①	②	③	④					
7	①	②	③	④	27	①	②	③	④					
8	①	②	③	④	28	①	②	③	④					
9	①	②	③	④	29	①	②	③	④					
10	①	②	③	④	30	①	②	③	④					
11	①	②	③	④	31	①	②	③	④					
12	①	②	③	④	32	①	②	③	④					
13	①	②	③	④	33	①	②	③	④					
14	①	②	③	④	34	①	②	③	④					
15	①	②	③	④	35	①	②	③	④					
16	①	②	③	④	36	①	②	③	④					
17	①	②	③	④	37	①	②	③	④					
18	①	②	③	④	38	①	②	③	④					
19	①	②	③	④	39	①	②	③	④					
20	①	②	③	④	40	①	②	③	④					

※ 본 답안카드는 마킹연습용 모의 답안카드입니다.

2024 최신판 SD에듀 경상남도교육청 교육공무직원 소양평가 인성검사 3회 + 모의고사 7회 + 면접 + 무료공무직특강

개정4판1쇄 발행	2024년 01월 10일 (인쇄 2023년 10월 13일)
초 판 발 행	2020년 05월 30일 (인쇄 2020년 05월 15일)
발 행 인	박영일
책 임 편 집	이해욱
편 저	SDC(Sidae Data Center)
편 집 진 행	이근희 · 한성윤
표지디자인	박종우
편집디자인	최미란 · 곽은슬
발 행 처	(주)시대고시기획
출 판 등 록	제10-1521호
주 소	서울시 마포구 큰우물로 75 [도화동 538 성지 B/D] 9F
전 화	1600-3600
팩 스	02-701-8823
홈 페 이 지	www.sdedu.co.kr

I S B N	979-11-383-6142-2 (13320)
정 가	23,000원

경상남도 교육청

교육공무직원 소양평가

한권으로 끝내기

정답 및 해설

교육공무직 ROAD MAP

※ 도서 이미지 및 세부 내용은 변경될 수 있습니다.

현재 나의 실력을 객관적으로 파악해 보자!

모바일 OMR
답안채점 / 성적분석 서비스

도서에 수록된 모의고사에 대한 객관적인 결과(정답률, 순위)를 종합적으로 분석하여 제공합니다.

OMR 입력

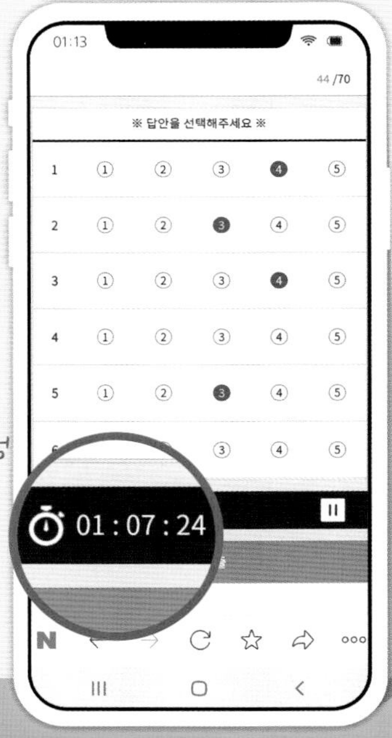

성적분석

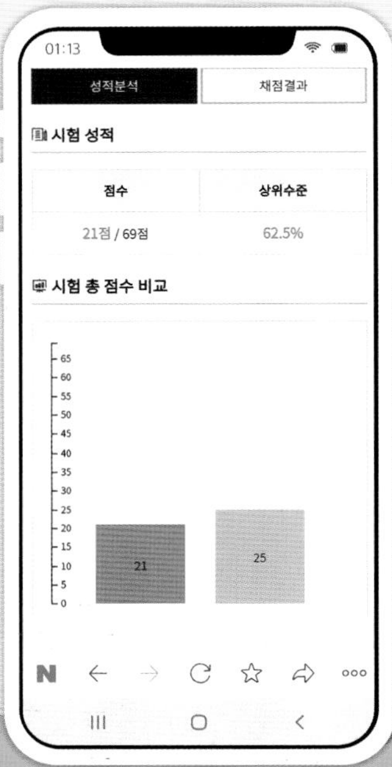

채점결과

※OMR 답안채점 / 성적분석 서비스는 등록 후 30일간 사용 가능합니다.

참여 방법

1. 도서 내 모의고사 우측 상단에 위치한 QR코드 찍기
2. 로그인 하기
3. '시작하기' 클릭
4. '응시하기' 클릭
5. 나의 답안을 모바일 OMR 카드에 입력
6. '성적분석 & 채점결과' 클릭
7. 현재 내 실력 확인하기

경상남도 교육청

교육공무직원 소양평가

한권으로 끝내기

주요 교육청 교육공무직원 소양평가 누적 판매량 1위
[판매량] 2018년부터 7년간 누적 판매량 1위
[출간량] 최다 품목 발간 1위(43종)

꿈을 지원하는 행복…

여러분이 구입해 주신 도서 판매수익금의 일부가 국군장병 1인 1자격 취득 및 학점취득 지원사업과 낙도 도서관 지원사업에 쓰이고 있습니다.

SD에듀
(주)시대고시기획

발행일 2024년 1월 10일(초판인쇄일 2020 · 5 · 15)
발행인 박영일
책임편집 이해욱
편저 SDC(Sidae Data Center)
발행처 (주)시대고시기획
등록번호 제10-1521호
주소 서울시 마포구 큰우물로 75 [도화동 538 성지B/D] 9F
대표전화 1600-3600
팩스 (02)701-8823
학습문의 www.sdedu.co.kr

정가 23,000원

ISBN
979-11-383-6142-2

GSAT

온라인 삼성직무적성검사

정답 및 해설